新 史 学

观 古 今 中 西 之 变

陈春声　著

市场机制与社会变迁

18世纪广东米价分析（增订版）

北京师范大学出版集团
BEIJING NORMAL UNIVERSITY PUBLISHING GROUP
北京师范大学出版社

序

　　一部学术著作的价值，并不由它研究的问题大小来决定。在学术史上，许多有影响的著作，常常都是从新的角度，对具体问题进行由表及里的剖析，建立起探索的新架构，从而在研究方法上有所创新。这种"小题大作"的风格，更能体现近代科学的实证精神，在学术上的贡献，也不见得会比那些崇论闳议逊色。当然，小题能否大作，作品是否实在而富新意，就有赖于作者的眼光和功力了。陈春声这部著作，从18世纪广东一个省区的米价分析入手，考察了传统中国社会的市场机制与社会变迁的关系。按照社会科学研究的一般标准，问题实在不算小。但相对于时下国内史学界流行的许多纵横古今中西的鸿篇巨制来说，把对一个省区在一个世纪中的米价分析写成一本二三十万字的专著，也算得上是"小题大作"了。

　　不过，正是这样一部"小题大作"的著作，在它的草创阶段，已经引起了国内外从事中国经济史研究的学者的关注。当它的雏形还只是一份中山大学硕士研究生论文的油印本时，就已通过各种渠道在海内外经济史学界辗转流传，并得到了海内外同行的高度评价。后来，陈春声在傅衣凌和杨国桢教授指导下，进一步把它写成博士论文后，这一项研究的学术价值和所取得的成绩，更得到了同行们的广泛认可。由此看来，一部成功著作的影响，是不会受其讨论对象的地域和题材的限制的。

　　本书最具特色之处，是数理分析方法的运用。作者借助电子计算机，处理了近十万个粮价数字，在一系列较复杂计算的基础上，分析了米粮价格背后的市场关系，并结合对各种记述性资料的诠释，揭示了18世纪广东市场的运行机制和动态。虽然在历史研究中采用数据资料，把数理分析引入到历史叙述中去的做法，可以追溯到 19 世纪，但计量史学作为一种系统化的史学方法，应该是在 20 世纪 50 年代以后才发展起来的。随着电子计算机的使用，以及数理研究方法论的逐步完善，计量研究已经显示出其他方法所不能替代的特长。特别是经过以法国年鉴学派和美国新经济史学派为代表的新一代历史学家的努力，数理分析方法运用于历史研究的优点和局限，都已为大多数历史学家所了解。在国内，数理分析方法的运用也是近年来讨论史学新方法的一个热门话题，但介绍或提倡者居多，付诸实践则少有进展。在经济史研究中，虽然对量化资料和定量分析的重视，已比过去有了很大的改进，但大多还只限于数据的列举和简单的算术处理，采用数理分析方法处理数据，得出原始数据本身不能直观地反映出来的结论的研究，就罕见力作面世了。就运用数理统计分析方法，研究某个具体的经济史问题而言，春声的这部书也许还是国内出版的第一部专著。

对于中国历史学的发展来说，在经济史研究中采用数理分析方法，其意义还不只在于多了一种新的研究手段，而在于它是我国历史学科现代化和科学化的重要一环。中国的人文学科比较缺少分析性和实证性研究的传统，即使在经济史这种对精确性和科学性有更高要求的领域中，研究者最轻车熟路的研究方法，也一直是凭睿智和直觉体验来解释文献中那些表意性和描述性的记载。更多地运用数理分析的方法，用数理分析的手段来处理各种数字的和非数字的资料，在经济史研究中，是通向科学化的一条简单和基本的途径。在社会科学的现代发展中，这种体现了 19 世纪以前科学主义的实证精神的方法，当然算不上是最先进的。只是由于电子计算机的应用，数理分析方法适用面的扩大和数据处理能力的提高，才真正带有现代色彩。就中国目前的历史学研究来说，要从传统的方法走出来，实现向当代社会科学的转变，大力提倡包括计量研究在内的各种理性化的科学方法，实为必不可少的一步。在这个意义上，春声的这项研究，在中国经济史研究领域里，仍属一项前沿的工作。

对于在历史研究中采用数理分析方法的批评，常常担心以至指责研究者对计算机和数字的迷恋超过对历史事实本身的兴趣。事实上，在史学研究中，数量资料和数理分析方法的运用，确有很大的局限性。不过，成熟的计量研究，实际上已经考虑到这种局限的存在，并发展出一套方法来缩小或避免其影响。真正高明的计量史学家，从没有奢望计量研究可以解决一切历史问题，他们只是把数理分析方法作为验证某种理论假设和理论概括，启发新思路，发现新问题，修正错误的一种有效手段。而理论概括和理论假设的建立，还需要其他描述性材料和常识的支持，需要历史学家从其他研究成果中获得的历史感和判断力的支持。本书的出色之处，并不仅仅在于它成功地运用了数理分析的方法，更在于它成功地把定量分析和定性分析、数字资料和描述性资料有机地结合起来。读者可以看到，作者在书中利用的描述性材料之丰富，一点也不比许多叙述性的历史著作逊色，而且其中大部分都是作者独力收集和第一次引用的，显示出作者在用传统方法收集和利用史料方面作了很多努力。本书的许多结论，是在数理分析的结果与根据描述性资料获得的认识相互参证的基础上作出的。这就在很大程度上避免了单纯的数理分析可能产生的舛误，又能获得许多单纯由描述性材料所不能直接得到的认识。

只是在方法论上谈论本书的意义，未免有舍本求末之嫌。其实，春声这项研究的另一贡献，在于他从18世纪广东的米价分析入手，围绕着在一个地区商品经济有了较明显发展的历史条件下，市场的发育程度、运作方式和发展趋向，以及社会控制方式的变化等重大问题，对传统中国后期的市场机制和社会变迁的关系作了深入的理论探索。这些在大量扎实的实证研究基础上提出来的见解，既不是老生常谈，又不是哗众取宠的空论，在学术发展的道路上必会留下它的痕迹。但要深刻揭示一定历史时期社会经济结构下的市场机制是一个十分复杂的问题。本书某些论断也许会在今后研究中进一步得到补充和阐释。

本书是一部经济史的著作，不过，以传统社会为对象的经济史研究，哪怕只是出于寻求新课题和解释因果关系的需要，也常常不可避免地要深入到社会史的领域。法国年鉴学派的出现，更促进了经济史研究从社会总体上把握经济现象的趋势。当代的经济史已经摆脱了画地为牢的学科藩篱，越来越具有一种全面的综合的历史阐释的色彩。陈春声对粮价和市场的研究，不是停留在单纯的经济分析上，而是进一步深入到社会关系、社会心理以及社会变迁的层面展开分析。对民间基层社会研究的重视，是当代社会科学发展的一种趋势。近年来，中国社会经济史研究对传统农村基层社会表现出越来越浓厚的兴趣。在这方面，尽管本书已经提出的问题还有许多值得作更深入的探讨，但书中表现出来的把区域经济发展和基层社会结构结合起来考察的旨趣，是值得大力提倡的。

陈春声先后就读和任教于中山大学，其间又一度师从厦门大学傅衣凌先生攻读博士学位。这两所大学，由于我国社会经济史研究的开拓者梁方仲先生和傅衣凌先生的多年耕耘，在中国社会经济史研究领域，形成了自己的学术传统和学风。在陈春声的这部著作里，这些传统和学风的影响是显而易见的。看到老一辈学者所开创的事业后继有人，我感到无限的欣慰，所以很愿意在本书即将出版的时候，写下一点感想。

汤明樾

1991 年 8 月 2 日于多伦多

目　录

图表目录

第一章 导言

本书讨论的是传统中国社会晚期一个具有典型意义的社会经济区域的米粮贸易和粮价变动问题。粮食是人类最基本的消费品，是农业社会最重要的生产物，在传统中国还是最大宗的商品。粮价变动不但反映了市场的粮食供需和货币流通情形，而且在很大程度上规定和代表了其他物价的变动。更为重要的是，通过对物价的研究，可以更为深入全面地了解整个市场的运作机制，以及与市场机制有复杂互动关系的社会文化的各种特质。

第一节 学术史的回顾

清代物价史的研究至迟在 20 世纪 20 年代就已开始。在 1949 年以前的近 30 年的时间里，本领域研究的主要贡献在于清代价格资料的发现和整理方面。柳诒徵的《江苏各地千六百年间之米价》[①]发表了从官私文书中搜集到的东晋至民国初年江苏的一批米价材料，以表格形式公布了江苏国学图书馆档案馆所藏光绪年间江苏各府州县逐月呈报的米价细册。盛俊的《清乾隆朝江苏省物价工资统计》[②]，主要根据《钦定物料价值》一书，以表格形式整理并分析了乾隆年间江苏的各种物料、工食的官定价

---

① 载《史学杂志》，1930(3、4)。
② 见《学林》第 2 辑，上海，开明书店，1940。

格。吴麟的《清代米价》①是一篇短文,但它最早引用了北平图书馆收藏的河北宁津县大柳镇商店的旧账本,公布了道光十四、十五两年该地方各种粮价的记录。

特别要提到的是中央研究院社会研究所对清代粮价单的整理编纂工作。30年代,以汤象龙先生为首的一批研究者,在困难的条件下对清代档案中的社会经济资料做了大量抄录,他们用近代统计方法,以表格形式整理了道光至光绪年间全国各省的26 000多份粮价单,并按省装订成册,这批具有很高学术价值的资料现藏于中国社会科学院经济研究所图书馆。

在1949年以前公开发表的清代物价史的研究论著中,还包括了应奎的《近六十年中之中国米价》②、寄萍的《古今米价志略》③、《实业来复报》刊登的《中国六十年来米价比较表》④、上海市社会局的《上海五十六年来米价统计》⑤和张履鸾的《江苏武进物价之研究》⑥等。

在1949年以后的研究中,彭信威先生于1954年出版了《中国货币史》一书,其中对清代物价问题作了具有独创性的研究。⑦ 彭先生是从货币购买力的角度讨论物价问题的,他分析了清代铜钱、银两购买力不断下降的事实及其原因,考察了这一情况对物价变化的直接影响,其中从各种官私文书中辑录的大量物价资料(特别是米价资料),至今还常被人们所利用。1955年出版的严中平等编的《中国近代经济史统计资料选辑》,根据河北宁津县大柳镇统泰升记商店的出入银两流水账、买货总账、四乡账、四街账和柴胡店账,计算了1800—1850年该地区的零售物

---

① 载《中央日报》,1948-01-21,7版。

② 载《钱业月报》,第2卷第3期,1922。

③ 载《江苏省立第二农业学校月刊》,第1卷第1期,1921。

④ 载《实业来复报》,第1卷第23期,1922。

⑤ 载《社会月刊》,第1卷第2期,1929。

⑥ 载《金陵学报》,第3卷第1期,1933。

⑦ 参见彭信威:《中国货币史》下册,525~589页,上海,群联出版社,1954。

价和银钱比价指数。① 邹大凡、吴智伟和徐雯惠的《近百年来旧中国粮食价格的变动趋势》②根据《银行周报》和《中国货币史》的有关记载，开列了1841—1949年上海中等粳米的价格及其指数，分阶段讨论了这一时期上海米价的上涨，从生产、人口、市场和银钱比价等方面，分析了粮食价格上涨的原因。

在20世纪末最后十年的研究中，陈支平的《试论康熙初年东南诸省的"熟荒"》③和《清代前期福建的非正常米价》④是两篇值得注意的论文，这两篇文章利用从地方志、笔记等文献中收集的粮价极端值，从过去人们不太注意的粮价不规则变动的角度讨论当时东南沿海地区的市场与社会情况。郑友揆的《十九世纪后期银价、钱价的变动与我国物价及对外贸易的关系》⑤利用中外文献论述了1870—1900年国际银价下跌、国内银钱比价变动的情况，认为中国货币双重本位制所产生的双重汇率使该时期进口物价较内地物价为低，有利于洋货的倾销，阻止了出口贸易，从而对该时期国际银价大幅度下跌而中国商品进口及贸易入超却迅速增大的矛盾现象作了解释。方行的《清代前期湖南农民卖粮所得释例》⑥利用方志、笔记、文集等文献中的粮价资料，说明康熙后期至嘉庆一百多年间湖南和江南地区的粮食地区差价缩小，湖南农民的卖粮所得有增加的趋势，作者进而分析了这种情况形成的原因、粮食市场价格的形成和粮价变动对农民生活的实际影响。

新中国成立以来近40年大陆学者有关清代物价研究的论著还包括冯汉镛的《清代的米价与地主操纵》⑦、邓云乡的《清代三百年物价述

① 参见严中平等编：《中国近代经济史统计资料选辑》，38页表31，北京，科学出版社，1955。

② 载《学术月刊》，1965(9)。

③ 载《中国社会经济史研究》，1982(2)。

④ 载《中国社会经济史研究》，1988(3)。

⑤ 载《中国经济史研究》，1986(2)。

⑥ 载《中国经济史研究》，1989(4)。

⑦ 载《成都工商导报》增刊"学林"，1951-10-07。

略》①、吴量恺的《清前期农业雇工的工价》②、谢天佑的《气候·收成·粮价·民情——读〈李煦奏折〉》③、陈金陵的《清代的粮价奏报与其盛衰》④、刘巍的《清代粮价奏折制度浅议》⑤和王道瑞的《清代粮价奏报制度的确立及其作用》⑥等,后面几篇文章对清代粮价奏报制度的各方面情况作了介绍。此外,一些学者在研究清代市场、商品生产、地权转移、雇佣劳动和资本主义萌芽等问题时,对物价问题也有所阐述。

台湾地区研究者的学术兴趣主要集中在台湾当地的物价变动方面,这方面的成果主要有:王世庆的《清代台湾的米价》⑦、周省人的《清代台湾米价志》⑧和李冕世、黄典权的《清代台湾地方物价之研究》⑨。其中周省人的文章收集了康熙至光绪八朝的米价资料,讨论了台湾米价与年成丰歉、台米外运和战乱治平的关系。

迄今为止在清代物价史研究中学术贡献最大者首推香港新亚研究所的全汉昇教授和美国肯特州立大学的王业键教授。

全汉昇先生在本领域的主要论著有:《美洲白银与十八世纪中国物价革命的关系》《乾隆十三年的米贵问题》《清朝中叶苏州的米粮贸易》《清康熙年间(1662—1722)江南及附近地区的米价》,与王业键先生合作的《清雍正年间的米价》《清中叶以前江浙米价的变动趋势》和《近代四川合江县物价与工资变动的趋势》。⑩ 他与克劳思(Richard A. Kraus)合作的 Mid-

---

① 载《价格理论与实践》,1982(4);《清代三百年物价述略(续)》,载《价格理论与实践》,1982(5)。

② 载《中国社会经济史研究》,1983(2)。

③ 载《中国社会经济史研究》,1984(4)。

④ 载《中国社会经济史研究》,1985(3)。

⑤ 载《清史研究通讯》,1984(3)。

⑥ 载《历史档案》,1987(4)。

⑦ 载《台湾文献》,第9卷第4期,1958。

⑧ 载《台湾银行季刊》,第15卷第4期,1964。

⑨ 载《历史学报》(成功大学),1977(4)。

⑩ 上述论文除《清康熙年间(1662—1722)江南及附近地区的米价》发表于香港中文大学《中国文化研究所学报》第10卷上(1979)之外,其余论文均已收入作者的《中国经济史论丛》第2册,香港,新亚研究所,1972。

Ch'ing Rice Markets and Trade：An Essay in Price History(《清中叶的米粮市场和贸易》)①一书，是最早出版的清代物价史专著，全先生的研究领域十分广泛，他描述了清代的粮价奏折制度并系统考察了粮价奏报的可靠性问题，以 18 世纪白银的输入说明当时物价的上升趋势，研究了以苏州为中心连接山东、安徽、江西、湖北、湖南、四川、福建、江苏、浙江等省的米粮市场的运作情况，并通过对 18 世纪初与 20 世纪初江南米价季节变动的比较，说明该市场的流通机制和有效性；他还考察了清政府对待米粮贸易的政策和在保证粮食供应方面的作用；等等。在材料运用方面，他从《李煦奏折》和《雍正朱批谕旨》中辑录出大量米价资料，这个工作是前人所未曾做过的。他还把经济统计方法运用于米价季节变动的分析之中。全汉昇先生对唐、宋、明各代的物价都做过精湛的研究，所以关于清代物价史的分析有一种人所不及的通识。他又把清代物价置于同时代国际贸易的大背景下进行考察，表现了一种世界性的眼界。尽管后起的研究者们在资料利用、研究方法和具体结论等方面都有新的发展，但许多人都明显地受到全先生的影响。他在这个领域的贡献具有开拓和奠基的性质。

　　王业键教授有关清代物价史的论著除了上述与全汉昇先生合作的以外，还有"The Secular Trend of Prices during the Ch'ing Period (1644-1911)"(《清代〔1644—1911〕物价的长期趋势》)②、《清代的粮价陈报制度》③、"The Secular Movement of Grain Price in China，ca. 1760-1910"(《1760—1910 年中国粮价的长期变动》)④和《十八世纪福建的粮食供需与

---

①　Cambridge，Harvard University Press，1975。

②　载香港中文大学《中国文化研究所学报》，第 5 卷第 2 期，1972。

③　载《故宫季刊》，第 13 卷第 1 期，1978。

④　"宋至 1900 年中国社会和经济史中美学者讨论会"论文，其英文摘要发表于 *Michigan Monographs in Chinese Studies*，no. 45，1982。又见 *Academia Economic Papers*，vol. 9，no. 1，1981。

粮价分析》①,与黄国枢合作的《18世纪中国粮食供需的考察》②等。王先生是第一个在研究中系统运用台北"故宫博物院"和中国第一历史档案馆所藏清代粮价清单的学者,在粮价资料的搜集和整理方面做了大量工作。他的研究比较注意东南地区,研究范围扩展到过去人们较少系统研究的清代后期。他在对18世纪至20世纪初期中国粮价变动的长期趋势的研究中利用电子计算机进行数据处理;在考察18世纪福建米粮供需与粮价变动时较多地运用了数理统计方法,并对地方社会状态也给予较多注意。王先生对清代赋役、货币等问题都有过引人注目的研究,他在本领域的工作富于启发性,而且显示出一种严谨扎实的学术风格。

美国学者威尔金森也对清代物价问题进行过研究。他1975年在普林斯顿大学完成的博士论文 Studies in Chinese Price History(《中国物价史研究》)③,利用20世纪最初十年陕西的粮价细册(藏于日本东京大学东洋文化研究所),考察了银钱比价和稻米、小麦、小米、豌豆价格的变动,以验证统一市场是否存在。他的"The Nature of Chinese Grain Price Quotations,1600-1900"(《1600—1900年清代粮价单的性质》)④则讨论了清代的粮价奏报制度。

1987年年底在深圳举行的清代区域社会经济史国际学术讨论会上,几位来自美国的学者对清代粮价的研究,引起了人们的注意。李中清等的"Price and Population History in Rural Fengtian,1772-1873"(《1772至1873年间奉天地区粮价与人口变化》)把作者进行多年的人口史研究与粮价史研究结合起来,分析了收成和粮食外运对当时奉天粮价的影响以及当地谷物的可替换性,对粮价与人口关系的统计分析发现,粮价对出

---

① 载《中国社会经济史研究》,1987(2)。该文的英文稿以"Food Supply in Eighteenth-Century Fukien"为题,发表于 Late Imperial China,vol.7,no.2,1986。

② "近代中国农村经济史研讨会"论文,台北,1989。

③ New York,Garland Pub.,1980。笔者未读过该书,以下介绍根据岸本美绪《清代物价史研究の现状》一文的评介。

④ Transactions of the International Conference of Orientalists in Japan 14,1969。

生率有较大影响，说明溺婴是一种对市场变化的适应。王国斌等的
"Grain Market and Food Supplies in 18th-Century Hunan"（《18 世纪湖南
的粮食市场与粮食供给》）通过对当时湖南省内米粮贸易空间模式的定性
和定量分析，说明米粮贸易的规模和范围，还讨论了粮价的季节变动和
年度变动方式，说明了 18 世纪湖南米粮市场的整合程度。濮德培（Peter
C. Perdue）的"The Qing State and the Gansu Grain Market，1739-1864"
（《清政府与甘肃谷物市场 1739—1864 年》）从仓储、军需和市场整合程度
等方面考察了当时甘肃米粮市场的情况及清政府对该市场的影响。马立
博（Robert Marks）的"Rice Price and Market Integration in Liangguang,
1738—1769"（《清代前期两广的市场整合》）讨论了当时两广米粮供需的大
致情况和地方市场的粮食来源，用数理分析方法考察了两广米粮市场的
整合情况。① 上述学者的研究有明显的计量历史学的色彩，他们都在中
国第一历史档案馆做过较长时间的粮价资料搜集工作，研究中大量运用
电子计算机进行数据处理，并发展起一套被较多人采用的研究粮价变化
的数理分析方法。

　　日本学者关于清代物价史的研究具有自己的学术风格。对这一课题
着力较多的是岸本美绪，她的《清代前期江南の米価動向》②、《清代前期
江南の物価動向》③和《康熙年間の穀賎について——清初経済思想の一
側面》④等论文讨论了从万历至乾隆末年江南地区米价变动的长期趋势及
其与棉花、生丝、棉布、田产和工食价格变化的关系，并对康熙前半期
粮价下跌的原因进行分析，评述了当时政府官员和地方士绅关于粮价、
货币、市场等问题的种种议论。1987 年发表的《清代物价史研究の現

---

① 　除王国斌等的论文刊于《求索》1990（3），上述论文的中文版均已收入由中华
书局出版的《清代区域社会经济研究》（1992）一书。
② 　载《史學雜誌》，第 87 卷第 9 期，1978。
③ 　载《東洋史研究》，第 37 卷第 4 期，1979。
④ 　载《東洋文化研究所紀要》，第 89 册，1982。

状》①一文对清代物价史的研究进行回顾性分析,并就该领域今后的课题
提出了富有启发性的意见。松田吉郎的《広东広州府の米価動向と米穀需
給調整——明末より清中期を中心に》②利用地方志中的记载描述了从明
景泰元年(1450)至清咸丰七年(1857)广州府的米价变动,从钱粮减免、
常平仓、社仓、义仓等方面讨论了官府和地方士绅、商人在保证米粮供
应方面的作用。安部健夫的《米穀需給の研究——"雍正史"の一章として
みた》③在讨论雍正时期国内米粮市场时,对各地的粮价也有所论及。讨
论同一课题的还有则松彰文《雍正期における米穀流通と米価変動》④。
日本学者的研究注重利用地方志、笔记和《雍正朱批谕旨》中的材料,对
数量庞大的清代粮价单还很少利用,也不像美国学者那样采用大量的统
计分析方法。他们的工作或多或少受到第二次世界大战后日本中国史研
究主流学派的影响,对政权、乡绅、地方权力体系和社会结构等问题给
予了较多注意。

布罗代尔(F. P. Braudel)和斯波纳(F. Spooner)在他们为《剑桥欧洲经
济史》第四卷所写的"Price in Europe from 1450-1750"(《1450—1750 年欧
洲的物价》)一章中,讲了这样一段话:"价格史不是也不可能是历史的唯
一解释,它仅仅是试图从一个方面使过去人类活动的复杂的真实简化起
来。它是对这种历史真实的一种不完全的评估,但具有运用非人格化的
复杂的统计证据的优点。在习惯这种特殊语言或接受这种分析工具时,
历史学家们无疑会发现一些困难。因此,在这个各种观点错综复杂的领
域中,小心和谨慎是必要的。但是,只有我们超越了这些讨论,从而把
握并揭示整个历史序列时,小心和谨慎才有意义(物价史本身也才有意

---

① 载《中国近代史研究》,第 5 集,1987。
② 载《中国史研究》,1984(8)。
③ 见[日]安部健夫:《清代史の研究》,东京,创文社,1971。
④ 载《九州大学東洋史論集》,1985(14)。笔者未见。

义）。"①这种观点对于我们认识和理解以往有关清代物价史的研究，无疑是有启发意义的。也无须讳言，迄今为止的研究与"把握并揭示整个历史序列"的期望相比，仍有很大距离。大体说来，由于学术传统和学术背景的差别，以往关于清代物价史的研究有两种不同的学术风格。一部分学者注重计量研究，大量运用清代粮价单所提供的数以万计的粮价数据，注意对市场机制的探求，其研究有着较为科学化、非人格化的特点，但较少注意基层社会的状况，较少注意定性资料的分析利用，其结论往往有较明显的推测性。另一部分学者重视公私文献中各种记载的分析利用，注意利用物价变化来说明阶级关系、租佃关系、基层社会组织、权力结构、雇佣劳动等中国史研究普遍关注的问题，但对大规模的计量分析缺乏兴趣，对与物价直接相关的市场问题的考察大多为定性的描述，对史料的解释有较明显的随意性和或然性。大致上说中国和日本学者更多地受后一种学术风格的影响。作者认为，至少在我们考察的范围内，把这两种风格统一起来是可能的，而且这种统一将有助于研究的深入和对历史整体的更全面的理解。

第二节　本书的基本研究构想

本书的研究就是基于上述对学术史的认识，在吸取前人研究成果的基础上进行的。

无须讳言，物价史研究在中国社会经济史研究中是一个长期得不到重视的领域。一方面，这种研究往往必须处理大量的数字材料，历史学家们在理解和使用电子计算机、数理统计等分析手段时可能会遇到一些困难。另一方面，我国长期实行国家以行政手段控制物价的政策，主要生产资料和生活资料的价格多年不变，价格变动对社会生活和经济生活

---

① *The Cambridge Economic History of Europe*, vol. IV, p. 375, Cambridge, Cambridge University Press, 1967.

的影响和调节作用被削弱到几乎被人忘却的程度，价格史研究被忽视与这种情况有很大关系。20世纪末，由于政治、社会和学术等各种原因，中国史学正经历一场重要的变革。史学从业者的学术素养、知识结构和问题意识有了较大转变。史学研究的课题、理论、方法和价值标准也随之发生着带有预示性的变化。与此同时，培养市场机制和利用价格杠杆的改革引起了社会生活和经济生活的巨大变化。在这种情势下，对物价史研究给予必要的注意，无疑是有理由和条件的。

本书集中考察的是18世纪的广东地区。

18世纪对传统中国研究来说是一个具有典型意义的时期。当时最引人注目的社会现象之一是人口的迅速增长。在这100年间全国人口至少增加了一倍。1790年全国人口统计首次突破3亿大关。[①] 堪称为奇迹的是在农业生产技术没有革命性变革的情况下，这一空前的人口压力并未带来普遍的饥荒或动乱，人口增长的势头持续到19世纪中叶。[②] 这一经济奇迹出现的原因，除了农业集约化经营的趋势外，国内市场在保证各区域粮食供需平衡方面的有效性也是一个重要的因素。所以，对这一时期粮食供需和米粮贸易状况的考察，将有助于加深对传统中国社会特点和发展道路的认识。正如许多学者考察过的，在被称为"康乾盛世"的百余年间，中国社会从自身内部产生过一些新的因素，当时社会经济空前繁荣，市场交换活跃，进入市场的产品大大增加，社会组织和社会控制出现了一些新的方式，社会流动性加强，在某些地区、某些行业出现了与过去不同的生产组织形式。如果仅仅从经济关系考察，这些现象无疑可被视为商品经济发展到一定阶段的产物或共生物。问题在于，这种具有明显"中国特色"的商品经济有着什么样的导向性，为什么传统中国社会最终不能依靠自身力量完成近代化变革？对这个困惑中国史研究者长

---

① 参见陈振汉等编：《清实录经济史资料·农业编》，第1册，132～136页，北京，北京大学出版社，1989。

② 参见梁方仲编著：《中国历代户口、田地、田赋统计》，甲表82，上海，上海人民出版社，1980。

达半个多世纪的问题，必须综合考察政治、经济、社会等各种因素，从文化价值层面上提出新解释。而在这个层面上，所有的经验性检验都是片面的和力不从心的，这种解释被接受的基础不是一两件事实或几条史料，而是在大量个案研究、区域研究、计量研究基础上形成的历史感。本书所进行的研究的意义可从这一角度得以理解。本书选择这个具有典型意义的时期中某个典型经济区域的典型问题进行考察，并且始终关注这个时代留给后人的最有影响的理论课题，但绝不奢望能直接证实或证伪有关这一课题的各种假说和解释。我们所能希望的是，如果能有更多的关于中国社会经济史的同类型和其他类型的基础研究，也许最终能在这些研究所形成的历史感的基础上，提出某种被更多的人所接受的新的解释。

正如本书将要证明的，广东（特别是珠江和韩江两个三角洲地区）是当时国内经济最繁荣、商品货币关系最发达的地区之一。在经历了清朝初年清兵与南明政权的拉锯战、藩王肆虐与三藩之乱以及"迁海"等一系列动乱事件之后，17世纪末广东经济开始恢复。18世纪广东在出现一系列新的社会和经济因素的同时，也同样感受到人口增长及其所造成的粮食短缺的巨大压力。本书以广东地区为主要研究对象，并非有意强调其特殊性，而是因为其社会变化和经济发展情形在传统中国社会的发展中带有某种先兆和预示的性质。

物价是各种社会经济现象和经济发展状况的综合标志物。对稻米这样一种典型商品的价格的分析，有助于我们了解社会生活的各个方面。由于价格资料具有系列性和非人格化的特点，这种分析又是其他类型的研究所难以取代的。

首先，价格是一种市场现象，它不但反映市场上商品的供需状况和货币流通情形，而且潜在地表现了市场发育的程度及其有效性。本书通过对18世纪广东省内各地以及邻省的米粮地区差价的分析，勾画了一个以广州、佛山为中心的联结数省的多层次的区域性米粮市场的运作情况；同时期米价的上升趋势又使我们注意到乾隆初年以后广东货币流通量加速增长的情形与背景；对米粮季节差价的变动方式与变动程度以及各地区间米价变动同步性的探讨，使对当时两广区域市场的有效性和整合程度的研究得以建立在一种可比性较高的定量分析的基础上。本书的研究几乎涉及18世纪广东米粮市场所有重要的内容和因素。

其次，对米价的分析，还使我们得以从一个新的角度理解传统中国晚期与市场运作有关的其他经济情形。例如，对粮食短缺压力下广东人所作的经济选择及其原因，各级市场上各类商人的经济活动及其价值追求，物价长期上升的经济影响以及传统中国社会经济运作的一些带根本性的特点等，本书都力求深入地作了讨论和分析。

最后，传统社会中实际的经济发展，并非一个纯粹的经济过程，经济运作是在整体社会结构中，在特定的政治体系和文化传统的制约下进行的。所以，物价研究的视野不能局限于市场或经济领域，而应同时关注范围更广的社会文化层面的内容。本书分析了米价循环变动和不规则变动时政府和士绅的行为，说明他们在基层社会中的地位与作用；对粮食流通中各种社会力量对米价和其他经济变动的反应作了较详细描述，以求有助于理解不同社会集团利益冲突及其调适的原则和前提；对广东粮食仓储制度演变的研究，反映了当时农村社会控制的方式及其变化趋势。在具体的研究过程中，我们还讨论了社会流动、社会心理变化、社会生产组织形式等方面的问题。

总之，在我们的研究中，米价不仅被看作一种实在的经济现象，而且也被理解为一种符号或象征。我们不但要分析米价变动的方式、规律及其市场背景，而且希望尽可能丰富地揭示其社会和文化内涵。从逻辑上说，本书的基本构想是以米价剖析市场，通过市场反映经济，再透过经济理解社会。不过，在实际的研究和写作过程中，所有的这些因素，没有也不可能按照这样的顺序排列，而是表现为一种复杂的互相纠缠互为因果的形式。这一方面是由于作为一部历史学的著作，过程再现必须优先于结构重建；另一方面也是由于社会历史本身就是一个整体，所谓"因素""结构""层次"等概念固然有其客观基础，但在更大程度上只是人们为了分析客观过程而作的主观界定，实际的历史发展是不按逻辑上各种因素的先后顺序或因果关系来进行的。

第三节　本书的材料与方法

本书所依据的资料有两个主要来源：一是清代档案中的粮价单和雨水粮价奏折，二是清代及其以后的广东地方志。

清代粮价奏报制度建立于康熙中叶，现存最早的粮价奏折是康熙三十二年(1693)七月苏州织造李煦关于苏州得雨和米价的报告①，而笔者发现的关于广东的粮价奏折以康熙四十六年(1707)八月为最早②。从乾隆元年(1736)五、六月开始，又有了督抚逐月奏报的以府州为单位的粮价单。本书附录一就这一制度建立的经过和一般情况、粮价单的可比性与可靠性问题作了说明。本书所利用的米价数据中，康熙、雍正两朝的主要根据中国第一历史档案馆所编的《康熙朝汉文朱批奏折汇编》、台北"故宫博物院"所编的《宫中档雍正朝奏折》和《雍正朱批谕旨》，具体数据请参阅本书附录二。乾隆、嘉庆两朝的数据绝大部分是作者在中国第一历史档案馆从粮价单和雨水粮价折中收集的，个别来自台北"故宫博物院"所编《宫中档乾隆朝奏折》，这些数据数量庞大，本书未能将其全部刊印公布，但本书附录三详细开列了它们的出处。当然，我也大量利用了上述档案和奏折汇编中的叙述性材料。

本书第二章第一节和第三章第二节还利用了乾隆年间广西及福建等省各府州的米价数据。这部分资料承蒙美国加州惠德学院(Whittier College)马立博教授惠赠，这是他1985年在中国第一历史档案馆查阅资料时从清代粮价单中收集的。

---

① 参见《康熙朝汉文朱批奏折汇编》，第1册，6页，北京，档案出版社，1985。

② 参见本书附录二。

　　笔者翻阅过的清代及其以后的广东地方志有 260 多种，从中收集到的粮价数据参见本书附录四。不过，本文所利用的大多是地方志中的叙述性资料。

　　本文所利用的资料还包括清代档案中的前三朝题本和乾隆朝刑科题本以及政书、笔记、族谱、碑刻等有关资料。

　　本文在研究方法上的一个特点是在整理、计算、分析米价数据时较多地利用统计学的数理分析方法，并在处理大量数据和进行较复杂计算时借助于电子计算机。这是因为，本文利用的米价数据近十万个，不能用一般的描述性方法加以把握，作者希望计量分析方法的运用有助于更理性、更准确地说明所讨论的问题。

　　在历史研究中运用现代统计学方法和电子计算机，是 20 世纪 50 年代后期开始在美国首先发展起来的，几十年间其影响遍及西方和东欧各国，成为颇为引人注目的计量历史学派。[①] 在以往对清代物价史的研究中，国外学者也较多地运用了这样的方法。关于历史学的计量研究，一直存在着两种不同的看法。提倡者强调，计量分析具有形式化、准确、更适宜反映基层社会和大众生活、更加科学化等优点，可以较有效地排除史学研究者"先入为主"的主观偏见，更接近真实地重现历史。而反对者则批评说，计量研究适应的领域有限，人在这种研究中成为一种符号而失去人性的特点，某些研究者对计算机的兴趣大于对历史本身的兴趣，而且计量分析使史学著作失去其作为艺术品被鉴赏的价值，从而使历史学失去众多的读者和听众。作者认为，对这个问题必须有一种更为超越的态度。科学研究的方法实际上是科学工作者提出和检验假说并说服别人的一种被从业者集团共同认可的程序，其扬弃和发展既是由于科学进步内在的动因，也是科学研究者学术信仰转变的结果。从严格的意义上说，并没有哪一种方法是尽善尽美的，也没有哪一种方法绝对地优越于其他方法。计量历史研究也是这样。一方面我们注意到它反映了历史学

---

　　① 参见项观奇主编：《历史计量研究法》，济南，山东教育出版社，1987。

研究方法的创新趋势，确实具有某些其他分析方法所未有的优点；另一方面也要清楚地知道计量分析本身存在许多弱点和局限，它没有也不可能取代史学研究的其他方法，包括最传统的手段与方法。在这个问题上，美国学者爱德华·萨维斯的话是有道理的："对历史计量法最适当的估价可能是把它当作历史学家所有许多技术和方法中的一种，在需要它的地方用它，用不着像有些历史学家那样对它抱有过分的奢望，也不必像另外一些历史学家那样对它过于敌视。"①

作者无意使本书成为纯计量研究的作品，而是尽量做到定量分析与定性分析并重、数字材料与描述性材料结合。而且，在进行较复杂的数据处理或分析时，尽量略去繁琐的计算过程，只给出最后结果。这样做是想使全书的叙述更加流畅，更容易为读者所接受。而对叙述性史料的引用则力求详细，这一方面是由于许多材料（特别是档案材料）属首次引用，一般研究者不易读到；另一方面也是希望不使读者留下计量研究可以取代文献学工作的印象。

近年来许多学者，特别是中青年学者，为史学研究方法的创新造了许多舆论。在现阶段，也许最重要的是拿出一批具体的实在的研究成果。如何在努力接近现代学术潮流的同时保持和发扬中国史学的优良传统，如何在借鉴利用其他学科的理论和方法时保持历史学本身的特色，这些都是有待在理论上，特别是在学术实践中加以解决的问题。正因为这样，本书的错误和失误在所难免，恳切期望听到更多的建设性的批评意见。

---

① ［美］爱·萨维斯：《六十年代的美国史学》，牛其新译，宋蜀碧校，载《世界历史译丛》，1980(2)。

第二章　米粮地区差价与米粮市场的运作

粮食是一种大体积、低价值的产品，长途贩运较难获利，所以古人有"千里不贩籴"①的说法。但是，至迟从春秋战国开始，中国已有大规模的粮食贸易存在。② 清代由于人口压力和区域间经济分工的发展，粮食贸易的规模达到空前水平。就广东而言，这个高度商业化的地区已可通过一个发达的多层次市场网络有效地获得粮食供应。

第一节　广东与省外的米粮贸易

清代广东省的范围包括现在的广东、海南两省和广西南部的部分地区。③ 北回归线横穿本省大陆中部，全省为亚热带—热带湿润季风气候，高温多雨，年平均气温 19℃～26℃，平均降水量在 1 500 毫米以上，无气候意义上的冬季，有效积温从北到南由 6 000℃～9 000℃ 不等。18 世纪时，粮食作物一年已可两熟。珠江、韩江、漠阳江、鉴江等肥沃的江

---

① 《史记·货殖列传》。
② 春秋时管仲的"轻重之术"目的就在于调节粮价。战国商人白圭的致富之道在于"岁孰，取谷，予之丝漆；茧出，取帛絮，予之食"（《史记·货殖列传》），已懂得从粮食和其他农副产品的季节差价中获利。李悝在魏行"平籴法"，认为："籴甚贵伤民，甚贱伤农；民伤则离散……使民毋伤而农益劝。"（《汉书·食货志》）反映了粮食贸易中价格变动对国力的重要影响。其实春秋时计然已有类似议论："夫粜，二十病农，九十病末。末病则财不出，农病则草不辟矣。上不过八十，下不减三十，则农末俱利，平粜齐物，关市不乏，治国之道也。"（《史记·货殖列传》）
③ 但是，现属广东的怀集县在 1951 年以前隶属广西。

河下游平原，占有全省约四成的耕地，农业生产条件优越。

广东在历史上开发较晚，隋唐以前经济发展水平远远落后于中原地区与江南一带。宋元以后，由于士民南迁和江河三角洲的发育开垦，加之与国内外经济联系日趋密切，这一地区农业生产有较大发展。从南宋到明代中叶，广东一直是米粮输出省份，宋代广州和潮州有米粮运往江浙地区和福建泉州、福州一带，明代福建也一直依赖从广东输入的粮食。[①] 广东缺粮的局面是从明代万历年间开始的，当时有"广东民间资广西之米谷东下"[②]的记载，但广东向福建的米粮运输直至明末仍保持较大规模。

清代的情况有较大不同。清初屈大均已有"东粤少谷，恒仰资于西粤"[③]之语，雍正五年(1727)又有"广东所产之米，即年岁丰收，亦仅足供半年之食"[④]的说法。整个清代广东一直是严重缺粮省份，其缺粮的局面延续到20世纪50年代。

一、粮食短缺与广东人的经济选择

清代广东粮食严重短缺的直接原因在于人口的迅速增长。

表2-1列出了笔者所找到的18世纪广东全省人口数字。从中可以看出，乾隆四十一年(1776)前后的人口数有巨大差别，这是因为人口统计方法的不同造成的。乾隆三十八年(1773)以前广东的人口统计为"编审人丁"数，编审与赋役是联系在一起的，"一户或有五六人止一人交纳钱粮，或有九丁十丁亦止一人交纳钱粮"[⑤]，而且地方官员将此视为例行公事，凭空杜撰，毫无准确性可言。[⑥] 乾隆三十七年(1772)各地接到通知："编

---

① 参见拙文《论清代前中期广东缺粮的原因》，载《广东史志》，1989(1)。
② 王士性：《广志绎》，第5卷。
③ 屈大均：《广东新语》，第14卷，《食语·谷》。
④ 雍正《广东通志》，第1卷，《典谟》。
⑤ 《清朝文献通考》，第19卷。
⑥ 参见乾隆《揭阳县志》，第3卷，《户口》。

审之例，无裨实政，永行停止。"从乾隆四十一年(1776)开始的人口统计为"保甲烟户"数，根据规定，"督抚饬所属按保甲门牌册实在民数，岁以十月同谷数造册送部"①。这一做法没有制度上的缺陷，其可靠性取决于州县官员的认真程度。就广东的情况而言，该时期的人口统计仍然带有任意推测的成分②，但比以前的编审数要可靠得多。从表中可以看出，从乾隆四十一年(1776)至五十六年(1791)，全省人口由 1 482 万余增加到 1 645 万，年增长率约 5.7‰至 11‰，平均约 6.8‰。这是一个很高的增长速度，它意味着如果整个 18 世纪广东人口一直以此速度增长，那么这 100 年里正好翻了一番。

表 2-1　18 世纪广东人口

时间	人口数量（口）	与上一数字比较的年约增长率(‰)	资料来源
雍正二年 乾隆十四年	1 307 866 6 460 638		《中国历代户口、田地、田赋统计》，甲表 76
十五年 十六年	6 510 987 6 533 971		《宫中档乾隆朝奏折》，第 23 辑，22 页
十七年 十八年 十九年	6 554 230 6 582 200 6 607 598		同上书，第 4 辑，448～449 页 同上书，第 6 辑，890 页 同上书，第 12 辑，187 页
二十年 二十一年	6 633 807 6 668 795		同上书，第 16 辑，242～243 页
二十二年	6 699 517		《中国历代户口、田地、田赋统计》，甲表 76
二十七年 二十八年	6 818 951 6 844 397		《宫中档乾隆朝奏折》，第 19 辑，515～516 页

---

① 嘉庆《大清会典》，第 11 卷。

② 参见 Ho Ping-ti, *Studies on the Population of China*, Cambridge, Harvard University Press, 1959，p. 52。

续表

时间	人口数量（口）	与上一数字比较的年约增长率(‰)	资料来源
二十九年	6 865 436		《宫中档乾隆朝奏折》，第 23 辑，148～149 页
三十年	6 890 267		同上书，第 26 辑，537 页
三十一年	6 914 762		同上书，第 28 辑，537～538 页
三十二年	6 938 855		
三十三年	6 960 995		同上书，第 32 辑，489 页
三十七年	7 041 369		同上书，第 33 辑，491～492 页
三十八年	7 066 500		
四十一年	14 820 732		同上书，第 40 辑，732 页
四十二年	14 921 699	6.8	
四十六年	15 370 439	6.5	同上书，第 53 辑，708 页
四十七年	15 539 895	11.0	
五十一年	15 923 000	6.1	《中国近代经济史统计资料选辑》，362 页
五十二年	16 014 000	5.7	
五十三年	16 112 000	6.1	
五十四年	16 218 000	6.6	
五十五年	16 337 000	7.3	
五十六年	16 450 000	6.9	

在人口增长所带来的粮食短缺的压力下，人们可以有两种不同的经济选择：一是扩大粮食作物种植面积，相应减少经济作物和其他作物的种植，首先保证作为最基本生活资料的粮食的自给自足；其次是种植更多的高价值的非粮食作物，使单位面积耕地可以容纳更多的劳动力并使其收益可以养活更多的人口，所需粮食则从市场上获得。直接影响选择的因素至少包括：一是人口耕地比例是否容许第一种选择存在？二是市场上粮食的价格是否高于生产同量粮食的耕地种植其他作物的收益？三是整个社会的消费习惯、行为模式和价值追求如何发生影响？

我们先考察人口耕地比例。这实质上是当时广东每年的粮食总需求量与耕地可能的粮食产量的关系问题。

　　从表 2-1 已知 18 世纪中后期广东人口在 1500 万人左右。现在需要知道的是人均年粮食消费量。这是一个比较复杂的问题，它不但取决于人的生理需要，而且受到饮食习惯、社会风俗等文化现象的影响和经济发展水平的制约。清末和民国年间有人对此作过统计。赵天锡认为"中数每口岁率食谷 400 斤"①，以出米率 67% 计算②，折米 268 斤，约合仓石米 2 石③。署广州府通判祥林估计光绪年间广东 3 200 万人口每年共食米 5 780 万石④，人均 1.81 石，加上"饲畜酿酒米"估计也在 2 石上下。1937 年广东省银行经济研究室进行了多方面调查，认为每人每年需米 277 斤⑤，约合清仓石 1.8 石。对广东粮食问题有过大量研究的黄菩生的估计与此相同。⑥ 美国学者珀金斯估计"明清时期按人计算的粮食产量长期处于五百斤以下"⑦，折成稻谷也在仓石 2 石上下。按"谷二米一"的通例，稻米 2 石等于稻谷 4 石。由于没有直接的有关 18 世纪的材料，而且我们也未发现清代中后期广东的饮食习惯和食物结构有大的变化，所以就以每年 4 石稻谷作为 18 世纪广东人均年粮食消费量的估计值。

　　我们知道，"粤人三餐惟米，不用面，饶者干饭，贫无力或有病则稀粥"⑧，其粮食以稻米为主。但是，杂粮仍占有一定的比例。表 2-2 假定 18 世纪广东人的食物结构与 20 世纪 40 年代相同，由此推算当时全省各种粮食的需求量。

---

　　① 赵天锡：《调查广州府新宁县实业情形报告》，见《农学丛书》，第 6 集第 14 册。

　　② 参见广东省银行经济研究室编：《广州之米业》，2 页，广州，广东省银行经济研究室，1938。

　　③ 清代稻米 1 仓石约合当时 130 斤(参见王业键：《十八世纪福建的粮食供需与粮价分析》)，清代 1 斤等于 1.193 6 市斤，故 1 仓石米重约 155 市斤。

　　④ 祥林：《广东实业调查报告概略》，见《农学丛书》，第 6 集第 14 册。

　　⑤ 参见《广州之米业》，1 页。

　　⑥ 参见广东粮食调节委员会编：《广东粮食问题》，21 页，1935。

　　⑦ [美]德怀特·希尔德·珀金斯：《中国农业的发展》，宋海文等译，伍丹戈校，14 页，上海，上海译文出版社，1984。

　　⑧ 张渠：《粤东闻见录》上卷。

表 2-2　18 世纪广东各种粮食的需求量

粮食品种	20 世纪 40 年代的人年均食物构成[1]		18 世纪的估计值（石）	
	数量（斤）	比例（%）	人均需求量	需求总量[2]
稻谷	369.9	83.09	3.32	49 800 000
甘薯	33.15[3]	7.45	0.30	4 500 000
芋头	3.75[3]	0.84	0.03	450 000
大豆	9.5	2.13	0.08	1 200 000
小麦	5.3	1.19	0.05	750 000
其他	23.6	5.30	0.22	3 300 000
合计	445.2	100.0	4.00	60 000 000

注：

[1]根据黄菩荃：《广东粮食概况》，8 页，行政院善后救济总署广东分署，1946。

[2]按全省 15 000 000 人计算。

[3]甘薯、芋头按 25% 折算为原粮干重。20 世纪的食粮构成中，包括马铃薯 6.3 斤，考虑到马铃薯 17 世纪才由美洲传入福建，18 世纪广东未见普遍种植，故将马铃薯的消费量并入甘薯计算。

那么，当时广东的耕地是否足以生产这么多粮食呢？这取决于耕地总面积和粮食单位面积产量。我们先考察最主要的粮食作物水稻的亩产。

水稻的单位面积产量因品种、土质、气候、耕作技术和资本劳动投入的差别而有较大不同。清初广州府有的水田仅晚稻就"每亩丰者四石"，而且"晚谷每亩所收，少于早稻三之一"①，全年亩产似不下于 8 石；嘉庆间海康县洋田亩产从 2 石至 4 石 8 斗不等②；光绪年间阳春县每田一亩"约可得谷八石"③，南澳岛亩产在 3 石至 4 石之间④，徐闻县则"亩下种一斗，得谷三石"⑤。各种记载差别很大。在今人的研究中，吴慧估计

① 屈大均：《广东新语》，第 14 卷，《食语·谷》。

② 参见刘世馨：《粤屑》，第 1 卷，《雷州屯田丈田议》。

③ 许南英：《广东阳春实业调查报告》，见《农学丛书》，第 6 集第 14 册。

④ 参见刘珏德：《粤闽南澳实业调查概略》，见《农学丛书》，第 6 集第 14 册。

⑤ 何炳修：《徐闻县实业调查报告》，见《农学丛书》，第 6 集第 14 册。

清前期南方单季稻亩产在 2 石至 3 石之间，双季稻亩产 3 石。[①]

　　珀金斯估计 18 世纪广东全省稻谷单产为每市亩 447 市斤[②]，约合 4 石。而许涤新、吴承明主编的《中国资本主义的萌芽》一书估计闽广"亩产大约在米 3—4 石之间"[③]，这里的"米"似是"谷"字之误，否则亩产稻谷 6~8 石，似乎太高一些。为了对 18 世纪广东的水稻平均亩产作出比较恰当的估计，笔者统计了清代中叶广东各地的实物地租量(参见表 2-3)。

表 2-3　清中期广东各地的地租量

时间	地点	地租量 （石谷/亩）	资料来源
雍正三年	揭阳	2.00	《清代地租剥削形态》，19 页
五年	潮阳	1.00	《康雍乾时期城乡人民反抗斗争资料》，128 页
九年	连平	1.00	《粤东成案初编》，第 28 卷
十年	潮阳	2.48	《清代地租剥削形态》，160 页
乾隆元年	河源	2.00	同上书，504 页
四年	茂名	1.76	《清代土地占有关系与佃农抗租斗争》，218 页，北京，中华书局，1988
五年	归善	1.20	同上书，61 页
五年		3.00	《康雍乾时期城乡人民反抗斗争资料》，130 页
八年	大埔	2.78	《清代土地占有关系与佃农抗租斗争》，374 页
十三年	钦州	1.62	同上书，672 页
十四年	清远	1.30	《清代地租剥削形态》，406 页
十八年	乐昌	0.96	《康雍乾时期城乡人民反抗斗争资料》，136 页
十八年	嘉应	2.20	同上书，138 页

----

　　① 参见吴慧：《中国历代粮食亩产研究》，177~179 页，北京，农业出版社，1985。

　　② 参见《中国农业的发展》，23 页。

　　③ 许涤新、吴承明主编：《中国资本主义的萌芽》，192 页，北京，人民出版社，1985。

续表

时间	地点	地租量 （石谷/亩）	资料来源
十九年	英德	2.34	《康雍乾时期城乡人民反抗斗争资料》，140 页
二十三年	保昌	2.27	《清代地租剥削形态》，116 页
二十三年	西宁	2.61	《清代土地占有关系与佃农抗租斗争》，767 页
二十七年	揭阳	0.99	《潮汕文物志》上册，299 页
二十九年	普宁	2.00	《清代土地占有关系与佃农抗租斗争》，525 页
二十九年	惠来	0.76	《清代地租剥削形态》，644 页
三十二年	罗定	2.04	同上书，682 页
三十四年	惠来	2.25	同上书，580 页
四十四年	连平	2.40	同上书，473 页
五十六年	新宁	2.56	同上书，246 页
嘉庆十七年	东莞	3.33	《许舒博士所辑广东宗族契据汇录》，1 页，1987
嘉庆年间	海阳	3.66	《粤东成案初编》，第 3 卷
嘉庆年间	平远	1.39	同上书，第 27 卷
平均		1.996	

　　表 2-3 的数据有些太少，但这些数据被记录下来有较强的随机性，而且来自不同府州，反映了不同耕地情况，其代表性还是比较强的。清中期广东每亩土地的地租量在 2 石左右，若按一般的地租率 50％计算①，当时水稻的平均亩产在 4 石上下。这与前引大多数记载和研究结果相近。

　　关于 18 世纪广东各种杂粮的单位面积产量没有见到较全面的资料。表 2-4 根据 20 世纪初广东各种杂粮亩产的比较，推算出 18 世纪广东各种粮食的亩产和满足其需求总量所需的耕地面积。这一推算是基于这样

――――――――――

　　① 乾隆《清远县志》第 14 卷广东布政使甘汝来《严饬奸佃短少租谷告示》中说："粤东田租甚轻，佃交业主不过田中十分之三。"若据此计算，当时广东水稻亩产约可达 6.5 石。此外，当时广东不少地区已有冬小麦种植，"其麦佃人自入，不供业户"（乾隆《普宁县志》，第 9 卷），这也可能降低地租率。

的假定，即各种粮食作物单位面积产量的比例在 19 世纪以后的 100 多年间没有大的变化。据笔者所看到的资料，这段时间里广东粮食作物品种没有大的改良，也未见某一作物的耕作技术有领先于其他作物的进步，因此这一假定是基本上可以成立的。此外，20 世纪的亩产指的是单造产量，我们知道广东水稻一年可以两熟，不过其他粮食作物在广东一年也可种植两造。由于缺乏更精确的材料，我们忽略了各种作物复种指数可存在的细微差别。

表 2-4 18 世纪广东各种粮食亩产和所需耕地面积

作物	20 世纪初的单造粮食亩产[1]		18 世纪的推算值(全年)		
	产量(斤/亩)	等于水稻亩产(%)	产量(石/亩)	需求总量(石)[2]	约所需耕地(亩)
水稻	284.2	100.0	4.00	49 800 000	12 450 000
甘薯[3]	224.0	78.82	3.15	4 500 000	1 428 571
芋头[3]	130.3	45.86	1.83	450 000	245 902
大豆	127.2	44.76	1.79	1 200 000	670 391
小麦	218.2	76.78	3.07	750 000	244 300
其他[4]	159.1	55.98	2.24	3 300 000	1 473 214
合计				60 000 000	16 512 378

注：

[1]根据《广东粮食问题》，22 页。

[2]根据表 2-2。

[3]甘薯、芋头类亩产按 25% 折算为原粮干重。

[4]包括大麦、高粱、小米、玉米、小豆。20 世纪初的亩产数字已按当时各种作物种植比例作了加权平均。

根据表 2-4，我们知道满足 18 世纪中期广东人口粮食需要约需耕地 1 651.2 万亩。18 世纪广东耕地面积统计数字变化不大①：

———————————

① 根据梁方仲编著：《中国历代户口、田地、田赋统计》，乙表 72、73、74、75、85。乾隆四十九年屯田数据乾隆《大清一统志》第 339~353 卷各府州数字累加。

表 2-5 18 世纪广东耕地面积

时间	民田（亩）	屯田（亩）	学田（亩）	合计（亩）
雍正二年	31 274 464	494 481	15 117	31 784 472
乾隆十八年	32 883 293		15 116	32 898 409
三十一年	33 696 253	527 957		34 224 210
四十九年	33 548 210	568 688		34 116 898

可以看出，当时广东只需以其土地的约 1/2 种植粮食作物，即可满足本省的粮食需要。而且，清中期尽管已实行"摊丁入亩"，但其土地面积统计仍然有偏少的倾向，最明显的原因就是把若干亩下则地折合为一个纳税亩的做法，而且尚有许多土地开垦后没有报垦升科，珀金斯估计呈报的耕地总面积约为实际面积的 70%～80%①，若据此计算，18 世纪中期广东的耕地总面积当为 4 200 万亩至 4 800 万亩，那么满足全省粮食需求最多只须约以 1/3 强的耕地种植粮食作物就足够了。

还有一个必须考虑的因素，就是税粮负担。清代广东赋税大多征收银两，每年仅征收民屯本色米约 35 万石，加耗 5 万石②，折谷共 80 万石左右，只及全省粮食需求量的 1.3%，而且全部存留支应本省兵食，所以对我们的讨论影响不大。

由此可见，就人口与耕地的比例而言，即使没有大的农业技术变革，当时广东仍有可能以扩种粮食作物的方式解决人口增长所造成的粮食短缺问题。但是很明显，广东人并没有作出这样的选择。以上的计算实际上已经表明，当时广东可能有一半以上的耕地用于种植非经济作物，即使估计得保守一点，生产非粮食作物的耕地当不会少于 1/3，即在 1 100 万亩和 1 700 万亩之间。如此之高的非粮食作物种植比例说明，在 18 世纪人口迅速增加的压力下，广东人所做的是第二种选择。

18 世纪初广西巡抚韩良辅在抱怨"广东地广人稠，专仰给于广西之

① 参见《中国农业的发展》，310～313 页。

② 参见《广东省事宜》，抄本。

米……广西地瘠人稀，岂能以所产供邻省多人之贩运"时，就已指出，"在广东本处之人惟知贪射重利，将地土多种龙眼、甘蔗、烟叶、青靛之属，以致民富而米少"①，雍正帝也指责"闽粤小民只知种植果木，图取银钱，不思稼穑种稻以蓄米粮"②。18 世纪广东已出现各种经济作物种植的专业化地区，即使在农作物种植尚未专业化的地区，经济作物的种植也十分普遍。经济作物获利较丰，张渠在《粤东闻见录》卷上就指出："即有肥美之田，多种荔枝、龙眼、蒲葵之属，以其获利颇赢，非若稼穑之力苦利微也。"结果，非粮食作物开始排斥粮食作物，如新会县乡民"易农而商，并将沃壤膏腴不种稻而种葵"③，南海县种桑"获利较种稻为易"，"多改禾田以植之"④。而且，随着人口的增加，经济作物种植也逐渐扩大。以缺粮最严重的珠江三角洲为例，以九江为中心，包括九江、龙山、龙江、坡山、海洲、镇涌、金瓶、绿潭、沙头、大同等乡，方圆几十里的以"桑基鱼塘"为主的专业性农业区域；以广州为中心，南至番禺的大石、龙湾、古坝，东至黄埔、茭塘，西南至顺德的陈村、南海的平洲、番禺的韦涌等纵横百里的老沙围田区的果木种植业；还有以新会为中心的蒲葵种植区，都在 18 世纪有较大发展。⑤

如前所述，影响某一缺粮地区的人们进行经济选择的因素，除了人口土地比例外，还包括市场上的粮食价格以及社会价值追求等。社会价值追求的问题留待第五章专门讨论。这里要指出的是，18 世纪广东市场上的粮食价格确实低于生产等量粮食的耕地种植其他作物的收益。尽管在当时的社会经济背景下，农户还不可能有成本核算以及追求利润的观念，但出于维持家计的考虑，已自然而然地转向单位面积土地收益更大

---

① 转引自《宫中档雍正朝奏折》，第 8 辑，25 页，雍正五年四月十三日常赉奏，台北，"故宫博物院"，1978。

② 转引自同上书，24 页，雍正五年四月十二日广东布政使官达奏。

③ 聂尔康：《冈州文牍》。

④ 道光《佛山忠义乡志》，第 6 卷，《实业》。

⑤ 参见叶显恩、谭棣华：《明清珠江三角洲农业商品化与圩市的发展》，见明清广东省社会经济研究会编：《明清广东社会经济研究》，广州，广东人民出版社，1987。

的选择，即使单位劳动消耗的收益趋于下降也在所不惜。这是因为，在人口增长、不断分家、生产规模小型化的情况下，单位面积土地每一点新增加的收益都具有很大的边际效用，而劳动力的机会成本却在不断降低。

对一个缺粮地区来说，市场粮价较低这一现象表明，该地区可以从外部获得稳定的粮食供应，而且这部分粮食的流通费用也比较低廉。这又依赖于一个有效的市场网络的存在。对这样一个市场网络的考察正是本书的主要目的。

还要说明的是，尽管为了讨论方便，我们把 18 世纪广东经济作物种植扩大描述为一种在人口压力下有目的选择的结果，这只是事实的一个方面。实际上，人口增加、粮食短缺、经济作物种植扩大等现象之间的关系十分复杂，绝不能只用一种线性的因果模式去理解。例如，既可以认为人口增加带来的生计压力和劳动力出路问题刺激了经济作物种植的发展，也可以认为正是经济作物种植的扩大为人口的迅速增长提供了条件和可能；既可以把一个地区的粮食短缺视为人口剧增的结果，也可认为经济作物排挤粮食作物才导致该地区对外来粮食的依赖；如果再考虑市场的因素，甚至可以认为，长期的人口上升趋势正是粮食供应逐步增加的结果，即在更大的区域内不存在真正的粮食短缺的结果。社会历史本身是一个整体，同时存在或出现的各种经济现象之间常常是互动或互为因果的，我们可以用一种或几种关于因果关系的假说去理解这些关系，这些假说也应该可以被有关史料证实或说明，但绝不能被机械地等同或外化为事实或过程本身。

二、广东与闽、赣、湘三省的米粮贸易

清代广东与相邻各省都有米粮贸易往来。除了广西这个广东最重要的外来米粮供应地外，福建、江西、湖南等省也以各种方式与广东进行粮食交易。

18 世纪福建与广东进行米粮贸易的主要有漳泉、台湾和汀州三个地区。

漳州、泉州两府位于福建南部，是清代国内最严重的缺粮地区之一，

其米粮主要依靠从台湾的船运以及从苏州、浙南转运的长江中上游的供应，但也从毗邻的广东潮州府购粮。雍正四年（1726），闽浙总督高其倬就指出，"泉、漳二府全资台湾之米及广东潮州之米"，"广东潮州府向为漳、泉所仰资者"①。当时广东官员对这一情况甚为关注，在奏折中往往提到"潮州紧接福建，米价稍昂"②的情况，如康熙五十五年（1716）九月广东全省每石米价 7 钱至 8 钱，"惟潮州一府界连福建，米价每石一两一钱及一两不等"③。乾隆二十二年（1757）两广总督杨应琚也有"潮州、南澳二镇所属，因界连闽省，粮价未能大减"④的报告。从潮州至漳泉的米粮运输主要是海运，"闽之漳州每岁来潮告籴，舟航络绎"⑤，说明这是一种经常性的行为。闽南和粤东是清代全国近海帆船贸易最为活跃的地区，贸易船只因米粮地区差价而在各地自带口食米粮的增减，有时也会影响粮价的波动，如乾隆十六年（1751），"浙省荒歉，米价较昂于闽，而闽省较昂于粤。是以来粤贸易商贩船只俱各扣带米石而来，回棹之时虽不敢夹带偷载，又未免足带食米而往。乃自浙闽而粤，自粤而浙闽，商船络绎，相率皆然，以致粤米价值未得平减"⑥。但潮州又是当时广东最严重的缺粮地区之一，有时米粮不敷也会到漳泉一带买粮，如雍正四年（1726）广东全省饥荒，"潮州府来闽搬运者又复樯帆不绝，动辄盈千累百，所需甚广"⑦。据嘉庆《澄海县志》卷 19 记载，是年澄海协副将陈国铉就"捐金数百采厦门米入赈，诸商踊行之，澄赖以安"。不过，18 世纪

①　《宫中档雍正朝奏折》，第 6 辑，173～174 页，雍正四年六月十九日高其倬奏。

②　《康熙朝汉文朱批奏折汇编》，第 6 册，164～165 页，康熙五十四年五月初一日广东巡抚杨琳奏。

③　同上书，第 7 册，451 页，康熙五十五年九月二十八日杨琳奏。

④　乾隆《广州府志》，第 53 卷，《艺文五》。

⑤　《宫中档雍正朝奏折》，第 22 辑，790 页，雍正十二年四月初八日广东总督鄂弥达、广东巡抚杨永斌奏。

⑥　《宫中档乾隆朝奏折》，第 1 辑，861 页，乾隆十六年十一月初十日广东提督林启升奏，台北，"故宫博物院"，1982。

⑦　《宫中档雍正朝奏折》，第 6 辑，13 页，雍正四年五月十四日毛文铨奏。

时，潮州向漳泉的供应还是主要的。这一点可以从两地米粮地区差价的分析得到证实(参见表2-6)。

表2-6 潮州、泉州和台湾的米粮地区差价
(1745—1756)

时间	中米年平均价格(两/石)			潮州米价与泉州米价之差(两/石)	潮州米价与台湾米价之差(两/石)
	潮州	泉州	台湾		
乾隆十年	1.21	1.30	1.16	−0.09	＋0.05
十一年	1.32	1.53	1.42	−0.21	−0.10
十二年	1.38	1.57	1.48	−0.19	−0.10
十三年	1.65	1.87	1.58	−0.22	＋0.07
十四年	1.30	1.71	1.58	−0.41	−0.28
十五年	1.26	1.43	1.29	−0.17	−0.03
十六年	1.99	1.75	1.45	＋0.24	＋0.54
十七年	2.13	2.10	1.79	＋0.03	＋0.34
十八年	1.86	1.99	1.71	−0.13	＋0.15
十九年	2.01	2.08	1.86	−0.07	＋0.15
二十年	2.00	2.06	1.87	−0.06	＋0.13
二十一年	1.54	1.76	1.43	−0.22	＋0.11
平均	1.64	1.76	1.55	−0.12	＋0.09

资料来源：

潮州米价参见本书附录三。泉州、台湾米价见王业键：《十八世纪福建米粮供需与粮价分析》表三。

从表2-6可以看出，在乾隆十年至二十一年(1745—1756)的12年中，只有两年潮州的米价高于泉州，其余10年潮州米粮贱于泉州，最多时中米每石平均比泉州价低4钱多。在这种差价的作用下，自然会有部分米粮从潮州流向漳泉一带。对图2-1的观察还可发现，上述12年间这两个地区的米价趋势几乎同步地发生变动，对两个米价数列进行相关分析(相关分析是数理统计学中用于测定两数列关系密切程度的一种常用方法，其结果表现为相关系数 r，r 是一个绝对值在0与1之间的系数，其值越接近1，说明两数列相关程度越高；反之，其值越接近0，表明两数列相关程度越低)，其结果为，$r=0.894$，相关程度很高。这一方面是由

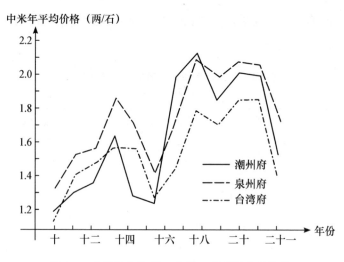

图 2-1 乾隆初年潮州、泉州、台湾的米价趋势

于两地相邻,自然地理条件相近,粮食生产受相同的气候条件的影响;另一方面也反映了两地间米粮贸易往来的活跃。

至迟从 17 世纪末开始,台湾已成为重要的米粮外销地区。从表 2-6可以看出,表中所列的 12 年中,有 8 年台湾米价低于潮州,所以,潮州与台湾之间的米粮贸易主要是台湾向潮州的输出。康熙年间已有"潮州各县民人向在台湾近港装载米谷生理"的记载,康熙六十年(1721)五月台湾南部发生骚乱,结果就有"单桅小船三十余只,每只有五六人,附载豆谷等物"[1]驶回潮州府澄海县港口避乱。乾隆时有人讲到"往年由福建运米广东,所雇民船三四百只,每只约用三四十人"[2],指的大概也是从台湾向潮州的米粮运输。当时"自台载货赴广东、浙江等省贸易者,亦间有带运余米之事"[3]。直至嘉道时仍然有"惠潮仰给于台湾、外夷之米"[4]的说

---

① 《康熙朝汉文朱批奏折汇编》,第 8 册,800 页,康熙六十年五月二十四日两广总督杨琳等奏。

② 《清朝文献通考》,第 33 卷,《市籴二》。

③ 《宫中档乾隆朝奏折》,第 6 辑,280 页,乾隆十八年八月二十五日闽浙总督喀尔吉、福建巡抚陈宏谋奏。

④ 龙廷槐:《敬学轩文集》,第 1 卷。

法。潮州米价有时也对台湾米价产生影响，如雍正四年（1726）泉漳米贵，"潮州等府米价腾贵更甚，以至台湾有粟之家居奇观望，价亦渐长"[①]。除了稻米之外，豆类也是台湾输入潮州的重要粮食商品，如康熙五十三年（1714）二月福建同安县商人林大发率有二十二名水手的双桅船"在台湾载豆往（潮州）庵埠生理"[②]；前述康熙六十年回大陆避乱的商民也是"附载豆谷"；嘉庆二十五年（1820）福建漳浦县民陈长忻、陈勃戴雇艚船，"合伙载运黄豆赴广东饶平县发卖"[③]，所运的黄豆大概也是产于台湾。偶尔也有从潮州运粮往台湾的情况，如乾隆六年（1741）因台湾米价昂贵，官员无偿从潮州拨运仓谷6万石往台接济平粜。[④]

从表2-6可以看，泉州与台湾的米价之差要大于潮州与台湾的米价之差，所以台湾的米粮主要运往漳泉地区。同样，泉州与台湾的米价之差要大于其与潮州的米价之差，所以潮州对漳泉地区的米粮运销是比较少的。这一点可以从对三个地区米价数列的相关分析得到进一步证明。如上所述，乾隆十年至二十一年（1745—1756）泉州与潮州米价数列的相关分析的结果为 $r=0.894$。对表2-6所示泉州与台湾米价数列的相关分析结果为 $r=0.951$，高于泉州与潮州的相关程度；而同时期台湾与潮州的米价数列的相关系数仅为 0.799，是三者中最低的。这一分析结果与我们从文献记载中得出的印象是一致的，这从一个侧面证明了本书附录一所说明的清代粮价奏折的可靠性。

汀州地处闽粤赣三省交界地区，相对隔绝于福建其他府州，作为缺粮地区，依赖于江西的米粮供应。但它地处韩江上游，下游的嘉应州是当时广东全省米价最高的地区，结果仍不断有米粮顺流南运至嘉应州和潮州府的大埔县。饥荒年月这种情况更为引人注目。如雍正五年（1727）

---

① 《宫中档雍正朝奏折》，第6辑，258页，雍正四年七月初六日巡台御史索琳、吏科给事中汪继爆奏。

② 档案：前三朝内阁题本，康熙五十五年四月初三日两广总督杨琳题。

③ 《粤东成案初编》，第16卷，《水陆强劫》。

④ 参见《清高宗实录》，第78卷，乾隆六年十月壬辰。

大埔县大饥，"乃告籴上杭县，而上杭官民禁米越界，间有小贩从万山岩邃中绕道偷运到埔"①，雍正十二年（1734）汀州米贵，而且"江西米粮较汀颇贵，固无颗粒来汀。兼之广东邻境薄收，又络绎到汀贩运"②，结果汀州米价骤涨。乾隆六十年（1795）大埔饥荒，可是"（上）杭、永（定）二邑严行遏籴"③，结果民不聊生。图2-2列出了乾隆二十八年（1763）四月韩江流域各地的米粮地区差价。④ 该年年景正常，但可以看出，汀州沿江各县米价明显低于嘉应州，但嘉应州又高于潮州，所以，从汀州南运的米粮主要在韩江中游地区消费。18世纪汀州八县中，靠近汀江的长汀、上杭、永定都是缺粮县，连城仅能自足，只有武平有余粮外运⑤，所以汀州南运嘉应州的米粮大多是转运赣米，而且数量不会太多。事实上，嘉应州所需米粮大多来自本省的潮州府和惠州府。

江西是清代最主要的余粮省份之一，每年都有大量米粮运往江南和徽州等地。其南昌府之市汉、吴城，袁州府之泸溪，临江府之樟树镇、沙湖、龙涡、河埠，抚州府之上墩渡，广信府之小羊渡、河口等，均为米谷集散之地。⑥ 不过，向广东输出米粮较多的是赣江上游的赣州府各县，文献中时见"赣州府属闽广商贩络绎"⑦之类的记载。赣州向广东的米粮输出主要有两条途径：（一）沿贡水、绵水运到瑞金，然后由山间小道挑运至长汀，经汀州中转，顺汀江、韩江而下船运至广东的嘉应州（雍正十一年[1733]置嘉应州之前，韩江上游属潮州府），这条路线上面实际

---

① 乾隆《潮州府志》，第11卷，《灾祥》。

② 《宫中档雍正朝奏折》，第22辑，142页，雍正十二年九月十六日汀州总兵朱杰奏。

③ 民国《大埔县志》，第38卷，《大事志下》。

④ 汀州各县米价据《宫中档乾隆朝奏折》，第17辑，404页，乾隆二十八年四月初十日汀州总兵德滋奏。潮州府、嘉应州米价见本书附录三。

⑤ 参见王业键：《十八世纪福建的粮食供需与粮价分析》，载《中国社会经济史研究》，1987(2)。

⑥ 参见《宫中档雍正朝奏折》，第1辑，910～911页，雍正元年十月缪沅奏。

⑦ 《宫中档乾隆朝奏折》，第1辑，245页，乾隆十六年七月二十五日江西巡抚舒辂奏。

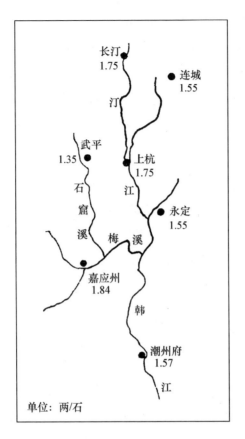

图 2-2　韩江流域的米粮地区差价(乾隆二十八年四月)

上已经讨论，再举一例如下。雍正四年(1726)六月初六日江西巡抚裴𢈪
度向皇帝奏报，是年四月广东潮州米贵，广东巡抚从广州海运米粮接济，
引起省城罢市，百姓冲入巡抚衙门闹事，广东布政使向江西求援，檄行
赣州府通籴济运。与此同时福建汀州也正值饥荒，发生永定县民抢夺谷
船及行户粮食的事件。这样，赣州府因"接壤闽粤两省，运去米谷甚多，
以致本地米缺价贵"。当时赣州每石米价一两四五钱，而潮州高达三四
两①，米粮贩运有大利可图。(二)顺章水南运大庾县，然后肩挑翻越梅
岭，至广东始兴县下水，顺北江南运至广州、佛山一带。梅岭隘道开凿

———————

于唐代，清代仍十分重要，洋货和广货大多由此北上，北货也多由此南下。18 世纪时这里的情况是："虽山岭丛错而径路宽展，往来行旅商贾络绎不绝。且为江西之大庾、广东之保昌二县交界，相去仅有七十余里。加以村店繁多，人烟稠密，洵称全粤要津。"①大概由此入粤的赣米要比经汀州转运的更多一些。雍正五年（1727）曾议准江西、湖广、广西生俊赴广东捐纳常平仓谷，后来广东巡抚杨永斌在谈及此事时，已有"江西至粤，必由梅岭"②的说法。乾隆二十九年（1764）春夏间"大庾县因与广东接壤，该省商民多来贩买"③，结果米价腾贵。除上述两条途径之外，广东的东江上游地区与江西定南、龙南、信丰、长宁等厅县也有贸易往来，乾隆初年仅和平县靠"肩挑糊口""全赖过客生活"者就有万余家，所谓"江广百货除梅岭外，止此路可通"④，当时也许会有部分赣米由此路流入广东。18 世纪江西官员的奏折经常把米价上升归咎于广东等省商人的贩运，如雍正五年（1727）署江西巡抚迈柱把该省各府米价腾贵归咎于"闽广两省搬运米谷过多"⑤；乾隆八年（1743）两江总督尹继善也讲道，江西"米价高昂之由，因上年秋收原不甚丰，接壤之江南、湖广、福建、广东等省聚集采买，盘运过多，一经交春，青黄不接，市米骤见缺乏"⑥。可见这种搬运是经常进行的。不过，江西与广东之间没有河流相通，对米谷这类低值货物来说，在只能肩挑的运输条件下，即使是几十里的陆路运输也会使贸易成本大大增加，因此这种米粮贸易的数量不可能很大。

---

① 《宫中档雍正朝奏折》，第 20 辑，41 页，雍正十年六月初六日广州将军柏之蕃奏。

② 同上书，第 22 辑，316 页，雍正十一年十一月初九日杨永斌奏。

③ 《宫中档乾隆朝奏折》，第 21 辑，605～606 页，乾隆二十九年五月二十八日江西巡抚辅德奏。

④ 嘉庆《和平县志》，第 1 卷，《险要》。

⑤ 《宫中档雍正朝奏折》，第 7 辑，642 页，雍正五年三月十九日署江西巡抚迈柱奏。

⑥ 中国人民大学清史研究所、档案系中国政治制度史教研室合编：《康雍乾时期城乡人民反抗斗争资料》，574 页，北京，中华书局，1979。

湖南也是清代最重要的商品粮生产地区之一，长沙、宝庆、岳州、澧州、衡州、常德、永州、郴州等府是其主要产粮区。洞庭湖周围地区出产的米粮大多直接进入洞庭湖，然后沿长江集中于湖北汉口。湘江中上游的米粮则以湘潭为主要集散地。集中于湘潭的大部分商品粮最后也顺流运到汉口，汇入向长江下游大规模运输的米粮之中。有湘潭这样一个联结本省大部分府州的大型米粮集散中心，是 18 世纪湖南米粮市场与江西米粮市场的重要差别之一。所以，当时广东商人到湖南买粮，常常到湘潭采运。康熙年间已有"广东地方山多田少，即使丰年民食尚有不敷，常靠广西、湖南之米接济"的记载①，康熙五十二年（1713）复准"广东歉收，米价腾贵，动藩库银一万两前赴湖南买米，运至本省平粜"②，康熙五十五年（1716）正月"因湖南去岁薄收，米谷不至两广"③，使广州、肇庆两府米价上升了 22％至 50％④。说明当时湘米已对广东米粮市场有较大影响，乾隆以后这种情况更为明显：乾隆二年（1737）两广总督鄂弥达曾派人赴湖南买谷，以"备本省平粜之用"⑤；四十三年（1778）佛山大饥，乡绅请官增收铺租，"共得数千两，募人带往湖南、粤西买谷运回乡平粜"⑥；五十一年（1786）佛山又因米贵募人赴湖南籴米⑦；五十二年（1787）广东巡抚孙士毅也"派委要员至楚省产谷较多之州县采买运回"⑧。

---

① 参见《宫中档康熙朝奏折》，第 4 辑，148～150 页，康熙五十二年正月十九日广州将军管源忠奏。

② 雍正《大清会典》，第 39 卷，《户部·蠲恤五·积贮》。

③ 《康熙朝汉文朱批奏折汇编》，第 6 册，772 页，康熙五十五年正月二十五日广东巡抚杨琳奏。

④ 康熙五十四年（1715）十一月广州府粗米价银每石 0.8 两，细米每石 0.9 两；肇庆府米价在 0.7～0.8 两/石。康熙五十五年（1716）正月广、肇两府米价均上升至 1.1～1.2 两/石。资料来源参见本书附录二。

⑤ 档案：宫中档朱批奏折·农业类·雨雪粮价目（以下简称"朱批"），乾隆二年五月二十九日两广总督鄂弥达奏。

⑥ 劳潼：《救荒备览·序》。

⑦ 参见道光《佛山忠义乡志》，第 9 卷，《人物》。

⑧ 档案：朱批，广东巡抚孙士毅奏（夹片，年代不详）。

这些例子反映了湘粤间米粮贸易的活跃。

虽然粤北地区与湖南之间有小规模的直接米粮贸易，但湘米运粤的主要商路是从湘潭溯湘江而上直至广西兴安，经陡河进入漓江，再顺桂江而下在梧州进入西江，然后沿西江运到广州、佛山。乾隆二十三年(1758)初两广总督陈宏谋"专委妥员前往湖南之湘潭等处平价买谷，由广西之陡河运回粤东"①；是年"粤东平粜，仓谷缺额，奉旨拨湖南溢额谷三十万石运补"，也是经广西桂林用小船运往梧州，在梧州又换大船运到广州的。② 乾隆八年(1743)曾准备截留江西漕粮 10 万石运往广东，署两广总督策楞上奏，要求改于湖南拨运，再把江西应拨广东米谷运送湖南，理由是江西至广东"中经滩河大岭，转运维艰"，而"湖南一水可达广东，拨运脚价自较节省"③。经这样迂回运输费用仍然较省，可见水路在米粮运输中的重要性。

上述"陡河"是指湘江和漓江上游的两段河流，其中广西兴安县境内的一段称"北陡"，即著名的"灵渠"，"于湘江内之渼潭地方建筑铧嘴暨大天平坝激水分注入漓，以利行舟；复循崖叠石造陡，以资蓄涉"。临桂县境内漓江上游的一段称"南陡"，"亦造陡束水，俾无沮滞"。陡河被视为"转运楚米、通商集资之要道"，雍正八年(1730)、乾隆十一年(1746)官府曾两次修整，但到乾隆十九年(1754)又因工程坍损，使"楚省米船来至粤西全州即未能前进，实与民食有碍"，再次进行大规模修整。④ 次年两广总督杨应琚又就陡河工程的管理、补修、改造提出一整套善后办法，并再次强调其"通商集谷"的作用。⑤ 据说，"自陡河修浚之后，楚米联樯而至"⑥。当然，由湖南进入广西的米粮有很大一部分被留在省城桂林消

①　乾隆《广州府志》，第 52 卷，《艺文五》。

②　参见《清高宗实录》，第 573 卷，乾隆二十三年十月。

③　同上书，第 202 卷，乾隆八年十月癸丑。

④　参见《宫中档乾隆朝奏折》，第 12 辑，18～20 页，乾隆十九年十一月初五日两广总督杨应琚奏。

⑤　参见同上书，165～168 页，乾隆二十年七月二十一日两广总督杨应琚奏。

⑥　同上书，99 页，乾隆二十年七月初十日广西副抚卫哲治奏。

费，但桂林本身又有米粮运往广东，所以当时人有"粤东之米资借粤西，粤西之米又资借湖南"①的说法。

现在，我们简单比较一下闽、赣、湘三省与广东之间米粮贸易的特点。首先，闽粤间的米粮流动是双向的；而有余粮的江西、湖南只向广东输出粮食，基本上不从广东购粮。其次，福建与广东间的贸易以海船运输为主，兼以内河船运；湖南以迂回河运的方式向广东卖粮；而江西向广东的米粮输出不管是翻越梅岭还是取道汀州，在本省边界的一段路程都必须依靠肩挑。这样，闽粤、湘粤间的米粮贸易量可能大于粤赣间的贸易量，若考虑到闽、粤两省均为缺粮省份，而湖南有大量余粮，那么湘粤间的贸易量又可能会大于闽粤间的贸易。再次，闽粤间的米粮贸易主要在相邻的州府间进行；而江西、湖南向广东输出的粮食有很大一部分运到了广东最大的米粮集散中心——广州和佛山，从而加入了广东全省性的米粮流通之中。最后，闽粤、粤赣间的米粮贸易主要由商人进行，而湘粤的贸易中官方的米粮调运则占较大比重。如后所述，清代广东主要依靠商人贩运从广西取得粮食供应，一般只有在西米东运大量减少，广东民食、兵食发生危机时，才需要官府出面组织调运。如遇广西向广东供应困难，那么湖南因有较大的米粮集散中心，有较多的余粮，并有水道可供船运，就自然取代或辅助广西成为官运米粮的重要输出地。事实上，湖南是 18 世纪仅次于广西的广东第二大米粮供应省。广东与当时规模更大的以长江下游为核心的米粮市场没有直接贸易往来，乾隆年间闽浙总督和浙江巡抚就提到："两广、山陕等省径路远隔，向不采买江右米石。"②不过，康熙五十三年(1714)曾从江南捐纳米中拨 5 万石，用水师战船运到广东平粜。③

---

① 《清圣祖实录》，第 278 卷，康熙五十七年四月庚辰。

② 《宫中档乾隆朝奏折》，第 4 辑，483 页，乾隆十七年十二月初二日闽浙总督尔善、浙江巡抚觉罗雅尔哈善奏。

③ 参见《清朝文献通考》，第 34 卷，《市籴三》。

三、广西向广东的米粮输出

广西向广东的米粮输出至迟在宋代就开始了。周去非《岭外代答》卷
4 中说："广西斗米五十钱，谷贱莫甚焉。……富商以下价籴之，而舳舻
衔尾，运之番禺，以罔市利。"明代万历年间，广东已"岁仰粤西粟数十万
斛"①。不过，当时广东向福建、浙江有大量的米粮输出，东运的西米有
很多是由广州转口运往闽浙一带的。清代以后的情况有很大不同，康熙
年间广东已"全赖广西之米接济"。② 在此之后，在各种文集、笔记、奏
折中可以越来越多地看到地方官员和士绅们对广西米粮东运重要性的强
调。正由于广西的米粮供应与广东民食休戚相关，18 世纪后期广西巡抚
常常向广东通报收成、田禾情况。③

除了两省交界地区的短途贸易外④，从广西到广东的大规模米粮贸
易全部依靠水上运输，西江在保证广东粮食供应方面起着重要作用。当
时向广东供应粮食的主要是广西东部的桂林、平乐、柳州、梧州、浔州
等距离较近的府。桂林、平乐、柳州三府地处广西东北部地区，山多田
少，没有大的平原，但雨量充沛，素有精耕细作传统，又可从湖南得到
部分粮食，所以仍有余粮向广东出售。浔州和梧州两府有许多大小平原，

---

① 民国《怀集县志》，第 9 卷，《艺文志》。

② 参见《康熙朝汉文朱批奏折汇编》，第 7 册，94～96 页，康熙五十五年五月
十五日广西巡抚陈元龙奏。

③ 例如，广东巡抚郭世勋在上报广东雨水粮价情形时就提到"西省各属，据报
得雨次数亦甚调均，晚禾第次结实"。见档案：军机处录副奏折·农业类·雨雪粮价
目（以下简称"录副"），乾隆五十六年十月十八日郭世勋奏。

④ 这种短途贸易的例证，可参见广西巡抚杨锡绂《遵旨陈明苍藤等县抢谷各案
及米谷出境情形疏》。该疏讲到："梧、浔二府之苍梧、藤县、平南则切近广东，一
水可通。平乐府贺县亦与东省开建县犬牙相错。本年（乾隆七年——引者）三月间，
此三县（原文如此——引者）米谷因地方切近，搬运稍多；又其时适值雨水稍缺，载
插未遍，是以米价增昂。"（《康雍乾时期城乡人民反抗斗争资料》，307 页）。请注意贺
县与开建县之间的贸易。地处绥江上游的广西怀集县也向下游的广东广宁、四会等
县输出米粮，乾隆《怀集县志》第 10 卷就记载："（康熙）癸巳春，东客舣舟籴谷，价
贵民饥，秋熟。"

土地肥沃，高温多雨，无霜期长，农业精耕细作，粮食剩余是不奇怪的。西江水系的桂江、柳江、浔江和贺江把这几个地区连在一起，构成一个十分便利的水上运输网，为广西向广东的大量粮运提供了可能。图2-3开列了乾隆十五年至三十四年(1750—1769)该运输网中各地的米粮地区差价，可以看出，越往西江下游米价越高，而且广西与广东之间的价格差距明显增大。康熙年间广西巡抚已有"各州县通水路者其米贩往广东，又虑米少价腾"①的担忧，说明西江水运的重要性。西江水位高低对粮食贩运影响甚大，所以在广东官员的雨水粮价折中常常可看到"现在河流畅利，西省谷贩仍用大船载运，源源而至"②，"因冬令水落时用小船装载，所费脚价较多，贩运不能获利，船因此渐少"③之类的记载。当时

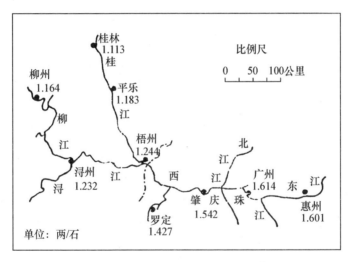

图2-3　西江流域的米粮地区差价④
(1750—1769)

---

① 《康熙朝汉文朱批奏折汇编》，第6册，746页，康熙五十五年正月十二日陈元龙奏。

② 档案：朱批，乾隆五十一年四月十五日广东巡抚孙士毅奏。

③ 档案：朱批，乾隆五十一年十一月十八日两广总督兼署广东巡抚孙士毅奏。

④ 广东的数字参见本书附录三，广西数字是马立博教授提供的。图中数字为上、中、下米价格的算术平均数。

西江沿线有许多西米东运的集散地，其中苍梧县的戎墟、平南县的大乌墟、桂平县的永和墟以及贵县县城、横州州治等每年都集中大量米粮运往广东。① 例如，乾隆五十三年(1788)《重建戎墟会馆记》就记载："西省田畴广美，人民勤动性成，中岁谷入辄有余，转输络绎于戎，为东省赖。故客于戎者，四方接辑，而莫盛于广人；集于戎者，百货连檐，而莫多于稻子。凡两粤相资，此为重地。"② 据后人追忆，当时戎墟向广东供应的米谷每日有二三十万斤，估计每年 70 万石到 80 万石，这些米谷主要来自附近四乡和墟镇。③

在正常情况下，从广西贩粮到广东可获得较大利润。广东直接依靠广西米粮的是广州及肇庆、惠州等省城周围的几个府，正如两广总督朱珪所说的："缘广、肇、惠三府附近省城，食指浩繁，全赖西贩流通。"④从图 2-3 可以看出，这几府的米价比广西要高出很多，即所谓"粤西谷价向来最减，贩运至东获有余息，是以源源接济，粤东民食无虞缺乏"⑤。我们以广州府与梧州府的米粮地区差价为例，考察这种运销的利润率。表 2-7 开列了这两个府乾隆二十一年至三十年(1756—1765)每年五月至十一月平均的上、中、下米差价。选择这一时期主要是因为这 10 年间的米价资料比较齐全，在我们考察的 73 个月(含 3 个闰月)中，两个府都有70 个月的米价资料。而每年五月至十一月正是西江水满，西谷收获，西船大量东来的季节。根据表 2-7，18 世纪中叶广州与梧州上、中、下米的平均差价分别为每石 0.354 两、0.279 两和 0.231 两。广州至梧州水路约 600 里，按粤西章程"下水每百里每石水脚银一分五厘"⑥，每石运费

---

① 参见罗一星：《略论清代前期的西米东流》，载《学术论坛》，1987(3)。
② 广西僮族自治区通志馆编：《太平天国革命在广西调查资料汇编》，18 页，南宁，广西僮族自治区人民出版社，1962。
③ 参见同上书，19 页。
④ 档案：录副，乾隆六十年十二月二十五日朱珪奏。
⑤ 档案：朱批，乾隆五十一年十一月十八日两广总督兼署广东巡抚孙士毅奏。
⑥ 《宫中档乾隆朝奏折》，第 30 辑，252～253 页，乾隆三十三年四月初二日两广总督李侍尧奏。

0.09 两，过关税银每石约 0.01 两①计算，当时从梧州贩运米到广州府出售的利润率分别为：上米 26.7％，中米 21.7％，下米 18.4％。从这一情况看，由于上米运销获利最丰，似乎两广间的米粮长途贸易应以上米为主，但事实上并不尽然。当时人已有"西谷瘠薄，不如东谷肥满"②的说法，说明东来的西米质量不如广东本地所产。实际上直至 20 世纪 30 年代，广西售往广东的也大多为中、下等米。③ 这是因为，上米的品种不多，种植期长而产量低，供应量不会很多。而且就当时一般百姓的消费水平而言，下米更能为他们所接受。广州将军锡特库在奏报广东米价时，就经常使用"民食下米"④、"广州府城民食之次下米"⑤这样的提法。对表 2-7 所列广州府与梧州府的米价数列作相关分析，上、中、下米的相关系数分别为 0.852 8、0.882 4 和 0.889 7，也说明两广间中、下米的贸易可能比上米贸易活跃。

表 2-7　广州府与梧州府的米粮差价
(1756—1765，每年五月至十一月)

单位：两/石

	上米			中米			下米		
	广州	梧州	差价	广州	梧州	差价	广州	梧州	差价
乾隆二十一年	1.43	1.40	0.03	1.35	1.33	0.02	1.30	1.29	0.01
二十二年	1.62	1.25	0.37	1.54	1.18	0.36	1.46	1.12	0.34
二十三年	2.11	1.61	0.50	2.03	1.57	0.46	1.96	1.54	0.42
二十四年	1.85	1.47	0.38	1.72	1.44	0.28	1.60	1.43	0.17

---

① 嘉庆间"每年粤西米谷贩运粤东者，查历届册报数目均在一百数十万石以上，征收米谷税银约计一万八九千两不等"(《清仁宗实录》，第 245 卷，嘉庆十六年六月甲戌)。

② 《宫中档雍正朝奏折》，第 19 辑，797 页，雍正十年五月二十九日署广东总督、广东巡抚鄂弥达奏。

③ 参见《广州之米业》，17 页。

④ 档案：朱批，乾隆十五年八月二十七日锡特库奏。

⑤ 档案：朱批，乾隆十四年六月十五日锡特库奏。

续表

	上米			中米			下米		
	广州	梧州	差价	广州	梧州	差价	广州	梧州	差价
二十五年	1.49	1.14	0.35	1.39	1.12	0.27	1.31	1.09	0.22
二十六年	1.30	1.00	0.30	1.17	0.98	0.19	1.10	0.97	0.13
二十七年	1.30	1.00	0.30	1.21	0.96	0.25	1.10	0.92	0.18
二十八年	1.46	1.04	0.42	1.35	1.00	0.35	1.22	0.97	0.25
二十九年	1.67	1.24	0.43	1.45	1.21	0.24	1.40	1.15	0.25
三十年	1.55	1.09	0.46	1.44	1.07	0.37	1.38	1.04	0.34
平均	1.578	1.224	0.354	1.465	1.186	0.279	1.383	1.152	0.231

资料来源:

广州府数据参见本书附录三,梧州府数据是马立博教授提供的。

从广州驶船到梧州只需数日即可往返,而获利可达 20％ 左右,所以每年都有大量广东商人到广西贩运米谷。当时广西官员的奏折中经常提到"广东近海各州县薄收……于是商贩云集广西境内"①,"粮价惟邻近广东之数州县因贩运络绎,尚未能平"②,"广东商民来西贩运米谷者比前更多"③等情况。当时广西谷船到粤情形"每月由抚臣入于雨水粮价折内奏报"④,所以,"西省谷船衔尾而至,市米充裕,粮价平减"⑤,"西省谷船源源而至,近省各府米价本月有减无增"⑥之类的报告在广东官员的奏折中也举不胜举。商运是两广间米粮贸易的主要形式。

除了商人的贩运外,两广间的官方粮食调运也存在。清代规定广东

---

① 《康熙朝汉文朱批奏折汇编》,第 4 册,538～540 页,康熙五十一年十月十七日陈元龙奏。

② 《宫中档乾隆朝奏折》,第 1 辑,260 页,乾隆十六年七月二十六日广西巡抚定长奏。

③ 档案:朱批,乾隆五十一年闰七月初八日广西巡抚孙永清奏。

④ 档案:朱批,广东巡抚孙士毅奏报收成米粮情形事(夹片,年代不详)。

⑤ 档案:朱批,乾隆四十七年九月二十六日广东巡抚尚安奏。

⑥ 档案:朱批,乾隆五十年六月十三日广东巡抚孙士毅奏。

"本省州县遇有歉年，粮价腾贵，委员赴粤西运谷回东接济，巢收价银解归西省买谷备储"①，所以广东委员到广西买运米谷的情况是经常的，如雍正四年(1726)广州将军石礼哈"委员赴融(戎)墟采买白米三千石以济旗人"②，乾隆十八、十九年(1753、1754)广西又代广东买补仓谷 128 060 余石③。广西拨运仓谷到广东是两广间米粮官方调运的主要形式。最引人注目的是雍正五年(1727)的一次调运，上年"总督孔毓珣上言：广西桂林、梧州、南宁、柳州、郁林、宾州六府州共贮捐谷一百七万七千四百余石，出巢之谷所存尚多。而广东广州、惠、潮、东莞等十一县秋雨连绵，收成颇歉，宜备积谷。请先拨三十万石运交广东，以四万石贮肇庆府仓，以二十六万石贮广州省仓，临期酌巢，于民有济。诏报可"④。这次调运的组织比较成功，雍正五年正月二十五日两广接准部文，二月二十二日起运，至四月十二日分 12 次全部运完，平均每 6.5 天运一次，每次运 2 500 石。其间效率最高的是三月二十三日至闰三月二十四日，1 个月共运了近 16 万石。⑤ 考虑到这些仓谷是从广西各府州的常平仓中收集起来的，运输时又值西江枯水期，就不得不承认，当时政府的行政效率和官员的责任心都是比较高的。而且，官员们在组织这种每月十几万石的长距离运输时，并不感到寻找运输工具有太大的困难，这反映了当时西江船运业的发达，也从一个侧面说明平时这一水路上米粮商运的活跃。乾隆六年(1741)冬至七年(1742)春，广西向广东拨运仓谷，"计前后共拨过二十一万石以为协济"⑥，其数量也是很大的。乾隆十六年(1751)冬广

---

① 《粤东省例新纂》，第 2 卷，《仓谷》。

② 樊封：《南海百咏续编》，第 3 卷。

③ 参见《宫中档乾隆朝奏折》，第 10 辑，513 页，乾隆二十年正月十二日广西巡抚卫哲治奏。

④ 乾隆《肇庆府志》，第 13 卷，《蠲恤》。

⑤ 参见《宫中档雍正朝奏折》，第 7 辑，830 页；第 8 辑，83 页，雍正五年闰三月二十五日、四月二十一日阿克敦奏。

⑥ 杨锡绂：《遵旨陈明苍藤等县抢谷各案及米谷出境情形疏》，见《康雍乾时期城乡人民反抗斗争资料》，307 页。

东又从广西领远仓谷 6 万石。① 乾隆二十四年(1759),广西巡抚鄂宝上疏,请于桂、平、梧、浔四府及所属水次各州县"添贮谷十万石,遇粤东价值昂贵,粤西客谷稀少之时,会同酌拨,听粤东委员运往平粜,将粜价归还粤西,案数买补,源源备贮"②,是为"备东谷"之设。这一做法坚持了 70 余年,直至道光十年(1830)才因"西省采谷维艰,粤东有洋米运济",而"奏请停办"③。为了积贮西谷,雍正十年(1732)署广东总督鄂弥达奏请于"省城上流一百二十里"为"西谷客船聚集之所"的三水县西南镇设立"广益仓","委员于谷价平贱之时照依时值公平收买谷数十万石存贮在仓,遇西船少至,谷价稍贵之时开仓发粜"④,次年题准。该仓原由广粮厅专管,乾隆十三年(1748)奏拨三水县管理,乾隆二十四年(1759)广西"备东谷"后,该仓不如从前重要,但至嘉庆年间仍贮谷 58 000 多石。⑤不过,与商人的贩运相比,18 世纪两广间的官方米粮调运还是次要的。

那么,每年从广西运往广东的米谷数量有多少?我们掌握了一些零散的数字。康熙五十四年(1715)六月至十二月,"查广西米谷船只从梧州、浔州、江口往广东者共有六十一万八千余石"⑥,考虑到下半年正值西江丰水期,而且米粮供应较丰,估计是年运往广东米谷当不到 100 万石。雍正八年(1730)云广总督鄂尔泰提到广东每年"即丰收而乞籴于西省者犹不下于一二百万石"⑦。雍正十年(1732)广西巡抚金𬭎又有"每岁各

---

① 参见《宫中档乾隆朝奏折》,第 2 辑,238~239 页,乾隆十六年十二月十七日广东巡抚苏昌奏。

② 嘉庆《广西通志》,第 162 卷,《积贮一》。

③ 《粤东省例新纂》,第 2 卷,《仓谷》。

④ 《宫中档雍正朝奏折》,第 19 辑,797~798 页,雍正十年五月二十九日鄂弥达奏。

⑤ 参见嘉庆《三水县志》,第 3 卷,《赋役》。

⑥ 《康熙朝汉文朱批奏折汇编》,第 6 册,746~747 页,康熙五十五年正月十二日广西巡抚陈元龙奏。

⑦ 《雍正朱批谕旨》,鄂尔泰雍正八年四月二十日奏。

处往东米谷约计百万有余"①。乾隆年间，"西省米谷之贩运东省者，每日过关约有数千石"②，可知每年约在 100 万石至 200 万石之数。至嘉庆时，"每年粤西米谷贩运粤东者，查历届册报数目均在一百数十万石以上，征收米谷税银约计一万八九千两不等"③。可见整个 18 世纪，每年东运的米谷均在 100 万石至 200 万石之间。可是，这些数字米谷不分，如折成稻谷可能超过 200 万石。另外这仅仅是过关报税的数字，考虑到漏税的部分和不用纳税的灾荒时的贩运以及边界墟市贸易和每年数以十万石计的官方调运，似乎可以认为 18 世纪中后期广西每年向广东供应的稻谷经常可达到 300 万石之数。与当时广东每年 6 000 万石的需求量相比，这个数字应是可以接受的。当然，由于年成丰歉和米价涨落（从表 2-7 可以看出，两广间每年的米粮差价都有很大不同），每年西米东运的数量会有较大的波动。

　　两广间米粮贸易较之粤湘、粤赣、粤闽间米粮贸易的特点，最重要的是其市场一体化的趋势。18 世纪时广西的经济发展水平大大低于广东。当时人有"粤西不毛之地，土瘠民贫，不事力作。五谷之外，衣食上取给衡永，下取给岭南。中人以下之家，株守度日而已"④的说法。米谷东运是当时广西的主要财源之一，此外广西向广东输出的主要商品还有"花生、蓝靛和木炭"⑤，成为广东的粮食和手工业原料供应地。与此同时，广东转往广西的商品包括布匹、铁器、丝绸、食盐、瓷器等手工业

　　① 《宫中档雍正朝奏折》，第 20 辑，384～385 页，雍正十年八月初六日广西巡抚金鉷奏。

　　② 《宫中档乾隆朝奏折》，第 12 辑，99 页，乾隆二十年七月初十日广西巡抚卫哲治奏。

　　③ 《清仁宗实录》，第 245 卷，嘉庆十六年六月甲戌。

　　④ 闵叙：《粤述》，见《说铃》，第 6 册，1911。

　　⑤ 参见［日］西川喜久子：《広西社会と農民の存在形態——十九世紀前半における》，见《講座中国近現代史》，第 1 卷，153～167 页，东京，东京大学出版社，1978。

品和咸鱼等海产品。所谓"粤东多商，粤西多农，帛布、菽粟两相便也"①。许多在广西经商的广东商人，都从广西运米谷到广东，再以广东的日用百货和手工业品作为回头货运返广西。这种农产品、初级产品与较高级的手工业制成品的交换，实际上使广西处于依赖广东的边缘地区的地位。不管是西谷东下还是东货西来，都直接地影响着广西全省的社会生活和经济生活。嘉道间的广东士绅彭泰来就以道光时广西的一次"遏籴"为例，分析了广西在这一贸易结构中的不利地位："自浔、梧达于南宁，皆东方泛舟之役所必至。浔之贵县、南宁之横州，尤市贩所聚。然贩之稍殷，则遏商塞涂，颗粒不使东下。官微贿而遏曰官封，奸人聚党倡众而遏曰民封。农粟内死，估运外废。食操舟者千余家，失业为狗鼠盗……传闻横州米积不得出，蒸郁纠结如李梅。……广西服用百货，无一不资于广东。东盐十日不至，则千里淡食，天灾流行……"②这种核心区与边缘区的不平等交换，在区域市场形成和整合的过程中是一种必然现象。

四、洋米进口的开始

由于国内人口增长的压力和传统的重本思想，清代严禁粮食出口，对外出贸易船只所带米石数量也有严格的限额。③ 而对洋米进口则一直持鼓励和欢迎态度。康雍之际洋米开始进入广东，以后在广东米粮供应中的地位越来越重要。

清政府对运米来华的外国商人有越来越优厚的优待规定。康熙六十一年（1722）下诏："暹罗国人言其地米甚饶裕，价值亦贱，二三钱银即可买稻米一石。朕谕以尔等米既甚多，可将米三十万石分运至福建、广东、宁波等处贩卖。彼若果能运至，与地方甚有裨益，此三十万石米系官运，

---

① 雍正《广东通志》，第 42 卷，《名宦》。
② 彭泰来：《说赈下》，见《广东文征》，第 30 卷。
③ 参见《粤海关志》，第 18 卷。

不必收税。"①雍正二年(1724)暹罗遣使给中国送来稻种、果树及洋鹿、猎犬等物，并运来一批大米。雍正帝下谕免征其所有货物的税银，"运来米石令地方官遵照粤省现在时价速行发卖，不许行户任意低昂"②，是为清代洋米进口的最早记载。但当时关于洋米免税的规定还是偶然的。雍正帝在同一谕旨中就下令暹罗暂停输米。迨雍正五年(1727)，雍正帝又向两广总督孔毓珣面谕："前暹罗国装运米石，曾有旨着令停止。如今若有便人，可带信与他，他若情愿装米来，叫他装来，得些利去也好。"③当年八月即有暹罗船长乃文吥率船装运米石来粤，广州官员遵照雍正帝面谕，准许其米石"依时价于省城发卖，仍严饬商行不许折勒"，并以"带来之米不及千石，税饷无多"④为由，免征米税。此次免税仍属特许。次年下令外国运来"米谷不必上税，著为例"⑤，从此外国人运米谷进口不再纳税。到乾隆八年(1743)，又规定"嗣后凡遇外洋货船来闽粤等省贸易，带米万石以上者，著免其船货税银十分之五；带米五千石以上者，免十分之三"，把免税范围从米谷扩大到同船带运的其他部分货物。同时规定"其米听照市价公平发粜，若民间米多，不需籴买，即著官为收买，以补常社等仓，或散给沿海各标营兵粮之用。俾外洋商人得沾实惠，不致有粜卖之艰"⑥，为洋米的销路提供了保证。乾隆五十一年(1786)因"粤东近省州县春夏以来雨水愆期，以致近山田亩收成歉薄，米价昂贵"，所以雇夷船"前往外洋吕宋国采买一万余千石回粤粜卖"，因"该船货来粤应征钞税业已报纳"，故"免其征钞"⑦。虽然是个别现象，但开创了运米进口免征船钞的先例。据说当时的粤海关监督穆腾额咨准这一做法后，

　　① 《清圣祖实录》，第 298 卷，康熙六十一年六月壬戌。

　　② 《粤海关志》，第 21 卷。

　　③ 档案：朱批·外交类，两广总督孔毓珣奏，转引自李鹏年：《略论乾隆年间从暹罗运米进口》，载《历史档案》，1985(3)。

　　④ 《宫中档雍正朝奏折》，第 8 辑，867～868 页，雍正五年九月十三日阿克敦奏。

　　⑤⑥ 《粤海关志》，第 21 卷。

　　⑦ 同上书，第 24 卷。

"米舶大至，粤人德之"①。乾隆六十年(1795)正式规定小吕宋米船免输船钞。② 嘉庆十一年(1806)又免征所有运米夷船船钞，但必须空船出口，道光四年(1724)则允许免丈量输钞的外国米船装载货物出口。③ 对运米夷船优待的逐步提高，从一个侧面反映了洋米在当时闽广米粮供应中地位的加强。

　　18世纪时，"南洋凡三十余国，大抵土旷人稀，各有余米。如暹罗、柬埔寨、港口、旧港、安南、柔佛、六昆、丁家奴等八九国余米尤多"④。乾隆中期以前，转入广东的洋米主要来自暹罗。表2-8开列了乾隆二十二年至二十六年(1757—1761)暹罗大米的出口数字，这个统计并不完全，但可看出其数量有逐年上升的趋势。当时暹罗出口的大米主要运往中国，特别是闽广两省。但是，乾隆二十九年至三十二年(1764—1767)，暹罗与缅甸发生了战争，缅军一度占领暹罗首都阿瑜陀耶城，暹罗农业受到战争摧残，出现了严重饥荒。这一事件导致了直至19世纪初暹米在广东洋米输入中地位下降，取而代之的是小吕宋。前述乾隆五十一年(1786)后对小吕宋运米来华船只的种种优惠，正反映了这一转折。据说小吕宋"地平土美，芟草布谷，不耕而获。稻米一石，直银三四钱。其至广州不过六七日"⑤。道光十二年(1832)广州洋商禀称："夷船载米来粤，其米多产自小吕宋，亦有由噶喇巴埠头载来者。凡装米来粤之各国夷船，均系各由本国驶船前往小吕宋等处买米，装载来粤。"⑥这说明当时小吕宋在广东洋米输入中仍占重要地位。

---

① 光绪《广州府志》，第162卷，《杂录三》。

② 《粤海关志》，第24卷。

③ 参见同上书，第8卷。

④ 乾隆八年十二月十四日礼部侍郎李清植奏，转引自中国第一历史档案馆编：《乾隆年间由泰国进口大米史料选》，载《历史档案》，1985(3)。

⑤ 吴兰修：《论米舶》，见《广东文征》，第30卷。

⑥ 《粤海关志》，第24卷。

表 2-8 18 世纪中期暹罗的大米出口

时间	数量（石）
乾隆二十二年	60 000
二十三年	70 000
二十四年	50 000
二十五年	95 000
二十六年	128 000
合计	403 000

资料来源：

H. Homan Van der Heide, "Economic Development of Siam during the Last Half Century,"in *Journal of the Siam Society* 3，2：82n(1906)，转引自 Sarasin Virphol，*Tribute and Profit：Sino-Siamese Trade，1652-1853*，Cambridge，Harvard University Press，1977，p. 119。

　　清政府对本国商人赴国外运米也持鼓励态度。乾隆六年(1741)广东巡抚王安国密告署粤海关监督"劝告各商贩籴米谷入口发卖"，次年奉旨免征米豆税银，"商民尤为踊跃，每一洋船回棹各带米二三千石不等"，六月至八月"进口米二万三千余石"①。乾隆十六年(1751)广东米价未平，当地官员晓谕本港洋船从国外带米回粤者，依外洋货船带米来闽粤贸易之例，减免船货税银。次年两广总督阿里衮奏请援以为例②，未获批准。但乾隆十六年(1751)八月内经闽浙总督喀尔吉善等议奏，"内地商民有携资赴暹罗等国运米回闽粜济民食者，数在二千石以内，督抚分别奖励；二千石以上，奏请议叙"。乾隆二十年(1755)经两广总督杨应琚申请，这一规定在广东成为定例："查明每船数在二千石以内，臣等分别酌量奖励。数在二千石以上，确查取结，奏请分别议叙。其间如系运米二千石以上至四千石者，生监给予吏目职衔，民人给予九品顶带；四千石以上至六千石，生监给予主簿职衔，民人给予八品顶带；六千石以上至一万

---

　　① 乾隆七年八月二十九日广东巡抚王安国奏，转引自中国第一历史档案馆编：《乾隆年间由泰国进口大米史料选》，载《历史档案》，1985(3)。
　　② 参见《宫中档乾隆朝奏折》，第 1 辑，771～772 页，乾隆十七年九月初五日阿里衮奏。

石，生监给予县丞职衔，民人给予七品顶带。"①这一规定对鼓励本地商人从外洋运米回国起了很大作用。次年就有"商民自安南、暹罗等国运回洋米共计二万一千八十余石"。南海监生陈文熙等4人被分别议叙。② 乾隆二十三年(1758)又有"商民自东坡寨、暹罗、咖喇吧等国运回洋米共二万四千七百七十六石零"，被议叙的有南海县民江王廷等7人。③ 以后的许多年份中都有根据上述规定被奖励和议叙的商人。乾隆前半期从国外运米回粤的主要是珠江三角洲的商人，而乾隆后半期则以潮州商人为主。例如，乾隆二十三年(1758)被议叙的7名商人分别来自南海县和三水县；而乾隆三十二年(1767)共运米2 100多石回粤而被议叙的9名商人中，澄海县人占了7名，其余2人分别来自番禺和南海。④ 潮州商人从国外运回的米粮主要运入潮州地区，如乾隆二十四年(1759)澄海、饶平两县都有洋米输入⑤，这两个县的樟林、柘林历来都是外贸口岸。

除上述远洋外米输入外，广东西部的廉州府与安南的江坪等地还有米粮边界贸易。廉州府"钦州沿边一带之龙门、思勒、松柏、罗浮、东兴等处在在与安南之江坪、碰街犬牙相错。龙门而至思勒、东兴等处必从夷境江坪经过。每逢墟市，民夷互相往来交易，习以为常"⑥，"廉州边海僻壤，田少山多，贫民每苦艰食，向赖江坪夷米接济"⑦。乾隆二十一年(1756)定夷米进口输税减免则例，"一时商贩踊跃，夷米云集，廉属内

---

① 杨应琚：《海洋运米商民酌请议叙疏》，见乾隆《广州府志》，第53卷，《艺文五》。

② 参见《宫中档乾隆朝奏折》，第15辑，737～738页，乾隆二十一年十月十三日两广总督杨应琚、广东巡抚鹤年奏。

③ 参见《吏部"为内阁抄出两广总督李奏"移会》，见《明清史料》庚编，第6本，台北，"中央研究院"历史语言研究所，1960。

④ 参见《明清史料》庚编，第8本，736～738页。

⑤ 参见《粤东省例新纂》，第2卷，《户例·仓谷》。

⑥ 《宫中档乾隆朝奏折》，第20辑，200页，乾隆二十八年十二月二十九日两广总督苏昌奏。

⑦ 杨应琚：《夷米钞规》，见乾隆《廉州府志》，第20卷。

地米价大减"①。

就 18 世纪而言，广东的洋米输入量还比较小，从表 2-8 观察，并考虑其他的文献记载，估计每年进口量不超过 10 万石。就是道光四年（1824）允许免输船钞的外国货船载货出口后，每年洋米输入也才 10 余万石②，折谷 20 余万石。与当时广西每年 300 万石稻谷的输入量相比，这个数字是很小的。但到了道光后期，"蕃商之载谷米者免其征榷，岁至恒数千万石计，东粤宜不苦饥"③。第一次鸦片战争后，洋米进口数量更多，光绪间"广东行销之米，均自洋船运来，西江米艘几于绝迹"④。这种局面的形成正是从康雍乾时期的洋米进口开始的。

现在我们可以粗略估算一下 18 世纪广东从省外输入的米谷数量。前面已经讲到，每年广西向广东输入的米粮折成稻谷约 300 万石，洋米输入折谷约 20 万石。加上湖南、江西、台湾等地的输入，估计每年广东从省外输入粮食在 400 万石左右，占粮食消费总量约 7％。当然，这样的估计是很不精确的，而且更重要的是，广东年成的丰歉、邻近各省米粮地区差价的变化以及气候和水道的情况都会使从省外的米粮输入发生很大波动。但不论如何，正是这种从外部获得大量的粮食供应的可能性，才使广东得以成为当时国内经济作物种植最发达的地区之一。

马立博曾经假定，18 世纪中叶广东城市人口占人口总数的 9％，需要从市场上购买所需全部粮食的农民占农民总数的 10％。⑤ 若据此计算，当时全省依赖市场获得粮食供应的人口占人口总数（15 000 000）的 18.1％，约 2 700 000 人，全年市场上的粮食流通量应为 10 800 000 石。也许这个估计偏高一些。但无论如何，当时广东市面流通的粮食除了外

① 乾隆《廉州府志》，第 5 卷，《世纪》。

② 吴兰修：《论米舶》，见《广东文征》，第 30 卷。

③ 道光《南海县志》，第 8 卷，《舆地略四》。

④ 《清德宗实录》，第 161 卷，光绪九年三月甲辰。

⑤ 参见[美]马立博：《清代前期两广的市场整合》，见叶显恩主编：《清代区域社会经济研究》。马立博的估计实际上是一个理论数字，已把部分依赖市场供应粮食的农户数折算为全部依赖市场的农户数。

省运入的 400 万石外，还有至少一半来自省内的供应。而且，来自省外的米粮进入广东境内后，也就自然加入了广东省内的粮食流通。下面考察省内粮食市场的情况。

第二节 广东省内的粮食贸易

由于各地区经济状况的差异，18 世纪广东各府州米粮余缺状况有较大差别，因而形成了明显的米粮地区差价，并有逐渐增大的趋势。在因地区差价而形成的商业利润的刺激下，当时省内跨府州的米粮贸易十分活跃。而且米粮的短途贩运和本地贸易也相当繁荣。多层次的粮食市场有效地保证了全省粮食供需的平衡。

一、米粮地区差价与各府州内部的粮食调剂

地区差价是指同种同质的商品在同一时间不同市场上形成的价格之间的差额。对清代广东而言，其米粮地区差价主要是由于各地区米粮供需不平衡，米粮的空间转移需要一定的流通费用和取得相应的利润，从而产生价格之间的差额而形成的。一方面，就单一地区而言，缺粮越严重的地区粮价越高，与其供应地的差价越大，从而可以从外部吸引更多的粮食；另一方面，就整个市场网络而言，在其他条件不变的情况下，各个地区间的差价越小，说明流通费用越低，风险越小，利润率越接近，从而市场的有效性也越高。

我们首先考察 18 世纪广东各府州米粮的地区差价及其成因，同时描述各府州内部米粮短途调剂的情况。表 2-9 就是为这一目的而制作的。表中康雍时期的价格只是 20 个月的平均数，而且这一时期各府州行政区划又屡有变动，数据代表性不强。而嘉庆的数据又只有 5 年，时间太短。所以这里主要根据乾隆一朝 60 年的数字进行讨论。根据米价高低，我们把全省分成三类地区(见图 2-4)，以下按地区进行分析。

表 2-9　18 世纪广东各府州米粮地区价格

单位：两/石

| | 康雍年间 | 乾隆年间 | | | | | 嘉庆元年至五年 |
		元年至二十年	二十一至四十年	四十一至六十年	平均	指数	
广州府		1.40	1.59	1.69	1.56	107.3	1.42
南雄府	0.75	1.34	1.58	1.63	1.52	104.5	1.37
韶州府	0.75	1.30	1.45	1.52	1.43	98.3	1.33
惠州府	0.71	1.32	1.58	1.69	1.53	105.2	1.43
潮州府	0.66	1.46	1.87	1.84	1.72	118.3	1.54
肇庆府	0.64	1.36	1.58	1.65	1.53	105.2	1.39
高州府	0.73	0.99	1.21	1.25	1.15	79.1	0.94
雷州府	0.57	1.13	1.34	1.40	1.29	88.7	1.16
廉州府	0.63	1.11	1.27	1.39	1.26	86.4	1.20
琼州府	0.69	1.28	1.44	1.42	1.38	94.9	1.26
罗定州	0.73	1.21	1.52	1.61	1.45	99.7	1.37
连　州	0.65	1.20	1.37	1.26	1.27	87.3	1.08
嘉应州	0.60	1.49	1.91	2.03	1.81	124.5	1.90
平均	0.675	1.276	1.516	1.568	1.454	100.0	1.338

说明：

[1] 康雍年间未有系统的粮价单，表中数字根据康熙五月十年六月，雍正六年十一月，雍正七年七月、八月至十一月，雍正八年一月、三月、五月、八月、十月至十二月，雍正九年三月至四月、十二月，雍正十年六月，雍正十一年十一月，雍正十二年五月共 20 个月的粮价奏折计算。连州建立于雍正五年，但雍正七年九月后才有米价数字。嘉应州设立于雍正十一年，所以表中没有其米价数字。资料来源见本书附录二。

[2] 乾隆、嘉庆数据来源见本书附录三。

[3] 表中米价数据为算术平均值。

第一类地区：米价甚高区，指 60 年平均米价在 1.7 两/石以上，超过全省平均数 15%的地区，包括韩江流域的潮州府和嘉应州。该地区依自然地理环境可分为韩江上游和韩江三角洲两个区域。

韩江上游区包括嘉应州及其所辖之兴宁、长乐、镇平、平远五个州

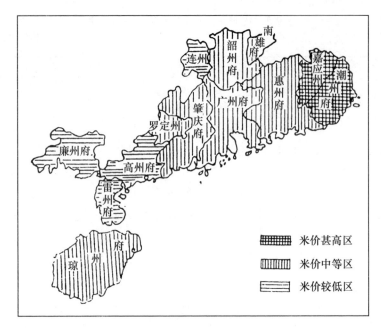

图 2-4　乾隆年间广东各府州的米价水平

县，还有潮州府的大埔、丰顺两县。该区深处内陆，山岭重叠，耕地较少，土壤瘦瘠，素有"邑多山陵林麓，耕稼之地十仅一二"①，"民稠土瘠，家无隔岁之储"②的记载，当时人大都认为"嘉应州产谷本少"③，而"大埔一邑，山多田少，所产谷不敷民间半载之需"④。这一地区有明显的山区经济特征，一方面各种经济作物种植普遍，另一方面居住于该区的客家人大量移居外地，或外出经商。18 世纪时"有种甘蔗、菅蔗，煮汁炼糖，及烟草以贩外省"，"山居小民则烧山治畬，栽植旱禾、油茶、油桐、杉松以供日食"，"土田已少，人竞经商，于吴、于越、于闽、于豫章，

---

①　乾隆《大埔县志》，第 10 卷，《民风》。

②　康熙《兴宁县志》，第 2 卷，《行署》。

③　档案：朱批：乾隆三十五年三月二十日广东巡抚德保奏。

④　蔺涛：《请给关照买运米谷接济民食文》，见同治《大埔县志》，第 18 卷，《艺文》。

各称资本多寡，以争锱铢利益"①。当时移居四川、台湾，到省内各地当小商贩，或到粤北山区开矿的，也有许多是来自这一地区的客家人。不过该地区七个州县中，实际上严重缺粮的只有嘉应、镇平和大埔三州县。长乐、兴宁有余粮外运，道光间"嘉应、镇平不下三十万户，一岁所收，仅备三月，必仰给于潮州、兴宁、长乐"，"长乐风俗勤俭，农无遗力，野无旷土，一岁之耕，足二年之食"②，兴宁县也"屡有商民贩运米谷至邻境售卖"③。平远、丰顺两县粮食可以自足，至少缺粮并不严重。

韩江三角洲平原是由韩江、榕江、练江、黄岗河等河道冲积而成的，包括海阳、潮阳、揭阳、饶平、惠来、澄海、普宁7县，均隶属于潮州府。该七县地处富庶的平原地区，土地肥沃，灌溉方便，农业精耕细作，极有利于粮食作物的种植，18世纪时水稻单位面积产量高于全省平均水平。④ 所以当时有人认为，这里"以本地之民食本地之米，原不致于缺乏腾贵"⑤。其米价甚昂、米粮缺乏有多方面因素。这一带甘蔗种植业十分发达，蔗糖常年运销江南，"邑之富商巨贾，当糖盛熟时，持重资往各乡买糖或先放账糖寮，至期收之。有自行货者，有居以待价者。候三四月好南风，租舶艚船装所货糖包由海道上苏州、天津，至秋东北风起贩棉花、色布回邑，下通雷、琼等府，一往一来，获息几倍，以此起家者甚多"⑥。潮州沿海还是清代近海帆船贸易最发达的地区之一。人民"逐海之利，往来乍浦、苏松，如履平地"⑦；"濒海居民所恃以资生而为常业者，非商贩外洋，即鱼盐本港也"⑧。这里还是传统的对外通商口岸，大量华人正是在澄海县的樟林、东陇乘"红头船"前往东南亚从事贸易、做

① 乾隆《大埔县志》，第10卷，《民风》。
② 吴兰修：《与沈芗泉明府书》，见《广东文征》，第23卷。
③ 《粤东成案初编》，第14卷。
④ 参见《中国农业的发展》，23页。
⑤ 档案：朱批，乾隆六年六月初四日潮州镇总兵武绳谟奏。
⑥ 嘉庆《澄海县志》，第6卷，《风俗》。
⑦ 道光《广东通志》，第93卷，《舆地略十一》。
⑧ 嘉庆《澄海县志》，第6卷，《风俗》。

工和定居的。乾隆中叶以后广州成为全国唯一的与西方船只进行贸易的港口，但对东南亚商船来樟林、东陇贸易并未禁止。嘉庆十二年（1807）两广总督吴熊光就讲道："据澄海县查复，各前县任内均有暹罗货船驶至，装载苏木、树皮等物，并无夹带违禁之件，报明东陇税口投纳开舱，向无牌照。其有阻滞不能及时回国者，均换载糖斤赴江浙行销，由县给与护牌，以凭各口岸查验。"①这段记载不仅证明了这一地区与东南亚贸易的活跃，而且反映了这里糖业的繁荣。暹罗货船能受到如此优待，在很大程度上因为驶船者正是潮州人，据记载："暹罗与中国间的帆船贸易——据说〔每年〕在5、6、7月大约有七、八十只帆船自暹罗启程，载着米、糖、苏木、槟榔等物，每船载重约三百吨。这些船大半是在暹罗造的，属于居住在曼谷的中国人和暹罗人所有，由广东东部的潮州人驾驶。"②此外，如前所述，韩江三角洲还要负担向嘉应州和闽南地区供应部分米粮的责任。这样米价昂贵就不可避免了。不过，韩江三角洲七县，18世纪时真正严重缺粮的只有澄海县和潮州府城所在的海阳县。而潮阳、揭阳、普宁三县都有余粮。当时人有"潮州食谷仰给潮阳、揭阳"③的说法，澄海县也是"五谷之属半资揭、潮二邑"④。雍正间任潮阳知县的蓝鼎元说该县"沃野平田二百余里，素号产米之区"⑤。乾隆六年（1741）任普宁知县的萧麟趾也指出："普邑原属产米之区，兼之连年丰稔，比户充盈，家有盖藏。"不过该县"惟东关之百里桥有小河一道可通舟楫，仅抵揭阳下流入海，其余俱系陆路"⑥，所以米粮外运不甚方便。我

---

① 《户部"为内阁抄出两广总督吴熊光奏"移会》，见《明清史料》庚编，第6本，562页。

② R. M. Martin, *China*, *Political*, *Commercial and Social*, vol. Ⅱ, p. 138, 转引自聂宝璋编：《中国近代航运史资料》，第1辑上册，55页，上海，上海人民出版社，1983。

③ 道光《肇庆府志》，第17卷，《宦绩》。

④ 嘉庆《澄海县志》，第23卷，《物产》。

⑤ 蓝鼎元：《鹿洲公案·偶纪上·五营兵食》。

⑥ 萧麟趾：《请捐足州县再行收捐议》，见乾隆《普宁县志》，第10卷，《艺文志》。

们没有看到有关饶平、惠来两县缺粮的记载，估计这两县的粮食可以自给。

顺便讲讲南澳岛的情况。明清两代南澳岛都由闽粤两省共管，雍正十年(1732)设闽粤南澳海防同知，行政事务主要归潮州府管理。18 世纪时，"南澳可耕之地五千亩，而户口万有七千，不啻一人耕而十人食之也"①。该岛居民以渔业为谋生手段，"鱼盐之外，粮食百货悉资外郡调济"②。此外南澳镇有营兵 1 100 多人③，每年需兵米约 4 000 石④，而且兵丁还带有家眷，需米更多，康熙五十年(1711)规定"潮属各邑岁听澳民买米四千石"⑤。五十六年(1717)又规定："每年准就潮属揭阳等县产米之地采买一万七千石，以济兵民。"⑥向南澳供应米粮的任务也加剧了潮州府的粮食短缺局面。

不过，与我们将要讨论的广州府相比，嘉应州和潮州府的缺粮都不如广州府严重，其米价之所以大大高于广州府，是由于附近地区不能向其提供足够的粮食，有一部分米粮靠本已缺粮的广州供应。粮食的要求比较缺乏弹性，可替代性很低，整个市场的粮价就由最后投入的这部分边际成本甚高的米粮的价格决定了。

第二类地区：米价中等地区，指 60 年平均米价与全省平均价的差距不超过±10％的地区。这类地区范围最广，包括广州、南雄、韶州、惠州、肇庆、琼州六府和罗定一州。

清代的广州府几乎包括整个珠江三角洲，其人口和耕地面积各占全省的 30％左右(参见本节第二部分表 2-10 和表 2-11)。这里是广东最重要

① 乾隆《南澳志》，第 5 卷，《积贮》。
② 《宫中档乾隆朝奏折》，第 23 辑，253 页，乾隆二十九年十一月二十一日南澳总兵玉魏奏。
③ 参见《清朝文献通考》，第 189 卷，《兵十一》。
④ 《清朝文献通考》第 42 卷《国用四》，绿营兵皆"月支米三斗"。
⑤ 乾隆《南澳志》，第 11 卷，《艺文》。
⑥ 《宫中档雍正朝奏折》，第 24 辑，742 页，雍正十三年五月二十八日南澳总兵张天骥奏。

的经济区，也是全省自然条件最优越的地区，广袤的冲积平原平坦肥美，河汊交错，水利发达，典型的亚热带海洋性气候为农作物生长提供了极有利的条件。这一地区经济作物种植发达。18世纪时几乎所有农家都与市场有较密切联系，进入市场的农产品比例很高，"东莞种香，广城织藤帽胎，新会制蒲葵扇，是皆不耕而食，不织而衣"①。增城、番禺、南海的荔枝种植业，顺德的桑基、蔗丛、果基鱼塘都十分著名。② 这里工商业城镇星罗棋布，已出现了某些具有都市化色彩的发展倾向：三水县西南镇"商贾辐辏，帆樯云集"③；东莞县石龙镇"交通惠广，商贾如云，而鱼盐之利，蕉荔橘柚之饶，亦为东南诸邑之冠"④；新会县江门港"为海船收泊口岸，雷、琼各府商民往来络绎，五方杂处"⑤，就笔者看到的材料，仅雍正二年(1724)四月至六月就有琼州商船56艘来这里贸易。⑥ 至于广州、佛山就更是官吏、士子、旗营官兵及其家属云集，商贾辐辏。"近省数大县逐末者多，务农者少"⑦。除从事经济作物种植外，还有许多人口从事渔业、盐业、运输业和手工业，从而使这里成为当时缺粮最严重的地区。顺德县龙江乡士绅简梦岩有一首诗生动地描述这一带缺粮的情形："贫无隔宿舂，富无十日粮；龙江龙山称大乡，大乡乐岁忧饥荒。今春西谷来何迟，谷之丰歉米市知。……富人轻田里，贫人又不亲耒耜，万口嗷嗷竟何恃？"⑧据全汉昇和克劳斯估计，18世纪前期广州及附近城镇和郊区的人口可能达200万，每年要消费约700万石稻谷。⑨

---

① 张渠：《粤东闻见录》上卷。

② 参见叶显恩、谭棣华：《明清珠江三角洲农业商品化与圩市的发展》，见《明清广东社会经济研究》，60～62页。

③ 嘉庆《三水县志》，第1卷，《墟市》。

④ 乾隆《广州府志》，第2卷，《东莞图说》。

⑤ 《宫中档乾隆朝奏折》，第6辑，754页，乾隆十八年十一月十五日班第奏。

⑥ 参见档案：前三朝内阁题本，雍正二年六月二十七日广东巡抚年希尧题。

⑦ 张渠：《粤东闻见录》上卷。

⑧ 《粤东简氏大同谱》，第10卷，《龙江系十六世永庵公梦岩公》。

⑨ 参见 Mid-Ch'ing Rice Markets and Trade：An Essay in Price History，pp. 70-71。

18 世纪后期当不止此数。广州府的米价大大低于潮州府和嘉应州，主要在于它能够通过西江得到广西、湖南和本省罗定州、肇庆府的大量粮食供应，江西和本省的韶州府也通过北江为广州府供应粮食，所以当时广东官员屡有"西、北二江谷船源源而至，市米充盈，足资接济"①的奏报。当时广州府十四县中，香山县肯定有余粮销往县外，直至清末民初，该县仍是珠江三角洲主要的余粮县。另外，番禺县可能也有粮食外运。

南雄和韶州两府共有八县，均地处粤北山区，耕作业主要分布于各大山之间的大小河谷、盆地和平原，其高寒山区不利于水稻生长，部分水田土壤瘠瘦，农业耕作条件远远不如珠江三角洲和韩江三角洲地区。但这一地区经济作物种植不普遍，商品货币关系对农村基层社会的影响不如前述几个地区深入。南雄府虽地当粤赣两省交通要冲，但经商者大多为外地商贩，有"居民土著者十之三四，豫章人十之五，闽人十之二"②的说法。当地人"贾惮远商，农勉力作，工无技巧"③。韶州府也是"商不富，贸不巨，工不良，技不巧"④。结果，两府八县均有余粮，如"保昌所出者惟谷，幸值屡丰，尚有所余"⑤；翁源县"田一岁再熟，粒米有余"⑥；"仁化物产，山物为多，向有小广西之称，不特以其谷米饶裕也……"⑦。同时，湖南、江西有部分米粮由这两个府运入广东。这一地区的粮价没下降到更低水平，主要是由于北江水运使其米粮有很大一部分流到广州和佛山一带。水运对粮价水平的影响在稍后关于连州的讨论中会看得更加清楚。

惠州府包括东江流域的归善、博罗、河源、永安、龙川、长宁、和平七县和连平州，以及东南部由于莲花山阻隔而相对独立的海丰县和陆

---

① 档案：朱批，乾隆四十六年三月二十九日广东巡抚李湖奏。
② 康熙《南雄府志》，第 1 卷，《舆地·风俗》。
③ 乾隆《保昌县志》，第 3 卷，《舆地·风俗》。
④ 同治《韶州府志》，第 11 卷，《风俗》。
⑤ 乾隆《保昌县志》，第 4 卷，《物产》。
⑥ 光绪《韶州府志》，第 11 卷，《舆地略》引《翁源志》。
⑦ 光绪《仁化县志》，第 5 卷，《风土》。

丰县。该府位于珠江和韩江两个三角洲平原之间，境内山峦、丘陵起伏，盆地、河谷平原交错，土质差异较大，水利较差，耕作较为粗放，经济作物种植也不如两个三角洲普遍。该府各州县的米粮余缺状况较为复杂。府城及其附近的归善、博罗两县缺粮严重，有时需要从广州得到米粮供应。但这个府的粮食供需平衡主要靠本府内部调剂解决，东江上游五个州县除连平州米粮自给、较少外运外，河源、永安、和平和龙川四县都有较多米谷顺流运往府城一带。河源是东江上游最重要的余粮县，乾隆时号称"一邑所出谷石，食一邑之人，岁且大登，可给三年之食"①。该县"非商旅萃集之所，且去海益远，无鱼盐蜃蛤之利，故民间重农，唯产稻谷"②。18世纪初"东莞、归、博寄籍者几半，岁及秋重载而去者不啻百千艘"③。乾隆间"省郡邻封商贩驾艘搬运，土人亦多载输出境，余粟之易，岁以为常。倘值官仓采补之期，在郡文武衙门以及邻邑往往来籴，致市价高昂。犹幸永安沿水乡村，彼去永城阔远，亦就近赴河源籴谷，此所谓或益之自外来也"④。一方面向下游邻县输出米谷，另一方面又从毗邻的永安县得到米粮，可谓货畅其流。而永安早在清初就已"谷贾四方辐辏而谷贵"⑤了。和平县外输的米粮数量可能比上述两县少，贩运者主要是本地人，"谷一贵，则邑之富民顺流鬻他邑，可信宿数百里"⑥。就全府平均水平而言，惠州府米价稍低于广州府是正常的。海丰、陆丰两县到19世纪仍然"农但力田，凡种莳薯，每随刈稻。工无奇技，所造器物必在朴素浑坚。商不远游，多从近地，废居挟资贩苏、杭者盖寡"⑦。18世纪时大概粮食可以自给，特别是这两县旱园种植番薯较多，可补充稻米不足。但若有余粮也肯定不会太多，因为位于陆丰的碣石镇的兵米

---

① 乾隆《河源县志》，第11卷，《农功》。
② 同治《河源县志》，第11卷，《农功》。
③ 黄朝选：《社仓记》，见同治《河源县志》，第14卷，《记》。
④ 乾隆《河源县志》，第11卷，《农功》。
⑤ 屈大均：《广东新语》，第2卷，《地语》。
⑥ 乾隆《和平县志》，第2卷，《事纪》。
⑦ 同治《海丰县志续编·风俗》。

供应在 18 世纪一直是困扰广东官员的问题。

肇庆府的情况十分复杂，就自然地理环境而言，它实际上是由三部分组成的：(一)西南部漠阳江流域的阳春和阳江两县。位于下游的阳江一直是缺粮县，长期依赖上游阳春的供应，如康熙十三年(1674)不雨，就"告籴于阳春"①。直至清末阳江仍然要从阳春输入米谷。②(二)东南部潭江流域的恩平、开平两县，属于广义的珠江三角洲范围。其米粮调剂与阳江、阳春的情形相似，位于下游的开平县米粮一直不足，直至清末也主要依赖上游的恩平县沙湖一带的米粮供应。③(三)除上述四县外，本府的其余九个州县均地处西江流域，地理环境比较复杂，沿西江干流和其他支流有小河谷平原，土地比较肥沃；丘陵地区则河流较少，水源缺乏，土壤瘦瘠；而北部山区气温较低，山多田少。高要、四会、鹤山、高明也属于广义的珠江三角洲，经济比较发达，但缺粮严重的仅肇庆府城所在的高要县。另外五县经济发展水平较低，地方志中常可见到"士颇知学，民皆力耕。商贸罕通，市无奇货"④的记载，粮食生产自给有余。新兴产米尤多，乾隆时"谷米价平，亦少储蓄"⑤，直到光绪时仍是高要的米粮供应地之一，并有余粮运往广州和佛山。⑥乾隆时广宁县"出谷亦多，是土人自装枭。……谷客之至略少，且道路艰难，出水不便也"⑦，故外销可能较少。

罗定州的自然条件与肇庆府的大部分地区相近，其三个州县都有余粮外销。乾隆间佛山有"举镇数十万人仰资于粤西暨罗定谷艘"⑧的说法。乾隆五十七年(1792)高要县民曾大批驾船到该州的东安、西宁两县运米，

---

① 康熙二十年《阳江县志》，第 3 卷，《事纪》。
② 参见《阳江乡土志》，第 3 册，光绪抄本。
③ 参见宣统《开平县乡土志·商务》，抄本。
④ 康熙《广东通志》，第 21 卷，《风俗》。
⑤ 乾隆《肇庆府志》，第 5 卷，《风俗》。
⑥ 参见光绪《新兴乡土志·商务》，抄本；《高要县乡土志·商务》，抄本。
⑦ 乾隆《广宁县志》，第 7 卷，《风俗》。
⑧ 乾隆《佛山忠义乡志》，第 3 卷，《乡事志》。

赴三水等地售卖。① 由于横贯肇庆、罗定两府州的西江是广西向广东经常性米粮供应的主要通道，这两个府州的米价就直接与两广间长途米粮贸易价格发生关系，因而罗定州米价要高于广西梧州府，肇庆府米价则略低于广州府。

以上广、南、韶、惠、肇、罗六府州面积共 96 900 平方公里，占全省陆地面积的 56.7%，如此广大、自然条件各不相同的地域米价基本一致，反映了当时广东省内粮食贸易的活跃和在保证各地米粮供应基本平衡方面的效率。

18 世纪时广东的米价中等地区还有琼州府。琼州府包括整个海南岛，这里气候炎热，全年无霜，是本省水稻生长季节最长的地区。但少数民族聚居，耕作粗放，施肥不足，水利设施落后，有的地方还停留于"刀耕火种"阶段。当时人是这样描述该岛经济、社会发展不平衡的情况的："海南素称瘴疠，然不过感（恩）、厓（州）、昌（仁）、化（州）等处水土较劣，而近府一带仍属和平。琼（山）、儋（州）南北对峙，五指山横亘其间。山中多黎人，熟者通工商，输赋役，与百姓等；生者曰岐黎，屏匿山中，不与外人接，要亦各安其生，无有敢犷愚滋扰者。其地少而土肥，稻菽之外，兼种番薯，并可充民间饔飧之需。"②就全岛的粮食供需情况而言，"每年所产谷石不敷民间日食之需，丰稔之年犹必借资于海北，一遇风信不顺或南来稀少之时，价即日贵"③。当时全岛十三个州县中，严重缺粮的主要是琼山县，该县为府治所在地，县城之北的海口又是重要的贸易港，"商贾云集，烟火倍多，待食者至众"④。此外，"崖州地方僻处天南，孤悬海岛，境内皆崇山峻岭，间有平坡。田亩产谷无多，比来

---

① 参见《奉督宪批行藩宪给示勒石永禁滥封碑》，转引自叶显恩、谭棣华、罗一星：《广东航运史·古代编》，220 页，油印讨论稿，1987。

② 《宫中档乾隆朝奏折》，第 21 辑，792～793 页，乾隆二十九年六月十五日广东学政边继祖奏。

③④ 档案：朱批，乾隆二年四月十二日琼州总兵武进升奏。

生齿日繁，流寓日众，每逢商贩鲜至，米价必致高昂"①，也是缺粮地区。与琼山相连的澄迈县则有余粮，该县有博粢市，"凡米粟多由此以渡海口"②。其余十州县正常年景粮食可望自给，或所缺无多，上引琼州总兵武进升的奏折就提到："其儋、万、崖（原文如此——引者）等县尚不致在在仰望接济。"向其供应米粮的高、雷、廉三州是全省米价最低的地区，这是琼州府米价较平的重要原因。

第三类地区：米价较低区，指 60 年平均米价不到 0.9 两/石，低于全省平均价格 10％ 至 20％ 的地区，包括高州、雷州、廉州三府和连州一州。

高、雷、廉三府地处广东西南部沿海，多是绵延起伏的丘陵，河流较少，植被较差，土质硬化，保水能力弱，易受水旱灾害。但常年高温有助于作物生长。这三府一直是广东主要的余粮区，其原因在市场经济不发达，人民生活水平较低，有"高、雷、廉三府属小民半藉芋薯等为粮，出产米谷尽有多余"③的说法。这三府与珠江三角洲没有内河航道可通，海运成本太高，不足以与廉价的广西米谷竞争，所以每年除向琼州供应部分米粮外，与省内其他地区较少发生米粮贸易关系。由于交通不便，廉州的部分米谷取道广西横州进入西江，再东运广州，屈大均就描述了这种形式的米粮运输，灵山县"谷多不可胜食，则以大车载至横州之平佛，而贾人买之，顺乌蛮滩水而下，以输广州。盖西粤之谷，亦即东粤之谷也"④。如前所述，廉州府还能从安南得到一部分更廉价的米粮。以上各种因素使高、雷、廉三府保持较低的米价。

连州地处粤北，自然环境和气候条件与毗邻的韶州府相差不远。由

---

① 《宫中档乾隆朝奏折》，第 24 辑，753 页，乾隆三十年五月初五日广东巡抚明山奏。

② 嘉庆《澄迈县志》，第 2 卷，《墟市》。

③ 《宫中档乾隆朝奏折》，第 4 辑，29 页，乾隆十七年九月二十九日两广总督阿里衮、广东巡抚苏昌奏。

④ 屈大均：《广东新语》，第 14 卷，《食语·谷》。

于经济作物种植较少,粮食一直自给有余,甚至在广东全省严重缺粮的光绪年间,所属的阳山县每年还能向广西贺县、怀集县,湖南江华县和本州的三江口运出稻谷5万石。① 乾隆年间连州米价较低的原因在于地处高山之中,交通不便,剩余米谷难以外运,如当时阳山县就是"湟水滩峡险悍,故商贾不多,县民亦无至他邑商贾者"②。

二、米粮地区差价的计量分析

上一部分利用描述性材料解释了18世纪广东各府州米粮地区差价的形成。除此之外,还有两个问题是必须考虑的:一是地区差价与人口密度、人均耕地面积的关系,二是地区差价的变动趋势。这两个问题需要较多的计量分析,我们专门在这一部分讨论。

从理论上说,在其他条件相同的情况下,人口密度与粮价水平成正比,即人口密度越大,粮食价格越高,人均耕地面积与粮价水平成反比,即人均拥有耕地越多,粮价水平越低。但是,对表2-9和表2-10的观察却发现当时广东的情况与这一期望不尽相符。如高州府是全省米粮价格最低的地区之一,但其人口密度在全省却名列第三,人均耕地面积倒数第一。粮价水平居全省第三的广州府虽然人口密度名列第一,但其人均耕地面积却在全省名列第四,高于本省大多数府州。对乾隆年间各府州粮价与人口密度进行相关分析,结果为 $r=0.461\,9$,只有弱相关关系;而各府州粮价与人均耕地面积的相关系数仅为 $0.184\,1$,相关关系几乎不存在。

表 2-10　乾隆中期广东各府州人口密度与人均耕地面积

	人口数量 (口)[1]	面积[2] (平方公里)	耕地[3] (亩)	人口密度 (人/平方公里)	人均耕地 面积(亩)
广州府	4 141 000	22 200	10 730 161	186.53	2.59

① 参见光绪《连山厅乡土志·商务》,抄本。
② 乾隆《阳山县志》,第2卷,《风俗》。

续表

	人口数量 （口）[1]	面积[2] （平方公里）	耕地[3] （亩）	人口密度 （人/平方公里）	人均耕地 面积（亩）
南雄府	235 000	3 300	998 503	71.21	4.25
韶州府	723 000	15 900	1 723 399	45.47	2.38
惠州府	1 553 000	30 000	4 117 489	51.77	2.65
潮州府	1 543 000	14 400	3 256 910	107.15	2.11
肇庆府	1 780 000	18 600	4 008 740	95.70	2.25
高州府	1 653 000	15 600	1 923 584	105.96	1.16
雷州府	463 000	7 800	794 893	59.36	1.72
廉州府	315 000	16 200	394 036	19.44	1.25
琼州府	937 000	34 500	3 014 839	27.16	3.22
罗定州	478 000	6 900	1 043 163	69.28	2.18
连　州	250 000	11 100	638 633	22.52	2.55
嘉应州	930 000	9 000	1 324 359	103.33	1.42

注：

[1] 我们已估计 18 世纪中期广东人口在 1 500 万人左右。而清代广东最早按府州系统记载的人口数字是嘉庆二十五年的。（参见《中国历代户口、田地、田赋统计》，甲表 88）本文假定这几十年间各府州人口比例没有大的变动，据此回推出乾隆中期各府州人口数的估计值。

[2] 根据《中国历代户口、田地、田赋统计》，甲表 88。广州府含佛冈直隶厅面积，连州含连山直隶厅面积。在回推人口时，该两直隶厅人口也分别归入上述两府州。

[3] 根据乾隆《大清一统志》第 339 至 353 卷所列各府"田地山塘"与"屯田"两项数字相加。

这两个结果均出乎意料，人们首先会怀疑 18 世纪的人口和耕地面积数字是否可靠。如第一节所指出的，这一时期的人口和土地统计可能有普遍偏少的毛病，但在我们的讨论中实际上要考虑的是各府州的相对比例。表 2-11 把乾隆中期各府州人口和耕地面积在全省所占的比例与 20 世纪 30 年代初较为可靠的统计数字进行了比较。20 世纪 30 年代广东大的行政区划与清代的府州已不尽相同，但县一级的区划基本未变，表 2-11 以县为单位复原为 18 世纪中叶十府三州的格局。该表使人们注意到，乾隆中期与 20 世纪 30 年代初广东各地人口耕地面积在全省所占的

比例大致相同。两个时期人口比例和耕地面积比例的相关系数分别为
0.964 和 0.990,考虑到 100 多年间各地区可能存在的不平衡发展,这两
个如此之高的相关系数是非常令人满意的。它表明,就我们要讨论的问
题而言,表 2-10 的人口和耕地数字有较高的可用性。

表 2-11　乾隆中期与 20 世纪 30 年代广东各地人口和
耕地面积在全省所占比例的比较

	乾隆中期		20 世纪 30 年代			
	人口占全省比率(%)	耕地面积占全省比率(%)	人口		耕地面积	
			数量(口)	占全省比率(%)	数量(亩)	占全省比率(%)
广州府	27.60	31.59	9 631 911	29.05	13 069 400	32.04
南雄府	1.57	2.94	375 454	1.13	877 000	2.15
韶州府	4.82	5.07	782 446	2.36	2 352 700	5.77
惠州府	10.35	12.12	3 051 615	9.20	4 734 800	11.61
潮州府	10.28	9.59	4 795 528	14.46	3 397 300	8.33
肇庆府	11.86	11.8	4 155 925	12.53	5 383 200	13.20
高州府	11.02	5.66	2 498 129	7.53	1 695 800	4.16
雷州府	3.09	2.34	670 352	2.02	1 434 600	3.52
廉州府	2.10	1.16	1 531 995	4.62	1 282 900	3.15
琼州府	6.25	8.88	2 252 365	6.79	3 852 700	9.45
罗定州	3.19	3.07	1 210 285	3.65	955 300	2.34
连　州	1.67	1.88	679 807	2.05	891 600	2.18
嘉应州	6.20	3.90	1 529 416	4.61	862 700	2.11
合计	100.00	100.00	33 165 228	100.00	40 790 000	100.00

资料来源:

乾隆中期据表 2-10。20 世纪 30 年代据胡继贤:《最近本省粮食行政之概况》,第
12 至 14 表,载《南大经济》,第 3 卷第 2 期,1934。表中所用的行政区划是清代的,
20 世纪 30 年代的数字是以县为单位,复原为与清代十府三州相符的格局再相加的。

因此,我们有理由相信,就全省的范围而言,18 世纪广东各府州的
米粮地区差价与人口密度和人均耕地面积确实没有对应的比例关系。假
定 18 世纪广东各地的货币流通状况没有明显差异(我们确实也未见到这
一时期某一地区"钱荒"之类的现象),农业生产成本也没有大的不同(其

实传统社会的农户一般是没有成本核算的观念的），米粮地区差价就可视为各地粮食余缺状况的标志物。既然人口密度与人均耕地面积与米粮地区差价的关系并不密切，那么就可以认为，当时各地粮食余缺状况主要取决于经济作物种植比例、非农业人口与外来流动人口的数量等与商品货币关系发达程度有直接关系的因素。结合本节第一部分的讨论，可以清楚地看出，商品货币关系发展水平较高地区米价要高于其他地区。注意到这一现象对我们下面的讨论是有益处的。

现在转而讨论 18 世纪广东米粮地区差价的变化趋势。表 2-9 表明，除了米价数据零散、行政区划与后来不同，从而可比性较差的康雍时期外，从乾隆元年（1736）开始的六十年中，各府州米价水平的排列没有大的变化。嘉应、潮州、广州和高州等四府州一直名列第一、二、三和十三，其余九府州的名次变动都在两位以内。米价中等区的府州之间互换位置，而米价较低区三府州的位置变动也仅在这三府州内部进行，说明这一期间各府州米粮余缺的局面没有结构性变化。但是，如果分析一下各府州米价水平差异程度的变化，就会发现一些值得注意的趋势。

统计学上用于反映数列中各数据差异程度（称"离散度"）的指标有全距、平均差、方差、标准差等多种，其中应用较多的是标准差。标准差越大，说明数列的离散度越大。标准差除以数列的平均值再乘 100%，就是标准差系数，可用于在不同平均水平的数列间进行比较。表 2-12 列出了 18 世纪各时期广东各府州米粮地区差价的标准差和标准差系数（计算过程从略）。

表 2-12　18 世纪广东米粮地区差价离散程度的变化

	康雍时期	乾隆元年 至二十年	乾隆二十一 年至四十年	乾隆四十一 年至六十年	嘉庆元年 至五年
平均值	0.675	1.276	1.516	1.568	1.338
标准差	0.057 4	0.138 5	0.199 0	0.216 6	0.225 1
标准差系数	8.488	10.856	13.127	13.813	16.824

资料来源：

根据表 2-9 的有关数据计算。

从表中可以看出,整个18世纪广东各地米价的差距有越来越大的趋势。既然当时各府州米价水平没有结构性变化,那么这一趋势就意味着缺粮区与余粮区的米粮余缺更趋于不平衡。比较米价最高的嘉应州和米价最低的高州府,乾隆元年至二十年(1736—1755)两府州的米价相差50%。乾隆朝的第二个20年约为58%,乾隆朝最后20年增至77%,而嘉庆初年已高达102%。如同我们将在第三章和第四章证明的,当时广东米粮市场在保证全省粮食供应方面有着较高的有效性,而且这种有效性还有逐渐加强的趋势,所以,米价地区差异的扩大不能归咎于市场有效性方面的原因。既然各地区米粮余缺主要取决于商品货币关系的发展程度和经济作物种植的比例,那么18世纪广东米粮地区差价的不断增大,正意味着其经济发达地区一直保持着高于不发达地区的发展速度。各地区间经济发展水平的距离正在变大。这种地区间的不平衡发展在一定的经济发展阶段中,是一个必然的过程。米粮地区差价变大使从事米粮运销的人有可能取得更多的利润,从而使更多的商人和商业资金投入米粮贸易活动,保证了经济较发达的缺粮地区有可能向商业化程度更高的方向发展。所以,米粮地区差价的变化实质上是社会通过市场机制对经济不平衡发展所产生后果的一种调整和适应。

三、跨府州的米粮运销

由于地区差价的存在和各府州米粮余缺状况的差别,18世纪广东省内跨府州的米粮贸易十分活跃。这种贸易是沿着以下几条路线进行的。

第一条路线是西江水路。从梧州经肇庆到达广州和佛山。这实际上是两广间米粮长途贸易路线的一部分,罗定州、肇庆府的余粮也经这条路线运往广州。这是本省最重要、米粮运输量最大的一条路线。关于它的情况,本章第一节已作了专门讨论,第四节还将探讨这一路线上米商的活动。这里就不赘述了。笔者只想补充一个前面还没有提到的情况。高、雷、廉地区有部分余粮也是由西江运到广州地区的。西江支流新兴江上游与漠阳江上游相距仅几十里,而且地势平坦,所以广东西部的部分米谷就溯漠阳江而上，到阳春县的黄泥湾上陆，用牛车转运至新兴县河头下新兴江，然后顺流而下进入西江干流。广东巡抚鄂弥达描述过这条路线的情况："高州一府与雷廉二郡滨海接壤，地方辽阔，土旷人稀，地势平衍，素为产米之区。因相距省城窵远，计程一千三百余里。水路不能直达，向皆取道于三水、高要、新兴、东安之水路，由河头起陆，过阳春县，绕出阳江北境，经太平、儒洞、三桥陆路，四百余里，水陆间阻，纡远跋涉。"①由于陆路不便于米粮之类大体积低价值商品的运销，所以明清两代都有人试图开一运河连接新兴江和漠阳江，沟通粤西与珠江三角洲的内河水运。明佥事陶鲁曾议开河未果，屈大均也说过："新兴河头，有渠形在林阜中，可以疏凿，使水南行三十里许，直接阳春黄泥湾，以通高、雷、廉三郡舟楫，免牛车挽运之苦。谷米各货往来既便，则粤东全省之利也。此宜亟行。"②上引鄂弥达奏折又重提开河之议，结果被雍正帝指为"胡说"，终于未成。

第二条路线是北江水路。除了前面提到的韶州府的余粮外，湖南、江西的部分粮食也通过这条路线运到广州地区。当时广东官员的雨水粮价折中往往把北江和西江并提，如广东巡抚尚安讲到乾隆四十年（1775）底"西、北两江谷船衔尾而至，民食充裕，粮价有减无增"③。乾隆五十二年（1787）两广总督孙士毅也提到："四月下旬大雨时行，西、北两江潦水骤长，谷船未能连樯而至，又值青黄不接，乡谷出粜较少，粮价长落不齐。"④这些都说明北江水运对保证以广州、佛山为核心的地区的米粮供应也有一定作用。笔者在清代档案中发现了广东右翼副将王涛的一个折子，其中报告了北江流域各县乾隆二年（1737）十一月的米价，我们在

---

① 《宫中档雍正朝奏折》，第 18 辑，561 页，雍正九年七月十七日鄂弥达奏。
② 屈大均：《广东新语》，第 4 卷，《水语》。
③ 档案：录副，乾隆四十七年十二月二十日尚安奏。
④ 档案：朱批，乾隆五十二年十一月十二日孙士毅奏。

图 2-5 把这些米价数字标示出来①,从中可以发现,除最北面的两个县外,北江水系各县越接近下游米价越高。广州府米价比韶州府治所在的曲江县高 61.25%,如此之高的地区差价对北江上的米粮运输是一个有力的刺激。我们注意到浈水上的始兴县和保昌县米价都比较低,这大概是由于时当秋收之后,江西米粮从梅关越过大庾岭进入广东的缘故。

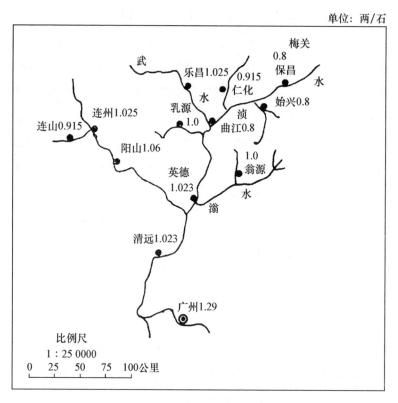

图 2-5 北江水系的米粮地区差价
(乾隆二年十一月)

第三条路线是东江水路。这条路线的米粮运输是双向的,随各地年成丰歉而变化。如前所述,一方面,由西江运到广州、佛山的米粮沿东

---

① 档案:朱批,乾隆二年十一月二十二日广东右翼副将王涛奏。图 2-5 中广州价格为本书附录三所列是年十一月广州府价格。

江运到惠州府城及周围地区；另一方面，东江上游有余粮的几个县在向本府的归善、博罗两县运送米粮的同时，也常常向广州府的东莞县供应粮食，博罗县民也顺东江到东莞出售米谷，如雍正十年（1732）七月十三日就有博罗县民陈奕臣用船运谷趁东莞土瓜墟粜米，后来归途遇贼。① 饥荒年月惠州府还向潮州府和嘉应州运去粮食，如乾隆五年（1740）潮州饥荒，龙川"东路通潮，商贾贩运，米价陡长"②。乾隆七年（1742）有海阳县民至惠州府属采买稻谷。③ 有时珠江三角洲地区运往嘉应州的粮食也溯东江而上，至龙川县老隆再陆运到长乐县岐岭，进入韩江水系。如道光十二年（1832）嘉应州饥，"远籴于佛山"，"佛山之米，接踵度岭"④，走的就是这一路线。

第四条路线是从广州海运到潮州府，一部分米粮再从潮州溯韩江而上运送到嘉应州。前面我们已指出嘉应州和潮州府是全省米价最高的地区，这里需要的米粮很大一部分来自海路。当时人说，"（潮州）米所由来，多赖海舶"⑤，"潮州、嘉应二府接连闽壤，耕三渔七，必资海运接济"⑥，反映了米粮海运对潮、嘉两府州的重要性。宣统《顺德县续志》记载，雍正四年（1726）"顺固丰饶，惠潮籴者昂其值"⑦，说明至少在雍正初年潮州商人已到广州府籴米。乾隆六年（1741）潮州米贵，"督抚二臣委巡检钱悦海运仓谷五千石前来潮属饶平县地方平粜，并准潮民在省买运米谷运回接济"⑧，官方调运与民间贸易同时并举。以后"抚臣王安国委巡检王煊炸海运米谷五千石来潮，又委巡检何德玉押运仓谷三千石赴潮

---

① 参见档案：刑科题本，乾隆元年七月二十日和硕果亲王允礼等题。
② 乾隆《龙川县志》，第 1 卷，《灾祥》。
③ 参见《康雍乾时期城乡人民反抗斗争资料》，589 页。
④ 吴兰修：《与沈芎泉明府书》，见《广东文征》，第 23 卷。
⑤ 乾隆《潮州府志》，第 40 卷，《艺文》。
⑥ 档案：录副，乾隆六十年十二月初二日两广总督暂留广东巡抚朱珪奏。
⑦ 宣统《顺德县续志》，第 15 卷，《金石》。
⑧ 档案：朱批，乾隆六年六月初四日潮州总兵武绳谟奏。

之饶平县黄冈地方平粜"①。官方调运共 13 000 石；至于民间运输，是年广州市民因"今夏惠潮商船买谷较多"，竟发生骚动，"乘机搬抢粮食货物"②，可见潮州商人搬运之多。由海路搬运至潮州府的米粮大多以澄海作为转运地，在这里装上内河小船运往府城和府内各地。所以嘉庆《澄海县志》记载："千艘万舶悉由澄分达诸邑，其自海南诸郡转输米石者，尤为全潮所仰给。每当春秋之间，扬帆捆载而来者，不下千百。"③由于嘉应州米价一直高于潮州，所以潮州米粮溯韩江而上运销嘉应州是经常的现象。这样，米价昂贵的嘉应州实际上得到来自江西（经汀州下汀江）、惠州府（经长乐下梅江）和潮州府三个方向的米粮供应，不过，前两条商路的上游都有一段陆路，而潮州府也缺粮较多，所以三个方向的供应量都不会太多。而且，韩江上的米粮运输也是双向的。除前述江西、广东惠州的米粮顺流而下接济潮州的情况外，嘉应州有余粮的兴宁、长乐两县同时也向潮州府供应米粮。如雍正四年（1726）就拨这两县常平仓谷"由内河运至潮州府城及南澳平粜"④。乾隆六年（1741），"潮郡米贵，有海阳县民人李兆捷等，采买谷石四十余船，赴潮接济，运由嘉应州河下，竟遭彼地棍徒拦载，不容放行"⑤。这一大批米谷在惠州府属或在兴宁、长乐采买尚不清楚，但也是顺韩江而下运往潮州的。

第五条路线是由高、雷、廉地区海运到广州一带。雍正五年（1727）曾令全省必须买谷补仓的州县"给照差人赴广西及高、雷、廉等处价平地方逐渐采买"，"又将高、雷、廉仓谷拨至广、潮两府，即将两府谷价发交高、雷等府买补还仓"⑥。雍正十年（1732）署广东巡抚杨永斌"访闻本

---

① 档案：朱批，乾隆六年七月十二日潮州总兵武绳谟奏。

② 《康雍乾时期城乡人民反抗斗争资料》，588 页。

③ 嘉庆《澄海县志》，第 8 卷，《埠市》。

④ 《宫中档雍正朝奏折》，第 5 辑，843 页，雍正四年四月二十一日两广总督孔毓珣、广东巡抚杨文乾奏。

⑤ 《康雍乾时期城乡人民反抗斗争资料》，589 页。

⑥ 《宫中档雍正朝奏折》，第 7 辑，248 页，雍正五年正月初三日广东巡抚杨文乾奏。

省茂名、电白、阳江各县出产米谷，缘地方偏僻，少有客商搬运，以故价值颇贱"①，所以动关税羡钱令当地官员采买米谷，经海道运回广州平粜，共运回米 8 580 余石。② 不过，这一路线上的商人运输不会太多，这是由于海运风险大，成本高，不如沿西江到广西贩运更有利可图。鄂弥达在讲到高、雷、廉三府交通不便的情况时就指出："一切米谷土产食货，海运则惧风涛之险，陆行则粤人自幼习于舟楫，不耐担负之苦。是以米谷经营，类皆远贩广西。"③米价甚高的潮州府有时也经海路到高、雷、廉地区买粮，如乾隆十八年(1753)就有"内地惠、潮等府商民赴高、雷、廉采买米谷"④。

　　第六条路线是高、雷、廉三府到琼州府的海上运输。前面我们已经讲到清代琼州的缺粮及其对粤西地区的依赖，"琼州地方产米稀少，向仰高、雷二府"⑤的说法在当时人的记载中时有所闻。从清初开始，琼州府就要依靠高州、雷州和廉州的米粮，如澄迈县康熙"二年饥，斗米二钱有奇，赖得海北米应救"⑥；乾隆二年(1737)"嗣以海北高、雷、廉一带产米之区价亦高昂，琼郡遂由之渐贵"⑦，先后从广州运去省仓谷 46 000 石才解决粮食供应问题；乾隆十年(1745)琼州米贵，"又经官运雷、廉二属存仓谷石前往粜济，并招商贩，不致有艰食之虞"⑧。这一海区的米船和运载其他粮食(如番薯)的船只往来一定十分活跃，因为清代的文献中，保留有许多在北部湾、琼州海峡和雷州东部沿海抢劫粮船的案例。例如

　　① 《宫中档雍正朝奏折》，第 19 辑，779 页，雍正十年五月二十七日署广东巡抚杨永斌奏。

　　② 参见同上书，796 页，雍正十年五月二十九日署广东总督鄂弥达奏。

　　③ 同上书，第 18 辑，561 页，雍正九年七月十七日鄂弥达奏。

　　④ 《宫中档乾隆朝奏折》，第 6 辑，144 页，乾隆十八年八月十六日署两广总督班第、广东巡抚苏昌奏。

　　⑤ 档案：朱批，乾隆元年五月八日广东巡抚杨永斌奏。

　　⑥ 康熙十一年《澄迈县志》，第 3 卷，《纪灾》。

　　⑦ 档案：朱批，乾隆二年四月十二日琼州总兵武进升奏。

　　⑧ 档案：朱批，乾隆十年二月初二日广东提督林君升奏。

雍正四年(1726)三月，海康船户曾玉伙同十数人在雷州府海康县比利门外洋抢劫琼州府文昌县船户蔡胜宁谷船①；道光四年(1824)六月海康县民陈芝溃等 8 人在雷州府徐闻县二行外洋抢劫运番薯回琼州的文昌县民云三合等的船只②；更典型的是乾隆三十年(1765)审理的新宁县人曾德度等一案，涉及本案的十几名盗贼在乾隆二十九年(1764)四月至三十年(1765)四月的一年中，就先后在高州府吴川县硇洲外洋、白龙尾洋面、安南狗头山洋面、阳江县青洲山一带抢劫米船 5 艘，番薯船 1 艘。参与这一案件的黎天喜等人在乾隆二十九年(1764)正月至四月还在白龙尾、江坪及雷琼各属洋面劫掠客船 12 艘，其中也有米船，后来他们专门"驶到潮州府属南澳将所劫之米变卖表分"③。类似的案例还有很多，几乎广东所有粮船抢劫案都发生在这一海区。直至光绪年间，琼州府治所在的琼山县仍然"向俱由旁近各邑及高、雷、廉各属运米，歉岁则专需南洋之暹罗、海防"④，说明这条米粮贸易路线到清末仍保持畅通。

综上所述，我们发现，18 世纪广东已存在一个联结广西、湖南、江西、福建等省，并与外洋有一定联系的米粮贸易网络。这个网络包括国际贸易、省内跨州的中程贸易、各府州内部短途贸易和当地居民之间的粮食交换等不同层次，互相衔接，互相嵌合，有机地运作着。图 2-6 再现了这一网络中中长途贸易的主要路线。

对图 2-6 的观察可以使我们更加明了水运在米粮中长途贸易中的重要性。几乎所有的运输路线都是水道，而且水运越便畅的地区其米粮输入和输出的路线越简单。例如，肇庆府有西江贯穿全境，其余粮与来自罗定河、新兴江和西江上游的米粮汇集在一起，沿西江直运广州和佛山。相比之下，生产水平不如肇庆的廉州府由于与广州没有江河相通，其为

---

① 参见档案：前三朝内阁题本，雍正六年二月初十日广东巡抚杨文乾题。

② 参见《粤东成案初编》，第 3 卷，《斗殴共杀三》。

③ 参见《宫中档乾隆朝奏折》，第 31 辑，582～598 页，乾隆三十年十一月十四日署两广总督杨廷璋、广东巡抚王检奏。

④ 光绪《琼州乡土志》，第 3 卷，《商务考》。

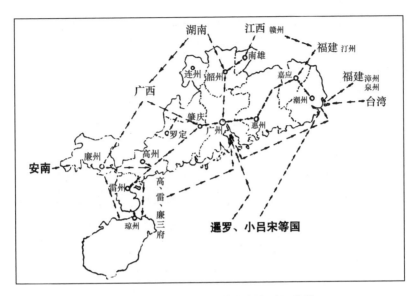

图 2-6　18 世纪广东米粮中长途贩运路线

数不多的余粮外运却有四种路线之多：（一）陆运至广西横州，再顺郁江、西江东运广州地区；（二）陆运经高州府、肇庆府进入新兴江，再由西江干流运到广州一带；（三）从海路运至广州；（四）南运琼州。这四条路线中竟然有三条是以广州为终点的，可见没有一条真正适合米粮运输的需要。前述嘉应州要从三个方向获得米粮供应的情况则反映了水运不便的缺粮地区的窘境。

在大多数情况下，缺粮的经济发达地区一般位于河道下游，而有余粮的较不发达地区一般位于江河上游。这样，经济发达地区不但可得到江河从上游运送下来的肥沃的冲积土壤，拥有优越于上游的农业生产条件，而且可得到顺流而下的上游地区生产的大体积低价值的米粮和其他初级产品。逆流而上的一般是相对小重量高价值的手工业制品。这种不平等交换的形式对于商人来说，在经济上是合算的。广东历史上经济布局的形成，与这种依赖于江河的运输模式有很大关系。

迄今为止，我们只考察了米粮空间转移的路线，而对米粮通过这些路线进入市场中心后的交易情况尚未论及；我们描述的还只是物的流动，对于物流背后商人的活动还有待讨论；我们基本上把18世纪广东米粮市场的运作描述为理性的纯经济的活动，而必须考虑的还有非经济的、非理性的社会方面的因素。本章余下的部分将继续考察这些问题。

第三节　市场中心与米粮贸易

粮食交易一般在市场中心上进行，按照经济地理学的划分，市场中心属中心地的一种。中心地是指集合着各种经济、政治或文化设施的居民点，这种居民点不但为当地居民，而且也为其附近地区或腹地的居民提供各种商品和服务。中心地可根据其"中心性"(与其他中心地相比的影响范围)分为不同的等级，从而构成中心地等级序列，中心地序列可分为市场、运输和行政三种。米粮贸易主要是在市场中心上进行的，粮食生产者、消费者、批发商、零售商和长途贩运商人之间的交易活动都集中于市场中心。不过，18世纪广东较高级的市场中心实质上大多又是行政中心和运输中心。

一、作为广东米粮贸易中心的广州和佛山

广州是广东省会，华南最大的都市和清代中国最重要的对外贸易中心。佛山与广州相距40里，与京师、苏州和汉口并称"天下四大聚"①。当时人在讲到这两个地方的商业贸易繁荣情况时，常常"省佛"并称。这两个相距很近的城市共同构成了18世纪广东米粮贸易网络最高等级的市场中心。

这两个城市最重要的粮食贸易组织是粮行和米铺。

粮行专门从事粮食的批发业务。清初龙廷槐在其《敬学轩文集》中有这样一段记载："大镇为省城、佛山、石湾。其行店为当商、放账铺、换银铺、洋货铺、珠宝铺、参茸行、布行、本行、生铁行、绸缎棉花行、

---

① 刘献廷：《广阳杂记》，第4卷。

青麻行、铜行、锡行、西货行、海味行、京果行、油行、豆行、谷埠、米行、槟榔行、烟行、金丝行、瓷器行、果干行、药材行、柴行、炭行、糖行。"在他所开列的 29 种重要商业机构中，从事粮食贸易的就有豆行、谷埠和米行 3 种。光绪年间还有人指出："粤城向分七十二行，而以银行、丝绸行、布行、米行、豆行、麦面行为最著。"①18 世纪广州和佛山的粮行主要经营广西东运的米谷，曾任两广总督的杨应琚讲到："向于省城、佛山二处额设米行，遇有粤西谷船来至东省，听商人自行选择行家投行发卖，酌给用钱。"米行之间的互相竞争使米粮贸易得以在较公平的基础上进行："米行既有多家，又听商人自行投行交易，如或该米行等稍有不公，即虑商人舍此适彼，是以尚未敢任意滋弊。"乾隆十八年(1753)两广总督班第和广东巡抚苏昌"又在省城、佛山二处于额设米行之外添设经纪米谷总埠各一处，官为设立牙行。遇有粤西谷船暨乡村米谷必须投至总埠，始准发卖"。结果官方对粮食批发贸易的这种垄断产生了不良后果。总埠"恃系独行，操纵由己，势致垄断把持，粮价转滋腾涌"，而且"层层剥削，费用繁多"，结果"粤西米船东来渐少，殊于民食有碍"。次年杨应琚和苏昌即出示裁革，据说裁革之后"市价大平"②。

　　米铺从米行、谷行成批购进米谷，把买进的稻谷碾成白米或糙米，零售给本地居民，也兼营批发卖与外地粮商的业务。广州"城外向南一带，系各省客商聚集之地，背江面街，阛阓稠密，船只蚁聚。向来各省产米稀少之处，赴省买稻，多在沿江铺家交易"③。本城的各色居民，包括"肩挑负贩或为人庸工"的"手艺贫民"也都在米铺买米。④ 佛山七市开有糙白米铺，"每铺或雇工七八人、十余人不等，俱系随籴随碾，日逐发

------

①　祥林:《广东实业调查报告概略》，见《农业丛书》，第 6 集第 14 册。

②　《宫中档乾隆朝奏折》，第 18 辑，152～153 页，乾隆二十八年六月十一日陕甘总督杨应琚奏。

③　《康雍乾时期城乡人民反抗斗争资料》，588 页。

④　参见《宫中档雍正朝奏折》，第 21 辑，551～552 页，雍正十一年五月初十日广东总督鄂弥达奏。

卖"①。据道光初年的《佛山街略》记载，当时佛山白米街"俱卖上米"，善门街和长石街卖米，而贵县街、新涌口、黄鼎后津、华丰街、八间、晚市等处专卖糙米，聚龙社卖碎米，盛世坊"茶米面俱全"，关帝庙一带卖油、豆、麦，饭坊街卖面麦，还有平政桥脚卖番薯。② 这些粮食交易场所中，卖米的街区一定是米铺集中之所。佛山之米谷多来自广西，而其米粮交易场所大多卖的是糙米，这也从一个侧面证明了本章第一节提出的两广间中、下米贸易可能比上米贸易活跃的推测。

广州和佛山米铺的经营和控制有较明显不同。广州是一个政治色彩浓厚的城市，其米铺经营也带有较强的封建性和非经济性。杨文乾说过："省中各处米铺俱系豪强棍徒及旗下余丁所开，米价低昂全由伊等喝定，此辈惟利价高肥己。"③鄂弥达也指出："米价腾贵，皆由屯户居奇。彼等开张米铺，惟利是图。往往捏作谣言，增长米价，或一时偶风，则云此风为旱兆；或两日连雨，则云此雨必系水征。一日之间，频增价值，一店长价，诸店皆然，名曰'齐行'，莫敢异议。"④雍正三年(1725)广、肇两府水灾，次年三月官府在省城开仓平粜，每石米价约比市价低银 2 钱，结果竟有千余旗厮、棍徒和不入保甲烟册之人冲击平粜米厂，打散买米穷民，继而大闹巡抚衙门，"要求封仓，只令米铺自卖"。这次事件实际上是驻防八旗兵丁发动的，当时被巡抚衙门拿获的 11 人中，有 5 名旗人，还有 1 名八旗将军标前营兵丁。八旗将军李秋对此事采取了怂恿和支持的态度，闹事者冲击米厂后先赴将军衙门喊禀，将军谕道："此系巡抚衙门所管，应往巡抚衙门去讲。"事后李秋又亲临巡抚衙门令巡抚放回

---

① 《奉宪严禁示碑》，见广东省社会科学院历史研究所中国古代史研究室等编：《明清佛山碑刻文献经济资料》，91 页，广州，广东人民出版社，1987。

② 谭棣华：《从〈佛山街略〉看明清时期佛山工商业的发展》，载《清史研究通讯》，1987(1)。

③ 《宫中档雍正朝奏折》，第 5 辑，777～778 页，雍正四年四月初三日广东巡抚杨文乾奏。

④ 同上书，第 21 辑，551～552 页，雍正十一年五月初十日鄂弥达奏。

被抓的旗人、旗兵。① 此事最后惊动了雍正皇帝。他下旨把李秋调回北京，派兵部左侍郎塞楞额驰赴广州，与署广州将军阿克敦、广东巡抚杨文乾一同审理，完全把此案作为旗标兵丁闹事处理。② 这一事件的是非曲直对我们的研究并不重要，令人感兴趣的是，广州米铺的利益竟是由旗兵出面来申明和反映的。为了防止米铺囤积居奇，雍正十一年(1733)鄂弥达奏准于广州城设立官米局三处："南门设一米局，动广州府仓谷，以该府仓大使管理；东门设一米局，动番禺县仓谷，以该县典史管理；西门设一米局，动南海县仓谷，以该县移驻之县丞管理。……其米色则脱粜之后略加舂熟，与市中米相等。其米价则额定仓斗一两一石，永成定例，无减无增。倘市价减至一两以内，仍听民向各店买食，市价稍昂，即照定价一两粜卖。其赴局零买者，则用银用钱，听随民便。……至于卖出价银，则令随便赴谷贱地方采买，源源运转。"③(引文中的着重号是引者加的)可见其管理和经营带有明显的政治性和非经济性。18世纪中后期广东米价出现长期上升趋势(详第三章)，广州城中米市价远远超过每石一两(详表2-13)。实际上官办米局"永成定例，无减无增"的价格是不可能维持的。

佛山一直没有设县以上的行政管理机构，具有一定的自治趋向。④ 其米铺经营也较少受到上层政治势力的干预，而且米铺商人往往联合起来与官吏抗争，维护自己的利益和独立性。例如乾隆五十五年(1790)正月黄鼎司巡检以囤积米谷为由，封存佛山太平、沙市、太隆等处七间米铺的800余担谷，准备充公。虽后经南海知县批示准予继续粜卖，但佛

---

① 参见《宫中档雍正朝奏折》，第5辑，777～778页，雍正四年四月初三日广东巡抚杨文乾奏。

② 参见《清世宗实录》，第44卷，雍正四年五月丁巳。

③ 《宫中档雍正朝奏折》，第21辑，551～552页，雍正十一年五月初十日鄂弥达奏。

④ 参见黄建新、罗一星：《论明清时期佛山城市经济的发展》，见《明清广东社会经济研究》，26～56页。

山七市米铺仍联合上呈,最后从广东巡抚处争取到每户囤谷 200 担的定额。① 佛山米铺每旬逢五、逢十都要把河下船谷市价报告给五斗口和黄鼎两个巡检司。而五斗口司的书吏一直指使报价头人少报粮价,道光十三年(1833)七市米户行长和本镇绅耆公议,规定以后"照时分上、中、下三等谷价真实呈报。如衙书吏有甚别议,即通知大魁堂司事传阖镇绅士与他理论,幸勿仍蹈前辙"②。这个公启中提到的大魁堂,是佛山士绅组成的地域性公共管理组织。

作为全省最高等级的米粮市场中心,广州和佛山米粮贸易的设施和组织所提供的服务是多层次的,它拥有多重复合的贸易范围。

首先,它为本地的居民和流动人口提供粮食供应。清代广州是全省的政治中心。八旗将军、广东巡抚、布政使司、按察使司、粤海关、广州府、南海县和番禺县等各种官僚机构都集中于此地,乾隆十一年(1746)后原驻肇庆的两广总督也移往广州。众多的官僚、幕友、书吏、差役以及他们的家属都集中于此。广州还有八旗兵将近 4 000 名,绿营兵将近 8 000 名③,八旗甲兵月支米 2 石(另有折色 5 斗),绿旗兵丁月支米 3 斗④,每年兵米约需 125 000 石。这些士兵还带有家眷。旗人食用米粮一般可从所发兵米得到满足,绿营家眷的米粮则要从市场上购买。为上述官吏、军人及家属提供各种生活和娱乐服务的人数也一定很多。此外,广州还是华南的经济中心和外贸中心,各地商人云集,为商业贸易提供运输、搬运、包装和各项生活服务的贫民、小贩等大量存在。当时人估计"广州食米日不下数千石"⑤。据此推算,每年食米当在 100 万石至 200 万石之间,折谷 200 万石至 400 万石,按第一节采用的年人均消费量 4

---

① 参见谭棣华:《从〈佛山街略〉看明清时期佛山工商业的发展》,载《清史研究通讯》,1987(1)。

② 《佛镇义仓总录》,第 2 卷,《劝七市米户照实报谷价启》。

③ 参见《清朝文献通考》,第 189 卷,《兵十一》。

④ 参见《宫中档雍正朝奏折》,第 23 辑,821 页,雍正十二年十一月二十七日广州左翼副都统毛克明奏。

⑤ 同上书,第 7 辑,213 页,雍正四年十二月二十九日广州将军石礼哈奏。

石计算，当时广州居民和流动人口在50万至100万之间。18世纪的佛山虽非政治中心，但作为一个手工业和商业高度发达的城市，当地居民和流动人口也对粮食供应形成很大压力。康熙二十三年《修灵应祠记》载："桡楫交击，争沸喧腾，声越四五里，有为郡会之所不及者。……阛阓层列，百货山积，凡希觏之物，会城所未备者，无不取给于此，往来络绎，骈踵摩肩，廛肆居民，櫛逾千万。"①乾隆时"举镇数十万人尽仰资于粤西暨罗定谷艘，日计数千石"②，据此推算，每年需谷100万石至200万石，全镇人口当在25万至50万之间。取广州和佛山两地人口估计的中数合计，两地的居民和外来人口当在100万以上，这么多人口的粮食供应，当然只能由这一市场中心的米粮贸易组织来保证。

其次，广州和佛山还是周围农村地区的粮食贸易中心。广州和佛山"民食浩繁，全赖商贩接济"③。按一般道理推想，其米价应高于周围广大的农村地区，并从农村地区得到部分米粮供应。但是，表2-13所列18世纪中叶广州城与广州府的中米差价却提出了相反证据。该表以乾隆三十年至四十二年（1765—1777）的情况进行分析不是有意识选择的结果，而是因为只有这一时期广东官员才在奏报全省米价的同时报告广州城的中米价格。从表中可以看出，在我们考察的54个月中，有50个月省城的米价低于所在府的平均米价。广州城正好位于广州府中央，上述分析结果表明，广州周围农村地区的商品货币关系的发展高到难以向广州供应粮食，反而可能从广州取得部分粮食供应的程度；而且广州、佛山这个当时全省最大的米粮集散中心可以通过长途贸易，得到经常性的、大规模的和运输费用低廉的米粮供应。这一分析为当时米粮市场的有效性提供了佐证。

---

① 道光《佛山忠义乡志》，第12卷，《金石上》。
② 乾隆《佛山忠义乡志》，第3卷，《乡事志》。
③ 档案：朱批，乾隆五十六年八月十五日两广总督福康安奏。

表 2-13 18 世纪中叶广州城与广州府的中米差价
（1765—1777）

时间		广州城价格（两/石）	广州府价格（两/石）		广州城价格与广州府平均价格之差（两/石）
年份	月份		价格	平均	
乾隆三十年	一	1.28	1.14~1.73	1.435	−0.155
	二	1.32	1.14~1.73	1.435	−0.115
	闰二	1.40	1.14~1.73	1.435	−0.035
	三	1.40	1.14~1.72	1.43	−0.03
	四	1.44	1.14~1.72	1.43	+0.01
三十三年	二	1.78	1.46~1.98	1.72	+0.06
	十	1.90	1.60~2.02	1.81	+0.09
三十五年	一	1.68	1.52~2.10	1.81	−0.13
	二	1.70	1.52~2.10	1.81	−0.11
	三	1.62	1.52~2.10	1.81	−0.19
	五	1.68	1.60~2.10	1.85	−0.17
	六	1.38	1.38~2.20	1.79	−0.41
	七	1.38	1.38~2.14	1.76	−0.38
	八	1.40	1.40~2.10	1.75	−0.35
	九	1.40	1.40~2.10	1.75	−0.35
	十一	1.36	1.30~1.84	1.57	−0.21
	十二	1.36	1.45~1.84	1.645	−0.285
三十六年	一	1.46	1.48~1.90	1.69	−0.23
	二	1.47	1.48~1.90	1.69	−0.22
	三	1.46	1.45~2.05	1.75	−0.29
	六	1.46	1.40~1.90	1.65	−0.19
	七	1.60	1.40~1.90	1.65	−0.05
	八	1.60	1.45~1.90	1.675	−0.075
	九	1.68	1.50~1.92	1.71	−0.03
	十	1.72	1.50~1.92	1.71	+0.01
三十七年	八	1.64	1.64~1.92	1.78	−0.14
	九	1.67	1.64~1.88	1.76	−0.09
	十	1.67	1.64~1.88	1.76	−0.09
	十一	1.67	1.64~1.88	1.76	−0.09
	十二	1.67	1.64~1.88	1.76	−0.09
三十八年	一	1.68	1.67~1.88	1.775	−0.095
	二	1.76	1.67~1.88	1.775	−0.015
	三	1.76	1.68~1.90	1.79	−0.03

续表

时间		广州城价格（两/石）	广州府价格（两/石）		广州城价格与广州府平均价格之差（两/石）
年份	月份		价格	平均	
	闰三	1.64	1.60～1.92	1.76	−0.12
	四	1.60	1.60～1.92	1.76	−0.16
	六	1.60	1.60～1.96	1.78	−0.18
	七	1.68	1.68～1.98	1.83	−0.15
	八	1.68	1.68～2.00	1.84	−0.16
	九	1.68	1.68～2.00	1.84	−0.16
	十	1.68	1.66～1.98	1.82	−0.14
	十一	1.68	1.65～1.94	1.795	−0.115
	十二	1.70	1.65～1.94	1.795	−0.095
三十九年	一	1.72	1.65～1.94	1.795	−0.075
	二	1.78	1.70～1.96	1.83	−0.05
	三	1.70	1.70～2.00	1.85	−0.15
	四	1.70	1.60～1.95	1.775	−0.075
	五	1.60	1.60～2.00	1.80	−0.20
	六	1.60	1.60～2.00	1.80	−0.20
	七	1.60	1.56～1.90	1.73	−0.13
	八	1.56	1.56～1.88	1.72	−0.16
	九	1.56	1.55～1.88	1.715	−0.155
	十	1.56	1.45～1.88	1.665	−0.105
四十二年	一	1.40	1.30～1.95	1.625	−0.225
	二	1.50	1.25～1.93	1.59	−0.09
平均		1.586		1.723	−0.137

资料来源：

广州府价格根据本书附录三。广州城米价根据朱批档案：广东巡抚德保所奏乾隆三十四年十二月，三十五年一、二、四、五、六、七、八、九月，三十六年一、二、五、六、八、九月，三十七年七、八、九、十月，三十八年五、六、七、九月广东雨水粮价情形（23件）；两广总督李侍尧所奏乾隆三十五年十、十一月，三十六年七月，三十七年十一、十二月，三十八年一、二、三、闰三月广东雨水粮价情形（9件）。这些雨水粮价折都在所报告月份的次月上奏，其中所列省城中米价格为上奏的当月价格。非上述月份的广州城米价依时间次序根据：《宫中档乾隆朝奏折》，第23辑，785页；第24辑，27、267、452、639～640页；第29辑，615页；第32辑，320页；第33辑，199、494页；第34辑，1、258、603页；第35辑，102、235、544、757页；第36辑，60、238、519页；第37辑，248、548、760页。

再次，广州、佛山还发挥着广东全省米粮集散中心的功能。在第二节讨论的全省六条跨府州贸易路线中,有五条是以广州、佛山为起点或终点的。不但正常年份广州、佛山在全省米粮贸易中起调节和集散作用,饥荒年月这一作用还表现得更加明显。前述乾隆六年(1741)惠潮商人到广州买谷、道光十二年(1832)嘉应州远籴于佛山的情况,都是很好的例证。道光五年(1825)"岭南数郡饥",也是"仰给于广州、佛山镇"①。雍正十年(1732)广东按察使黄文炜就指出:"会城为一省根本之地,省会之价既平,而各属亦不致于昂贵也。"②也反映了广州作为全省米粮集散中心的地位。

最后,广州、佛山还是一个省际和国际米粮贸易中心。如前所述,来自江西、湖南、广西的米谷都沿西江、北江到广州、佛山地区。在当时的奏折中常常可以看到"西省客米船只来东售卖。省城、佛山等处市镇聚集,粮食颇多,价值平减"③,"四乡米谷源源运集,并有广西客米船只来东售卖,省城、佛山等处市镇聚集,粮食充裕"④等大同小异的报告。来自东南亚的米粮也有许多从广州入口。雍正十年(1732)福建差员弁商贩来广东采买米粮,署广东巡抚杨永斌以"州县地方偏小,多卖必致价贵,有妨民食"为理由,"咨复闽省饬令闽商赴省采买,不必别往州县购买",同时动支关税羡银,委员赴广西采买,又让茂名、电白、阳春等县官员在当地采买,然后运到省城。⑤ 这一做法充分显示了广州在省际粮食调节方面的实力。

综上所述,18世纪广州和佛山在广东米粮贸易中发挥着重要作用,不管米粮贸易组织的设置,还是米粮贸易的方式或是米粮贸易的范围,我们都没有发现这两个城市有什么功能上的分工。两个城市实际上是作

---

① 吴兰修:《论米票》,见《广东文征》,第30卷。

② 《宫中档雍正朝奏折》,第19辑,315页。

③ 档案:朱批,乾隆四十五年七月初四日广东巡抚李湖奏。

④ 《宫中档乾隆朝奏折》,第52辑,218页,乾隆四十七年六月二十五日广东巡抚尚安奏。

⑤ 参见《宫中档雍正朝奏折》,第19辑,779页,雍正十年五月二十七日署广东巡抚杨永斌奏。

为同一个贸易中心在发挥作用的，而且当时人在观念上也这样认为。

其实，彼此非常邻近的城市合起来成为一个城市中心，发挥单一的大城市职能的情况，在欧洲历史上也时有所见。根据拉塞尔（J. C. Russell）的研究，中世纪时中欧隔河相对的布达和佩斯，英格兰南部相邻近的南安普敦和温切斯特，地中海北岸一在海岛、一在大陆的威尼斯和帕多瓦，都有类似情况。①

18世纪在广东米粮贸易网络中具有类似于广州、佛山这种跨区域中心职能但等级较低的中型米粮集散中心只有潮州府城和琼州府城附近的海口，它们都位于缺粮区，而且与广州、佛山中心市场的联系相对不便。当时广东大部分流通中的米粮是在墟市内部、墟市之间、墟市与县城之间、邻县之间进行交易的。中长距离的米粮运销也往往在墟市与较高等级市场中心之间直接进行，不像其他许多商品那样要经过各级市场中心逐级转运。这是因为米粮是低价值商品，利润率有限，米粮运销若多级转运则流通费用太高，而且米粮体积较大，较容易在低级市场中心上收集到装满一船的数量，不像其他小体积产品必须在较大的地域范围内经各级市场逐级收集起来才能满足长途贩运的数额；同时粮食是最基本的生活必需品，在缺粮区需求量很大，并贮存方便，整个社会又有贮粮备荒的思想，所以可于较短时间内在较小的地域范围卖出较大量的粮食，而不需像其他非日用必需品那样要通过市场网络逐级分散推销到较大的地区；最后，还由于当时米粮运销以船运为主，不像陆路运输那样沿途歇息，逐级盘运，而广东省内发达的河道体系也为这种直接的中长途船运提供了便利。因此，在18世纪广东省次于广佛中心市场的米粮贸易中心中，比较重要的是县城和农村墟市。

二、县城和农村墟市上的米粮贸易

清代的县城首先是一个行政中心。但就米粮贸易而言，它往往也是

---

① 参见［意］卡洛・M. 奇波拉主编：《欧洲经济史》，第1卷，徐璇译、吴良健校，24页，北京，商务印书馆，1988。

一个县中等级最高的粮食贸易中心。这首先是由于县城本身的非农业人口聚集，需要从周围农村地区或到外地贩运取得粮食供应。县城集中了知县、教谕、主簿、典史等大小官员，还有他们属下的家人、差役、幕友、书吏，以及为他们服务的奴仆、婢女等，形成了一个人数众多的消费者集团。以知县为例："每一到任，亲眷仆从不下数十人。而为其仆从者，以次随侍，又各置仆从，合之刑名、钱谷、书禀、签押等幕友，及其各仆从，下逮厨房买办、水火夫等，一署以内，不啻二百余人。少者百余人，极少者亦将百人。人口既多，服食不计，海错山珍，杯盘狼藉，非寻常之朝饔夕飧也。"①除了这批实际上依靠赋税和各种加派为生的消费者外，县城里还有许多商贩、手工业者、手艺人和其他的服务性人口，他们也必须从市场上取得粮食供应。其次，清代常平仓主要设于县城，征收本色的州县的屯米、税粮，有绿营驻防州县的兵米发放也主要在县城进行，结果，仓谷的平粜与买补，税粮的征集与兵米的发放，不但形成以县城为中心的米粮流动，而且由于这些活动需要一定的运输、碾米、销售设施(如米铺)，从而强化了县城作为全县米粮贸易中心的地位。再次，县城也是文化性流动人口聚集的地方，如参加县试的士子、县学和书院的学生、浪迹江湖的民间艺人和迷信职业者，以及逢年过节或重要宗教活动时蜂拥而至的四乡百姓等，都加重了县城米粮供应的压力。最后，清代大多数县城同时也是较高等级的市场中心②，其作为全县最高等级的米粮贸易中心就更是理所当然的。

县城中的米粮交易是在两个地方进行的：一是县城中的"市"，二是米铺。县城中的"市"是本地居民与周围农村地区的农民进行粮食、菜蔬、日杂百货和其他商品交换的场所。它大多设在城边或城门附近。如程乡(后为嘉应州)、平乐等县"绕城为市，以资贸易。民甚便之"③。钦州"负

① 黄一峰：《立雪山房文集·晏海渺论》，抄本。

② 参见 G. William Skinner, "Marketing and Social Structure in Rural China, Part I,"*The Journal of Asian Studies*, vol. 24, no. 1(1964)。

③ 康熙《镇平县志》，第 1 卷，《墟市》。

郭之东门市，志曰市，土人则称曰街……是街环绕城之东南北，北则有横街、白沙街，东则有上街、竹栏街，南则濠坝街、鱼寮街、平南渡下街。……行商居贾所售各物，若织文纤缟，夏葛冬裘，以及油糖杂货，亦无不具备"①。饶平县城有"南门街市，在市坊，商贾凑集，诸货毕备"，"东门外市，多鬻绵絮、丝布及鱼菜为生"②。在这些市上出卖的粮食主要来自周围四乡，如潮阳县"峡（山）、（黄）陇、举（练）、贵（山）四都自江溯桥，溪港环绕，田地平衍，为全邑之腹，舟楫乘潮往来，大半装载米谷至县河粜卖，价视船至多寡为低昂"③。当时官员们在奏折经常提到的"本地米谷亦难载运出粜，故城乡米价长落不齐"④，"各府村民又值农务殷忙，乡谷到市亦觉略稀，是以各处粮价……渐昂"⑤之类的情况，正反映了这类米粮贸易的重要性。

米铺在县城的米粮贸易中也有重要地位，清代广东每个县城都有米铺，而且常常不止一家。米铺兼营批发和零售，主要供应本城的官民人等。但有时也挑米到四乡粜卖。如澄海县林鸣候开张米铺生理，就"与铺邻人等俱各挑米赴乡粜卖"⑥。值得注意的是米铺与县衙门的关系。米铺作为县城中主要的专业性米粮贸易机构，为官府提供多方面的服务。首先，自清中叶起县官每月都要向知府衙门报告粮价，以逐级汇总报告皇帝，而县官所报的米价实际上是米铺提供的。雍正年间就有"米铺开报米价，必照时值每石浮开四五分，希图获利"⑦的记载。其次，每年春夏常

---

① 道光《钦州志》，第 1 卷，《舆地》。
② 光绪《饶平县志》，第 2 卷，《城池》。
③ 康熙《潮阳县志》，第 2 卷，《乡都》。
④ 《宫中档乾隆朝奏折》，第 28 辑，99 页，乾隆二十八年十二月十八日两广总督兼广东巡抚苏昌奏。
⑤ 档案：朱批，乾隆五十一年三月十五日广东巡抚孙士毅奏。
⑥ 档案：刑科题本，广东巡抚苏昌题，"为号究弟命故"（原件残，时间不详。苏昌于乾隆十四年十二月至十八年十一月在任）。
⑦ 《宫中档雍正朝奏折》，第 13 辑，376 页，雍正七年六月十一日王士俊奏。

平仓谷的平粜，"向多发给铺户碾米，缴官零星粜卖"①。最后，兵米的支放也与米铺发生联系，如"陆丰县有应解碣石镇标兵米，每年春夏例应动支常平仓谷碾解"，乾隆十二年（1747）三月知县孙桂因一时碾办不及，就把谷700石发给在城米户张荣秀、徐广茂代碾。② 有的地方"米铺与兵丁交结勾通，包揽支放，每石较诸时值多索钱余。州县交价于米铺，兵丁即向米铺支米，及米铺纳价于兵丁，任其另行买食。此粤东之积弊也"③。由于官方的米粮出入实际上是由县官的家人和差役掌管的，所以米铺有时也会与他们一同作弊，如常平仓谷平粜前交铺户碾米，就有"不法米铺缴米之时换糠和水，串通州县家人、胥役朦混交收"④。平粜时还有"衙役勾通铺户，雇人代买，两相照应"⑤，从中渔利之事。不过，米铺受家人、差役欺诈之事也时有发生。如上述乾隆十二年（1747）陆丰县城米户代碾兵米一事。孙桂原说好碾谷700石，缴米350石，"所余碎米谷头就给他们作碾费"，但其管仓家人王祥私下向米户说明，每谷1石给米户碾工钱15文，将碎米谷头缴回，米户"见他是县主家人，不好违拗，只得依允"。结果，王祥从中渔利10余两银子。⑥ 上述米铺与官员、兵丁、家人、差役的种种关系，以及前述广州米铺受控于八旗兵丁的情况，都从一个侧面反映了传统中国市场活动的某种非经济导向性。

关于清代广东的墟市，中外均有许多学者作过较深入研究。本文只讨论墟市上的米粮贸易。经济地理学有所谓"门槛人口"（threshold population）说，指供应一定量货物或维持市场中心某一职能所要求的最低限度人口，货物和服务的等级愈高，所要求的门槛人口愈多，从而愈分布于为数较少的高级市场中心；反之，货物和服务等级愈低，则所要求门

①　档案：朱批，乾隆十二年二月二十四日广东巡抚准泰奏。

②　参见档案：刑科题本，乾隆十四年二月初十日广东巡抚岳濬题。

③　《宫中档雍正朝奏折》，第12辑，893页，雍正七年四月二十日王士俊奏。

④　档案：朱批，乾隆十二年二月二十四日广东巡抚准泰奏。

⑤　《宫中档雍正朝奏折》，第12辑，209页，雍正七年正月十七日广州左翼副都统吴如绎奏。

⑥　参见档案：刑科题本，乾隆十四年二月初十日广东巡抚岳濬题。

槛人口愈少，从而愈分布于广大的低级市场中心，货物和服务的等级与其需求量成反比。我们知道，清代广东赋税大多用银子交纳，商品货币关系的发展使农民的很大一部分日常生活用品依赖于市场供应，而且18世纪广东已有较多的货币地租和折钱租，这些因素使农民必须较多地在市场上出售其农产品，其中当然也有很大一部分是稻米。另一方面，经济作物种植的普遍，各地区间米粮供需的不平衡，农户生产和家计情况的差异，以及粮食生产的季节性和自然灾害引起的农村地区粮食供求在时间上的波动，都使很大一部分农民要长期地或暂时地依赖于米粮市场的供应。上述两方面的因素使18世纪广东农村基层市场的粮食交易十分活跃，使粮食贸易所要求的"门槛人口"降低到很低的程度，当时几乎最低等级的农村墟市都有米粮贸易存在。清代广东官员经常在雨水粮价折中提到"墟市粜售者多"①、"本地粮食趁墟不乏""村镇墟市米谷充盈"②等，正反映了墟市上米粮贸易的活跃。

根据米粮销售范围的远近，18世纪广东墟市上的米粮贸易大概有三种类型。

第一种是有米粮销往外县，甚至外府的墟市。这类墟市往往位于余粮区，是米粮较远距离贩运的起点。如河源县是余粮县，其马墩墟靠河，就有客船到该墟收买粮食③；高明县三洲墟"每月三、六、九日集，高要、南海、新会、顺德、东莞数县人民水陆并至，百物咸备，出谷为多"④；澄迈县有余粮卖往海口，其博�市"凡米粟多由此以渡海口"，瑞溪市是"米谷所聚之处"⑤。

第二种类型墟市的米粮销售范围一般只限于其邻近地区。这类墟市

---

① 档案：朱批：乾隆三十三年六月二十二日广东巡抚德保奏。

② 档案：录副：乾隆五十七年四月十六日广东巡抚郭世勋奏。

③ 参见档案：刑科题本，乾隆二十一年三月初五日户部尚书署刑部尚书阿里衮题。

④ 康熙《高明县志》，第5卷，《地理志》。

⑤ 嘉庆《澄迈县志》，第2卷，《墟市》。

若位于缺粮区，往往是粮食中长途贩运的终点。来自外县、外府、外省的米粮在这里进入消费领域。如大埔县依赖沿汀江而下的江西米粮和溯韩江而上的来自海运的米粮供应，有时也通过梅江从兴宁、长乐和惠州府得到部分粮食，位于三江汇流处的三河坝市就"舟楫辐辏，贸易者为浮店。星布洲浒，凡鱼盐、布帛、菽粟、器用百货悉备"①。南海县九江地区长期仰赖西谷的供应，其"大墟在四方接界处。三、六、九日趁，货以鱼花、土丝为最，甲于邑内。次谷，次布，次蚕种，次六畜、五蔬、百果、裘帛、药材、器皿、杂物，俱同日贸易"②。这类墟市若位于余粮区或粮食自给区，则往往是当地农民和其他居民互相进行米粮交易的处所。如黄圃墟位于珠江三角洲产粮的沙田区附近，就"舟楫鳞集，货粟充牣"③。英德县米粮自给有余，其望夫冈墟"商民铺屋数百户，苏杭杂货齐备。土产药材、油、豆、谷、麦、花生尤多"；横石塘墟"商民铺舍数百户，杂货齐备，山茶、香信、豆、麦、花生俱有，贮谷尤夥"④。据《潮汕文物志》上册记载，惠来县葵潭墟有布街、米街、缶街、菜街，清代一、四、七日市，周围数十里乡村皆于此集市买卖。此种类型的墟市数量最多。应该指出的是，大多数地方志未注明有米谷粜卖的墟市也是进行着粮食贸易的，这仅仅是由于当时粮食作为一种非常普通的商品，修志者认为没有必要特别注明而已。从上引的材料可以看出，当时广东的许多墟市都设有固定的店铺，其中也有米铺。例如，新宁县人谭茂基就在西宁县海晏部地方开张米店生理，其侄子在店内帮工，还买有一个仆人，有时还令仆人到邻近之沙栏墟买米。⑤ 普宁县鲤湖墟也有庄添幅开设的米铺。⑥ 惠来县隆江、葵潭、靖海等墟均有"米行"，雍正五年

---

① 乾隆《大埔县志》，第1卷，《墟市》。
② 道光《南海县志》，第13卷，《建置略五》。
③ 龙廷槐：《敬学轩文集》，第6卷。
④ 道光《英德县志》，第6卷，《建置略下》。
⑤ 参见《粤东成案初编》，第9卷，《拒杀擅杀》。
⑥ 参见同上书，第17卷，《抢夺财物上》。

(1727)知县张珝美特详请免去各行税饷。①

第三种墟市上的米粮贸易是当地农民为了油盐等日用必需品，而在墟市上出售少量粮食，贸易范围很小。例如，"连山荒陋，百物皆缺。每月二、七之期，太保有墟。俟漏刻过辰、巳，瘴雾渐收，民猺始稍稍来集。所携惟米盐茶油，试觅粥园蔬者，无有也"②。饶平县城南十里之石溪头埠"海外鱼盐，小舟装运至此，三饶之民以粟易之，逐日市"③。龙川县"向来民间食盐，系近埠无业居民赴埠买标，肩贩客盐沿村零卖……即有贫乏之户，势亦不能食淡，一时无钱赴买，往往向赊食用，陆续偿价。更有业农之家，或米或粟，随便易换"④。石城县各墟"其粟米麻布蔬果之类，则在在有之。其交易惟盐，旧多米换"⑤。后几条材料说明，当时在山区和海滨偏远地方，还存在着以谷易货的原始交易方式。

如前所述，18 世纪广东市场上流通的粮食中，至少有一半是本省生产的，即每年在 400 万石至 600 万石之间。这些粮食正是通过县城和墟市上的交易开始其流通的。它们既可能来自自耕农家庭的余粮，也可能是地主售出的租谷，还可能是佃农为了交纳货币租或折钱租而在市场上出卖的实物。可以肯定这几种情况都是存在的，但我们没有直接的材料说明三者各自所占的比例。当时广东每年生产约 5 600 万石粮食，由此可知其本地生产的粮食商品率约 7.1％～10.7％。这与当时全国的粮食商品率大致相同。⑥ 若加上来自省外的 400 万石，则全省粮食流通量占消费量的 13.3％～16.7％，高于全国平均水平。这么多粮食的交易、包装、转运、加工和销售都是在市场中心上进行的，由此可以推知当时广

---

① 参见《粤东成案初编》，第 17 卷，《艺文》。

② 李来章：《菜根亭记》，见康熙《连山县志》，第 10 卷，《艺文》。

③ 乾隆《潮州府志》，第 14 卷，《墟市》。

④ 乾隆《龙川县志》，第 2 卷，《食盐》。这条材料讲的不是（或不仅是）墟市的情况，但十分典型，故一并列出。

⑤ 康熙《石城县志》，第 2 卷，《墟市》。

⑥ 根据《中国资本主义发展史》第 1 卷第 282 页的估计，当时全国粮食商品量占生产量的 10.5％。

东各级市场中心上为粮食流通服务的种种机构和设施一定比较完备。

第四节　米粮市场上的商人

　　商人是 18 世纪广东米粮流通的主要组织者。他们的活动直接造成了前面所描述的米粮市场上商品流动的方向和方式。我们在讨论米粮贸易的路线和市场中心上的米粮交易时，实际上已较多地描述了商人在其中的作用。这里再通过对一些个案的分析进一步说明当时商人活动的某些特质。

一、长途粮食贩运中的商人

　　18 世纪广东与广西、湖南、江西、福建都有长途米粮贸易往来，而且这种贸易基本上以商运为主(湘粤间的米粮贩运中官运可能占较大比重，但经商贩运到广西的湘米还有很大一部分进入广东)。这里仅以广东与广西的贸易为例，分析长途粮食贩运中的商人。

　　从广西运粮到广东发卖的有三种人。

　　第一种人是灾荒年月受地方官员或乡绅委派，前往广西买粮回粤粜济的广东人。如乾隆四十三年(1778)广东大饥，地方官"选乡人"赴外省买谷，结果得番禺县人谢西祥"赴外省籴谷归，平价卖之"①。乾隆五十一年(1786)广东荒歉，次年"佛山绅耆募赀请于官给牌照，告籴邻省"②，"于佛山阖镇铺店租银每两科收五分，共得数千两，募人带往楚南、粤西买谷回乡平粜"③。这类贩运者大多原来不是商人。这种偶尔为之的贩运基本上不以牟利为目的，数量也是很少的，如乾隆五十二年(1787)佛山所募的数千两银子买米不过数千石。

---

　　①　同治《番禺县志》，第 50 卷，《列传十九》。
　　②　道光《佛山忠义乡志》，第 9 卷，《人物》。
　　③　劳潼：《救荒备览·序》。

第二种人是在广东开米铺或经商，往广西采买米谷的广东商人。如高要县的黄升仁于康雍年间"常往广西贩谷，又在本阜开米店"，因而致富，晚年还以"贻谷居"作为其书斋之名。① 该县"砚州乡众习于经商，其往来懋迁于广西者（继）踵相接，米船营运恒多，至百数十艘，并创广州米埠"②。据现存于肇庆市的《禁封江勒索碑》记载，乾隆五十七年（1792）十月该地"商民陈廷标等呈称：蚁等在新江、马安、白土、思福、东安、挞石搬运缸瓮、砖瓦、杂货，兼往广西梧州、东安、西宁运米，经由高要新兴、广宁、四会、三水售卖"。这也是广东商人往广西运米回广东的实例。当时广西官员在其奏折中常有"至粮价惟邻近广东之数州县因贩运络绎，尚未能平"③，"广东商民来西贩运米谷者比前更多"④，"近日广东商民来西贩运米谷者络绎不绝"⑤的报告，正反映了到广西购买米谷的广东商人的活跃。这类商人大多来自广州、佛山和西江沿岸。他们中有些人实际上经营的是运输业务。

第三种人最为重要，即定居广西，在那里开设店铺，经营粮食和其他商品贸易的广东商人。清代广东商人在广西商业贸易中占重要地位。广西谚语中有"无东不成市"⑥的说法。他们原籍广东，与家乡仍有密切联系，又定居广西，熟悉当地的市场和社会情况，所以在两地商业往来中发挥重要作用，他们一般从广西运米东下，再从广东贩运日用百货到广西。例如乾隆年间在桂平县永和墟和大宣墟开铺营生的广东南海县米商周魁国、刘懿章等人在该县永和、大宣、南禄、石嘴各墟"常贩米谷，运东接济"，同时，也经营东来的"绸缎、布匹、海味、磁器"⑦等物。永

---

① 参见《高要黄氏族谱》。
② 宣统《高要县志》，第18卷，《列传二》。
③ 《宫中档乾隆朝奏折》，第1辑，260页，乾隆十六年七月二十六日广西巡抚定长奏。
④ 档案：朱批，乾隆五十一年闰七月初八日广西巡抚孙永清奏。
⑤ 档案：朱批，乾隆五十一年八月初六日孙永清奏。
⑥ 《太平天国革命在广西调查资料汇编》，16页。
⑦ 同上书，239～245页。

和墟的"仁兴店"也是运米谷到佛山，然后从佛山运回闲杂食品和"洋货、绉纱、大成布、大灰布"①等商品。道光以后在贵县开设正泰铺号的林廷宣，也是由贵县贩运大宗米谷下广州后，"又从广州、佛山买布匹上来"②。在本章第一节的讨论中我们已经知道，18 世纪中叶从广西运谷米到广东可以获得约 20％的利润，若考虑到作为回头货的日用百货的贸易，利润率可能会更高。清代广东所得到的广西米粮，大部分是这些定居于广西的商人运来的。

乾隆十八年(1753)七月初四日广西巡抚李锡秦的一个奏折，反映了广东商人以"放青"等手段进入农村收购米粮的情况：

> 粤西各属地方，原系出产米谷之区，每年运济东省不下百十万石，从无禁遏，而本地民食仍属有余，市价素称平减。乃近年以来，米价较贵，臣细加访察，缘有一种外来奸商，于禾稼尚未登场、青苗在田之时，潜入土苗村寨，刻意盘剥，议定秋成还谷，名曰放青。每银一两议还谷五六百斤，计每石不过一钱六七分至二钱止。甚至以布线等物抬价算银，至秋成沿村索收，船载而归。凡产谷州县，被此等奸商收贩自数千石至数万石不等，囤积至价贵而后出粜，米价之昂贵，半由于此。③

奏折中提到的"外来奸商"，应指广东人，因他们有"囤积至秋贵而后出粜"的行为，故主要应是在广西开设店铺的广东商人。这种"放青"的做法反映了高利贷资本已浸透到穷乡僻壤，在此基础上进行的交易必定是不平等的。如奏折所言，通过这种交易活动取得的利润是很高的，半年之间获利可达 5～6 倍。不过，秋后收谷是一个很复杂的过程，没有当地

---

① 《太平天国革命在广西调查资料汇编》，16 页。
② 同上书，25 页。
③ 中国第一历史档案馆编：《乾隆朝米粮买卖史料》(下)，载《历史档案》，1990(4)。

乡绅或有权势者的支持，一般的商人是不敢冒这种风险的。

在广西贵县开办林宝昌铺号的林氏家族，是当时在广西经商的广东商人的典型。林氏原居住于广东番禺县五凤乡，康熙五十四年(1715)林仕经因家境贫寒偕子林昌世到贵县谋生，住在县城东门外圩心街。每逢墟日由县城挑日用品到龙山墟发卖，每年夏秋又运货回广东，再从广东买土布、故衣之类的货物回贵县。乾隆五年(1740)林仕经死后，其子林昌世、林昌志继承父业。乾隆十九年(1754)，广东饥荒，林昌世长子林大桢奉父命贩运米谷到广东粜卖，获利甚多，但归途病故。林昌世、林昌志继续做龙山墟生意。林昌世的第三个儿子林大楸时家业大发，开设了林宝昌铺号，经营范围包括：(一)贩卖米谷，在贵县各墟镇采购米谷，"用船大批运到广东去，每运一批都有十万八万斤以上"；(二)开设当铺，全县各墟三十六间当铺都有其股份；(三)批发货物，通过中小商人收购大批花生油、豆类、糖、花生及其他土特产运到广东，再从广东运回手工业品、布匹、丝绸、故衣、铁农具等。货物运回贵县后，又转批给中小商人挑运到各个墟场发卖。林宝昌铺号不挂招牌，不经营门市生意，只招待各地来往客商，"实际上就是贵县商业的总枢纽"。林家也投资房产和土地，共买了几十万斤租的田地，还在贵县买了七八十间铺。后来八个儿子分家时，每人分得十间八间铺。林家因财力雄厚，有"林百万"之称。嘉庆二十一年(1816)林大楸病故，其子孙继续经营林宝昌号直至咸丰初年。发家之后，林氏家族开始进行政治性投资，谋取功名，从第四代(即林大楸的儿子和侄子)至第八代中，就出了3名进士、6名举人、21名太学生、1名监生、19名贡生，还有另外21人得到其他功名或职衔。[①]

林氏家族的发家史，代表了当时在广西经商的广东商人的发展道路。他们一般因家境贫困到广西谋生，开始先在墟市贸易中作肩挑小贩生意，

---

　①　参见《太平天国革命在广西调查资料汇编》，28～30页；［日］西川喜久子《広西社会と農民の存在形態——十九世紀前半における》中所引《林光远堂族谱》的材料。

积聚一点资本则投入两广间的长途贸易,靠贩运米粮发家,同时经营其他东来的日用百货,最后在广西成为一个较大范围的贸易网络的控制者或操纵者,并集商人、高利贷者、地主于一身。在积累大量商业财富之后,还投资于政治领域,捐纳功名,接近官府,成为绅商。当然,大多数到广西的广东人在这条道路上走到一定阶段就可能因种种条件制约而裹足不前,还有许多失败者,但这条道路确实构成了一种可行的社会流动的渠道。米粮贸易在这一道路中经常有着举足轻重的作用,如林氏家族的发展就是以乾隆十九年(1754)林大桢运粮到广东粜卖,获利甚多为转折点的,以后两广间的米粮贸易一直是林氏家族主要的经营业务之一。仅林宝昌一个铺号每次运米谷到广东就是十万八万斤,说明这类商人在这一米粮贸易方式中的重要地位。

二、省内市场上的粮食运销者

在 18 世纪广东省经营粮食运销的人,就其经营活动的方式而言,不外乎"坐贾"和"行商"两类。

"坐贾"即经营米铺的铺户。当时广东从省城、佛山到各个县城都设有许多米铺,在重要的农村墟市上也有米铺存在。例如:

谭升利,广州府香山县人,"乾隆四年内到陵水桐栖村开张烟槟酒米铺营生",后因"连年时运不好,把些本钱渐渐折去了",乾隆十六年(1751)六月"将铺顶与别人","日逐挑些烟槟游村发卖"①。

谭茂基"向在西宁县海晏部地方开张米店生理",于乾隆五十三年(1788)白契买受新宁县民简来有为仆人,在店内帮工,未配妻室。嘉庆二十五年(1820)十二月二十六日"谭茂基令简来有带银十两赴沙栏墟贩米"②。

陈得蚬,籍隶罗定州,"向租陈得基等铺屋开张米店生理","道光三

---

① 档案:刑科题本,乾隆十七年五月初九日广东巡抚苏昌题。
② 《粤东成案初编》,第 9 卷,《拒杀擅杀》。

年内，陈得蚬拖欠陈得基等铺租铜钱六千二百文，屡讨未交……"①。

庄添幅，在普宁县鲤湖墟开张米铺，嘉庆十九年（1814）同县人杨士远到铺内"买米争价，发生斗殴"②。

这些都是小米铺的例子，从中我们可以发现小米铺的若干经营特点：（一）小米铺可以是外地客商开办的；（二）米铺的店面可以是租来的；（三）米铺的米谷来自墟市；（四）铺户可买有仆人；（五）在米铺中买米可讨价还价；（六）米铺可同时兼营其他日杂食品。其实，这些也是当时广东墟市上其他店铺的特点。

关于当时较大米铺的铺户及其经营情况，蒙郑振满抄示他在族谱中发现的大埔范氏和海阳饶氏两个家族的资料，这两份材料描述的是18世纪中叶至19世纪的情况，对我们理解当时广东米商的活动，提供了很好的例证。

乾隆初年，大埔范顺斋于三河坝开设店铺，"经营盐米，十余年间，积资巨万"，开始盖建房间，购置田产，年收租不下千百余石，又独力筹款修建祠堂。范顺斋四岁丧父，是靠做米盐生意发家的。以后范氏后代继续从事贸迁，在三河坝开有济生堂药行。到范锡照时（约在道光年间），"在三河设源利号，专营茶烟油烛，不数年加开源利米行"，几年后又与人"合创源丰号，专营干果水货，以子其铣董其事"。四十岁时"又独创源昌号，专营糕饼菜烟油烛"。后来又派其长子范其铣在大埔县城开设锦栈米店，遣次子范其洛在大麻开设元利茶烟烛店，遣三子范其洁到潮州府城设广兴昌办栈。范其洁在潮州三十余年，成为在潮大埔商人领袖，创设大埔同乡会和大埔码头，组织潮州办栈公会和旅业公会。范其洁的堂兄弟范其邦在梅江下游的松口墟荣茂号佣工，光绪年间于松口大街设办义记号，也"经营油米"。③

---

① 《粤东成案初编》，第8卷，《杀死亲属下》。
② 同上书，第17卷，《抢夺财物上》。
③ 参见大埔《范氏族谱》，1940。

海阳饶氏于康熙中叶由松口迁到海阳县东乌石寨，乾隆初年，第三代饶昌茂在潮州府城开源发染店，后又开顺发豆行，举家迁入府城。饶昌茂死时几个儿子年幼，没有分家，长子饶步云和次子饶步蟾主持家政，创设顺发、财盛两家店铺。道光十四年（1834）分家，顺发店归四、五房坐受，财盛店归长、二、三房坐受。但财盛店经营不善，资本亏缺，饶步云拮据焦急，重疾不治。长、二两房日渐穷困，入继饶步蟾的饶步云之子饶良洵只得寄食于其兄饶良滨的米店中。道光二十一年（1841）饶良滨与杨、黄两姓合创米行，以饶良洵为经理，但十余年后又以亏本闭业。咸丰四年（1854）饶良洵在饶良滨的帮助下，将从前米店重新开张。但当年太平天国起义引起社会动乱，潮州有吴忠恕之乱，城门深闭，贸易不通，米店资本两次告罄。饶良洵又转而到上杭等地经营长途贩运。咸丰六年（1856）以后经营情况好转，至同治三年（1864）还清了米店欠款，"经营屡中，积资浸裕"，到光绪五年（1879）饶良洵已颇为自足地宣称："财虽非极充，而田园第宅颇足为子孙立不拔基础。"①

这两个例证给人印象最深刻的是大米铺经营的家族性。范氏和饶氏这两个有大量成员从事商业活动的家族经营米粮贸易都有上百年历史。米铺的经营都由本族成员经理。即使与外姓合营也带有明显的家族背景。店铺亏倒时还可得到族人的扶持。更为重要的是，长期经商的传统给了家族成员较丰富的从事市场活动的经验和贸易谋生的从业习惯。同时，世代经商的家族也较容易享受良好的商业信誉。家族是传统中国社会最基本，也是最重要的社会组织之一。对家族的归附、依靠和利用，以及有可能的时候增强家族的力量，是一种基本的具有"集体无意识"特征的社会价值取向。关于家族组织的功能及其对社会发展的影响，是一个必须在文化学层面上展开讨论的问题，不可能有一种是非分明的结论。就我们讨论的问题而言，米铺经营活动的家族性在当时的社会环境中应是有助于米铺的维持和发展的。

---

① 潮州《饶氏家谱》，1921。

大埔范氏和海阳饶氏给我们的第二个印象是其经营范围的多样性，几乎所有经营米铺的商人也从事其他商品贸易，有时米粮只不过是某一店铺经营的多种商品的一种。关于粮食贸易者的非专业化问题，我们稍后还要再作讨论。第三个使我们注意到的现象是，这两个家族也和传统中国绝大多数商人一样，有一种把商业利润转移到土地、祠堂和其他非经济性消费上去的倾向。这种市场活动背后的非经济导向性，反映了社会文化因素对经济活动的深刻影响。

我们研究的"行商"是指从事米粮贩运的商人。在以前关于广东省内米粮贸易路线的讨论中，我们已对这类商人的活动有所阐述，现再举数例如下。

雍正九年(1731)，罗定州民邓朝光、刘汉离、刘易道"合伴肩挑贸易，各贩咸鱼，前往勃峒(在西宁县——引者)地货卖，转买黄豆回家"①。

雍正十二年(1734)，博罗县民陈奕臣、梁万兴"合伴粜籴营生，并雇工人苏亚保于本年七月十三日驾船前往土瓜墟(在东莞县——引者)粜谷"，归途遇盗，被抢去铜钱 12 800 文。② 当时广州府米价为 0.9～1.0 两/石③，银钱比价为 1：860④，据此推算，12 800文是 15 石米的价钱，折谷 30 石左右。

乾隆二年(1737)，新宁县民夏自国、夏自盛、张朝瑞、朱上选、鲁太贤"各带铜钱、咸鱼在广海河头涌驾船一只前往冲菱墟贩谷运回广海城发卖"，其中鲁大贤带有咸鱼两篓，"去冲菱墟卖钱买谷"⑤。

乾隆初年，大埔知县蔺琦在《请给关照买运米谷接济民食文》中提到：

---

①　档案：前三朝内阁题本，雍正九年十一月十九日广东巡抚鄂弥达题。

②　参见档案：刑科题本，乾隆元年七月二十日和硕果亲王允礼等题。

③　参见《宫中档雍正朝奏折》，第 23 辑，235 页。

④　参见陈昭南：《雍正乾隆年间的银钱比价变动》，120 页，台北，商务印书馆，1966。

⑤　档案：刑科题本，乾隆四年刑部尚书尹继善等题，"为报明事"(月日不详)。

"至于贩运竹木柴炭赴郡贸易米谷并回埔小船，遵明道宪明示，准其运米五石，毋庸给照关会，以省案牍。"①

嘉庆十九年（1814），兴宁县知县仲振履因"屡有商民贩运米谷至邻境售卖，以致粮价渐贵"，"出示禁止贩运"。该县人陈捷步等七人"合伙收贩米三百二十五石，分载船八只，欲运至嘉应州地方发卖"，因恐巡役中途拦阻，请求同族举人陈芳杰、捐纳县丞和布政司理问陈亮鸿兄弟包运。陈芳杰等同意包运，每米一石抽铜钱 20 文，共得钱 6400 文（原文数据如此——引者）。陈捷步等先赴嘉应州交界地方等候交接。陈芳杰兄弟即以每人 200 文的工价雇请族邻陈绉、毛八等 15 人各携刀械，随船押运。后在中途打散巡查差役，陈芳杰令"各船户水手将驾驶出境交陈捷步等接运发卖"②。

嘉庆二十三年（1818），海阳县民"林文意带同脚夫，挑米四担"经过该县潘厝荒僻地方，遭贼抢劫。③

在上述的例证中我们可以发现当时广东米粮贩运经营情况的几个现象。

首先，当时省内的米粮贩运大多采用合伴或合伙经营的方式。这一方面可能是因为贩运者大多资本微薄，上述陈捷步等 7 人合伙运谷 325 石，实际平均每人仅约 46 石，已是这些例证中最高的数字。另一方面还可能与沿途的安全有关，上列从清代刑事文献中辑录的 5 个例证中，有 4 个是因米粮运输途中遇盗而被记录下来的，合伴贩运相对安全一些。

其次，当时较大数额的米粮运输要雇请船户水手进行，上述陈捷步的例子就说明了这一点。后来还产生了谷主委托船户代销米谷的情况，如梅菉镇位于于鉴江下游，"东、西两江谷主皆系雇船装运来梅，听船户代粜定价"④。

---

① 同治《大埔县志》，第 18 卷，《艺文》。
② 《粤东成案初编》，第 14 卷，《罪人凡人》。
③ 参见同上书，第 20 卷，《扰害诈骗》。
④ 光绪《梅菉志》，第 5 卷，《事纪》。

　　最后，结合前述长途贸易和省内贸易的情况，我们可以发现，18 世纪时广东极少专门从事米粮贸易的商人。一些米粮运销者虽以牟利为目的，但经商并非其主要职业；更多的从事米粮运销的商人也兼营其他的商品贸易。这种情况使清代广东没有出现像行商、盐商那样具有垄断性的"米商"集团。其原因可能是：（一）米粮生产具有高度的分散性和季节性；（二）米粮是最基本的生活必需品，不能像从事洋货或食盐贸易那样获取超高额利润；（三）清政府鼓励粮食运销，反对和禁止囤积居奇的政策（详第四章）；（四）中长距离米粮流通具有单向性，兼营其他商品作为回头货可获得更大利润，而且对保持缺粮区与余粮区的货币、商品供需平衡也是必要的。米粮运销的非专业化和非垄断性有助于提高当时广东米粮市场在保证省内粮食供应方面的有效性。

　　除了上述以牟利为目的米粮商运之外，在最基层市场上更多的是农业生产者为生计而贩卖粮食的情况。在清代文献中，农民挑米谷到墟市摆卖的例子很多，如乾隆二十一年（1756）五月初一日河源县农民吴廷燕"挑米至马墩墟粜卖"①，后被客船买去，嘉庆二十四年（1819）七月十八日海阳县农民"谢理丰挑米出外发卖"②，等等。这类粮食粜卖者为数甚多，他们提供了本省市场需要的很大一部分粮食。

　　当研究进入对物流背后人的活动的考察，我们就发现，18 世纪广东米粮市场的运作包含着深刻的矛盾。正是这些矛盾决定了传统中国市场具有与西欧不同的性质和导向性。

　　从市场运作的情形看，当时表现得颇为有序、高效的市场网络，实际上其每个部分都包含了大量非理性、无秩序、不经济的因素。我们讲到，18 世纪以广州、佛山为核心的区域性米粮市场有较高的效能、多层次和较完善的内部组织，其运作也较为理性，在这个市场上商品的流动基本上是根据米粮地区差价所反映的供需状况以及运输的便捷的情形合

————————

①　档案：刑科题本，乾隆二十一年三月初五日户部尚书署刑部尚书阿里衮题。
②　《粤东成案初编》，第 4 卷，《斗杀共殴》。

理地进行的。但另一方面,这个市场体系的每一个部分和每一个环节,都存在着大量的非经济的行为,受到各种非经济因素的干扰。前述广州旗兵控制、操纵米铺,两广总督、广东巡抚在广州、佛山设立经纪米谷总埠,县城米铺与胥吏、兵丁串同作弊,陆丰知县的家人欺压米铺,黄鼎司巡检借故查封佛山米铺,五斗口司书吏强迫米粮商人少报米价等事实,都是这类非经济行为的典型例证。实际上,这类行为是普遍的、无处不在的。这样,市场网络的各个组成因素的非理性性质与市场总体运作的有序表现构成一对奇特的矛盾。而且,在传统中国后期这一矛盾并不仅仅存在于米粮市场,更不限于某一经济区域。

就商人的活动看,尽管他们在每次具体的交易活动中必定斤斤计较,锱铢力争,力求取得最大的利润,但是,这些活动的最终目的却不在于经济方面。18世纪到广西从事米粮贸易的广东商人发财之后都投资于土地和政治,广东省内大米铺的经营都带有明显的家族性并以增强宗族力量为其重要目的和手段,许多小商贩进行经营活动则仅仅为了家庭的生计。当时中国并不存在以追求经济增长为最终目的的商业活动赖以存在的社会和文化基础,财富积累如果不转化为土地、功名、职衔、家庭的荣誉和地位等社会性标志,就难以使其拥有者的社会地位得到实质性的提高或难以使这种提高得到实质性的保证。所以,商人具体交易活动的利润追求与其最终目标的非经济之间的矛盾普遍存在,是不足为奇的。

在以后各章中我们将进一步考察这些矛盾的特质与动态。

第三章　米价变化的动态分析

从时间关系上分析，每一米价数据都可被视为长期趋势、季节变动、循环变动和不规则变动等因素共同起作用的结果。对米价变化动态的研究可使我们在定量的、可比性较强的基础上进一步了解米粮市场的组织与机制以及市场动态对社会生活的影响。

第一节　18世纪广东米粮的季节差价

粮价的季节变动又叫米粮季节差价，指同一种粮食在同一市场上不同季节的价格差价。其变化方式主要受粮食作物耕作制度和米粮运输路线畅达性变化（如河道的丰水期与枯水期，海路的季风变化）的影响。而其变动幅度则反映了米粮余缺情况、仓储状况和米粮市场在保持粮食均衡供应方面的有效性。

一、全省米价季节性变动的方式

我们选择乾隆十六年至三十五年（1751—1770）的米价数据进行全省和各府州米价季节性变动分析。做出这一选择的基本原因在于笔者收集到的这20年间广东各府州的米价数据比较齐全（在总共248个月中只缺12个月）。季节变动指数的计算比较复杂，笔者是在电子计算机上完成的，这一计算所依据的原始数据和计算过程中产生的中间数据近3万个。为节省篇幅，文中讨论全省和各府州米价季节变动时，只列出作为最后结果的以指数形式表示的12个月的季节变动值，其他数据恕不胪列。

　　还要说明的是，由于材料限制，本文所用月份为农历月份。为适应移动平均法的要求，在计算中不能出现闰月，我们把闰月的数值与上一月的数值平均作为上月数据。这种处理会产生一些误差，但这样两个月的数据通常比较接近，而且用于计算的 248 个月中只有 8 个闰月，所以可以认为这种误差是很小的。

　　表 3-1 和图 3-1 分别用数字和曲线表示 1751—1770 年广东米价的季节变动。这些数字是根据每月全省 13 个府州米价的算术平均值，用"移动平均趋势剔除法"计算出来的。该方法是经济统计学中用于求取季节变动指数的最常用方法，它可以消除时间数列中长期趋势、循环变动和不规则变动等因素，得出比较准确的季节变动值。

表 3-1　广东米价的季节变动
（1751—1770）

月份	一	二	三	四	五	六
变动指数	98.81	100.88	102.97	105.30	104.86	101.02
月份	七	八	九	十	十一	十二
变动指数	96.78	98.40	98.40	97.25	96.24	97.10

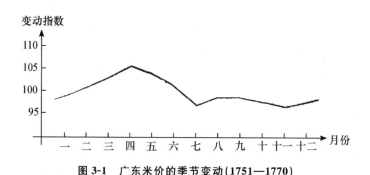

图 3-1　广东米价的季节变动（1751—1770）

　　通过对表 3-1 和图 3-1 的观察，可以看到水稻耕作制度对米价季节变动方式的直接影响。当时"粤东多再熟之稻，立春后浸种，至小暑时收获，谓之早造；早造既登，又复插莳，至霜降时收获，谓之晚造"①。早

稻收获于小暑前后，即农历五六月间，这就造成了六、七两个月米价的迅速下降，七月份的米价比四月份下降了 8.52 个百分点；晚稻收获于霜降以后，即九月底至十月，这就是十一月份米价达到全年最低点的原因，是月米价与四月份的峰值相比，降低了 9.06 个百分点。

晚稻收获距次年早稻收获长达 7 个月之久，这段时间里日照短，积温低，杂粮收获少，米价就逐步上升，最后出现人们经常提到的四五月间"青黄不接"的局面。这两个月米价达到高峰，是一年最容易出现灾荒的季节，地方志中记载的大多数饥荒，都出现在这一时期，米价不规则变动的峰值和季节变动的峰值常常叠合在一起。"青黄不接"时的赈灾救济，也就成为地方官员和士绅阶层的重要工作。

与一般的情况不同，在广东这样的双季稻地区，从早稻收获到晚稻收获的四五个月间米价没有明显上涨，八月米价虽略为上升，但仅比七月上升 1.62 个百分点，实在不引人注目。这是因为这段时间间隔较短，而且日照较长，气温较高，花生、番薯、豆类和其他杂粮陆续收获，粮食供应比较充裕，从而使七月至十月的米价稳中有降。这一时期米价稳定的另一个原因是"大冬谷"的收获。清代广东许多地方因缺水和贫瘠，仅"种大冬一谷，岁一收"①。从地方志的记载看，当时广州、惠州、潮州等府都种有大冬谷，"大冬谷种于四月，收于九月"②，这对稳定九、十月的米价是有促进作用的。

珠江水系米粮运输畅达性的季节变化，对当时广东全省的米粮季节差价也有较大影响。18 世纪广东的粮食供应在很大程度上依赖于来自桂、湘、赣等省的水路运输。这样，每年冬春枯水季节，西、北两江水浅，不能行驶大船，"用小船装载所费脚价较多，贩运不能获利，船因此渐少"③。这也是四月份以前广东米价上升的原因之一。五月初开始的

---

① 屈大均：《广东新语》，第 14 卷，《食语》。

② 康熙《长乐县志》，第 6 卷，《籍产》。

③ 档案：朱批，乾隆五十一年十一月十八日两广总督兼署广东巡抚孙士毅奏。

"龙舟水"使珠江水涨，"河水深通，商贩谷船源源接济"①，东来和南来米谷增多，这对每年下半年广东米价的稳定和下降有较大作用。

二、各府州米粮季节差价的比较

我们进而分析清中叶广东各府州米粮价格季节变动的情形。当时各府州米价季节变动指数请参见表3-2。该表根据的资料和所运用的计算方法与表2-1完全一致，对个别缺乏米价数据的月份，用"线性插值法"作了增补。

对表3-2的观察使我们发现，有几个现象是值得进一步讨论的。

第一个引起我们注意的现象是，全省大多数府州的年最高米价出现于四月，而粤北的韶州、南雄两府和连州的米价季节变动峰值却出现于五月（参见图3-2，我们以惠州府和韶州府的曲线分别代表两种不同的变化方式）。这大概主要是由于早稻收获的时间不同。

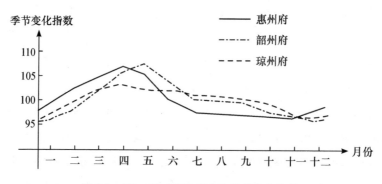

图3-2 惠、韶、琼三府米价季节变化比较
(1751—1770)

广东地处亚热带，粤中、粤西和粤东地区春夏比较暖和，一些早稻早熟品种可于五月份收获。屈大均就说过："广州之稻……至小暑前五日尽熟。五月中即有新米，谓之吊犁早。稍迟者曰百日早，曰夏至白。"②

---

① 档案：朱批，乾隆六十年四月初四日广东巡抚朱珪奏。
② 屈大均：《广东新语》，第14卷，《食语》。

表 3-2　广东各府州米价季节变动指数

(1751—1770)

府州＼月份	一	二	三	四	五	六	七	八	九	十	十一	十二	变动幅度
广州府	100.93	101.96	104.76	106.48	103.99	97.37	97.37	97.09	97.70	96.66	96.73	98.97	9.82
南雄府	99.12	101.16	102.73	104.23	105.04	101.69	98.80	98.50	98.08	96.72	96.41	97.53	8.63
韶州府	95.88	98.32	101.95	105.83	107.42	103.34	99.88	99.58	99.13	97.24	96.24	95.19	12.23
惠州府	99.22	102.89	105.03	106.99	105.36	100.00	97.62	97.00	96.91	96.17	95.63	97.19	11.36
潮州府	100.32	102.16	103.50	105.17	103.97	99.32	96.91	97.02	97.96	98.11	97.42	98.14	8.26
肇庆府	100.75	101.83	103.68	106.43	105.41	100.24	97.78	97.23	96.83	95.92	95.67	98.22	10.76
高州府	96.14	99.87	102.56	108.04	107.82	103.38	100.42	99.50	98.26	95.76	93.52	94.72	14.52
雷州府	97.56	98.92	101.44	103.56	102.30	101.43	100.91	100.67	101.09	99.72	96.48	96.20	7.36
廉州府	99.46	100.77	101.52	103.42	103.63	101.66	99.24	99.12	98.57	97.61	97.28	97.72	6.35
琼州府	97.20	99.99	102.03	103.39	102.41	101.83	100.85	100.69	100.10	99.20	96.59	95.73	7.66
罗定州	99.80	101.67	103.52	105.33	104.88	99.94	98.19	97.64	98.03	97.07	96.60	97.38	8.73
连州	98.70	100.41	102.22	105.25	105.94	102.45	99.00	98.14	98.60	96.42	96.05	96.82	9.89
嘉应州	96.46	101.52	103.70	104.71	104.01	100.54	98.20	97.07	98.16	97.64	96.51	98.49	8.20

乾隆六十年(1795)五月初八日广东巡抚在上奏雨水粮价情形时也提到："现届夏至，粤地最早收者名曰夏至白，业经收获。"①说明四月底五月初已有早稻收获。许多地方志都有"五月收早稻"②、"早谷种于二月，收于五六月"③之类的记载。此外，四月底五月初的"龙舟水"后，西江水涨，广西米谷东来比较便利。这两方面的原因就造成全省大多数府州五月份的米价下降。当然，我们也发现，由于早稻收获要到六月份才真正完成，三四月间的"青黄不接"所造成的米粮市场的供需紧张关系需要一段时间才能真正缓和，所以，与六七月间米价迅速下跌的趋势相比，上述府州五月份的米价下降幅度还是比较小的。

韶州府、南雄府和连州的耕作制度则与全省大多数府州有所不同。这三个府州地处粤北山区，无霜期短，年平均气温较低，是全省稻类作物生长条件最差的地区。因冬春日照短，积温低，早稻收获比本省其他地区要晚一些。而且，这一地区早稻种植比例较小，有"南韶地寒，谷多一熟"④的说法，连州阳山县"向系一年一熟"，乾隆初年经知县万光谦大力提倡，才做到"四乡种早稻者约有十分之二，稍裕民食"⑤。这样，即使五月份有少量的早稻收获，也不足以遏止米价上涨的势头。此外，与这三个府州毗邻的江西、湖南两省早稻也较迟收获，这几方面的原因使韶州、南雄、连州每年春夏的米价上升趋势延续到五月。

此外，全省还有一个府的米粮季节差价峰值出现在五月份，这就是粤西的廉州府。笔者所发现的资料还难以对这种情况产生的原因作出有说服力的解释。不过，其五月份米价仅比四月份上升 0.21 个百分点，可以说是微不足道的。

第二个引起我们注意的现象是，琼州府米价也和大陆一样，于四月

---

① 档案：录副，乾隆六十年五月初八日广东巡抚朱珪奏。

② 康熙《番禺县志》，第 15 卷，《时序》。

③ 咸丰《龙门县志》，第 3 卷，《物产》。

④ 范端昂：《粤中见闻》，第 25 卷，《物部五》。

⑤ 乾隆《阳山县志》，第 5 卷，《物产》。

份达到高峰(参见图 3-1)。海南岛地处全省最南端,全年无霜,早稻收获比大陆早一个月左右。当时人记载:"琼山腊月种,四月收,曰小熟;五月种,九月收,曰大熟。崖州左右分东西里,西里如琼山;东里则腊月种,三月收,四月种,七八月收,三冬皆可杂蓺也。"①琼山县位于海南岛最北端,崖州位于最南端,上述记载表明,整个琼州府都在三四月间收割早稻。可是其米价要到五月份以后才开始下降,这确实是耐人寻味的。

一个可能的解释是,当时琼州府早稻种植较少,在收获数量上不足以有效地制止米价的上升。当时人有这样的说法:"琼属岁收米稻两次,谓之上熟、下熟,而其望于下熟者更殷。"②这也许有助于证实这种假设。如果这种假设成立的话,那么,五月份以后的米价下降在很大程度上要归功于当时大陆向海南岛的米粮供应。18 世纪海南岛有很大一部分粮食来自高、雷、廉三府的船运,所以这三府的米价变动对琼州府有直接影响。例如,乾隆二年(1737)就"嗣以海北高、雷、廉一带产米之区价亦高昂,琼郡遂由之渐贵"③。从表 3-2 可以知道,高州、雷州、廉州三府的米价都要到五六月份才开始下降,这也就直接影响了琼州府的米价季节变动方式。如果这个解释成立的话,当时大陆对海南岛的米粮供应一定为数不少,这从一个侧面说明了广东省内米粮贸易的发达和有效性。

第三个引起我们注意的现象是,各府州米价季节变动幅度与其粮食余缺状况并不一致。清代广东各地因自然条件、人口、经济作物种植比例等因素的不同,粮食余缺情况有很大差别。一般说来,余粮区粮食供应比较充足,民间粮食储备较多,全年粮食供应比较均衡,粮价季节变动幅度应该比情况与之相反的缺粮区小。但是,18 世纪广东的情况并不是这样。我们通过对表 3-2 和表 2-9 的比较来说明这一问题。

表 3-2 中"变动幅度"是指季节变动指数最高值与最低值之差,这在统计学上称为"全距"或"范围"。我们以它与表 2-9 所列乾隆年间各府州

① 屈大均:《广东新语》,第 14 卷,《货语》。
②③ 档案:朱批,乾隆二年四月十二日琼州总兵武进升奏。

平均米价进行比较,不难发现,当时广东各府州米粮季节差价与地区差价之间几乎不存在有规律的对应关系。例如,潮州府和嘉应州是当时全省米价最高的地区,但其米价季节变动的幅度在13府州中却只列第9和第10。高州府在全省米价最低,而其季节变动幅度之大却属首位。对表3-2"变动幅度"与表2-9"平均价格"两个数列进行相关分析,其结果为 $r=-0.2253$ (计算过程从略)。如此微弱的相关关系表明,18世纪广东各府州的米粮余缺状况几乎不对其季节变动幅度产生直接影响。

之所以出现这样的情况有两个可能:(一)各府州,特别是缺粮府州的粮食仓储是充足的和有效的,仓米的平粜、借贷和买补、还仓等活动干预了市场粮价,从而抵消了余缺状况对米粮季节差价的影响;(二)当时广东与外省及本省内部的粮食贸易网络有较高的效能,它有效地保证了余粮区的粮食外销和缺粮区的粮食供应,使各地米粮市场上的价格季节变动幅度不直接与本地区的粮食生产状况产生联系。对这两种可能性都有进一步验证的必要,下面我们首先考察粮食仓储与米价季节变动的关系。

三、粮食仓储与米价季节变动的关系

清代"由省会至府州县俱建常平仓或兼设裕备仓,乡村设社仓,市镇设义仓,东三省设旗仓,近边设营仓,濒海设盐义仓,或以便民,或以给军"①。其中对社会生活影响较大的是常平、社、义三仓。清代前中期广东各地义仓很少,粮食仓储主要是官办的常平仓和官绅合办的义仓。

从封建国家政权的利益出发,设立仓储确实有保持粮食均衡供应,维持粮价平稳的目的,即所谓"谷贱增价而籴,使不伤农;谷贵减价而粜,使不伤民"②。常平仓设立于县城,由县官经管,每年春天青黄不接时减价出粜,秋后买补还仓。社仓则分布于各乡里,各士民公举社正、

---

① 《清史稿·食货志·仓库》。
② 《清朝文献通考》,第36卷,《市籴五》。

副自行管理，毋庸官为管理，借贷方法为每年春借秋还，每石收息谷一斗（详见第四章）。从道理上说，常平仓和社仓都有助于增加春夏间米粮短缺季节的粮食供应，降低当时正在上涨的粮价，秋后的买补和加息还仓，又有利于减缓粮价的下降，是应该能够减小粮价季节变动的幅度的。但是，从清中叶广东的情况看，这种作用似乎并不明显。

比较表 3-3 的"人均仓储量"和表 3-2 的"变动幅度"，我们可以发现，当时广东各府州人均粮食仓储量与米粮季节差价的变动幅度之间，并无有规律的对应关系。对这两个数列进行相关分析的结果为 $r=-0.1836$，几乎不存在有效的相关关系。当然，仓储的情况不能完全以人均仓储量为代表，影响米价季节变动程度的因素也很多，但是这一分析的结果至少说明，粮食仓储对粮价季节变动方式的影响要大大小于其他因素。这是一个出乎意料的结果，其产生的原因是多方面的。

表 3-3 乾隆年间广东各府州人均仓储量

	仓储积谷数（石）			人口数量（口）	人均仓储量（石）
	常平仓	社仓	合计		
广州府	740 515.27	34 420.74	774 936.01	4 141 000	0.187
南雄府	56 038.64	2 805.88	58 844.52	235 000	0.250
韶州府	114 587.42	9 750.56	124 337.98	723 000	0.172
惠州府	514 216.29	35 431.00	549 647.29	1 553 000	0.354
潮州府	363 032.40	11 398.74	374 431.14	1 543 000	0.243
肇庆府	299 271.80	20 546.82	319 818.62	1 780 000	0.180
高州府	256 680.79	21 599.25	278 280.04	1 653 000	0.168
雷州府	114 528.54	1 425.28	115 953.82	463 000	0.250
廉州府	81 281.25	4 992.20	86 273.45	315 000	0.274
琼州府	215 966.10	9 910.27	225 876.37	937 000	0.241
罗定州	52 601.04	6 835.51	59 436.55	478 000	0.124
连 州	38 124.10	13 058.93	51 183.03	250 000	0.205
嘉应州	91 413.23	14 520.54	105 933.77	930 000	0.114
合 计	2 938 256.87	186 695.72	3 124 952.59	15 000 000	0.208

资料来源：

人口数据表 2-10，为计算方便，人口合计数作了适当处理。仓储积谷数据《广东省事宜》，惠州府含惠防同知常平仓积谷数，潮州府含南澳同知常平仓积谷数，雷州府含雷防同知常平仓积谷数，连州含理瑶同知常平仓积谷数。

首先,与当时广东的粮食需求总量和市场流通量相比,常平仓和社仓积谷的数量实在太少了。尽管18世纪广东人均仓储量0.208石要大大高于同期全国人均的0.131石①的数量,但比起粮食需求量仍然微不足道。当时全省常平仓积谷共2 938 256.87石,以全省平均"粜四存六"计算②,每年可供平粜的仓谷约为1 175 303石。社仓的借贷率很不相同。作者从260多种广东方志中发现有6个县的资料可作这种推算,列表如下(表3-4),按该表平均借贷率60%计算,18世纪中叶广东186 695.72石社仓积谷中每年约可借贷112 017石。常平仓和社仓每年共可借稻谷约1 287 320石,仅约为全省需求量6 000万石的2.1%;就是与青黄不接的三、四、五月1 500万石的需求量相比,也仅约占8.6%。常平仓谷的使用以平粜为主,所以与之直接相关的是市场上的粮食流通总量。如前估计,当时广东每年的粮食流通量在800万石至1 000万石之间,那么,常平仓每年可供出粜的米粮数量仅约占粮食流通量的11.8%~14.7%(常平仓实际运作远远未达此比例,详第四章)。当时广东地方官员对仓储积谷太少的情况普遍表示关切,乾隆元年(1736)两广总督鄂弥达就曾经指出:"仓储有限,其势易罄,而商贩转得居奇于其后,是欲平粜而粜仍未平也。"③乾隆二十二年(1757)任两广总督的陈宏谋也讲到:"平粜止给穷民,为数无多,难以救济。"④杨应琚也在上奏时提到仓储积谷不足以抑平米价的情况:"广东、两浙村庄稠密,食指殷繁,每日需米难以数计。官仓米石本有定数,当谷贵之时纵减价平粜,不过附近居民零星买籴。往往平粜已据报完,而市价仍未平减。"⑤上述仓储积谷数实际上只是官

---

① 据《中国历代户口、田地、田赋统计》第255页附表和第262页甲表82的有关数据计算。

② 清代广东常平仓谷出粜比例有"存五粜五"和"存七粜三"两种,清中叶89个州县中,"存五粜五"的有53个州县,"存七粜三"的有36个州县。

③ 《清朝文献通考》,第36卷,《市籴五》。

④ 陈宏谋:《平粜买谷第二疏》,见乾隆《广州府志》,第53卷,《艺文》。

⑤ 《宫中档乾隆朝奏折》,第18辑,154页,乾隆二十八年六月十一日陕甘总督杨应琚奏。

方规定的额数。乾隆中期以前，这一定额尚可保证储足。可是自乾隆后期开始，由于仓储制度本身立法不严，加之封建官员和士绅阶层道德水平的下降，以致仓谷缺额的现象十分普遍，若考虑到这一情况，粮食仓储未能对当时的米价季节变动程度产生直接影响更是不足为奇。

表 3-4　乾隆年间广东社仓积谷出借率

	时间	社仓本数（石）	入仓息谷数（石）	年均出借率（%）	资料来源
大埔县	二十五年至三十四年	3 303.47	1 724.64	85.81	同治《大埔县志》，第 8 卷
南澳同知	二十五年至四十八年	440.00	313.00	47.27	乾隆《南澳志》，第 5 卷
鹤山县	二十五年至五十三年	1 363.53	1 767.45	60.27	道光《鹤山县志》，第 4 卷
丰顺县	二十五年至四十九年	1 662.57	3 003.97	87.88	光绪《丰顺县志》，第 2 卷
澄海县 在城	二十九年至四十九年	2 658.24	2 526.41	67.93	嘉庆《澄海县志》，第 14 卷
蓬洲		446.65	509.31	77.56	
鸥汀		810.26	776.94	68.38	
南洋		1 588.66	1 788.27	76.85	
樟林		633.45	449.13	54.32	
小计		6 137.26	6050.66	69.79	
新会县	三十二年至四十三年后	4 527.53	360.61	13.98	道光《新会县志》，第 5 卷

注：

年均仓谷出借率是根据公式 $X = \dfrac{\sqrt[n]{\dfrac{Po+R}{Po}}-1}{ry}$ 计算的。式中，X 为年均出借率，Po 为社仓本数，R 为入仓息谷数，r 为息谷入仓率（50%），y 为利息率（10%），n 为年数。该公式是根据第四章将讨论的社仓借贷情况，以统计学中常用的复利公式为基础推导出来的。限于篇幅，推导过程从略。

其次，仓储米粮的平粜和借贷虽然可以增加市场上粮食的投放量，但这种活动首先是作为维持地方统治秩序的政治手段来实行的，并不完全是一种自由贸易条件下对粮价的市场调节。清代广东粮价涨落主要依赖市场调节，即所谓"丰熟之乡，商贾交粜以起太贱之价；灾歉之区，舟车辐辏以压太贵之直"①。这样，每年青黄不接、常平仓开仓平粜时，地方官员为了吸引外地米商，保证当地米粮供应，往往不敢压低粜价，这自然就影响了常平仓对季节差价的作用。社仓积谷数远远不及常平仓，又散布于广大的农村地区②，清政府规定"社仓积谷留本村镇备赈，永免协济外郡，以为乐输者劝"③，每年春夏之际借贷的对象又限于在本社的"诚朴力田者"，对更可能到米粮市场购粮的所谓"游手不务业者""不准借给"，而且"不得私相授受"④，其流通范围受到很大限制，基本上不直接与米粮市场发生联系，对米粮季节差价的影响自然也就有限了。

再次，在仓储中占极大比重的常平仓一般只在县城平粜，对农村墟市上的粮价没有直接影响。而乡村居民也往往因路途遥远而未能到县城粜米，许多州县常平仓米谷并粜，甚至只是粜谷，食用前还需舂碾，甚为麻烦。这种种不便使平常年份里一般百姓对粜买仓谷并不热心。雍正十二年（1734）鄂弥达就生动地描述了这种情况："手艺贫民，终日拮据，不供口食。即遇官府有平粜仓谷，不过一升半升，日粜日食而已，无力多买。又不能户户有碾米之具。且以终日鹿鹿，并无余暇，故宁贵价向米铺粜米。非不知官卖谷价贱，不得已也。"⑤乾隆年间普宁知县萧麟趾也讲到该县"若便遵例粜借，势必粜领无人向前"⑥。钦州龙门岛"居民亦不过买食升斗之需，毋庸仓谷接济，历久陈积"，至道光初年"存仓之谷已积至二十年之久"⑦，只好全部变卖，价解司库。上述例子说明，正常

---

①　《清朝文献通考》，第36卷，《市粜五》。

②　例如，雍正年间揭阳县社谷2 351.33石，分贮73所社仓，每仓平均仅贮谷32.21石（参见雍正《揭阳县志》，第2卷，《公署》）；和平县建仓102所，贮谷13 000石，平均每仓也仅约127.45石（参见乾隆《和平县志》，第2卷，《事纪》）。乾隆二十五年以后各州县奉文建立总仓，但每县仍有几所至十几所不等。

③　《清朝文献通考》，第34卷，《市粜三》。

④　《雍正二年抚院年条约》，见乾隆《和平县志》，第2卷，《社仓》。

⑤　鄂弥达：《请官开米局疏》，见《皇朝经世文编》，第40卷，《户政十五》。

⑥　萧麟趾：《调剂仓储议》，见乾隆《普宁县志》，第10卷，《艺文志》。

⑦　阮元：《变粜龙门仓谷疏》，见道光《钦州志》，第12卷，《艺文》。

年景里常平仓平粜谷缺乏必要的竞争力，因而也就难以对季节差价产生有效的影响。

最后，值得注意的还有仓储制度的弊病。在第二章我们已讲到吏役与米铺铺户勾结，在常平仓谷平粜时徇私舞弊的情形。此外，官员、胥吏和士绅在仓谷出入时对百姓的克扣和侵害也普遍存在。乾隆《保昌县志》对此作了系统论述：

> 论曰：汉设常平仓，谷贱伤农则增价以籴，谷贵病民则减价以粜，其法良矣。而奉行不善有四害，而民不沾实惠焉。
>
> 如谷价甫平，官遽采买，致米如珠而日以贵，其为害一；
>
> 采买时官发银于吏役，不无扣克。吏持银在手，挨粮户而作色曰官籴谷。粮户欲免赔累给以贿赂，去此适彼，囊橐既饱，乃向粮多而不可辞及素不相能者而发给焉，其为害二；
>
> 交谷入仓，已干而曰不干，必令加晒；已净而曰不净，必令过风，多所抛撒。迨加晒过风矣，长随、仓吏、斗级复故为刁难，餍其需索，乃为交收。其收也，量必淋尖，称必高射，石加二三，乃得入仓。计交谷之赔垫什须五焉，其为害三；
>
> 出粜之时，发米铺碾米，谷陈米少，勒交新谷之数，铺户既出人工，复垫谷米，其为害四。
>
> 至于减价平粜，远者艰于跋涉，近者亦难于守候，徒为奸胥及一二无赖之利，而民鲜沾实惠焉。
>
> 他若社仓，设于各乡，借还甚便，而各乡巡司董其事，借者有费，还者有加。甚或谷贵则私卖，谷贱则填补，若囤户然。亦法立而弊生也。①

上述弊端的存在必然大大削弱本来就不明显的粮食仓储的作用。正由于以上多方面的原因，清代广东的粮食仓储未能对米价季节变动程度

---

① 乾隆《保昌县志》，第 5 卷，《仓庾》。

产生真正有效的影响。关于粮食仓储的实际功能，第四章将作详细论述。

现在可以回到本节第二部分结尾处提出的问题上来了。在排除了粮食仓储的影响之后，我们似乎有理由相信，清中叶广东各府州米价季节变动幅度与其粮食余缺状况很不一致的主要原因，在于当时广东省内和省际粮食贸易网络的有效性。其实，在前面的讨论中，我们已部分证实了这一假设。在下一部分比较研究不同时期广州地区米价季节变动程度时，将提供新的证据。

四、不同时期广州地区米价季节变动程度的比较

以上对清中叶广东米价季节变动程度的讨论着重注意的是变动差异的地域分布，下面我们再从时间关系方面探讨这一问题。这种探讨是通过乾隆年间和 20 世纪 30 年代广州地区的米粮季节差价的比较来进行的。

表 3-5 开列了 1931—1936 年广州市米价的季节变动指数，图 3-3 把这组数字与乾隆年间广州府的变动指数(参见表 3-2)进行了比较。可以发现，20 世纪 30 年代广州市米价季节变动幅度大于乾隆年间广州府的变动幅度，前者达 10.11，而后者却仅为 9.82。对图 3-3 的观察又使我们注意到，前一数列的变化较之后一数列显得很不规则。这是又一个出人意料的事实。一般说来，随着商品经济的发展，由于市场内部组织的逐步完善和运输工具、仓储设施的不断进步，粮价季节变动方式受粮食作

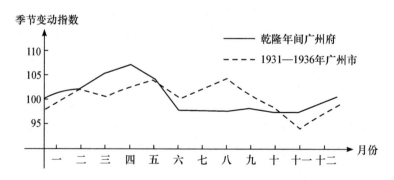

图3-3　不同时期广州地区米价季节变化比较

物耕作制度的影响越来越小，其季节波动的程度也会越来越低。可是，清中叶广州府米价季节变动程度，居然小于民族资本主义已发展到较高水平的167年后同一地区的米价季节变动程度，这种引人注目的现象是什么原因造成的呢？

表 3-5　广州市的米粮季节变动指数
(1931—1936)

月份	十二	一	二	三	四	五
季节变动指数	96.77	98.97	101.68	100.06	102.08	103.43
月份	六	七	八	九	十	十一
季节变动指数	99.67	101.76	104.09	100.24	91.93	93.32

资料来源：

本表资料根据符泽初《广东米荒与救济》(广州，新生路月刊社，1937)第6～12页所列的土米价格和洋米价格。季节变动指数是用"移动平均趋势剔除法"对土米和洋米价格的算术平均值进行计算而求得的。原数字按阳历月份排列，本表将每个数字提前一个月折换为农历月份，以便与清中叶的数据比较。

我们应该考虑的因素可能有四个：(一)资料的可比性；(二)粮食作物耕作制度的变化；(三)仓储情况的差异；(四)米粮市场的有效性问题。在上一节的讨论中，我们已经证明，清中叶广东的粮食仓储对当时的米价季节变动程度没有直接影响，因此，在这里我们要探讨的主要是其他三个因素。

先看看资料的可比性问题。我们注意到，乾隆年间的米价是广州府的，而20世纪30年代的米价仅反映广州市的情况，这一差别会不会影响不同时期数据的可比性呢？笔者未能发现可供分析季节差价的乾隆年间广州府的系统的米价数据，这确是一件憾事。但是，正如本书附录一所说明的，清代粮价单记载的是各府米价的极端值，只要某个府中有一州县的米价保持在较高或较低水平，就会对本府的米价记录产生重要影响，而在青黄不接之时，某一州县产生局部性的米价上涨，是一种经常出现的现象。所以即使以乾隆年间广州府米价计算的季节差价会与当时广州城实际的季节差价产生一些偏差，这种偏差也应该是扩大这种差价而不是相反。

第二个要考虑的因素是粮食作物的耕作制度。但是，在我们研究的这100多年间广州地区的粮食作物耕作制度似乎没有特别重大的变化。从季节变化曲线看，乾隆年间的米价季节变动方式与耕作制度的关系似乎比100多年后更显密切。从这一点看，本来乾隆年间的季节变动程度应该更大一些。除了传统的早晚两稻外，影响米粮季节差价的还有冬小麦的种植，广东的冬小麦收获于春天，对抑平青黄不接时的米价可能有一定作用。可是乾隆时广东的小麦普遍种植才刚刚开始，当时人有"广东地方向来但种蚤晚二禾，近年以来于秋收后复知加种二麦"①的说法。由于"粤东各地不宜种麦者多，即有播种之区，为数本属有限"②，加之"两粤地处岭外，向来冬春之交天气晴霁居多，春收往往歉薄"③，虽然每年春天小麦收成对粮价可能产生一些影响，但似乎远远没有达到稳定粮价或大幅度减少粮价上升的程度，这一点可以从当时每年四月份以前的米价上升趋势看出。而且，也没有材料证明20世纪30年代广州地区的小麦种植不如乾隆年间。所以可以认为，在对乾隆年间广州府米价季节变动稳定性的影响方面，粮食作物耕作制度所起的作用是很小的。

这样，我们又回到粮食贸易和粮食市场的有效性问题上来。如前所述，18世纪广州及其周围地区是全省经济最发达的区域，广州、佛山又是全省最高等级的米粮市场中心，不但城市人口，而且其周围的农村人口也有很大一部分依赖于来自市场的粮食供应，其粮价稳定主要是靠粮商的活动来调节的。关于粮商活动对粮价稳定的作用，曾于乾隆年间任两广总督的陈大受有过这样的评论："查商贩之资本稍丰者，每有于秋成后收积待价之事，然得价亦即出粜，仍为本处食用，市价亦藉此不致愈昂。"④肯定了当地米商的作用。清中叶佛山"举镇数十万人尽仰资于粤西

---

① 档案：朱批，乾隆元年二月十六日潮州总兵范毓𬭎奏。
② 档案：朱批，乾隆十年二月二十七日署理广东巡抚将军策楞奏。
③ 档案：朱批，乾隆五十六年正月二十二日两广总督福康安奏。
④ 陈大受：《复部议禁米囤核城工疏》，见《皇朝经世文编》，第26卷。

暨罗定谷艘，日计数千石，谷艘至稍希，则米肆拥先所籴以增价。……惟集米商而均米值为乡之最急需矣"①。这段记载则反映了米粮长途贸易与"均米值"的密切关系。所以有理由假定，乾隆年间广州府米价季节变动程度小于 20 世纪 30 年代广州市的米价季节变动程度，说明前一时期这一地区米粮贸易的发达程度和米粮市场内部结构的有机程度已达到较高水平。当然，20 世纪 30 年代广州市及周围的非农业人口或非粮食生产人口比 100 多年前要多得多，但这时已拥有的铁路、公路、轮船等优越的运输条件和较大型、近代化的粮食贮存手段也是 100 多年以前所无法比拟的。从前面进行的比较中，还不能得出清代中叶米粮贸易的发达程度和米粮市场内部结构的有机程度在保证广州地区粮食供应方面较之20 世纪 30 年代更为有效的结论，但至少可以认为，当时的米粮贸易网络在保证本省粮食供应，维持粮价稳定方面是起了很大作用的。下一节对18 世纪广东米粮市场整合程度的数理分析，将从另一个角度证实这一判断。

第二节　关于市场整合的数理分析

市场整合(market integration)是一个尚未有明确定义的概念，一般说来，它指某一市场或市场区域各组成部分和组成要素协调和相互关联的情况，即市场结构的有机统一。市场整合程度越高，市场在维持商品供需平衡方面的有效性也越高。就同一市场区内部的各个地区而言，其相互间的整合程度越高，价格变动就显示出越明显的同步性。所以，市场整合的情况可以通过对价格变动同步性的分析来研究。这里，我们将通过对价格相关、价格差相关和价格方差相关三种数理分析方法的运用②，考察 18 世纪广东和广西东部五府米粮市场的整合方式及其程度。

---

① 乾隆《佛山忠义乡志》，第 3 卷，《乡事志》。
② 作者是从 Lawrence Anthong 和 James Lee 的类似研究中了解这几种分析方法的运用。参见 James Lee, "State and Economy in Southwest China, 1400-1800," Appendix E, in *Methods of Price Analysis*，未刊稿。

在我们的研究中，价格相关指乾隆十五年至三十四年(1750—1769)每两个府州间每年平均米价数列的相关程度，价格差相关指同一时期每两个府州间相连两年平均米价差数列的相关程度。选择上述时段进行分析，主要是因为我们所发现的广东和广西的米价数据以这一时期最为完整。可以想见，两个米价数列变动的同步性越高，价格相关系数和价格差相关系数也就越趋近于 1。表 3-6 和表 3-7 分别列出了当时广东十三府州和广西东部五府相互间的米价相关系数和米价差相关系数。① 图 3-4 和图 3-5 直观地用单、双线表示了相关系数在 0.800～0.899 和 0.900 以上的府州间的联系。在以下的讨论中，我们称系数在 0.900 以上的相关关系为"强相关"，0.800～0.899 的为"较强相关"，0.799 以下的为"较弱相关"。

观察上述图表可以看出珠江水系在省内米粮贸易中的重要地位。位于西江流域的罗定州、肇庆府，位于北江上游的韶州府，位于东江下游的惠州府以及处于珠江三角洲北端的广州府，相互间每年平均米价的变动有甚强的相关性。而且广州府与本省其他大多数府州的米价变动有强或较强的相关性，反映了其米粮贸易中心的地位。这与前面根据叙述性资料所作的描述是一致的。价格差相关分析中，惠州府与广州府间只有较弱的相关关系，说明东江上米粮贸易的数量不及西江和北江上的，这也符合我们根据叙述资料所得出的印象。

潮州府与嘉应州之间每年平均价格变动有强相关性，反映了韩江上米粮运销的繁荣。这两个府州的米价和米价差都与惠州府有较强相关，说明从东江上游进入梅江上游的米粮运输是一种经常性的现象。广州府与潮州府的米价相关数为 0.828，惠州府与潮州府为 0.838，而第一章所述约同一时期潮州府与毗邻之福建泉州府中米价格变动的相关系数为 0.894，说明不能仅仅从行政区划考虑市场区的划分。

---

① 广东米价数据的资料来源见本书附录三，广西的资料是马立博教授提供的。这一计算较为复杂、烦琐，限于篇幅，过程从略。

表 3-6 广东各府州逐年平均米价的相关分析（1750—1769）

	广州府	南雄府	韶州府	惠州府	潮州府	肇庆府	高州府	雷州府	廉州府	琼州府	罗定州	连州	嘉应州	桂林府	平乐府	梧州府	浔州府	柳州府
广州府	1.000																	
南雄府	0.820	1.000																
韶州府	0.951	0.776	1.000															
惠州府	0.911	0.687	0.914	1.000														
潮州府	0.828	0.749	0.806	0.838	1.000													
肇庆府	0.966	0.847	0.928	0.886	0.769	1.000												
高州府	0.789	0.768	0.771	0.694	0.642	0.840	1.000											
雷州府	0.630	0.714	0.608	0.549	0.529	0.665	0.864	1.000										
廉州府	0.100	0.688	0.760	0.718	0.504	0.727	0.761	0.594	1.000									
琼州府	0.134	0.366	0.164	0.057	0.133	0.226	0.390	0.432	0.255	1.000								
罗定州	0.912	0.851	0.886	0.849	0.780	0.924	0.928	0.804	0.814	0.240	1.000							
连州	0.879	0.799	0.839	0.814	0.823	0.838	0.719	0.580	0.676	0.262	0.856	1.000						
嘉应州	0.751	0.673	0.745	0.816	0.900	0.720	0.543	0.427	0.507	0.054	0.734	0.727	1.000					
桂林府	0.551	0.602	0.624	0.519	0.473	0.567	0.278	0.139	0.447	0.159	0.416	0.505	0.501	1.000				
平乐府	0.521	0.600	0.597	0.595	0.455	0.562	0.472	0.326	0.822	0.052	0.619	0.536	0.557	0.621	1.000			
梧州府	0.759	0.692	0.798	0.790	0.591	0.768	0.663	0.471	0.911	0.052	0.763	0.702	0.547	0.576	0.852	1.000		
浔州府	0.699	0.647	0.778	0.733	0.530	0.693	0.462	0.283	0.837	0.046	0.640	0.649	0.574	0.768	0.887	0.915	1.000	
柳州府	0.597	0.660	0.637	0.600	0.445	0.626	0.610	0.462	0.892	0.139	0.705	0.516	0.473	0.474	0.885	0.857	0.831	1.000

表 3-7 广东各府州逐年平均米价差的相关分析
(1750—1769)

	广州府	南雄府	韶州府	惠州府	潮州府	肇庆府	高州府	雷州府	廉州府	琼州府	罗定州	连州	嘉应州	桂林府	平乐府	梧州府	浔州府	柳州府
广州府	1.000																	
南雄府	0.722	1.000																
韶州府	0.917	0.703	1.000															
惠州府	0.794	0.436	0.783	1.000														
潮州府	0.724	0.505	0.694	0.810	1.000													
肇庆府	0.919	0.728	0.856	0.686	0.530	1.000												
高州府	0.758	0.562	0.729	0.535	0.315	0.864	1.000											
雷州府	0.557	0.569	0.633	0.334	0.193	0.615	0.741	1.000										
廉州府	0.731	0.692	0.752	0.565	0.351	0.752	0.834	0.688	1.000									
琼州府	0.081	0.233	0.216	0.035	0.051	0.179	0.230	0.352	0.146	1.000								
罗定州	0.916	0.669	0.871	0.690	0.545	0.887	0.901	0.710	0.865	0.057	1.000							
连州	0.752	0.540	0.685	0.683	0.814	0.575	0.445	0.342	0.461	0.035	0.675	1.000						
嘉应州	0.725	0.499	0.722	0.828	0.898	0.558	0.317	0.150	0.474	0.061	0.555	0.801	1.000					
桂林府	0.350	0.584	0.429	0.215	0.318	0.400	0.198	0.170	0.188	0.277	0.231	0.412	0.323	1.000				
平乐府	0.481	0.617	0.430	0.392	0.307	0.499	0.379	0.174	0.570	-0.261	0.489	0.413	0.330	0.463	1.000			
梧州府	0.733	0.709	0.653	0.595	0.502	0.729	0.643	0.444	0.748	-0.217	0.735	0.532	0.479	0.336	0.881	1.000		
浔州府	0.655	0.770	0.688	0.542	0.507	0.600	0.375	0.326	0.653	-0.042	0.561	0.545	0.601	0.628	0.847	0.811	1.000	
柳州府	0.517	0.585	0.481	0.323	0.212	0.503	0.466	0.351	0.640	-0.105	0.546	0.178	0.146	0.173	0.697	0.726	0.681	1.000

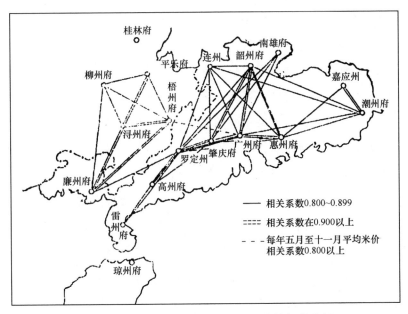

图 3-4　广东米价变动的同步性——价格相关分析
(1750—1769)

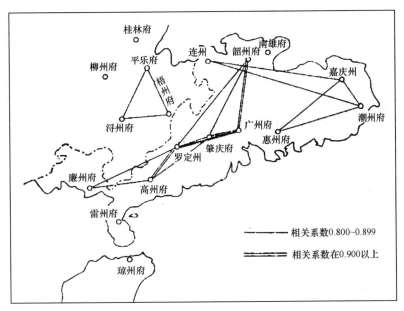

图 3-5　广东米价变动的同步性——价格差相关分析
(1750—1769)

　　高、雷、廉三府均为余粮区，相互间的米粮贸易不会太多，因此其米价变动的同步性较弱。不管是米价相关还是米价差相关，高州府与罗定州、肇庆府间都分别有强或较强的相关关系，这大概是因为经漠阳江上游到新兴江上游，再进入西江的米粮贸易的存在，看来经过这一路线而进入珠江流域的主要是高州府的米粮。廉州府每年平均米价变动与梧州府有强相关性，与浔州、平乐、柳州等府也有较强相关，这与第一章所述廉州部分米谷取道广西进入西江的情况是一致的。

　　令人感到惊讶的是，不管是米价相关系数还是米价差相关系数，琼州府与大陆各府州间似乎不存在米价变动的同步性，这与前述高、雷、廉米谷大量运往琼州的情况是矛盾的。作者未能发现能有说服力地解释这一现象的证据。一个可能是当时琼州府的米价数据不可靠，笔者确实在清代广东粮价单中发现了一些证据，例如，乾隆十一年(1746)闰三月琼州府因为路远，米价没有及时报到省城①，两广总督策楞就以该府三月份米价作为闰三月米价上奏②。同年六月又遇到同类情况，他又以五月份琼州米价作为六月份米价上报。③ 不过，这种方式的作弊不至于对以年为单位的米价变动同步性分析产生太大影响。另一个可能是海南岛各县米价悬殊太大，而依靠大陆供应粮食的琼山等县的米价与全府平均米价有较大差异。还有一种可能是由于粮食海运受气候影响较大，削弱了琼州府米价变动与大陆米价变动的同步性。关于这一问题笔者寄希望于今后的研究。

　　广西东部五个府与广东都有米粮贸易往来。在我们这里的分析中，梧州、平乐、柳州、浔州四府之间都有强或较强的相关性。桂林府游离于各府之外，这可能是因为其米价变动更多地受经陡河运来的湘米的影响。令人感到困惑的是，尽管广西每年要向广东供应大量粮食，但广西

---

① 参见档案：朱批，广东巡抚准泰所奏乾隆十一年闰三月广东粮价单。
② 参见档案：朱批，两广总督策楞所奏乾隆十一年闰三月广东粮价单。
③ 参见档案：朱批，两广总督策楞所奏乾隆十一年六月广东粮价单。

各府与珠江流域各府之间的米价相关系数或米价差相关系数均未超过
0.8。这种情况可能是由于两个因素造成的：第一，广西到广东的米粮运
销要征税，税率是基本固定的，不受米价变动的影响，而且西江米粮船
运的运费也比较稳定，这自然会削弱两省间米价变动的同步性；第二，
我们用来分析的是每年 12 个月的平均米价，而广西向广东的米粮运输主
要在每年五月至十一月丰水期进行，其米价同步变化应以这几个月较为
明显。对同一时期广州府与梧州府之间每年五月至十一月平均米价作相
关分析，结果为 $r=0.838$，明显高于表 3-6 所提供的 0.759，所以我们在
图 3-5 中用虚线表示了这一关系。观察表 3-6 和表 3-7 可以看出，广西越
靠近西江下游的府，与广东的相关系数越高，这也反映了当时米粮市场
整合的实际情况。

　　价格方差相关分析是戴维·韦尔(David Weir)1984 年在研究 18 世纪
和 19 世纪法国市场时提出的一种比较专门化的统计分析方法，以后被不
少学者所接受。其计算方法如下，首先，依次求出下列数据：（一）每一
地区每年平均价格(Pay)；（二）整个时期里 Pay 的方差(Va)①；（三）n
个地区 Va 的平均值($\overline{V}$)；（四）n 个地区每年平均价格的平均值(Py)；
（五）整个时期里 Py 的方差(V)。然后，根据公式

$$P=\frac{n(V/\overline{V})-1}{n-1}$$

求出相关系数。从理论上说，如果各个地区的价格变化完全同步，则
$P=1$；若各个地区价格变化完全不同步，P 等于 0。对 1750—1769 年广
东十三府州和广西东部五府的米价方差相关分析结果为 $P=0.631$（计算
过程从略）。这是一个很高的数字，因为李中清对 18 世纪云南和贵州米
价的同样分析结果为 0.38，而韦尔对 18 世纪和 19 世纪法国市场的研究

---

　　①　方差也叫"均方""分散"，即标准差的平方，也是统计学中用于计算数列离
散程度很常用的指标。

也只得出 $P=0.38$ 的结果。① 由于材料可比性方面的问题，我们不能据此得出 18 世纪广东市场整合程度胜于同时代法国的结论。但这一分析至少表明，就市场结构的有机性和市场功能的有效性而言，18 世纪的广东并不比同时代的法国逊色。这也许可以表明，关于 16 世纪以后中国落后于西方的原因，仅仅从市场内部分析是不够的。

上述定量分析的结果与我们根据描述性材料得出的结论基本一致，这从一个侧面证实了本书附录一所讨论的清代粮价奏报的可靠性。

更为重要的是，上述讨论使我们对于 18 世纪广东米粮市场的整合情况有了一种比较明晰的，有较明确可比指标的量的概念。当然，米粮市场只是整个市场的一个重要部分，上述方法分析的也只是市场整合的部分情况，而且只是许多种可以采取的方法中的几种。不过，这些方法所得出的结果仍然给我们留下深刻印象，较之一般性的描述有不可取代的优点。

以上关于米价季节变动和米价变动同步性的分析都比较强调市场的因素。对 18 世纪广东米价变动长期趋势的分析，将使我们从一个新的角度了解社会因素对市场的作用，以及市场变动对社会生活的影响。

第三节　18 世纪广东米价变动的长期趋势

米价变动的长期趋势是指在一段较长的时间里，在排除了循环变动、季节变动、不规则变动等因素之后，米价上升或下降的总的变化趋势。它反映了市场上货币的流通和供需状况，以及人口与土地关系的变化。在传统农业社会，米价变化的长期趋势常常制约和反映着其他商品价格的变动，因而对社会生活有较为深刻和长期的影响。

---

① 参见［美］马立博：《清代前期两广的市场整合》，见《清代区域社会经济研究》，1039～1040 页。

一、米价变动的长期趋势

如本书附录一所述，尽管康熙朝中期各省督抚已开始在其奏折中专门或附带报告当地雨雪粮价情形，但系统的以府州为单位的格式统一的粮价单是乾隆元年(1736)由于皇帝的规定才出现的。由于资料系统性的这种差异，我们把18世纪广东米价变动的长期趋势分为康熙后期至雍正末年和乾隆初年至嘉庆初年两个阶段进行分析。

表3-8和图3-6列出康熙四十六年至雍正十三年(1707—1735)广东全省的年平均米价。这个价格数列部分地消除了季节变动和不规则变动的影响，但未消除循环变动，所以，我们又用"最小平方法"求出了这一时期米价变动的回归趋势线。回归分析是把两个或两个以上变量之间的变动关系模型化的常用统计方法。我们这里应用的是简单直线回归方法，

表3-8 广东年平均米价
(1707—1735)

价格单位：两/石

时间	价格	时间	价格	时间	价格	时间	价格
1707	0.81	1715	0.76	1723	0.79	1731	0.56
1708	0.76	1716	0.85	1724	0.68	1732	0.81
1709	0.81	1717	0.69	1725	0.80	1733	0.95
1710	0.71	1718	0.71	1726	1.13	1734	0.83
1711	0.65	1719	0.68	1727	1.27	1735	0.92
1712	0.76	1720	0.75	1728	0.95		
1713	1.60	1721	0.82	1729	0.70		
1714	0.76	1722	0.82	1730	0.60		

注：

资料来源见本书附录二。先对各府州作算术平均求出各月全省平均米价，再对各月米价作算术平均求出各年平均米价。若某一月份有米价记载的府州数多于6个，以各府州平均价为该月全省价格；若府州数不足6个，则根据表2-9所列康雍年间各府州地区差价调整为全省价格。若某一年份有米价记载的月份多于6个，以各月平均价为该年价格；若月数不足6个，则根据表3-1所列季节指数调整为全年平均价格。

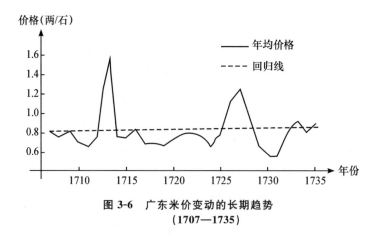

图 3-6 广东米价变动的长期趋势
(1707—1735)

以年份为自变量(x),米价为因变量(y),可求得 1707—1735 年米价依年份而变动的回归方程式 $y=0.8095+0.001x$(计算过程从略)。该式表明,在排除其他因素之后,这一时期广东米价以 0.809 5 两/石为基数,每年上升 0.001 两/石(见图 3-6 的虚直线)。这是一种非常缓慢的上升趋势。

乾隆以后开始有系统的粮价奏报制度,我们因而掌握了 18 世纪后 65 年广东全省逐月的米价数据(对少数缺乏数据的月份用"线性插值法"作了增补)。表 3-9 和图 3-7 分别列出和表示了这一时期广东全省的年平均米价。对这些数据作回归分析,回归方程为:$y=1.273+0.0053x$。这表明,上述 65 年间广东全省米价以 1.273 两/石为基数,每年平均递增 0.005 3 两/石。与前述 1707—1735 年的情况相比,上升的趋势更加明显。而且,这里讨论的米价是以银两开价的,而 18 世纪以来广东银价上升、钱价下降,所以,如果以铜钱计算,这一时期的米价上升幅度更大。综上所述,可以认为整个 18 世纪广东米价一直保持一种上升的趋势,但乾隆以后 65 年的上升速度大大超过前 35 年。这里,还有两个问题是必须说明的。

表 3-9　广东年平均米价
(1736—1800)

价格单位：两/石

时间	价格	时间	价格	时间	价格	时间	价格
1736	0.882	1753	1.612	1770	1.643	1787	1.618
1737	1.055	1754	1.595	1771	1.608	1788	1.646
1738	1.030	1755	1.638	1772	1.617	1789	1.659
1739	0.945	1756	1.429	1773	1.595	1790	1.601
1740	0.902	1757	1.457	1774	1.589	1791	1.531
1741	1.098	1758	1.885	1775	1.522	1792	1.445
1742	1.382	1759	1.743	1776	1.555	1793	1.416
1743	1.375	1760	1.462	1777	1.648	1794	1.400
1744	1.277	1761	1.282	1778	1.819	1795	1.403
1745	1.155	1762	1.154	1779	1.662	1796	1.380
1746	1.302	1763	1.268	1780	1.579	1797	1.358
1747	1.331	1764	1.384	1781	1.628	1798	1.338
1748	1.268	1765	1.390	1782	1.582	1799	1.359
1749	1.128	1766	1.465	1783	1.548	1800	1.376
1750	1.175	1767	1.503	1784	1.506		
1751	1.476	1768	1.600	1785	1.483		
1752	1.696	1769	1.743	1786	1.521		

注：

资料来源请参见本书附录三。对个别记载不足 6 个月的年份，根据表 3-1 的季节变动指数作了调整。

首先，正如乾隆皇帝所说的："天下无不食米之人，米价既长，凡物价、夫工之类，无不准此递加。"[1]18 世纪广东米价的上升同时也伴随着其他物价的上升。这一点可从同时期广州丝价的变动得到证实（见表 3-10）。表 3-10 所列数据在时间分布上尚不够均匀，但我们仍可从中发现

---

[1]　乾隆《东华续录》，第 76 卷。

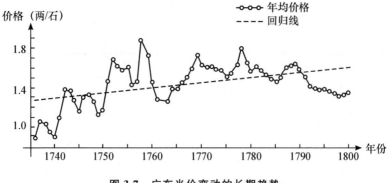

图 3-7 广东米价变动的长期趋势
（1736—1800）

一种持续上升的趋势。对这些数据作回归分析，回归方程式为：$y=112.9+1.998x$。当然，米价与其他物价的同步上升之间，并不仅仅存在乾隆皇帝所说的那样一种因果关系，它们受到更大范围的社会经济情况的制约。

表 3-10 18 世纪广州丝价

价格单位：两/担

时间	价格	时间	价格	时间	价格
1699	127～137	1756	192.5	1774	272.5～277.5
1702	132	1757	225～250	1776	275
1703	140	1759	198	1777	265
1704	100	1763	240～250	1780	265
1722	150	1765	269	1783	275
1723	142～145	1767	265	1784	310
1724	155	1768	265～294	1785	290
1731	155	1770	300	1787	280
1750	175	1771	265～275	1793	255
1755	190～195	1773	272.5	1798	288

资料来源：
《中国经济史论丛》，第 2 册，491～492 页第 8 表。原表资料根据 H. B. Morse, *The Chronicles of the East India Company Trading to China*, vol. I、II、III。

其次，乾隆年间的物价上升是一种全国性现象，不仅限于广东一省。王业键先生对 18 世纪 60 年代以后苏州、江宁、杭州、安庆、福州五府粮价的研究表明，至少从乾隆中叶开始，华南、华东的许多地区都出现了粮价持续上升的趋势。① 根据全汉昇先生的研究，乾隆年间全国各地的稻米、蚕丝、棉花、棉布、人参以至于土地的价格都有上升的现象。② 乾隆十三年(1748)乾隆皇帝说："米谷为民生日用所必需，而迩年以来，日见腾贵，穷黎何以堪此？即如川湖素称产米，而川抚纪山则以商贩云集，米价腾涌为奏；湖北督抚则以江南被灾，资楚粮接济，以致本省米贵为奏；又如直隶一省，向藉八沟粮石，今岁畿辅尚属有秋，而八沟亦以搬运太多而贵。夫商贩流通，贵则征贱，间或暂时翔涌，何至连岁递增，有长无落。"③说明当时全国各地的米价上升已引起最高统治者的关注，是一种普通的、长期的现象。

由于粮食问题对国计民生的重要性，乾隆年间的米价上升现象曾引起统治者们的严重关切。乾隆十三年(1748)，乾隆帝在对米贵原因作了种种假设后说："朕自御极以来，宵旰励精，勤求民隐，间阎疾苦，无或壅于上闻，乃不能收斗米三钱之益，而使赤子胥(民)有艰食之累，殊益焦劳。……可传谕各省督抚，令其实意体察，详求得失之故，据实陈奏，或朕所举诸条之外，别有弊端，俱宜确切入告，务期实有裨益，以裕民天。"④探求米价上升原因的焦急心情跃然纸上。根据这一谕旨，各地官员对米价上升问题纷纷发表议论，各种意见大同小异⑤，大致可以湖南巡抚杨锡绂的议论为代表，他认为米价上升的原因有四："一曰户口繁

---

① 参见 Yeh-chien Wang, "The Secular Movement of Grain Price in China, ca. 1760-1910,"*Academia Economic Papers*, vol. 9, no. 1, 1981。

② 参见全汉昇：《美洲白银与十八世纪中国物价革命的关系》，见《中国经济史论丛》，第 2 册，477～494 页。

③④ 《皇朝经世文编》，第 39 卷，《户政十四》。

⑤ 参见全汉昇：《乾隆十三年的米贵问题》，见《中国经济史论丛》，第 2 册，547～566 页。

滋，一曰风俗日奢，一曰田归富户，一曰仓谷采买。"①他的看法有合理之处，如人口压力确实导致了米价的长期上升，也有在当时适用但后来情况变化了的地方，如从康熙末年到乾隆初年常平仓积谷数有增加的趋势，这可能会减少市场上粮食流通量，从而引起米价上涨，但乾隆十三年(1748)核定各省常平贮谷额数后，常平仓积谷不但没有增加，反而有所减少，但米价仍继续保持上升的势头。从他的奏折可以看出，所谓"风俗日奢"指的是农民日益与市场发生联系，"田归富户"对米价的影响指的是地价上涨，这只是与米价上升同时并存的两个经济现象，与米价上升是互为因果的。他和当时的大多数人一样，并未注意到货币流通状况对米价长期变动的影响。

价格是商品价值的货币表现。在研究较长时间里某一商品价格的变动时，既要注意该商品本身生产成本的变化，又必须考虑整个市场上货币流通的情形。下面我们就从这两个方面考察18世纪(特别是其中后期)广东米价持续上升的原因。

二、人口压力对米价的影响

从宋元至明初的几个世纪中，北方人口南迁广东是一种长期趋势，原"生齿不蕃"②的广东人口增长迅速。清初因社会动乱，人口有所减少，李士桢这样描述了17世纪末广东的情况："粤东前遭逆贼变乱，田野丘墟，地方民人死于锋镝与劫掠。焚毁之惨，未有高属之吴川、电白、廉属之合、钦、灵三州县，宁川一所荒残之最甚者。高、廉地僻海隅，康熙十四年间初被逆贼破陷，盘踞年久。复遭逆镇祖泽清勾党再叛，荼毒生灵，殆非一日。继而海寇谢昌、杨二、冼彪等游魂漂突，盘踞地方，杀掳男妇，烧毁房屋。村成僻野，地皆蓁芜，民之散于四方，死于饥寒，

---

① 《皇朝经世文编》，第39卷，《户政十四》。
② 周去非：《岭外代答》，第4卷。

死于疫疠者不知凡几。所存一二孑黎，尽皆鸠形鹄面，丁亡田弃。"①他讲的主要是广东西部，但实际上当时全省，特别是深受"迁海"之苦的沿海地区都有类似情形。当时人甚至有"湖南、四川、两广新定地方，弥望千里，绝无人烟"②的说法。但从18世纪开始由于社会安定，人民得以休养生息，也由于"盛世滋丁，永不加赋"和"摊丁入地"等有利于人口增长的措施的实行，广东人口又迅速增长。如前所述，18世纪的100年间广东人口差不多翻了一番。人口压力使广东一改以前几个世纪中不断有外省移民迁入的情况，开始大量向省外移民。当时广东人移居的主要是四川、广西两省和台湾岛。雍正十一年(1733)广东总督鄂弥达和广东巡抚杨永斌就指出："雍正五年以前，广东沿海地方叠遭水患，无籍贫民颇多往广西、四川两省及渡海至闽省台湾谋生者。而惠、潮二府迁民更众。"③

由于明末清初的兵燹，四川人口大量减少，后人根据族谱资料研究的结果证明，战乱结束时四川人口只相当于该地明代人口的10%～20%。④ 清政府对各省贫民入川开垦采取鼓励和支持态度，对能招徕贫民入川定居的官吏也给予奖励，结果出现了历史上著名的"湖广填四川"的长达百年之久的大规模移民活动。所谓"湖广"之人实际上有很大一部分来自广东，雍正十一年(1733)广东《往川人民告帖》就说到："我等祖父因康熙三十年间广东饥荒，逃奔他省，走至四川，见有空闲地土，就在四川辛苦耕种，置有家业。从此回家携带家口，随着亲戚结伴同去，往来贸易，见四川田土易耕，遂各置家业。从此我等来去四川，至今四十来年。"⑤可见迁往四川的广东人民是由于生计而外出的，在四川定居是

①　李士桢：《抚粤政略》，第1卷。
②　刘余漠：《垦荒兴屯疏》，见《皇朝经世文编》，第34卷。
③　《宫中档雍正朝奏折》，第21辑，252页，雍正十一年三月十二日广东总督鄂弥达、广东巡抚杨永斌奏。
④　参见李世平：《四川人口史》，150～155页，成都，四川大学出版社，1987。
⑤　《宫中档雍正朝奏折》，第22辑，101页。

由于"有空闲地土""田土易耕",他们到那里创下家业后,又回家乡携带家眷、亲戚同去,并同时进行贸易活动。雍正五年(1727)以后,清政府鼓动移民入川的政策发生转变,原来的奖励措施大多取消,但移民浪潮并未平息。例如,雍正五、六年间,"湖广、广东、江西等省之民因本地歉收米贵,相率而迁移四川者,不下数万人"①。雍正十一年(1733),"广东民人携老挈幼至湖南地方,每日或二三百或四五百不等。问其缘由,云系惠州府人,因彼处连被风潮伤损田庐禾稼,上年秋间尤甚,米价三钱一斗,贫民难以资生,是以前往四川觅食佣工种地"②。乾隆八年至十三年(1743—1748),"广东、湖南二省人民,由黔赴川就食者共二十四万三千余口"③。乾隆十八年(1753)又有"近年湖广、江西、广东等省入川民人,造册咨明者一岁已不下万计,而私行潜往者更不可胜数"④的记载。当时还出现了一批专门带引广东人到四川的所谓"包揽棍徒",据说他们"讹言川省米肉平贱,一去落业立可富饶,每户得银包送。愚民被惑,不特贫者坠其局中,即有业也鬻产以求富足"⑤。入川的广东人多来自北部和东北部山区的始兴、保昌、曲江、龙川、和平、永安、长乐、和平、程乡(后改嘉应州)等县,以客家人居多,这些地方皆"无旷土"⑥,农业生产条件较差,一直是人口外流地区。雍正年间广州将军石礼哈讲到:"粤省连年颇非荒歉,何致纷纷飘流川省。细推其故,只缘川省流于地,粤省满于人。川地米肉多贱于粤,所以无识愚民趋利日至众多。"⑦说明当时人也认识到广东人口外流是由于人口压力。流入四川的广东人为数不少,据清末统计,成都人有10%原籍两广,民国间金堂县人中原

———————————

① 雍正《广东通志》,第1卷,《典谟》。

② 《宫中档雍正朝奏折》,第21辑,546页,雍正十一年五月初十日广东总督鄂弥达、广东巡抚杨永斌奏。

③ 《清高宗实录》,第311卷,乾隆十三年三月云贵总督张允随奏。

④ 《宫中档乾隆朝奏折》,第6辑,868页,乾隆十八年十一月二十七月策楞奏。

⑤⑥⑦ 《宫中档雍正朝奏折》,第9辑,553页,雍正六年正月初八日广州将军署广东巡抚石礼哈奏。

籍广东的占 23％。①

在郑氏政权控制台湾时，已有广东人到台湾贸易和定居。清兵收复台湾后，凡渡台者禁带家眷，而且不许广东惠、潮之人入台，但实际未能禁止，广东人往台湾垦荒、贸易者不在少数。如第二章所述，康熙年间已有"潮州各县民人向在台湾近港装载米谷生理"，而且许多移居台湾之人也不顾政府禁令，回家乡搬运家眷偷渡至台。雍正八年(1730)广东巡抚鄂弥达奏请移居台湾之人，凡有妻子在内地者，许呈明给照，搬眷入台。以后关于搬眷入台的限制时紧时松，时开时闭，但往台的移民日益增多，乾隆中期已达百万。这些移民60％～70％来自福建的泉、漳两府。其余的多为广东嘉应州、潮州府和惠州府之人，特别是客家人居多。②

广东人移居广西者也为数甚多。除第二章所述大量往广西贸易和开铺的商人外，龙川、和平、永安、归善、兴宁、长乐、程乡、西宁等县贫民也有许多往广西垦荒定居的。如雍正五年(1727)广西容县知县王潋霞详称，"有广东惠潮饥民于县境停泊过往，向北流、博白而去"，广西巡抚韩良辅"当即飞檄与东省接壤之梧州府、郁林州所属各县，凡有东省被灾地方流来饥民，即便查明姓名、籍贯及男妇大小人口数目，其别无生计者即设法安插，酌动仓谷分别赈济，并照保甲之例将各饥民每十家设一甲长，若数满百家再设一总甲……如有情愿回籍者，值此农事方兴之时，即酌给口粮，并移明前途州县资给日食，递送赴东"③。广东贫民在广西定居后，也和移居四川的贫民一样，往往"回原籍搬眷，或迎父母以承欢，或挈子妇以偕往，或前有聘定之妻兹完婚同去"，所以雍正十一年(1733)广东总督鄂弥达和广东巡抚杨永斌"谕令各州县，查明彼等实在四川、粤西两省置有产业，归接父母妻子，而本籍生计维艰，不如彼地

---

① 参见《四川人口史》，156 页。
② 参见连横：《台湾通史》，第 7 卷，《户役志》。
③ 《宫中档雍正朝奏折》，第 7 辑，910 页，雍正五年四月初八日广西巡抚韩良辅奏。

者，准其挈眷同去，不必阻挠”①。

除了向川、桂、台等地的移民外，18世纪广东也有人民漂洋过海到海外谋生，如第二章所述，其中以潮、嘉两府之人乘“红头船”到东南亚一带为最多。

表3-11统计了18世纪长乐县粘坑村徐氏宗族向外移民的情况，长乐县是当时广东向外移民人数最多的县份之一，所以对这个宗族的分析具有一定的典型意义。可以看出，18世纪该宗族对省外的移民经历了3个阶段，移居江西者都是第7—9世的，移居四川者集中于9、10两世，而10—12世以移居广西为多。这也许说明当时广东向省外移民也有一个先江西、后四川、继而广西的过程。就人数而言，徐氏宗族移居人数最多的地方是广西，其次为肇庆府，再次是江西，最后才是四川。关于向肇庆府的移民容后讨论，令人感兴趣的是该宗族在18世纪初有那么多人迁居江西，我们知道历史上江西曾大规模向广东移民，现在广东的广府人和客家人的祖先可能有很大一部分是明初以前从江西（或经江西）入居广东的。而广东人移居江西的记载则在17世纪末“复界”之后开始大量出现。徐氏宗族的例子说明，18世纪初广东的客家地区确实出现过一次大规模移居江西的运动。移民活动的家族性也是显而易见的，从《徐氏族谱》的记载看，许多家庭都是留下长子在祖居地，其余儿子共赴另一地区创业，如明训公房第10世陈见凤之次子陈世兰、三子陈世万、四子陈世美，陈允凤之次子陈明翁、三子陈明翰、四子陈明翀均移居广西平乐府贺县开山，若加上他们的堂兄弟，移居那里的共有12个家庭。族谱记载的399位男性族人中，有157位移居外地，约占40％左右。至20世纪20年代，粘坑村徐氏仅800人，而在江西、广西、四川和省内其他地区的徐氏后代已远远多于其祖居地的人数，如四川泸州徐氏就“丁口星繁，仓库山积，徐氏一族，门户光大，甲于三泸，遂称巨族焉”。移民规模及

---

①　《宫中档雍正朝奏折》，第21辑，252页，雍正十一年三月十二日广东总督鄂弥达、广东巡抚杨永斌奏。

表3-11　18世纪长乐县粘坑村徐氏宗族向外移民统计

房派	世代	族谱登录总人数（口）	移居外地者人数（口）								
			江西	四川	广西	湖南	肇庆府	广州府	惠州府	不知去向	小计
明谅公房	8	18	3							1	4
	9	40	11	2			2				15
	10	55		6	6		2	1			15
明训公房	8	19	1					1			2
	9	43	1	7	1		2	4	1	7	23
	10	24								6	6
	11	42			17	3			3	8	31
	12	19			11				1		12
明谨公房	7	19	2				4				6
	8	30					9				9
	9	30					1				1
	10	49			15		1			14	30
	11	11			1					2	3
合计		399	18	15	51	3	21	6	5	38	157

注：
据四川泸州《原籍广东五华县粘坑村徐氏族谱》"原籍旧谱历代谱世系表"统计。该族第7～12世祖大约于康熙中后期至嘉庆初年在世。

其重要性可见一斑。

但是，这种移民并未真正缓解当时广东人口增长所造成的粮食供应紧张局面。整个 19 世纪关于广东"地狭人稠"的记载举不胜举，到乾隆末年仍然有"粤东因商旅凑集，人民繁庶，每岁产谷虽遇丰收，不敷民间一岁之食"①的奏报。人口增长要求粮食供应的增加，增加粮食供应的办法有三，但这三种办法都可能导致粮食价格的上升。

办法之一是增加粮食剩余地区对短缺地区的米粮供应。清代广东的主要米粮供应地是广西，可是雍乾年间广西人口也在增加，已开始感受到向广东供应粮食的压力，雍正时广西巡抚诉苦说："广西地瘠人稀，岂能以所产供邻省多人贩运？"②乾隆年间又有广西兵民阻拦米谷东运的事件发生。③ 在这种情况下，要增加向广东的粮食供应，就必须提高广西粮食作物的单位面积产量或增加粮食作物种植面积，在下面的讨论中我们将证明，这两种办法都会导致米价的上升。

办法之二是提高粮食作物的单位面积产量。可是，如前所述，乾隆年间广东水稻年平均亩产已将近四石，在当时的耕作水平下这是一个较高的数字。要继续提高单产，就必须大大增加单位面积土地上的投资和劳动消耗，在生产技术没有突破性发展的情况下，单位面积收益的增加会逐渐落后于劳动耗费的增长，单位面积土地上投放的劳力、肥料等达到一定程度后，其经济收益就不再增长甚至下降。提高单位面积产量也就意味着单位数量农产品生产成本的提高，所以这个办法也一定会带来米价的上涨。

增加米粮供应的办法之三是扩大粮食作物种植面积。要达到这一目的有两条途径：一是压缩非粮食作物种植比例，二是开垦荒地。如第二章所述，尽管 18 世纪广东只有大约一半的耕地种植粮食作物，但在人口

---

① 档案：录副，乾隆五十六年十二月初三日广东布政使许祖京奏。

② 《清世宗实录》，第 53 卷，雍正五年二月乙酉。

③ 参见陈宏谋：《培远堂偶存稿》，第 41 卷；杨锡绂：《四知堂文集》，第 5 卷。详第四章。

增长带来的生计压力面前，广东人所做的选择是种植更多的高价值的非粮食作物，使单位面积耕地可容纳更多的劳动力并使其收益能养活更多的人口。在这种情况下扩大粮食作物种植面积只剩下开垦荒地一途。

毫无疑问，清政府对开垦荒地采取了鼓励的政策。雍正元年(1723)，"诏垦田，令各省可垦之田听民相度地宜，自垦自报，地方官吏不得有所勒索。起科之例，水田仍以六年，旱田迟以十年。开垦多者，官议叙"①。这一诏令成为定例，一直实行至清末。广东地方官员也一直清查荒地，鼓励垦荒。如雍正八年(1730)查出可垦荒地1533顷63亩，广东总督郝玉麟和署广东巡抚傅泰题准于司库银和关羡银内借给贫民以为开垦所需的牛种口粮。② 后来又"查报通省可垦之地共六千八百五十顷零，饬各州县将可垦地亩计作十分，每年勒报垦三分"③。18世纪广东的垦荒主要集中于以下三个地区。

一是高、雷、廉三府。高州、雷州和廉州三府一直被认为当时广东可垦之地最多的地区，申报的垦税也最多。如雍正十二年(1734)，"高府六属承垦荒税十七万零七百十二亩，首升熟税四万六千四百六十三亩；雷府三属承垦荒税四十万零五千二百九十七亩，首升熟税一万零六十二亩；廉府三属首报税四万零七百四十三亩零。以上共税六十七万三千二百七十七亩"。而同时"广、肇二府共垦税二十三万六千八百八十五亩"④。高、雷、廉三府面积与广州府和肇庆府差不多相等，承垦荒税却多出一倍以上。乾隆十年(1745)这三个府州仍"查出官荒七万五千余顷"，总督策楞奏准"令该地民人垦种，一概免其升科"。乾隆十二年(1747)"又续报垦荒二万四千余亩"，也是"钦遵恩旨一体办理"。乾隆十九年(1754)

---

① 雍正《广东通志》，第7卷，《编年志二》。

② 参见《宫中档雍正朝奏折》，第16辑，50页，雍正八年三月二十六日广东总督郝玉麟、广东巡抚傅泰奏。

③ 同上书，第23辑，468页，雍正十二年九月初二日广东巡抚杨永斌奏。

④ 同上书，第24辑，73页，雍正十三年正月二十二日两广总督鄂弥达、广东巡抚杨永斌奏。

秋冬两季"合浦县各乡民共承垦水田三千六百四十余亩","钦、灵二州县亦查出近水荒地共七百余亩,均垦作水田","石城县查出官荒一百五十余田",督抚"饬令该地方官各随水旱之宜,实力劝垦。水田俟开垦成熟,照例升科。其山岗瘠地仅能种植杂粮者,仍钦遵恩旨,免其报升"①。政府还鼓励省内其他地方人民移居高、雷、廉地区,雍正六年(1728),广州将军署广东巡抚石礼哈就上奏,准备把入川而被官府赶回的贫民以及"各属有愿去开垦者"迁至这一地区垦荒,"至于籽种牛具口粮等费,除力能自愿者毋庸置议,其果力有不能,臣与督抚臣公同捐给"。雍正帝在这一奏折之后批道:"此论甚是。"②雍正十二年(1734),"雷州府知府王铎督率遂溪知县张董、徐闻知县陆绎共垦税田六万二千九百零五亩,计共安插高、廉贫民二千五百余户。据该府报称,此外尚有可垦水旱田地七万八千九百亩,现已招徕高、廉穷民一百一十余户,长乐县穷民一百三十二名,安插垦种"③。

二是肇庆府的开平、恩平、鹤山等县。原属广州府新会县和肇庆府开平县的大官田地区,"有可耕地亩约八百余顷,人无所恃,概置荒芜","自康熙五十年以后,惠、潮贫民渐有来此树蓺,并有有力之家结伴耦耕,开荒成熟,不行首报,互相影射者"。雍正初年"垦荒无主之地十有六七,渐有村落"④。雍正九年(1731)清政府特在这一地区建鹤山县,以加强管理。⑤ 设县之后,"委员丈荒给垦,惠、潮无业之民,纷纷投至"⑥。雍正十一年(1733)广东巡抚杨永斌又奏:"查肇庆府属恩平、开

---

① 《宫中档乾隆朝奏折》,第10辑,453~455页,乾隆二十年正月初五日两广总督杨应琚奏。

② 《宫中档雍正朝奏折》,第9辑,553页,雍正六年正月初八日广州将军署广东巡抚石礼哈奏。

③ 同上书,第22辑,895页,雍正十二年五月初四日广东总督鄂弥达奏。

④ 同上书,第17辑,459~460页,雍正九年正月十二日王士俊奏。

⑤ 参见《清史稿·地理志》。

⑥ 《宫中档雍正朝奏折》,第19辑,780页,雍正十年五月二十七日署广东巡抚杨永斌奏。

平二县交界地有土名九岗坪一带荒地约二万五千余亩……平坦可耕，以之安插贫民，每一户丈给荒地二十亩，令其耕种，可以安插一千二百户。"准备从关羡银内借支垦耕工本银两万两，用于"引水开塘，筑室授食并牛只籽种各费"①，以吸引各地贫民来此垦荒。在之后的一段时间里，大官田和九岗坪成为官府安置流民的主要场所，雍正十一年（1733）三月以前已安置流民三千余户②，是年和翌年广东有大批流民入川，广东地方官员竭力劝阻，又从中招徕一些人到这两个地区，"给以口粮牛种房舍，安插垦耕"③。当地的土地开垦有两种形式，一是"谕招有力商民承垦，将无业贫民招为佃户，给以庐舍、口粮、俾令耕种乐业"④，二是由地方官借工本银给垦荒贫民，"成熟照例扣还"⑤，其中以第一种形式为主，并得到官府的提倡。

三是沿海地区的沙田。"广东滨海地方，多有涨出沙地，土人名为沙坦。每处多或万余亩，少亦不下数百亩，肇、惠、潮各府俱有，而广州府之南海、番禺、东莞、顺德、新会、香山各邑尤多。"⑥沙田实际上是江河入海地区泥沙淤积而形成的土地。在漫长的珠江三角洲和其他江河三角洲形成的过程中，沙田开发一直在进行着。清代对沙田围垦有这样的规定："成坦后方许报县验明给垦，三年工筑，再三年升科。有田十顷者不准报承，贫民承垦者不得过一顷。"⑦不过，在实际的围垦和开发过程中，沙田的报垦、升科、地权分配和经营管理呈现出极为复杂的情况。关于这些问题，国内外学者已有许多出色的研究，恕不赘述。我们想说明的是，沙田的开发在保证商品货币关系日益发达的广东地区的粮食供

---

① ②　《宫中档雍正朝奏折》，第21辑，207页，雍正十一年三月初四日广东巡抚杨永斌奏。

③　同上书，第22辑，691页，雍正十二年三月初六日广东巡抚杨永斌奏。

④　同上书，第21辑，雍正十一年三月初四日广东巡抚杨永斌奏。

⑤　同上书，640页，雍正十一年六月初一日广东巡抚杨永斌奏。

⑥　《宫中档乾隆朝奏折》，第6辑，411页，乾隆十八年十月十一日署两广总督班第、广东巡抚苏昌奏。

⑦　同上书，第31辑，859页，乾隆三十三年九月二十三日广东巡抚钟音奏。

应方面，起了很大作用，越到清代后期越是如此。署两广总督班第和广东巡抚苏昌就说过，沙坦"若尽开成，则出米颇广，甚于民食有济"①。

由于官府提倡和生计的压力，清代广东的土地开垦一直在进行着，表3-12列举了《清实录》中有关18世纪广东垦荒亩数的记载。在有记载的55年间，广东全省共报垦826 437亩，平均每年15 026亩，据此推算，整个18世纪广东垦荒面积当超过150万亩，清代土地面积统计只是一种纳税的单位，与实际的情况有较大出入，同样的，垦荒升科的瞒报、漏报现象也十分普遍，不过，从表3-12可以看出，广东的垦荒活动一直没有停止过，这些活动对缓和粮食紧张的压力，是有益处的。例如，原来廉州营、钦州营兵米"岁支本色不及一成，较内地独少，且所领折色遇价昂不敷买食"，乾隆二十年(1755)官府招民承垦钦州地方的官荒地亩，两年间垦田3 150余亩，每亩输租7斗，共2 200余石，其中"拨一千三十一石二斗碾运廉营，一千一十五石四斗碾运钦营，合之该二营原支色米，可得一季本色之数"②。在这个例子中，就是以垦荒来缓和兵米供应的紧张局面的。

表3-12　18世纪广东垦荒亩数

时间	垦荒数(亩)	资料来源
康熙六十一年	14 200	《清世宗实录》，第9卷
雍正元年	5 700	同上书，第23卷
三年	4 900	同上书，第48卷
五年	4 200	同上书，第73卷
乾隆二年	37 156	《清高宗实录》，第76卷
三年	42 062	同上书，第99卷
四年	112 506	同上书，第122、123卷
五年	17 958	同上书，第150、152卷
六年	28 225	同上书，第174卷
七年	17 520	同上书，第200卷

---

① 《宫中档乾隆朝奏折》，第6辑，411页，乾隆十八年十月十一日署两广总督班第、广东巡抚苏昌奏。

② 《清高宗实录》，第543卷，乾隆二十二年七月己未。

续表

时间	垦荒数（亩）	资料来源
八年	31 838	《清高宗实录》，第 226 卷
九年	13 100	同上书，第 249 卷
十年	30 010	同上书，第 276 卷
十二年	39 419	同上书，第 324、325 卷
十三年	3 097	同上书，第 349 卷
十四年	51 711	同上书，第 373、375 卷
十五年	21 723	同上书，第 400 卷
十七年	35 985	同上书，第 434、442、449 卷
十八年	9 550	同上书，第 474、475 卷
二十年	6 748	同上书，第 523 卷
二十一年	8 300	同上书，第 545 卷
二十二年	38 820	同上书，第 545、571 卷
二十四年	5 115	同上书，第 621 卷
二十五年	25 909	同上书，第 647 卷
二十六年	4 928	同上书，第 670 卷
二十七年	17 479	同上书，第 694、695 卷
二十八年	24 520	同上书，第 719 卷
二十九年	6 903	同上书，第 744 卷
三十年	7 871	同上书，第 770 卷
三十二年	2 599	同上书，第 819 卷
三十三年	18 655	同上书，第 844 卷
三十四年	22 771	同上书，第 870 卷
三十五年	8 401	同上书，第 896 卷
三十六年	2 410	同上书，第 917 卷
三十七年	5 863	同上书，第 942、943 卷
三十八年	9 292	同上书，第 967 卷
三十九年	4 131	同上书，第 990、991 卷
四十年	3 173	同上书，第 1018 卷
四十二年	2 152	同上书，第 1068 卷
四十三年	736	同上书，第 1092 卷
四十四年	3 700	同上书，第 1118 卷
四十五年	708	同上书，第 1138 卷

续表

时间	垦荒数(亩)	资料来源
四十六年	11 230	《清高宗实录》,第 1168 卷
四十九年	4 981	同上书,第 1241、1242 卷
五十一年	2 502	同上书,第 1293 卷
五十三年	39 355	同上书,第 1339 卷
五十四年	720	同上书,第 1367 卷
五十六年	5 110	同上书,第 1416 卷
五十八年	2 436	同上书,第 1464 卷
五十九年	100	同上书,第 1488 卷
六十年	1 800	《清仁宗实录》,第 9 卷
嘉庆二年	2 272	同上书,第 36 卷
三年	1 162	同上书,第 55、56 卷
四年	1 227	同上书,第 77 卷
五年	1 498	同上书,第 92 卷
合计	826 437	
平均	15 026	

　　但是,观察表 3-12 就可发现,越到 18 世纪后期报垦的田亩越少。以资料较为完备的乾隆以后的情况分析:乾隆元年至十年(1736—1745)平均每年报垦 36 708 亩;十一年至二十年(1746—1755)平均每年报垦 24 033 亩;二十一年至三十年(1756—1765)为 15 538 亩;三十一年至四十年(1766—1775)下降到 8 588 亩;乾隆的第 5 个 10 年更是猛跌到 3 918 亩;乾隆最后 10 年略有上升,平均每年 7 432 亩;但嘉庆最初 5 年降到 18 世纪的最低点,每年平均报垦 1 540 亩①,仅约为乾隆最初 10 年的 4.2%。这些数字表明,18 世纪末广东可垦的荒地已为数无多。而且,在一般情况下,人们总是开垦好地,越晚开垦的土地质量越差。如上面

―――――――――

　　① 表 3-12 只列出嘉庆五年以前的报垦数字。据《清仁宗实录》第 106、138、164 卷记载,嘉庆六年、八年、十年广东分别报垦 1 004 亩、592 亩、990 亩。据此计算,嘉庆朝最初十年广东平均每年仅报垦 1 249 亩。录此以便与乾隆年间以十年为单位的数字比较。

提到的高、雷、廉的荒地就大多"既无高山水源可资灌溉，其地皆沙石不生禾稻，即荞麦豆菽，亦难栽种"①，香山县"有老荒一项，其荒多在山坳之中、陁冈之侧，与夫田头地角、村旁道左之间，砂砾夹杂，畸零偏斜者居多，土深可耕能成丘墩者甚少。在昔弃之为不毛，于今辟之为瘠土，上无寸许之泥，下皆砂石之底，天雨一过，随即漏尽，广种薄收，所获无几"②。乾隆六年（1741）两广总督马尔泰和广东巡抚王安国也奏道："粤东旱地凡枕近溪河、膏腴可耕之土，历年报垦升科，开辟殆尽。间有山僻岭畔畸零地土，大抵硗确无利，自昔弃为不毛。又如冈陁相连，弥望平荒，及试以犁锄，则土深不及寸许，下皆沙砾，天雨一过，随即漏尽，并无膏润，惟遇雨水甚多之年，仅可广种薄收，即种以薯芋烟蔗各项杂物，亦须一易再易，然后滋生。"③有的新垦土地"数年必歇一年，以待草长烧灰，蓄养地力，方可再种"④，甚至有的"荒地内有石田砂砾，并无水源引灌，不能成灌之处，徒费工力无益"⑤。例如，前述开平县九岗坪地方有荒地 250 顷，因"尽属高亢"，开渠引大沙河水灌溉未成，雍正十一年至乾隆六年（1733—1741）历时 9 年才开垦 21.7 顷，最后终因缺水而停止开垦。⑥ 在这些新开垦的土地上种植粮食，必然要比原来的土地投入更多的劳力和肥料，收成却不如好地。而且，开垦时也需要较多的资金和劳动力。

值得注意的还有社会方面的因素。传统中国并无绝对的、排他的财产法权观念，新垦土地地权问题的纠纷十分普遍，这种纠纷加重了土地开发的成本。当时人记载："粤东有恶习，或豪强之户，或附近人众之家，见有承垦者力耕播种以后，即串挽地邻，捏称世传祖业，起而争讼。及见稻禾成熟，率领抢割。虽经县官判断，诬称受屈，叠控上司。俟前

① 刘世馨：《粤屑》，第 2 卷。
② 乾隆《香山县志》，第 2 卷，张汝霖《荒田详请免升剺》。
③ 档案：朱批，乾隆六年五月马尔泰、王安国奏"为钦奉上谕事"。
④ 《宫中档雍正朝奏折》，第 8 辑，437 页，雍正五年七月初一日阿克敦奏。
⑤ 同上书，第 10 辑，118～119 页，雍正六年三月二十二日广东总督孔毓珣奏。
⑥ 《清高宗实录》，第 142 卷，乾隆六年五月戊寅。

官去任，又向接任具控。不夺其地不止。是承垦之民未享其利，先受其害，孰肯徒费工本，自取贻累？"①沙田围垦时的纠纷更为严重，"新沙出水，方向不齐，贪黠之徒每觇他人报垦将熟，改捏土名瞒承。或见他人溢垦未报，另捏土名罩占。或已沙坍缺，将新涨藉称子母接生，私自抵补，不知他人业已报垦见熟，反行争控。皆由印官视为不急，耽逸畏劳，呈报时并不亲往确勘，致滋种种讼端。及至控理，并无亲勘案据，不能剖辨，任意拖延，反致讼棍诓唆，彼此捏情上控，连年不已，费时失业，其害无穷。"②在当时的刑科题本中，因田土争讼而引起的命案数量很多。这种非经济性的人力、物力的浪费，无疑大大地增加了土地开垦的成本。

一般的趋势是，随着时间推移，越晚期开垦的土地开垦所需的经济性和非经济性耗费越高，这样，这些土地生产粮食的成本也越来越高。根据价格学原理，市场上某一种商品的价格是由随着需求变化最后投入市场的那一部分商品的边际成本决定的。所以，新开垦土地生产的较高成本的粮食即使数量不多，但一旦因社会需求而进入市场，就会对粮价产生很大影响。

综上所述，人口增长引起粮食需求的增加，为增加粮食供应而可能采取的加强调运、提高单产和开垦荒地三个办法都会导致米价的上升。乾隆皇帝也注意到人口增长与物价上升的关系，说道："此盖由于生齿日繁，物价不得不贵。"③我们这里虽然只分析了广东的情况，但这个分析对解释当时全国的粮价上升现象也是有帮助的。

不过，仅用人口增减来解释米价升降是不够的。我们知道清代人口一直保持上升的趋势，可是道光中叶以后全国许多地区的米价又有下降的现象④，

---

① 《宫中档雍正朝奏折》，第 23 辑，97 页，雍正十二年五月二十六日广东巡抚杨永斌奏。

② 《宫中档乾隆朝奏折》，第 31 辑，859 页，乾隆三十三年九月二十三日广东巡抚钟音奏。

③ 《粤海关志》，第 18 卷。

④ 参见 Yeh-chien Wang, "The Secular Movement of Grain Price in China, ca. 1760-1910," in *Academia Economic Papers*，1981，9(1)。

这告诉我们，影响清代粮价变化的除了人口因素以外，还有别的原因。这个原因就是货币流通量的变化。

三、货币流通与物价上升的关系

清代实行银铜平行本位制度，"钱与银相权而行"①，以铜钱和白银为法定货币，两者同时流通，并且都具备无限法偿资格。我们发现，18世纪广东铜钱和白银的流通量都有较大增加，并对物价产生了重要影响。

我们先考察铜钱的情况。

清政府实行分散铸币政策，除了在北京由户、工两部设立宝泉、宝源两局铸钱供京师之用外，还在各省设局铸钱，康熙六十年(1721)后，基本保持一省一局的局面，由于制钱值低、量大、体重，不便长途携带，各地的制钱流通量基本是由本省铸钱的情况决定的。

从清初到乾隆初年的近百年时间里，由于政局动荡和原料缺乏，广东的铸钱活动一直处于不正常状况。顺治四年(1647)广东开始鼓铸，次年就因李成栋之叛而停止。康熙六年(1667)宝广局正式成立，铸广字钱，但康熙九年(1670)又宣告停止，原因是铜价太贵，铸钱亏本，亏损率高达76.4％。②康熙二十五年(1686)两广总督吴兴祚再次在肇庆开局铸钱，但不久又有"钱壅滞，商民病之"③的反映。康熙二十九年(1690)宝广局搬到广州，以后又有康熙三十一年(1692)和康熙三十七年(1698)两次停铸，广字钱信誉很低，全省各地有许多不用广字钱的记载，所以到康熙四十二年(1703)又议准："广东钱价日贱，著暂停鼓铸。"④康熙六十一年(1722)再次下令广东开炉鼓铸，但因原料缺乏一直未能实行。⑤

---

① 《清朝文献通考》，第13卷。

② 参见拙文《清代广东的制钱铸造与流通》，载《中山大学研究生学刊》，1984(4)。

③ 康熙四十九年《三水县志》，第1卷，《事纪》。

④ 乾隆《广州府志》，第12卷，《钱法》。

⑤ 参见《宫中档雍正朝奏折》，第12辑，765页，雍正七年三月二十九日署广东巡抚傅泰奏。

这样一来,清初的近百年间广东铜钱严重匮乏,甚至有"独广东一省,用银而不用钱"①的记载。雍正年间"肇、高、雷等府民间贸易行使,悉系唐宋旧钱;广、韶等府俱用低薄砂钱。相隔一二百年之间,钱有行使不行使之别。故钱法之坏,莫甚于粤东"②。乾隆初年还有人语:"近日市肆钱文,尽属低薄小钱……故求轮廓分明如各省现铸之青钱,恍若晨星,渺不可得。"③这种情况也严重影响了制钱的信誉,甚至造成社会治安不稳。如康熙三十一年(1692),潮州"钱贱,兵苦亏折,强市民物"④。雍正元年(1723),"民间忽造讹言称康熙制钱不用……肇庆府属之开平、恩平、高明、广州府属之新会山僻地方,以讹传讹,买卖不收康熙字钱,穷民持钱不能买米",结果上百名贫民"向富户索助米饭,不给者强抢,阻格者拒捕"⑤,洗劫了好几个村庄。此事连雍正皇帝也被惊动了。

乾隆十年(1745)以后,情况为之一变。是年宝广局重新开铸,所需原料一面免税向夷商购买,一面派员到云南采买,基本满足了需要。乾隆十九年(1754)定云南每年向广东供应正耗铜105 000斤,不久又增至正耗余铜170 000斤,广东以食盐与之交换,不敷铜价由广东补足。滇铜与粤盐互换保证了以后110年间宝广局生产的稳定。每年宝广局铸钱34 560串,一直维持到咸丰六年(1856)。⑥

宝广局所铸钱文主要以搭放兵饷的形式发行。乾隆十年(1745)时广州城附近的督抚提标、广州八旗、水师旗营、将军标四营和广、肇、惠

---

① 夏骃:《粤东鼓铸议》,见《皇朝经世文编》,第53卷。

② 同上书,第52卷。

③ 朱批奏折,乾隆九年十月初九日那苏图、策楞奏,转引自中国人民大学清史研究所、档案系中国政治制度史教研室合编:《清代的矿业》,46页,北京,中华书局,1983。

④ 乾隆《潮州府志》,第36卷,《宦绩》。

⑤ 《宫中档雍正朝奏折》,第1辑,157页,雍正元年四月初二日两广总督杨琳等奏。

⑥ 参见《两广盐法志》,第18卷;乾隆《广州府志》,第12卷,《钱法》;《广东省事宜》;《粤东省例新纂》。

城守三营兵饷每银 100 两搭放钱 5 串。乾隆二十一年(1756)因积存制钱太多，将搭放范围扩大到左右翼镇标。乾隆二十三年(1758)任两广总督的李侍尧又再次奏请把搭放范围扩大到顺德、香山两协及新塘、三水、东莞、增城、英清、四会等七营。乾隆二十九年(1764)新会、平海、广海三营营兵也开始领到有铜钱搭放的兵饷。① 从这一过程可以明显地看出广东制钱流通量逐渐增加的情况。

笔者统计了清代及其以后 200 多种广东地方志中有关清代前五朝粮价记载所用的货币单位(见表 3-13)，从中可以看出，前三朝的 248 条记载中，以制钱为单位的只有 80 条，占 32.26％，乾嘉两朝共 146 条记载，以制钱为单位的就有 108 条，占 73.97％。前后变化对比鲜明。观察本书附录四就可发现，这一转折大约发生于宝广局铸钱稳定后的乾隆十六年(1751)。当时人说："今广省岁铸钱若干，权操于上，利通于下，以调盈虚，以权子母，百姓乐业，市道无争，较之前代轻重屡更，敛散无方，实度越千古焉。"② 这些溢美之词大概也反映了一些真实的情况。

表 3-13　地方志中关于清代前五朝广东粮价记载所用货币单位统计

时间	合计	以银两表示价格		以制钱表示价格	
		数量	比例(％)	数量	比例(％)
顺治	98	62	63.27	36	36.73
康熙	98	68	69.39	30	30.61
雍正	52	38	73.08	14	26.92
乾隆	121	33	27.27	88	72.73
嘉庆	25	5	20.00	20	80.00

注：

本表所根据的方志超过 200 部，因篇幅所限，恕不一列举。其中康熙三十九年至嘉庆三年(1700—1798)的资料收录于本书附录四。

———————————

① 参见《宫中档乾隆朝奏折》，第 16 辑，428 页，乾隆二十一年十二月二十二日两广总督杨应琚、署广东巡抚周人骥奏；第 23 辑，463～464 页，乾隆二十九年十二月十二日两广总督李侍尧、广东巡抚明山奏。

② 乾隆《广州府志》，第 12 卷，《钱法》。

不过，应该指出的是，这一时期虽然宝广局铸钱稳定，广东制钱流通量逐年增加，但仍不能满足当时市场流通的需要。乾隆时广东人口约占全国人口的 5.45%①，可是其铸钱只占全国铸钱数的 1.5%②，铸钱比例远小于人口比例，而商品交换却比国内许多地方活跃，宝广局铸钱显然不能满足需要。在 18 世纪广东商品流通中发挥更大作用的是由于海外贸易而输入的外国银元。下面我们探讨外国银元在广东流通量增加的情况。③

外国银元大量地、有影响地输入中国，开始于 16 世纪中叶。正如查尔默斯(R. Chalmers)所说的："最古老的西班牙银货是 1571 年以后，发见于广东、宁波、厦门等处。"④明万历以后，银元的进口迅速增加。清初外国银元在中国广泛流通。据记载："顺治六七年间，彼时禁令未设，见市井贸易，咸有外国货物；民间行使，多以外国银钱，因而各省流行，所在皆有。"从顺治十八年(1661)开始，清政府实行严厉的海禁政策，"自迁海既严，而片帆不许出洋矣，生银之两途并绝"⑤。结果，银元"自一禁海之后，绝迹不见"⑥。在海禁时期，虽仍有少数西班牙银元通过到吕宋贸易的私人船只运到郑氏政权控制下的厦门、台湾等地，但流入广东的数量却很少。

康熙二十四年(1685)开海禁，设闽、粤、江、浙四海关，由于当时中国在对外贸易中的出超地位，以及中国金价长期低于国际市场，外国

---

① 参见《中国历代户口、田地、田赋统计》，甲表 82。

② 当时宝泉局和各省局年铸钱 17 797 741.6 串(参见嘉庆《户部则例》，第 42 卷，《钱法》)，宝源局铸钱数为 447 744 串(参见彭泽益：《清代宝泉、宝源局与铸钱工业》，见《中国社会科学院经济研究所集刊》，第 5 集，183 页，北京，中国社会科学出版社，1983)。

③ 关于清代广东银元流通的详细情形，参见拙文《清代广东的银元流通》，见《明清广东社会经济研究》，206～236 页。

④ R. Chalmers, "A History of Currency in the British Colonies,"转引自梁方仲：《明代国际贸易与银的输出入》，载《中国社会经济史集刊》，第 6 卷第 2 期，1939。

⑤ 《皇朝经世文编》，第 26 卷，慕天颜《请开海禁疏》。

⑥ 《日知录集释》，第 11 卷，《银》。

银元又开始流入中国。如康熙五十五年(1716)到广东贸易的外国船只 21
艘,"共载银约一百余万两"①,折银元约 140 万元。不过,市场上外国
银元的大量流通,当在 18 世纪中叶才开始。所以当时人有"乾隆初始闻
有洋钱通用"②的说法。道光十三年(1833)陶澍、林则徐也说到:"臣等
询诸老年商民,佥谓百年以前,洋钱尚未盛行。"③

外国银元在广东民间和文献记载中被称为"洋钱""洋银""番银""番
饼""银圆""合用"等等。18 世纪广东流行的主要是西班牙的查理三世和
查理四世银元。其背面有两根"大力神柱"图案,因此被称为"双柱""双
烛"或"烛台"。正面有戴着桂冠、打有发髻的国王头像,所以也叫"佛头"
"大髻""大洁"("洁"为"髻"的谐音)、"小髻"和"小洁"。其正面还有
CAROLUSⅢ、Ⅲ、Ⅰ、Ⅳ之类的字样,结果又有"三工""四工""工半"
之称。因其边缘有花纹,所以也叫"花边钱"。18 世纪还有少量的西班牙
"十字钱"流行,这种银元是 1732 年以前在西班牙殖民地墨西哥用手工打
制的。1732 年墨西哥城改用机器铸造新式银币。这些银币铸造后,有的
运至西班牙等欧洲国家,经西、葡、荷、英、法等国赴东方贸易的商船
辗转流入中国,有的通过墨西哥的阿卡普尔科——吕宋的马尼拉——中
国这一横跨太平洋的贸易航线流入中国。④ 1821 年墨西哥独立前,双柱

---

① 《康熙朝汉文朱批奏折汇编》,第 7 册,356~357 页,康熙五十五年八月初
十日广东巡抚杨琳奏。

② 郑光祖:《一斑录》,第 6 卷,《杂述》。

③ 中国人民银行总行参事室金融史料组编:《中国近代货币史资料》,第 1 辑,
15 页,北京,中华书局,1964。不过,在私人海上贸易活跃的潮州地区,外国银元
可能较早开始普遍流通。1988 年在澄海县莲下镇建阳村就出土有一批 17 世纪末在墨
西哥用手工打制的西班牙"十字"银元。参见陈跃子:《澄海县出土的外国银币和清代
纹银》,载《广东钱币通讯》,1989(11)。20 世纪 70 年代初,在同样具有私人海上贸
易传统的福建泉州也先后出土了 5 批 17 世纪末的西班牙银元。参见王洪涛:《福建
泉州地区出土的五批外国银币》,载《考古》,1975(6)。

④ 参见钱江:《1570—1760 年中国和吕宋的贸易》,硕士学位论文,厦门大学,
1985。笔者关于西班牙银元流入中国的讨论从钱江先生赐阅的这一尚未全部发表的
论文中获益颇多,谨致谢忱。

银元对中国影响很大，被誉为"被中国所接受的唯一外国硬币"①。

此外，1794年以后，被广东人称为"鹰洋""蝙蝠""蓬头""倭婆"的美利坚银元也开始流入广东。

乾隆二十二年(1757)，清政府关闭闽、江、浙三关，广州成为当时中国对西方船只贸易的唯一口岸，在银元大量进口的浪潮中首当其冲。据全汉昇先生统计，乾隆五十一年(1786)广州输入银元400万以上，五十二年(1787)输入550万元，五十三年(1788)输入450万元；1700—1830年这130年中，广州一口的银元输入量为4亿元左右。②

银元与银两、制钱相比有十分明显的优点。它有基本确定的成色、重量，使用时以枚计数，且价值大，便于携带，所以尽管流入广东的银元有一部分可能被窖藏起来或制成首饰、器皿，但绝大部分进入了流通领域。在各种文献记载中，都可发现乾隆以后广东大量行使外国银元的记载。笔者在珠江三角洲和韩江三角洲进行过多次社会调查，注意到雍正以前这两个地区捐建祠堂、庙宇和其他公共设施的碑刻所记载的捐款几乎全部是银两或钱文，而乾隆以后捐银元的占了很大比例。嘉庆年间两广总督吴熊光等在上奏时提到："省会及佛山五方杂处，贸易皆以洋钱，遂流行全省。小民唯利是图，遂趋之若鹜。虽绅士等亦沾以洋钱常挂齿颊。……甚至民间行使，必须先将纹银兑换洋钱，再将洋钱兑换制钱使用。"③这段记载不但反映了当时广东外国银元流通的普遍，而且说明银元已在某种程度上取得本位货币的地位。银元的大量进口对当时的物价产生了直接影响。18世纪末有一位来中国的英国官员说："在过去一世纪内自欧洲流入中国的白银，曾使各项消费品价格激烈上升，而且改变了政府中一些官吏的固定薪金和他们经常开支的比例。从前传教士在他们的报告中曾说那时中国的生活费用非常低廉，可是现在那里许多

---

① Morse, *The Trade and Administration of China*，Shanghai，1913，p.164。

② 参见全汉昇：《美洲白银与十八世纪中国物价革命的关系》，见《中国经济史论丛》，第2册，541~566页。

③ 《清代外交史料》(嘉庆朝三)。

生活必需品的价格并不比英伦低廉多少。"[1]

综上所述，18世纪广东地区的白银和铜钱流通量一直在增加着，而且乾隆以后增加更快。这与前面所描述的18世纪广东米价变化长期趋势是完全一致的。说明当时货币量增长速度超过了商品量的增长速度，这是物价上升的另一重要因素。

我们顺便谈谈当时银钱比价与米价趋势的关系。[2] 虽然清政府在法令上宣布银钱1两比1000文的比价，但实际上并无能力严格地维持这一规定。有清一代，广东银钱比价变动不居，对物价也有较大影响。表3-14开列了笔者从各种文献中辑录的有关乾隆年间广东银钱比价的记载。这些资料虽然比较零散，但其趋势与同时期全国银钱比价的变化趋势是一致的。[3] 可以看出，乾隆前中期广东银钱比价一直维持于1∶700至1∶900，而乾隆后期则高达1∶1400左右。表3-9所列这一时期的广东年平均米价是以银两表示的，若折成铜钱，则乾隆前期米价更低，而后期米价更高。换言之，米价上升的趋势会更明显。从表3-9可以看出，乾隆五十三年(1788)以后广东用银两表示的米价有下跌趋势，这大概与当时银价上涨，钱价下降的变化有关，若折换为铜钱表示的价格，米价仍将保持上升趋势。

表3-14　乾隆年间广东银钱比价

时间	地点	比价（文/两）	资料来源
乾隆六年	广东	750～770	《历史档案》，1984(2)，96页
八年	广东	700～815	《中国货币史》下册，529页
八年	广东	850	《清代的矿业》，626页

---

[1]　Sir George Staunton, *An Authentic Account of an Embassy from the King of Great Britian to Emperor of China*, vol. Ⅱ, London, 1797, p. 496，转引自《中国经济史论丛》，第2册，498页。

[2]　关于清代广东银钱比价变化的详细情况，参见拙文《清代广东银钱比价》，载《中山大学学报》，1986(1)。

[3]　参见《雍正乾隆年间的银钱比价变动》，6～11页。

续表

时间	地点	比价(文/两)	资料来源
九年	广东	780~790	《清代的矿业》，46 页
九年	广东	700~820	《清高宗实录》，第 220 卷
十年	广东	833	《历史档案》，1984(2)，96 页
十四年	广东	800	刑科题本：乾隆十四年二月十日广东巡抚岳濬题
四十一年	香山县	892	刑科题本：乾隆四十一年六月十七日两广总督李侍尧题
五十五年	开平县	1 400	道光《开平县志》，第 8 卷
五十五年	恩平县	1 400	道光《恩平县志》，第 3 卷

最后还得附带解释一下本节第二部分结尾处提到的道光中叶以后米价(实际上还有其他物价)的下降问题。这主要是由于鸦片贸易导致中国白银大量外流，国内货币流通量锐减所引起的。不过，当时的米价远远没有下降到 18 世纪初的水平，这主要反映了人口增长的影响。

四、物价缓慢上升的社会后果

这是一个极复杂的问题。我们无法把社会变化的各个方面都变成量化的指标以与物价的变化趋势进行比较。而且，即使这样做，对比较结果的解释仍然可以是多种多样的。用通常的枚举例证的办法来说明某一经济现象对整个社会生活的影响，从严格的逻辑上说，并不比没有例证的推理更具有说服力。因此，这里关于 18 世纪广东物价缓慢上升趋势对社会生活影响的分析，主要是一种推测。

由于不同社会阶层和社会集团对资源、财富和机会占有的不均，物价上升对他们的影响有很大差别。我们首先分析在米价和其他物价上升的情况下，当时广东各色人等实际收入的升降。

首先看看雇主和雇工。表 3-15 开列了 18 世纪广东雇工工价的资料。为了便于比较，该表把所有工价都折算为以"文/月"为单位。从这些十分零散的资料可以看出，当时雇工的工价由于地点、工种、雇佣时间长短和雇佣方式（还有表中未能反映的劳动力强弱）等因素的差异而有很大不同，但就其长期趋势而言，看不出工价有明显上升或下降。一般说来，雇工的膳食是由雇主另外提供的，以货币形式支付的工价只是其劳动报酬的一部分。但上述情况表明，在 18 世纪广东物价逐步上升的趋势下，雇工的实际收入可能趋于紧张。雇主实际收益的提高和剩余劳动力的增加，则可能促进劳动雇佣关系的发展。

表 3-15　18 世纪广东雇工工价

时间	地点	工种	文献所载工价	折合月工价	资料来源
雍正八年	英德	佣工	3.6 两/月	2 736 文[1]	《明清时代的农业资本主义萌芽问题》，275 页
乾隆元年	电白	典雇	9 000 文/年	125 文	同上书，410 页
二年	电白	砍蔗	15 文/日	450 文	《中国近代农业史资料》，110 页
三年	海康	帮工	600 文/月	600 文	《康雍乾时期城乡人民反抗斗争资料》，273 页
六年	罗定	榨糖	25 文/日	750 文	《中国资本主义的萌芽》，358 页
十一年	兴宁	短工	20 文/日	600 文[2]	《清代土地占有关系与佃农抗租斗争》，348 页
十五年	曲江	莳田	6 升米/日	1 584 文	《康雍乾时期城乡人民反抗斗争资料》，274 页
十五年	陵水	榨糖	300 文/月	300 文	同上书，273 页
十九年	遂溪	佣工	300 文/月	300 文	同上书，275 页
二十九年	广东	典雇	3 000 文/5 年	50 文	《明清时代的农业资本主义萌芽问题》，411 页
四十二年	合浦	佣工	3000 文/年	250 文	同上书，232 页
五十七年	曲江		200 文/月	200 文	同上书，497 页
五十七年	信宜		400 文/月	400 文	同上书，497 页
五十七年	新宁		500 文/月	500 文	同上书，497 页
嘉庆二年	始兴	帮工	8 000 文/年	667 文	《中国近代农业史资料》，113 页

注：

[1] 按表 3-14 所列乾隆元年银钱比价折算。

[2] 先按乾隆十五年四月（该雇佣案件发生时间）韶州府平均米价 1.1 两/石折算出每月工价银，再根据表 3-14 所列乾隆四年银钱比价折算为钱文。

　　其次是地主和佃农。就交纳实物租的租佃关系而言，米价上升对其分配比例影响不大。对交纳货币租或固定折钱租的佃农来说，米价上升意味着农民交纳的实物量的减少，对他们是有利的。但 18 世纪广东实行货币租和折钱租的主要是三角洲地区的族田，这些田地是以定期批耕的形式出租的，每次批耕都可以提高地租量。以往的研究大多把这种地租量的增加归结于土地丰度的提高，不过就 18 世纪的情形而言，还得考虑物价上升的因素。总的说来，当时米价上升对因租佃关系而形成的分配关系影响不大。

　　我们再看看土地所有者与官府的关系。清代广东赋税多交折色。乾隆十八年(1753)广东有民田 32 883 293 亩，额征地丁银 1 257 286 两①，平均每亩 0.038 两，乾隆四十九年(1784)有民田 33 548 210 亩，额征地丁银 1 273 354 两②，平均每亩也是 0.038 两。由于米价和其他农产品价格的上升，土地所有者所负担的实物赋税量似乎应有所下降。不过，实际情形并非如此。生于乾隆二十八年(1763)的澄海县士绅黄一峰在嘉庆十四年(1809)写道，田赋征收，"谨按定例于上则、麦地、壖坪、池塘各项，计亩定额。犹忆童稚时见乡民赴官输纳，每亩不过铜钱一千一二百文，数十年来，渐而一千三四百文矣，渐而二千五六百文矣，今且一千七八百文矣，或至二千余文矣。其中火耗日增，秤头日增，此外房有礼，差有饭，年例有礼，名目纷起，科敛繁多。其有粟米之户，任意折色，倍加无已"③。这里所说的地丁银折钱的增加并不是由于银钱比价的变化，因为嘉庆年间广东银钱比价已回落到 1∶1 000 的水平。④ 这种情况的出现固然反映了官员和胥吏道德水准的下降，但它也说明，在物价上升的情况下，地方官府可以通过类似的方式保证其实际财政收入不至于减少。所以，物价上升并未真正改变赋税交纳者与官府的分配关系，实

---

① 参见《中国历代户口、田地、田赋统计》，乙表 73。
② 参见同上书，乙表 75。
③ 黄一峰：《立雪山房文集·晏海溦论》。
④ 参见拙文《清代广东银钱比价》，载《中山大学学报》，1986(1)。

际上靠赋税和各种加派为生的官吏的生活水平并不因物价上升而下降。问题在于，地丁银折钱比率的改变和各种加派的增加在政府的规定和人们的观念中都是不合法的，长期以这种非制度化的做法来适应经济环境的变化会产生许多弊病。这样做可能助长官吏营私舞弊、中饱私囊的倾向，也会引起整个社会对政府不满和对抗的情绪。在当时人的笔记中常常可以看到有关这一问题的抱怨和批评。

　　有一个社会集团在物价上升中明显受到损害，这就是军队。清代广东驻防八旗约 4 000 人，绿营兵将约 7 万人①，八旗兵饷，"骁骑、炮手月给二两，弓匠、铁匠一两，水师营兵与陆路兵同水手、艄匠二两至一两不等"，绿营兵饷"各省镇兵、马兵月给银二两，步兵一两五钱，守兵一两"②，长期保持不变。许多兵丁带有家眷，生计艰难，雍正时曾颁发帑金，命将领"公平办理，营运生息，以作甲兵吉凶之需"，即所谓"生息银两"。广东左翼镇标议将这笔款子借给贫兵放高利贷以维持生计。据左翼副都吴如绎奏，"广东驻防甲兵殷实者不过百之一二，可以无忧空乏者不过十之二三，其余或因吉凶累重，或因食指浩繁，再加以支持操防，营办什物，率皆欠债之辈。且粤省借债，有每两八九分利，以至加一者，犹有借银八钱，不拘十日半月，发饷而即还一两者。饷出本利，清还尚有接济，稍若迟延短少，不惟转借艰难，必致民人告发。甲兵畏法顺受，每于放饷一二日后即有断顿之家"③。雍正年间物价上升的趋势还不甚明显，乾隆以后米价上升速度加快，靠固定不变的兵饷养家糊口的兵丁生活自然会更加艰难，而且传统中国社会有歧视当兵的观念，这就很容易在他们中间滋长起某种与社会对立的情绪，前述旗兵闹事、营兵强市民物的情况，都是这种情绪的反映。由于商人阶层在物价上升的过程中是直接获利者，士兵对商人的敌视情绪尤为明显。笔者看到许多士兵趁灾

---

　　①　《清朝文献通考》，第 189 卷，《兵十一》。

　　②　同上书，第 42 卷，《国用四》。

　　③　《宫中档雍正朝奏折》，第 13 辑，575 页，雍正七年七月初二日广东左翼副都统吴如绎奏。

变打劫商船的案件，如雍正六年(1728)十二月会同县潭门汛百总文季乘澳门番船遇风破损求救之机，派兵"将船内未经入水各物肆行搬抢藏匿，载回瓜分"①。据同治《增城县志》第12卷载，乾隆末该县"市肆择用官钱，营中有以私钱杂饷钱欺压市肆者"。黄一峰所记嘉庆间南澳镇情形，更反映了当时兵丁对商人的敌视情绪：

第即南澳左近之情形言之。其镇依山而立，在海之中。所接内地，则澄海县之东陇、樟林、山头仔、黄芒沟、盐灶，饶平县之新村、海山、达于黄岗等处，自来可耕之土无多，乡民皆驾小舟出海捕鱼为业。其远服贾者，则为舟稍大，装糖至苏州、上海、宁波、胶州、天津等处贩易，大舟小舟，皆从南澳镇前出海。乃此间兵弁，惟闻商船出入，科敛财物，微及鱼虾之细，务恣所取。

至于每岁四五六月商船出港之期，十一二月商船入港之期，皆有海盗把截要口，习知镇弁之无能为也。辄过南澳深入内地，劫夺商船，饱则扬帆出海，由来由往，如入无人之境。即如本年(嘉庆十四年——引者)六月初三日，澄海县界商船六十余号，各装糖包满载，每船或三千包，或四千包，连船身计之，一船值银数万，将往苏州、上海等处。因澳外有盗船把往来，未敢扬帆出海，暂收入山头仔乡外之小港。竟于是日为盗船数十，由南澳镇前经数汛地，直入小港，放火焚烧。被烬者十船，夺去者数船。文武将官在岸瞭望，如同看戏而已。其过营汛，并一炮都不发也。是营汛兵皆盗而已矣。事势至此，为县尹者实亦无可如何。而沿海兵弁，其可恨何若也。诸凡此类，始犹飞报上官，继并置若罔闻。

更有商船将入港时，距镇府不过咫尺，为海盗围，势危情急。一二习水者舍命投奔镇府，哀乞师船救护。不敢望其出战也，愿得师船傍岸鸣鼓发炮，以为应援声势耳。而不惟不救而已，踢以靴尖，

① 档案：前三朝内阁题本，雍正八年三月十三日署广东巡抚傅泰题。

大作威怒，以为若等船何与我事，敢尔冒渎耶。未已其船自与盗并力支撑，幸而得脱虎口，则又加以纵盗之罪，大言必欲详办。而商船又不得不多与财物，恳求息怒矣。

似此虐戾，难屈指数，而镇将且坐听升迁，安然无恙也。①

出现这种情况有多方面的原因，但当时一般兵将实际生活水平因物价上升而趋于下降，确实是其与社会对立情绪的根源之一。18世纪广东官员的奏折中对解决兵丁家计问题也有颇多讨论，但始终未能有一种真正有效的办法。

我们知道，18世纪广东物价的上升在很大程度上是由货币流通量的增加引起的。货币流通量的增加，特别是美洲白银大量流入，使大量货币财富集中于商人之手，使商人成为在这场价格变动中获利最大的社会集团。18世纪广东的商人力量和商人资本发展到了空前的地步，当与这一因素有密切关系。一般说来，商人活动的活跃、货币供应的充足，是有利于统一的国内市场的形成的。同时，温和的通货膨胀可能促进农产品的生产，促进对生产领域的投资，有利于城市商业和手工业的发展。

以上的分析明显地带有推测的成分，不过，有一个现象是确实存在的，这就是，在各种物价缓慢上升的同时，18世纪广东的经济也在发展着，其米粮市场的有效性也有逐步加强的趋势。对这100年间广东年均米价离散程度的分阶段分析，可以说明这一点（见表3-16）。一般说来，米粮市场在维持粮食供需平衡方面的有效性越高，米价波动的程度越小，以标准差系数表现的价格离散程度也就越小。我们发现，18世纪广东米价的变化完全符合这一分析。

①　黄一峰：《立雪山房文集·晏海澥论》。

表 3-16 18 世纪广东年均米价离散程度的阶段性变化

时间	1707—1720	1721—1740	1741—1760	1761—1780	1781—1800
平均值(两/石)	0.807 1	0.814 9	1.424 0	1.531 3	1.489 9
标准差	0.226 2	0.211 7	0.212 8	0.161 2	0.105 2
标准差系数	28.02	25.98	14.94	10.53	7.06

资料来源:
根据表 3-8、3-9 的有关数据计算。

19 世纪初,一位因船只失事从海南岛由陆路到广州的英国船长写道:"由于有机会看到这个国家,有机会横穿其内地,我们有理由相信,几乎没有人能指望过上比这更幸福和心满意足的生活。据我们观察,较低阶层人民的生活比其他任何国家同样状况的人们,在所有方面都要更好一些。……我们普遍注意到,最贫穷的人的穿着甚至比英格兰同一阶层的人好。迄今为止我们没有见到一个形如乞丐者;与印度斯坦五光十色的民族中的情形是何等不同,这里的人们以其举止和蔼和真诚而闻名;如果不幸再遇一次海难,我真诚地希望不要落到那些据说是热心肠和无敌意的印度人手里,在印度人那里不能指望得到迄今为止我从海南人那里得到的如此之好的待遇。在我看来,他们是非常优秀的人。"[①]19 世纪初中国商业的活跃,城市的繁华和生活的富足,是当时许多西方旅行者笔下大力渲染的现象。这种现象出现于长达百年的通货膨胀和物价上升之后,也许可以说明当时的物价上升趋势是有利于经济发展的,至少没有大的妨碍。

实际上当时人也逐渐把物价上升视为正常现象。乾隆元年(1736)广东米价以"每石八九钱者为中价,六七钱者为贱价,一两以上者为贵

---

① J. Ross, *Diary of a Journey Overland Through the Maritime Provinces of China from Marchao on the South Coast of Hainan to Canton in the Years 1819 and 1820*, London, 1822, pp. 30-31, 转引自 Chan Wah-kong, *The Central Place of Kuang-tung Province*, China, Xerox University Microfilms, 1984, p. 105。

价"①，几十年后这个标准被翻了一番，如乾隆四十三年(1778)四月，全省平均米价 1.94 两/石，十三个府州中有五个平均每石米价在 2 两以上，而广东巡抚李质颖在每个府州的米价后面都注明"价中"②，对这种情况熟视无睹。这也说明，当时的米价上升对整个社会生活并未造成明显的不良影响。

　　不过，我们也注意到，社会适应经济变化的方式包含着大量的非经济的因素。前述官府以改变地丁银折钱率和增加加派维持财政收入和官员生活水准不致因物价上升而下降的做法，绿营兵丁因生计艰难而产生的与社会对抗的情绪和欺压商人的行为，都是以非经济方式适应经济变化的例证。从表面看，这些情况的出现只是赋税制度和兵饷发放制度不完善的结果，但如果联系到第二章讨论的市场网络各组成因素的非理性性质和商人最终目标的非经济性，就可发现，它们之间有着某些本质的内在的关系。如果仅仅把市场活动视为一种物化劳动的交换行为和交换关系，无疑可以认为 18 世纪广东的米粮市场已具有很高的效能和较完善的内部组织，其对各种社会和经济变化的反应也基本符合市场经济学所揭示的一般规律，我们对粮价变动的季节性、同步性和长期趋势的分析可证明这一点。但市场关系本身还是一种法权观念、价值形态和行为规范，从更广泛的意义上考察，它还代表某种社会结构和社会形态。如果把对 18 世纪广东米价变化的动态分析扩展到这一层面，就会发现问题变得复杂起来了，当时广东米粮市场包含着的内在矛盾使其对社会发展的影响具有与一般的逻辑推论截然不同的导向性。第四章对米价循环变动和不规则变动的研究，以及对政府、士绅作用和仓储情况的讨论，将进一步证明这一点。

---

① 　档案：朱批，广东巡抚杨永斌所奏乾隆元年六月广东粮价单。
② 　档案：朱批，广东巡抚李质颖所奏乾隆四十三年四月广东粮价单。

第四章　粮食问题与基层社会

　　米粮市场的运作与米价的变动，是在一定的社会背景下发生的，受到各种社会因素和特定社会结构的制约。而且，粮食供需情况涉及各阶级、各阶层的经济生活和社会生活，粮食供需的平衡与否，直接与社会治乱发生联系。如前所述，粮食问题不仅是个经济问题，也是一个重要的社会问题。

　　一般说来，缺粮区粮米供需不易维持平衡，粮食的占有和分配更易趋于不均，因而治安问题也就更显得突出。清代有"广东盗案繁于天下"①之说，刑部广东司号称刑部第一繁缺②，这些在某种意义上是广东作为全国缺粮最严重省份的反映。清代地方官的职选通常以"冲、繁、难、疲"来表示所辖地区的情况。"冲"系交通中心，"繁"即政务繁多，"难"指百姓难以驾驭，"疲"为赋税难以征收。我们从18世纪广东官员的奏折中发现，当时全省所谓"俗悍民刁"的官缺，除连州、罗定州等少数民族杂居的山区州县外，几乎全部集中于缺粮区。如缺粮最严重的南海、番禺、高要等县为"冲、繁、疲、难四项兼全最要之缺"，顺德、香山、新会为"繁、疲、难兼三要缺"，海阳县为"冲、难"之缺，澄海、揭阳、阳江、琼山等县则"系沿海疲、难中缺"。这些县份中虽有少数粮食可以自给或略有余粮，如番禺、香山、揭阳，但它们所属的广州、潮州两府

①　《宫中档雍正朝奏折》，第13辑，25页，雍正七年四月二十六日广东总督调江南河道总督孔毓珣奏。

②　参见《宫中档乾隆朝奏折》，第6辑，868页，乾隆十八年十一月二十七日策楞奏。

缺粮均极为严重，番禺县城又是广东省城。

一旦发生饥荒，粮食短缺常常触发社会动乱，即所谓"夫天下最可怜者，莫如饥民；而天下之最可虑者，亦莫如饥民。盖饥民正所以弭贼也"①。有关清代广东饥民骚乱的记载很多，仅就 18 世纪的情况略举数例如下：

康熙五十二年(1713)，"米价日贵"，"叁月初间饥民男妇有抢夺佛山镇各富户之事"②，是年"盗贼蜂起，近省之南海、番禺、顺德、新会等县尤甚"③。

康熙五十五年(1716)，海丰县"亢旱米贵"，"饥民夺食，无赖之徒乘势呼群众以千计，富室多被搬抢，通邑惶然"④。

雍正四年(1726)，"春米贵，多有乘间偷越出海为盗者"⑤。

乾隆十三年(1748)，澄海县"天旱，米价腾贵"，李阿万等数十人"以掠富济贫为名，劫蓬洲所米船、庵埠税馆。复制五色旗，书'李天真大国'五字，订期五月初二日夜放火举事，夺船下海"⑥。

乾隆十七年(1752)冬，增城县米贵，王亮臣、莫信丰等纠合数百人，"期以十二月癸卯祭旗于华峰之北，将肆劫掠，入蓝粪山盘踞"⑦。

乾隆二十二年(1757)，高要县饥，"诸乡饥民掠富户谷"⑧。

乾隆五十二年(1787)，顺德县"米值腾贵，盗贼四起，县西北十三村

---

① 蒋伊：《条奏疏稿》，见沈云龙选辑：《明清史料汇编》初集，第 6 册，台北，文海出版社，1967。

② 《康熙朝汉文朱批奏折汇编》，第 4 册，722～729 页，康熙五十二年三月二十五日广州将军管源忠奏。

③ 《宫中档雍正朝奏折》，第 2 辑，801 页，雍正二年六月二十四日两广总督孔毓珣奏。

④ 乾隆《海丰县志》，第 10 卷，《邑事》。

⑤ 《宫中档雍正朝奏折》，第 6 辑，72 页，雍正四年五月二十八日两广总督孔毓珣奏。

⑥ 乾隆《潮州府志》，第 38 卷，《征抚》。

⑦ 宣统《增城县志》，第 3 卷，《编年》。

⑧ 道光《高要县志》，第 10 卷，《前事略》。

尤甚"①。

　　从根本上说，社会治乱主要取决于财富和资源分配的情况，机会占有的公平程度，地方官员的素质和才能，以及地方的习惯和传统等。但是，年景歉收、食物匮乏之时，在财富、资源和机会的占有中处于不利地位的较低社会阶层受害最大，其中一部分人因此被迫铤而走险。年成丰盈、米价平贱之时，社会治安情况也会随之好转。雍正七年（1729）署广东巡抚傅泰上奏："今查米价之贱，自数十年以来实未有如今日者。是以南、番二县素称多盗，今岁并无劫案申报。粤民性悍好讼，今岁狱讼甚少。"雍正皇帝朱批："年岁丰登，盗贼自少，此情理从来之常。"②

　　这样，保持粮食供需平衡，防止饥荒出现或在饥荒出现后尽量控制其危害程度，就成为维持社会安定、巩固统治秩序的重要保证。粮食的流通、仓储和饥荒时的救济，就成为官府和士绅经常使用的社会控制手段。

第一节　政府、士绅与粮食流通

　　18世纪广东的米粮流通在保证全省粮食供应方面有着极为重要的作用，粮食流通的顺利进行也就成为维持基层社会统治秩序的重要前提。清政府在鼓励商米运输的同时，也对粮食流通采取一系列管理措施。在米粮的运输方面，围绕着"遏籴"问题，不同社会利益集团表现了完全不同的态度。

一、政府对粮食流通的管理

　　清政府鼓励外国商船带米进口和本国商人赴外国运米回国，饥荒年

---

　　①　咸丰《顺德县志》，第31卷，《前事略》。
　　②　《宫中档雍正朝奏折》，第15辑，101～102页，雍正七年十一月二十四日署广东巡抚傅泰奏。

月还委派专员或遴选绅商到外省买粮，这些都反映了其保护鼓励粮食流通的态度。地方官员还时常关注米粮流通状况，注意保护商民利益。乾隆十九年(1754)任两广总督的杨应琚裁革广州、佛山有碍西米东运的"总埠"，因"西省商贩于粜卖之后空船回棹，若沿途地方官遇有差务经临，辄行封雇，亦非商民之所乐从"，又"严饬查禁，俾西贩无所顾忌，更必乐于转输"①。当时任广西布政使的德福也在上奏时提到："粤东米粮向籍西省接济，奴才亦已行令梧、浔二关务听商贩流通，毋使阻遏。"②有时地方官还借粟本给商人，让他们到产米地区运米回来接济，如乾隆二十九年(1764)南雄、韶州、惠州、潮州诸府米价稍增，两广总督兼广东巡抚苏昌即"飞饬各府将本年应补仓谷暂停采买，并令商民携价领照前赴出产米谷地方分头买运接济，以裕民食"③。雍正时署广东总督鄂弥达在三水县西南镇设仓买贮西谷，也是鉴于"西客搬运远来，停泊河下，动经月日，既有耗折，复虑风涛，冀脱货求财而不可得，故每逢东省谷贱，则西客观望不前"④的情况而采取方便西米东运的措施。

在以各种办法鼓励米粮流通的同时，清政府也采取了一系列管理措施。

内河的米粮运输必须报官验放。如雍正十二年(1734)三月大埔县米商邹赞登、曾河长、彭阿光等到潮州府城买米，呈请验放回县，因未奉批示，米贩人等尚在守候，适逢署该县知县应锐来府城公干，米商们即向应锐的家人张升行贿，使其米船与官船一路同走。事发后，应锐被

---

① 《宫中档乾隆朝奏折》，第 18 辑，153 页，乾隆二十八年六月十一日陕甘总督杨应琚奏。

② 同上书，第 12 辑，676 页，乾隆二十年十月十二日广西布政使德福奏。

③ 同上书，第 20 辑，347 页，乾隆二十九年正月十八日两广总督兼广东巡抚苏昌奏。

④ 《宫中档雍正朝奏折》，第 19 辑，797 页，雍正十年月二十九日署广东总督鄂弥达奏。

参。① 由于清政府严禁贩米出洋，所以对海上的米粮商运有更严格的规定："琼州孤悬海外，产米不多，全籍高、雷、廉等府米谷接济，贩运必由海道，亦经久定章程，无论海南、海北商民必取殷实之人保结方准贩运。又饬高廉、雷琼二道彼此互相稽查，如船只谷数不符，间或越号，日久不到，即根查保人严究。其内地惠、潮等府商民赴高、雷、廉采买米谷者，俱先呈明地方官给照，将数目报明臣等（指两广总督和广东巡抚——引者）转饬赴买之地方官及经由口岸一体严加盘验。"②缺粮严重的南澳岛到大陆运粮，也是每年定有额数，由总兵衙门逐月填发印照。

米粮商人的囤积居奇，如果数量过多，就会阻碍粮食流通，导致粮价恶性上涨，所以有清一代地方官员都把禁囤视为维持地方安定的必要手段。如乾隆三十八年(1773)广东"奸商、地棍每乘此米谷价平，囤积图利"，布政使姚成烈"严行饬禁"③。雍正十二年(1734)广东总督鄂弥达在广州设立官米局，主要也是为了控制米铺囤积居奇。嘉庆六年(1801)议准："仓谷出粜之时，该督抚转饬地方官严禁囤户。地方官若不严行查禁，照溺职罪议处。"④不过，在囤积居奇和正常的米粮库存之间，很难有一个明确的界限，因而在实行禁囤的过程中，各地官员的态度宽严不一。大体说来，至迟从18世纪后半期开始，广东官员在这个问题上采取了比较宽松的政策。乾隆十三年(1748)前两广总督策楞关于米价上升原因的一段议论，反映了当时广东官员在禁囤问题上的态度：

> 米贵之区，官必先为定价，不许再长。今日拿囤户，明日访米牙，每日粮单必令亲递，另立循环簿，上下稽查。沿途商船，发令

---

① 参见档案：前三朝内阁题本，雍正十二年十二月广东巡抚杨永斌题，"为特参贪婪徇庇之郡守与侵价归己之署令以肃官方事"。

② 《宫中档乾隆朝奏折》，第6辑，144～145页，乾隆十八年八月十六日署两广总督班第、广东巡抚苏昌奏。

③ 同上书，第23辑，348页，乾隆三十八年十一月初十日广东布政使姚成烈奏。

④ 《清朝续文献通考》，第60卷，《市籴五》。

箭差押。市井牙侩，日奔走公庭，吏役需索刁难，一切使费，仍贯入米价之中。欲减转增，商人更闻而裹足。

一在劝谕开粜。村落一二殷实良民，家有储蓄，不过求价而沽。即囤积之家，计权子母，一至青黄不接，亦即出粜，以图别为经营，否亦卖旧买新，决不肯久贮。且歉收之地，不患价昂，而患无接济，有米之户，何妨姑缓以听其自粜，并以备不时之需。乃地方官一遇米价稍贵，即勒令减价开粜，并有豫封廒座者，名为劝谕，实则勒派。如或不遵，目为囤户，而坐以罪。……而奸徒久甘心于富户，目击官府之抑勒，视为弱肉可欺，强借强抢之刁风滋起，而米益视为奇货矣。

……贫农耕作之际，家中所有，靡不在质库之中，待至秋成逐件清理，御冬之具，更所必需。每以食米转换寒衣，交春又以寒衣易谷。年来官之查察颇密，当商恐陷囤积之愆，遇有米粮，已不愿抵当。近又有囤当米谷之禁，于是穷民不得不卖米以赎当，青黄不接，又不得不买米以救饥。向者出入于当铺，每石不过钱许之利；今则买米必须现银，买价与卖价相较，每石多至六七钱，少亦三四钱。且以从前粗有储粟之农，亦出而零买粮食。墟市之人愈众，米粮之价愈增矣。①

可以看出，他是反对禁囤，主张完全靠市场来调节粮食供需的。许多广东官员都有类似观点。例如，乾隆二十八年（1763）杨应琚在奏报中指出："向例查禁囤积，专指多藏待价，遏抑居奇者而言。若西贩谷船每日连樯而至，势须本地殷实之家收买转售，且使商贩得以迅速回棹，辘轳转运，正可使米谷流通，价值平减。岂得拘泥查禁囤积之例，妄行禁阻，致西贩艰于销售，闻风裹足。复经臣饬谕南、番二县暨佛山同知加意料理，毋得稍有阻滞。"②乾隆五十五年（1790）黄鼎司巡检以米谷逾百

① 《清高宗实录》，第311卷，乾隆十三年三月。

② 《宫中档乾隆朝奏折》，第18辑，153页，乾隆二十八年六月十一日陕甘总督杨应琚奏。

石为由，将佛山太平、沙市、太隆等七个糙白米铺交地保看守，禀请充公，致使佛山七市米户联合上呈，请求每铺籴谷限额放宽到 200 石。南海知县、广州知府和广东巡抚考虑到"民间米谷，首贵流通。如果市侩囤积居奇，固属大干法纪。若冲衢大镇，食指浩繁，铺户稍有资本，或多买至一二百石，亦可随买随销，辘轳转接，原与囤积有间。若据指为居奇，启差役籍端扰累商贾之弊，反于民食无补"①，予以批准。当时广东官员在"禁囤"上采取比较宽松的态度，与广东米粮市场经营的非垄断性是联系在一起的，反映了市场机制在调节省内各地米价方面的有效性。

米粮流通的税收也是当时有关粮食市场管理讨论不休的一个问题。顺治二年（1645），清廷即规定"凡民间米麦税课，概行禁革"②，但平南、靖南两藩驻跸广东期间，"即有棍徒钻营米粟，把持行市，垄断取利，名曰总店，亦称总行，将从不收税之物独开一行，逐一私抽"③，以后经广东巡抚李士桢裁革，省内的米粮流通税不再征收。④ 可是广西与广东间的米粮运输却一直没有停止征税。乾隆元年（1736）兵部尚书甘汝来上奏，"各省原无米谷税例，惟广西各关独征之，故广东独受米谷昂贵之害"⑤，请予豁免，但没有结果。乾隆二年（1737）复准："倘地方偶遇旱潦，其附近省分各关口令该督抚即将被灾情形具奏，请旨宽免，凡米谷船一到，即便放行。"其中特意提到广西桂林、平乐、梧州、浔州、富川、贺县、怀集等向广东输出米粮的府县。⑥ 乾隆七年（1742）又下谕："米豆各项，向因商人贩贱鬻贵，是以照则征输。第思小民朝饔夕飧，惟谷是赖，非他货物可比，今特降谕将直省各关口所有经征米豆应输额税悉行宽免，永著为例。"⑦但实际上广西各关并未执行这一规定，嘉庆年间仍然每年

① 《奉宪严禁示碑》，见《明清佛山碑刻文献经济资料》，91 页。
② 许承宣：《赋差关税四弊疏》，见《皇朝经世文编》，第 28 卷。
③ 参见李士桢：《抚粤政略》，第 1 卷。
④ 但是，运输米粮的船只仍输交入港税，如嘉庆二年南澳岛的《港规碑纪》规定："外港载米粟入口号钱三百文，本埠按月挂号。"（原碑现存南澳县深澳碑廊）
⑤⑥⑦ 《粤海关志》，第 8 卷。

"征收米谷税银约计一万八九千两不等",而且广西巡抚成林以"如将米税宽免,本省廉饷即不敷支用"①为由,拒绝豁免。嘉庆年间广西每年征收地丁正耗银共 467 008 两,其中存留本省的仅 124 008 两②,而米谷税银相当于存留正耗银两数的 14.5%～15.3%。政府财政在如此之高的程度上依赖于初级产品外销的流通税,正反映了广西在区域经济分工中所处的边缘地位。当然,这部分税收最后是由广东的消费者承担,广西与广东间的米粮差价有跳跃性的变化,部分是由米谷税收引起的。

清代由官方组织的米粮调运一直存在着,但这种调运只以平粜、补仓或接济兵食为目的。由于地方官员在米粮市场管理方面负有很大责任并握有较大权力,政府严禁他们利用地区差价倒卖粮食,获取利润。雍正十二年(1734)潮州总兵范毓馪在上奏时特意报告:"署大埔知县应锐,于本年三月内埔邑米价昂贵,知县遣家人持银来潮运米六百余石。臣思知县实心爱民,目击本地米价陡长,差人购运回县,必减价发粜,以济民食。臣随差人密访,讵意知县惟利是图,竟将所买之米来照依埔邑现在所长之价粜卖,每石竟获利银四钱有零,尽行肥己。"③雍正帝马上密谕广东巡抚杨永斌查核,结果应锐被参,同时被参的还有"复为徇隐,不行查揭"之潮州知府龙为霖。④

与传统中国社会的其他许多经济政策一样,对 18 世纪广东地方官府管理米粮流通种种措施的社会后果,也难以作出非好即坏的是非评判。不过,就我们所考察的范围和层面而言,这些措施在当时大多是必要的和合时宜的。值得注意的是,广东地方官员在实行这些措施时表现出一种较其他省份官员更为深刻的对市场机制的认识和更明显的鼓励自由贸

---

① 《清仁宗实录》,第 245 卷,嘉庆十六年六月甲戌。

② 参见《中国历代户口、田地、田赋统计》,乙表 88。

③ 《宫中档雍正朝奏折》,第 23 辑,277 页,雍正十二年七月初六日潮州总兵范毓馪奏。

④ 参见档案:前三朝内阁题本,雍正十二年十二月广东巡抚杨永斌题,"为特参贪婪徇庇之郡守与侵价归己之署令以肃官方事"。

易的倾向。乾隆十三年(1748)关于米价上升的原因及其对策的讨论中,大多数省份的官员们关注的仍然是人口、土地、仓储等传统重本思想所关心的问题,而两广总督策楞独树一帜,认为米价日涨的原因"一在官为抑价","一在劝谕开粜","一在稽查出境","一在禁止质当"①,主张减少政府的干预,让市场运作自动发挥调节作用。这在当时是一种难得的见解。

二、"遏粜"与"禁遏粜"——不同社会集团利益的冲突与调适

"遏粜"指米粮外运地区的百姓、士绅或地方官府阻止本地粮食外流的举动,一般发生于青黄不接或饥荒时期,是一种由于短缺或对短缺的焦虑而产生的反市场行为。"遏粜"与"禁遏粜"的矛盾反映了特殊情况下不同社会集团在米粮流通问题上的利益冲突。清代广东尽管有较高效率的市场机能和整合程度较高的市场结构,但其米粮市场运作仍不时受到"遏粜"事件的干扰。略举数例如下。

康熙五十七年(1718),两广总督杨琳上疏:"粤东之米资藉粤西,粤西之米又资藉湖南。湖南贩米至粤,必由永州府经过,彼地奸民每借禁粜名色拦阻勒索,商贩不前。"②

雍正四年(1726),广西巡抚甘汝来奏:"因四、五两月东省米谷腾贵,浔、梧一带商贩搬动,以至二府米价日昂,穷民艰食,拦阻谷船。经饬地方官区处得宜,随即安静。"③同年,南澳岛循例到潮州府揭阳、普宁等县买运兵民食米,因潮州府米贵,"该地百姓罢市,不从县令掣肘,以致孤岛兵民束手待毙"④。

雍正五年(1727),大埔县米贵,"乃告粜上杭县,而上杭官民禁米越

---

① 《清高宗实录》,第311卷,乾隆十三年三月。

② 《清朝文献通考》,第34卷,《市粜三》。

③ 《宫中档雍正朝奏折》,第6辑,250页,雍正四年七月初三日广西巡抚甘汝来奏。

④ 同上书,第5辑,754页,雍正四年三月二十六日福建巡抚毛文铨奏。

界，间有小贩从万山岩邃中绕道偷运到埔，斗米掺糠二升零，贫户以蕉根、树叶和糠以食"①。

乾隆六年(1741)夏，惠潮商船到省城买谷较多。顺德生员黎德光于六月十七日在五仙门外出白帖，约人赴各衙门递呈，"请禁米谷出省"，"五仙门外有铺户聂仲周，向将米石收囤，发卖与外府邻省客贩，以图重利"，其工人"见有帖在伊铺前，即行扯去，致与众争角"，结果"众民突入铺内，将聂仲周殴打，并将其栅栏门柜什物打坏"。次日，在由潮州人翁子机在广州油栏门外开张的隆顺杂货行内，"有民人聚众，指称囤米贩卖外方，将所贮货物抢去，打毁门墙"。② 同年，潮阳县因"停止平粜，米价骤增，又于该县拨仓谷三万石接济闽省"而引起百姓罢市，并有"聚集县堂，恃众挟制，拦阻借运之事"③。"潮郡米贵，有海阳县民人李兆捷等，采买谷石四十余船，赴潮接济，运由嘉应州河下，竟遭彼地棍徒结党拦截，不容放行"，"该州随委吏目刘璟往查，讵意刁民顽悍不遵，反肆辱詈，兼勒各铺关闭，及文武公同晓谕，仍未肯遵。复委潮州城守营游击杨明赉示驰往，协同该地文武晓谕铺户开张，不法刁民严拿究治"④。

乾隆七年(1742)五月开始，嘉应州民人又在河下拦阻从惠州府买谷回潮的潮州府米船，"地方官并不惩究"，次月又开始罢市。"知州李匡胜出示晓谕，并差吏目刘璟查放"，结果告示被撕碎。最后为首者被斩决，为从者被绞流杖责。⑤ 同年，广东委员赴广西买谷，柳州之人"一见东省

① 乾隆《潮州府志》，第11卷，《灾祥》。
② 朱批奏折：乾隆六年六月二十一日广州将军阿尔赛等奏，同年九月初六日广东巡抚王安国奏，见《康雍乾时期城乡人民反抗斗争资料》，587～588页。
③ 朱批奏折：乾隆六年六月二十一日广州将军阿尔赛等奏，同月二十六日广东提督保祝奏，见同上书，588～589页。
④ 朱批奏折：乾隆六年六月二十六日广东提督保祝奏，见同上书，588～589页。
⑤ 录副奏折：乾隆七年八月初十日潮州总兵武绳谟奏，见同上书，589～590页。

采买即思阻挠。于是有客民黄迪功等谷船湾泊，遂群起拦阻抢夺。其实一半民人，一半即系营兵"①。

乾隆八年(1743)，湖南"衡阳府属之衡阳县民陈乃立等，因阻郴州米贩及广东采买谷船，于四月十六日喊禀闹市，当经该县获犯，分别枷责示儆"②。

乾隆六十年(1795)，大埔县大饥，"杭、永二邑严行遏籴。民不聊生，采草根、剥树皮者遍山野"③。

嘉庆十九年(1814)十月，兴宁县"因商贩搬运米谷，粮价腾贵，经廪生罗碧香、罗仲期、谢庭树禀经该县仲振履出示晓谕，禁止贩运。并饬差庄有、罗连、陈文、陈俊前赴口岸巡查"④。

从上述案例中，可以看出不同社会集团和社会阶层在"遏籴"问题上的不同态度。对米粮外运地区的贫民来说，当地的粮食短缺和米价上升都可能直接威胁其生计。在最基本的生存需求欲望的驱动下，他们采取十分激烈的违法行为来阻止米粮外运，甚至一反平常"怕官"的心态，公然以罢市、辱骂、撕告示的方式与官府集体对抗。他们的行动最后经常要以为首者的自由甚至生命为代价，但是往往迫使官府采取让步措施。当然，闹事的人中也有不少并非生计所迫，而是乘乱打劫者。

米粮外运地区的士绅不必担心自身的生计问题，但他们是地方基层社会利益的代表，在自发性的遏籴行动后面往往有他们的影子。不过，士绅支持遏籴的根本动机在于维持治安，防止饥民骚乱，因而没有一般贫民那么偏激，常常以呈禀的方式争取地方官府的支持和理解。嘉庆时新兴县调运仓谷往外县，该县举人陈在谦即上书指出："官舸连樯，转粟巨万，愚民无知，谓执事觊觎重利，行同贩竖。而向者固藏转市之徒，

---

① 杨锡绂：《遵旨陈明苍藤等县抢谷各案及米谷出境情形疏》，见《康雍乾时期城乡人民反抗斗争资料》，307～308 页。

② 朱批奏折：乾隆八年五月初一日湖南巡抚阿里衮奏，见同上书，590 页。

③ 民国《大埔县志》，第 38 卷，《大事志下》。

④ 《粤东成案初编》，第 26 卷。

藉口而踵为之。而数十万人待籴而后举火者，至于欲籴而无可籴。即有可籴，而竭一家之营，不果一人之腹，真能闭户忍饥相安于无事乎哉？"①可见其关心的仍是基层社会秩序。当时由官府出面宣布的对米粮的外运封禁，往往也是地方士绅呈请的结果。不过，士绅的成分十分复杂，其中也不乏不顾禁令私运出境，牟取巨利者。

国家政权对于遏籴的态度是矛盾的。一方面，由于各地人民均为"朝廷赤子"，不得厚此薄彼，朝廷采取了严禁遏籴的政策。有清一代不断有禁遏的谕旨，对禁遏不力或支持遏籴的地方官员时有处分，对借遏籴闹事的民人也加以惩罚。但另一方面，清政府维护米粮流通的目的仍在保持社会稳定，饥荒或米价上升时，遏籴则缺粮区民情不稳，禁遏则可能激起粮食外运区的民变，两害相权，不免犹豫不定。可以看出，不同地区、不同时间、不同级别的官员对处理遏籴事件有时采取完全相反的做法。上级官府对参与遏籴的地方官的态度，也无一定之规，如乾隆十七年(1752)对嘉应州民阻拦潮州米船"并不惩究"的地方官后来受到参处，而嘉庆十九年(1814)兴宁知县"出示禁止贩运"的举动却被视为"权宜平减之法"②。朝廷在总体上鼓励米粮流通，禁止遏籴，但在对待具体遏籴事件时的态度，却主要取决于该事件的合法性如何以及是否引起社会动乱。

作为一种反市场行为，遏籴人为地扩大了粮食输入地与输出地间的地区差价，使米粮贩运更为有利可图。这样，不管是输出地的有粮之家还是输入地的米商，都会由于利润的驱使而冲破人为的阻挠。在遏籴只是民间自发的行为时，米粮贩运者往往可以请求地方官府给予保护；一旦官府也支持或宣布禁运，米粮运输者就铤而走险，私运出境，雍正五年(1727)上杭县"小贩从万山丛邃中绕道偷运"的举动就是一例。嘉庆十九年(1814)兴宁举人陈芳杰等不顾禁令，护送米船，他们共纠合了17人，"各带刀械"，途中与官差格殴，打败官差而把粮食运送出境。事后

---

① 陈在谦：《与喻明府论平粜书》，见《广东文征》，第 23 卷。
② 《粤东成案初编》，第 14 卷，《罪人凡人》。

还有陈氏族人 21 人打劫罪犯，绑架差役。① 这一事件反映了米粮贩运者与当地士绅、官府在利益上的尖锐冲突。

就当时一般的社会舆论而言，对"遏籴"行为持指责态度的居多。许多士绅在上书当事者时都力陈遏籴之弊。海阳县士绅陈珏写道："又因俭岁，人心惶惶，闽省及惠、潮各属辄自由厉禁，不得升斗出境，而本邑埠镇乡堡亦相效尤。里门截劫，郡噪振瓦，以故四方之商不至，不惟米价腾贵，且告籴无门。城中十万户嗷嗷待哺，将何以延须臾之命？敢启执事严禁遏籴，并移文邻省，下檄各属，令力主疏通。今四海一家，舟车四达，且食为民天，岂宜所在壅遏，有乖邻里相周之义？"②曾任学海堂学长的吴兰修听说长乐县禁米出境，即致书该县知县，力陈禁运之害：

> 长乐风俗勤俭，农无遗力，野无旷土，一岁之耕，足二年之食。比闻米禁一出，游食之徒嚣然并起，下河之米抢，出乡之米亦抢。乡米日闭，民食愈艰。夫富户者，贫民之母也。一家出粟，则十家不饥；十家闭粜，则百家待尽。今阁下不设策以导其出，而立法以坚其闭，抑有余为不足。窃为阁下不取也。

> 嘉应、镇平不下三十万户，一岁之收，仅备三月，必仰给于潮州、兴宁、长乐。今者兴、长遏籴，潮州米弗时至，则远籴于佛山。闻佛山之米，接踵度岭矣。而长乐之罗湖桥、河口、转水角等处，皆无赖奸民啸聚拦截，乡米必抢，客米亦抢，无米则货，无货则钱。于是度岭之米，畏缩不前；断饮之民，旦夕待毙。是何异饥者得粥，扼其吭而夺之。此阁下所不忍闻也。

> 尤可虑者，海滨莠民椎牛酾酒，以豪侠相矜负，其蓄睢盱、玩法律，非一日矣。所恃者，岁稔则人心固，食饱则民气靖耳。今者青黄不接尚有五六十日，四邻遏绝，告籴无门，此平粜所不能周，而赈粟所不能继也。不幸攘臂一呼，揭竿四应，甘棠之下，击柝相

---

① 《粤东成案初编》，第 14 卷，《罪人凡人》。
② 陈珏：《上当事救荒书》，见乾隆《潮州府志》，第 40 卷，《艺文》。

闻，其能宴然而高枕乎？此又不得不为阁下危也。①

值得注意的是，他的议论谈到遏籴对米粮输出地区的不利之处。这种现象反映了各地区经济对市场的依赖。所以，遏籴在当时都是一种短时间发生的现象。

不管是士绅还是官府，"遏籴"和"禁遏籴"的目的都在于维持地方安定。所以，不同地域性集团和不同社会阶层的利益冲突必须在这一目标之下得到调适，这就使每次"遏籴"事件都因不同的环境条件而以不同的结果得以结束。尽管全社会普遍认为"遏籴"是一种不合理的行为，但作为一种非经济现象，局部的、暂时的利益需要都可能使这一行为反复出现。因为在当时人看来，社会需要往往比经济上的合理性有更重要的意义。从今天的观点看，"遏籴"这种反市场行为似乎是不合时宜的，但在一个全社会都缺乏追求经济增长的价值取向、社会精英把经济活动作为维持社会秩序手段的环境中，在短缺或可能短缺的情况下对最基本生活资料的流通进行限制，是具有某种合理性的。这也就是"遏籴"与"禁遏籴"之争一直未能有真正是非分明的结果的原因所在。

第二节　赈灾和救济

饥荒时的社会动乱往往使地方统治秩序发生严重危机，米粮流通的畅达有助于防止饥荒的发生或在饥荒发生后降低受灾的程度。不过，对于政府和士绅来说，一旦饥荒发生，首要工作则是赈济灾民，防止不稳定事件的发生。18 世纪广东饥荒在米价变动上的表现，可因其时间长短和影响范围的不同，表现为全省性的连续几年的米价迅速上升或局部地区的短时间的米价波动，这就是米价的循环变动和不规则变动。下面我们分析研究这两种情况下政府和士绅的救灾行动。

---

①　吴兰修：《与沈芗泉明府书》，见《广东文征》，第 23 卷。

一、米价循环变动与政府、士绅在救灾中的作用

时间数列的循环变动指的是数列以若干年为单位的周期性变动。有人认为，物价的循环变动是进入近代工业社会之后，由于周期性的经济繁荣与萧条而产生的现象。不过，如果认真观察表 3-8、表 3-9、图 3-6和图 3-7 所示 18 世纪广东每年的平均米价，就会发现，当时广东米价也有明显的循环变动现象。以回归趋势线为轴心，18 世纪前 35 年广东米价的变化大致有三个循环周期：（一）1707—1714 年；（二）1715—1728 年；（三）1729—1735 年。后 65 年大致可分 5 个周期：（一）1736—1744 年；（二）1745—1760 年；（三）1761—1783 年；（四）1784—1790 年；（五）1791年以后。当然，每个周期内部仍然存在着小幅度但不越过回归趋势线的变动。这些周期性变动主要是由于天气情况和年成丰歉引起的。①

在连续几年米价上升造成饥荒之后，政府和士绅是如何进行救灾的？这里以雍正二年至五年(1724—1727)和乾隆二十一年至二十三年(1756—1758)两次较明显的米价上升来考察这一问题。

雍正二年至五年广东各地连遭水灾，雍正二年(1724)肇庆、潮州、雷州近十个县遭受大水，次年广州、惠州、潮州、肇庆四府和罗定州又有十几个县遭受洪灾。雍正四年(1726)和五年(1727)受洪水危害的地区包括了几十个州县。与此同时，嘉应州和海南岛的一些地方却遭受旱灾。② 结果，全省平均米价从雍正二年的 0.68 两/石上升到雍正五年的 1.27 两/石，三年间几乎翻了一番，因而发生了持续几年的全省性粮米

---

① 参见本书附录四、广东省文史馆编《广东省自然灾害史料》(1961)和水利电力部水管司及水利水电科学研究院编《清代珠江韩江洪涝档案史料》(北京，中华书局，1988)。以下关于以雍正五年和乾隆二十三年为高峰的两次米价上升现象的讨论，将证明天气和年成对循环变动的影响。篇幅所限，其他周期的资料恕不赘列。

② 参见《广东省自然灾害史料》，29～30、79、108 页。

短缺。例如"潮州大饥，死者相枕籍"①，澄海县"死者无数"②，广州附近"鸠面鹄形者载道"，"殍死道路者尸枕籍"③。饥荒造成社会治安不稳，出现了"多有乘间偷越出海为盗者"的情况，揭阳、普宁等县百姓"遏籴"，兴宁县"奸民借隙倡众平谷，白昼抢掠"④。

政府采取了一系列措施减轻灾害的程度。

首先，从外省调运了大批粮食接济广东。雍正四年两广总督孔毓珣请从广西桂林、梧州等四府二州调拨仓谷 30 万石运粤，以 4 万石贮肇庆，26 万石贮广州，雍正五年二月至四月青黄不接时这批粮食运抵广州、肇庆⑤，其中又有 10 万石被拨运到潮州府属各县仓⑥。据说"百姓见仓谷源源而至，有谷者俱行出粜，米价顿减"⑦。这次调运所需运费不像往常一样从平粜价银中动支，而是规定"动支两省藩库正项钱粮给发"⑧，后来以子盐余耗银抵补。除此之外，广州将军石礼哈又以八旗兵丁"盛世滋生，户口日繁，此外壮幼丁男妇家口甚多，恐至青黄不接，米贵食艰"⑨为由，于雍正五年(1727)派员赴广西运回仓谷 2 万石到旗营平粜。南澳属闽粤两省共管，其缺粮状况引起福建总督和巡抚的关切，雍正四、五两年先后拨运米 29 400 多石、谷 1 500 多石到该岛接济。雍正六年(1728)再拨运米 3 400 多石、谷 5 200 多石。三年共折谷 72 300 多

---

① 乾隆《兴宁县志》，第 9 卷，《灾祥》。

② 雍正《澄海县志》，第 6 卷，《灾祥》。

③ 乾隆《顺德县志》，第 11 卷，《循吏》。

④ 乾隆《兴宁县志》，第 9 卷，《灾祥》。

⑤ 详第二章第三节。

⑥ 这批拨运潮州的仓谷在运输过程中有种种弊端，参见蓝鼎元：《鹿洲公案·偶纪下·西谷船户》。

⑦ 《宫中档雍正朝奏折》，第 7 辑，659～660 页，雍正五年三月二十二日阿克敦奏。

⑧ 同上书，502 页，雍正五年二月十七日阿克敦奏。

⑨ 同上书，第 7 辑，762～763 页；第 8 辑，52～53 页，雍正五年闰三月初十日、四月十八日石礼哈奏。

石。① 福建督抚还行令南澳"不拘闽粤所管，一概平卖，以济民食"②，认为"南粤兵民不多，亦用不了如许之米。然南澳有米多些平卖，其势自然流通到潮州，亦有少补"。这种做法一再受到雍正帝的赞许。③ 当时福建总督高其倬和巡抚毛文铨还曾计划运米 6 000 石～10 000 石到潮州接济。④

其次，令邻省生俊在本地买谷运广东捐纳。雍正四年(1726)九卿会议："照常平仓例于附近邻省增附青衣、武生、俊秀等各令运谷到广，折半收捐，以将充裕将来积贮。"⑤次年又议准："令邻省江西、湖广、广西生俊在本省采买谷石运送广东捐纳。"⑥虽然因路途阻隔，至雍正七年(1729)初只捐过监生 137 名，收捐谷 24 900 余石⑦，但这一做法对安定民心是有好处的。

最后，蠲免部分州县的赋税。雍正二年(1724)海康、遂溪两县发生水灾，即奉旨免征赋税。⑧ 雍正四年(1726)又奏旨蠲免南海、高要等受灾州县钱粮。⑨

同时，加强省内粮食调运，向缺粮区增拨米粮。雍正四年(1726)春夏之交，"拨惠州府仓谷应碾之谷石雇海船运赴碣石、海丰减价平粜。又拨惠州府属长乐、兴宁二县仓谷由内河运至潮州府及南澳平粜"⑩。次年

---

① 参见《宫中档雍正朝奏折》，第 12 辑，667 页，雍正七年三月初十日福建总督高其倬奏。

② 同上书，第 8 辑，301 页，雍正五年六月初四日福建总督高其倬奏。

③ 参见同上书，第 7 辑，897 页，雍正五年四月初四日福建总督高其倬奏。

④ 参见同上书，881 页，雍正五年四月初四日福建巡抚毛文铨奏。

⑤ 同上书，214 页，雍正四年十二月十九日广州将军石礼哈奏。

⑥ 同上书，第 22 辑，315 页，雍正十一年十一月初九日广东巡抚杨永斌奏。

⑦ 同上书，第 12 辑，527 页，雍正七年二月二十四日署广东巡抚傅泰奏。

⑧ 参见《清朝文献通考》，第 44 卷，《国用六》。

⑨ 参见《宫中档雍正朝奏折》，第 5 辑，843 页，雍正四年四月二十一日两广总督孔毓珣、广东巡抚杨文乾奏。不过，雍正《广东通志》、乾隆《肇庆府志》和乾隆《潮州府志》记此事为"暂行缓征"。

⑩ 同上书，第 5 辑，843 页，雍正四年四月二十一日两广总督孔毓珣、广东巡抚杨文乾奏。

"将高、雷、廉仓谷拨至广、潮两府，即将两府谷价发交高、雷等府买补还仓"，据说知道这一行动之后，"富户尽皆出卖"①，米价下降了近 30%。

　　开仓平粜，设厂赈饥，也是当时实行的重要救灾措施。平粜只是减价出粜，赈饥则是无偿发放。有的州县两者并行，有的州县只是发谷赈饥。如雍正四年(1726)潮州府"郡邑皆开仓平粜，设厂赈济"②，河源县则"发常平仓谷散给灾民"③。是年"巡抚杨文乾疏奏，上速命议赈，遂将各仓捐积常平谷石，实核灾民，按名散给"④，所以多数州县以这种方法为主。还有许多地方采取了设厂施粥的办法。雍正四年(1726)驻扎肇庆的两广总督孔毓珣"在城内城外设厂五处，每日亲查，按人口之大小定粥之数目"⑤，澄海县也"设赈二所"⑥，大埔"县令白日宣赈粥衙内凡四十五日"⑦，惠来县"知县王人杰、训导梁焕纶暨绅士诣南郊文昌阁自四月初一起煮粥开赈，至六月下旬止，就食男女日以万数，民赖以甦"⑧。是年，东莞等 11 县赈给被灾民谷 58 360 石。⑨ 雍正五年(1727)广州城也在东门外搭厂赈粥。⑩

　　而且，各地官员还纷纷捐俸助赈。如雍正五年(1727)广州赈粥就是由署广东巡抚常赉和广州将军石礼哈倡捐的。⑪雍正四年(1726)揭阳县

———————

　　① 《宫中档雍正朝奏折》，第 7 辑，248～249 页，雍正五年正月初三日广东巡抚杨文乾奏。

　　② 雍正《揭阳县志》，第 5 卷，《褒善》。

　　③ 同治《河源县志》，第 12 卷，《纪事》。

　　④ 雍正《广东通志》，第 7 卷，《编年志二》。

　　⑤ 《宫中档雍正朝奏折》，第 13 辑，28 页，雍正七年四月二十六日广东总督调江南河道总督孔毓珣奏。

　　⑥ 雍正《澄海县志》，第 6 卷，《灾祥》。

　　⑦ 民国《大埔县志》，第 38 卷，《大事志下》。

　　⑧ 雍正《惠来县志》，第 12 卷，《灾祥》。

　　⑨ 参见《宫中档雍正朝奏折》，第 22 辑，315 页，雍正十一年十一月初九日广东巡抚杨永斌奏。

　　⑩⑪ 参见同上书，第 8 辑，21 页，雍正五年四月十二日广东布政使官达奏。

"署知县柴玮、知县陈树芝前后捐赈"①，兴宁县"知县施智倡捐赈济"②。

可以看出，当时政府几乎动用了传统中国政府对付饥荒的所有有效方法，对控制饥荒发展起了重要作用，而且各级官员也表现出了较强烈的责任心。

地方士绅和商人也在赈灾中发挥了一定作用。雍正五年(1727)广州盐商赵廷佐等 34 人联名具呈，"捐银二万两，以为帮赈之需"③。潮、惠、汀、赣盐商也陆续捐银近 3 900 两。④ 各县士绅捐助银米以助赈济。如雍正四年(1726)海丰"富户助米煮粥赈济"⑤，揭阳县"绅士慕义共济，或捐米于县，或设厂于乡，同井相周之谊，皆为上宪所褒嘉"⑥，惠来县也是"通县绅衿里民并商贾妇女俱量力题粟赈济"⑦，兴宁县"贡生刘东启同男生员刘峒捐谷六百石，贡生刘嵘、贡生刘峣、生员刘嶂、刘峰兄弟共捐谷四百石助赈，又启与嵘等共捐谷二十五石零以赈甘塘、吉昌二屯，贡生罗学汤、监生罗学濂兄弟共捐仓谷一千石助赈，又借仓谷二百十五石零赈甘、吉二屯，监生钟瑛、贡生钟锜兄弟捐米煮粥一月赈济本堡，义上围牙人李茂荣倾囊银三十两买米煮粥助赈本乡"⑧，普宁县"合邑绅士捐资设赈"，次年"绅士复设厂义赈，全活甚多"⑨。不过，与官府相比，士绅和商人的作用还是比较次要的。

雍正七、八两年(1729、1730)，广东全省普遍丰收，各地米价迅速下降，全省平均米价下降了 60％，于雍正九年(1731)达到 18 世纪的最低点。⑩

---

① 雍正《揭阳县志》，第 5 卷，《褒善》。
② 乾隆《兴宁县志》，第 9 卷，《灾祥》。
③ 《宫中档雍正朝奏折》，第 7 辑，832 页，雍正五年闰三月二十五日阿克敦奏。
④ 参见同上书，第 10 辑，236 页，雍正六年四月十一日广东总督孔毓珣奏。
⑤ 乾隆《海丰县志》，第 10 卷，《邑事》。
⑥ 雍正《揭阳县志》，第 5 卷，《褒善》。
⑦ 雍正《惠来县志》，第 12 卷，《灾祥》。
⑧ 乾隆《兴宁县志》，第 9 卷，《灾祥》。
⑨ 乾隆《普宁县志》，第 9 卷，《灾祥》。
⑩ 参见本书表 3-8。

乾隆二十一年至二十三年(1756—1758)的情况有所不同。这一时期的米价上涨主要是由于旱灾引起的。乾隆二十二年(1757)春天潮州、惠州、廉州等府和嘉应州等地大旱,次年广州、惠州、肇庆、高州、潮州等府又再次发生严重春旱,引起连年饥荒。同年六月、七月和九月分别有三次台风给潮州、广州和肇庆等府造成严重损失。乾隆二十三年(1758)潮阳县等地又因台风导致晚稻歉收。① 于是各地米价腾贵,全省年平均米价从乾隆二十一年(1756)的 1.429 两/石猛升到二十三年(1758)的 1.885 两/石,两年间约上升 32%。乾隆二十三年(1758)米价是整个18 世纪广东的最高米价数字。米价上升也引起一些地方的治安不稳,如高要县"诸乡饥民掠富户谷"就是一例。不过,虽然地方志中关于当时米价上升的记载很多,却未见有饥民大量死亡的说法。

官府采取的救灾措施主要是开仓平粜。省城广州除发常平仓谷平粜外,还从三水广益仓运谷 52 000 石另设两厂粜济。② 许多州县都开仓平粜,如翁源县"署县刘世宏甫下车即申详开仓以赈,谷价渐平"③,龙川"知县王永熙发仓平粜"④。同时,广东官员还到湖南运谷回广东。乾隆二十三年(1758)初两广总督陈宏谋"于司仓动银二万两专委妥员前往湖南之湘潭等处平价买谷……为将来补仓之计"⑤。是年十月"粤东平粜仓谷缺额,奉旨拨湖南溢额谷三十万石运补"⑥。不过,这些外省米谷入粤后主要用于补仓,而不是马上粜济。而且乾隆二十三年(1758)十月以后米价已经回落,十二月全省平均米价较四月最高时下降了 15%⑦,这时调粮入粤已不具备救灾意义。

---

① 　参见《广东省自然灾害史料》,78、110 页;《清代珠江韩江洪涝档案史料》,89 页。

② 　参见陈宏谋:《平粜买谷第二疏》,见乾隆《广州府志》,第 53 卷,《艺文五》。

③ 　嘉庆《翁源县志》,第 8 卷,《前事》。

④ 　乾隆《龙川县志》,第 1 卷,《灾祥》。

⑤ 　陈宏谋:《平粜买谷疏》,见乾隆《广州府志》,第 53 卷,《艺文五》。

⑥ 　《清高宗实录》,第 573 卷,乾隆二十三年十月。

⑦ 　参见本书附录二。

士绅们仍然以传统的捐资助赈方式参与救灾。例如,佛山"各官捐廉,阖镇义助。先碾仓谷,不敷,陆续买谷以赈"①。归善县知县魁德"亲往四乡劝绅士各于就近捐题赈粥,在城分官赈四日,绅士赈六日,轮赈月余,饥民全活甚众"②。西宁县"知县陈世龙劝有粟者赈之"③。

从乾隆二十四年(1759)起,全省米价逐年下降,乾隆二十七年(1762)全省平均米价比乾隆二十三年(1758)下降了39%。④

比较以雍正五年(1727)和乾隆二十三年(1758)为顶峰的两次米价上升,有两个现象是值得注意的。

第一,尽管后一次米价达到该世纪的最高值,但其峰前的升幅和峰后的降幅均不如前一次,即其循环变动的程度比前一次低。同时,后一次米价上涨引起饥荒的程度不如前一次严重,不管是官府还是士绅,其救灾行动的重要性也不如前一次明显。相距约30年的这两次事件的差别不是偶然的。我们注意到,乾隆中后期米价循环变动的幅度有越来越小的趋势,从乾隆二十四年(1759)以后不再有大规模官方米粮调运的记载,常平仓有时连续几年不再平粜,并出现缺额(详见本章第三节)。这种情况的出现,与18世纪广东市场机制不断完善、市场有效性不断提高的趋势相一致。它反映了米粮市场防止灾荒发生和控制灾荒扩大的能力有所增长。

第二,后一次米价上升中政府在救灾方面的努力远远比不上前一次,广东本地官员和邻省官员的责任感也明显下降。由于政府作用的下降,士绅在救灾中的作用相对有所提高,归善县"官赈四日,绅士赈六日"的情况,说明这里的士绅在公共救济和社会保险方面,已承担了较大责任,并具有某种可与官府抗衡的经济实力,这种情况反映了当时广东基层社会控制权逐渐下移及社会多元化发展的趋势。

---

① 道光《佛山忠义乡志》,第6卷,《乡事》。
② 乾隆《归善县志》,第2卷,《事纪下》。
③ 道光《西宁县志》,第12卷,《事纪》。
④ 参见本书表3-9。

二、常平仓与米价的不规则变动

米价不规则变动指米价偏离趋势值和季节变动值的波动，在绝大多数情况下，这是一种正常的经常性现象。只有导致饥荒的大幅度不规则变动，才对社会经济产生较大影响。这种不规则变动与上面所讨论的循环变动有密切关系，就 18 世纪的广东而言，米价循环变动实质上是由于长时期、大幅度、大范围的不规则变动而形成的。和循环变动一样，当时米价不规则变动的出现也是由于天气和年成两方面的原因。在连续数年米价上涨而引起的灾荒中，政府采用调运、平粜、赈济、蠲恤、官员捐俸等许多手段进行救灾。但对于经常发生的局部性短时间荒歉，常平仓是地方官府所能动用的最重要（有时几乎是唯一的）武器。所以我们把常平仓与米价不规则变动放在一起讨论。

从政府的本意而言，建立常平仓储谷有预防灾荒的目的，那么常平仓能否真正完成这一使命呢？我们通过对表 4-1 和表 4-2 的分析来说明这一问题。

表 4-1 清代历朝广东饥荒统计 单位：县次

	饥荒次数	年均饥荒次数
顺治	106	5.89
康熙	153	2.51
雍正	45	3.46
乾隆	247	4.12
嘉庆	65	2.60
道光	84	2.80
咸丰	55	5.00
同治	31	2.39
光绪	71	2.09
宣统	8	2.67

资料来源：

《广东省自然灾害史料》中的有关记载统计。该资料集实际上是广东各地方志《灾祥》《纪年》等部分的辑录。

表 4-2　乾隆年间广东各府州饥荒分布及其与人均常平仓积谷量的关系

	各府州县数	饥荒次数(县次)	每县平均次数	人均常平仓积谷量(石)
广州府	15	49	3.27	0.179
南雄府	2	0	0.00	0.238
韶州府	6	4	0.67	0.158
惠州府	10	24	2.40	0.331
潮州府	9	32	3.56	0.235
肇庆府	14	60	4.29	0.168
高州府	6	25	4.17	0.155
雷州府	3	0	0.00	0.247
廉州府	3	10	3.33	0.258
琼州府	13	21	1.62	0.230
罗定州	3	6	2.00	0.110
连　州	3	6	2.00	0.152
嘉应州	5	10	2.00	0.098
合计	92	247	2.68	0.197

资料来源：

饥荒次数根据《广东省自然灾害史料》，人均常平仓积谷量根据表3-3的有关数据计算。

清代广东常平仓的发展可分为四个阶段：(一)康熙二十八年(1689)以前天灾人祸严重，仓储零星出现的草创阶段；(二)康熙二十九年(1690)至乾隆早期常平仓在各州县普遍建立，积谷迅速增加，管理较为严密的发展阶段；(三)乾隆中期至道光末年仓储额数基本不变、略有减少，弊端渐萌的守成阶段；(四)咸丰至清末仓政管理松弛乃至瘫痪，积谷散失的瓦解阶段。[①] 表 4-1 的统计虽然是不完全的，但从中可以看出，除了战乱频繁的顺治朝和咸丰朝外，清代广东饥荒发生的频度与常平仓制度的发展在时间上没有明显的吻合关系。例如，康熙中叶至乾隆初年是常平仓储谷数迅速增长的时期，可是饥荒发生的频度也在逐步上升。咸丰以后常平仓逐步瓦解，饥荒发生的频度反而有所下降。

---

① 参见拙文《论清代广东的常平仓》，载《中国史研究》，1989(3)。

对表 4-2 每县平均饥荒次数和人均常平仓积谷量两栏的数字进行相关分析，相关系数仅为－0.112（计算过程从略）。这表明，就空间分布，也看不出常平仓在预防灾荒方面有明显的效能。

上述两个分析表明，常平仓未能有效地预防灾荒发生，这是一个合理的结果。因为在一个以小农家庭为基本生产单位，农业生产未能摆脱传统模式的社会里，要人为地战胜自然灾害，防止灾荒发生并非易事。在传统农业社会里，保证再生产顺利进行的实物储备，主要是由小农家庭完成的。正如佛山霍氏八世祖霍槐庭在其"家箴"中所告诫子孙的："凡人家不可尽出谷以营小利，当预积些以备岁时饥荒，以防急用。盖岁不常熟，人不常富，以有虑无，固其宜也。凡丰岁谷平可罄余财收籴，以之兼利则易得，以之备荒则不匮。"①此外，当时广东正常年份平衡粮价的功能，主要通过市场机制来实现。这两个因素在预防饥荒发生上的作用，可能比常平仓更为明显。

实际上，常平仓的直接作用主要表现于在饥荒发生后缩小粮价不规则变动幅度、减轻和缓和受灾程度上。地方志对此有详细记载：

康熙三十六年（1697）二月，茂名县因"前岁秋歉"，发生饥荒，知县钱以垲"开仓平粜，全活甚众"②。

康熙五十二年（1713）春，文昌县"大寒，牛马冻毙，槟榔陨落，民大饥"，"发常平仓谷一千六百石，钱粮缓征，民赖以安"③。

乾隆六年（1741）春夏间，嘉应州"旱，米价腾贵，知州李匡然发粜常平仓谷，立法周详，民沾实惠"④。

乾隆十二年（1747）三月，海丰县"米贵，详请开仓发粜，四民安堵"⑤。

乾隆三十四年（1769）春，海丰县"久雨，米斗六百余钱。署令张开仓

①　佛山《太原霍氏族谱》。
②　乾隆《高州府志》，第 10 卷，《名宦》。
③　康熙《文昌县志》，第 9 卷，《杂志·灾祥》。
④　乾隆《嘉应州志》，第 8 卷，《灾祥》。
⑤　乾隆《海丰县志》，第 10 卷，《邑事》。

平粜，众赖以苏"①。

道光二十九年(1849)，河源县"大饥，斗米千钱，民食树叶草茎，有饿死于道者"，知县、城守、典史等官员"捐赀按丁给口粮钱，随即开仓平粜，众心始定，全活多人"②。

类似的记载举不胜举。透过其夸大褒颂之词，仍可发现，常平仓真正有效发挥作用的是在这样的场合。

常平仓能在这种场合下发挥作用，不仅由于平粜和赈济能增加口粮供应，而且还由于政府可以利用这些行动对米商产生威慑作用，防止米商囤积居奇，哄抬粮价。尽管18世纪广东官员在"禁囤"问题上采取比较宽松的做法，但米价上升时米商囤积居奇的情况仍屡有发生。当时就有广东"米粮则多倚于西省，小不济私贮者辄饰伪以居奇，如是而民困矣"③的说法。所以饥荒时防止米商哄抬粮价以维持社会秩序，防止饥民骚动仍然是地方官府的重要任务，而常平仓谷的控制和使用也往往被当做完成这一任务的重要手段。乾隆三年(1738)鄂弥达就讲道："从来货集价落，民间有官谷可籴，不全赖铺户之米以供朝夕；铺户见有官谷发粜，而所减有限，亦必少低其值以冀流通。"④全汉昇和克劳斯在论及清代常平仓制度时曾认为："这一制度并不一定经常地使用以发挥其作用。如果需要就能动用政府仓储这一事实，可以防止投机商人过高地估计自己的力量并谋取超额利润，如果他们太长时间地囤积居奇，政府就会成功地动员起来抵制物价上涨，那些负担很重仓储费用和利息的投机商人就会破产。"⑤他们的论述主要是针对江南的情况，但也完全适合当时广东的实际。利用常平仓谷的平粜和调运来防止商人囤积居奇，较之以行政或法律手段来达到同样的目的，无疑更有利于米粮市场的运作。

---

① 同治《海丰县志续编·前事》。
② 同治《河源县志》，第12卷，《纪事》。
③ 嘉庆《三水县志》，第1卷，《墟市》。
④ 《清朝文献通考》，第36卷，《市籴五》。
⑤ *Mid-Ch'ing Rice Markets and Trade：An Essay in Price History*，p.38.

常平仓能在这种场合下发挥作用，也由于它是一种国家所有的实物储备，必要时可由官方调运至灾区集中使用，控制灾情发展。这方面的例子我们已列举较多，恕不赘述。

常平仓能在这种场合下发挥作用，还由于地方官员往往以开仓赈济作为一种倡导手段，动员士绅、地主、商人和其他富户捐粮助赈；而士绅、地主、商人等也出于接近官府、控制地方的目的和传统的"保乡""睦族"观念，捐输米谷与官府同时粜济。前面关于米价循环变动的讨论已列举较多例证，再举数例如下：

> （康熙三十六年，翁源县）谷价腾贵，斗米三百文，民不聊生。知县周之谟开仓赈济，煮粥救饥，城中富户各捐米助之，民赖安全。①
>
> （康熙五十二年春，长宁县）饥，谷一石银一两三钱。知县查冒洵发仓谷平粜……生员潘也德亦倡富户于沙田麻沙墟煮粥以食饥者，存活颇多。②
>
> （嘉庆十四年三月，新会县）饥，斗米钱五百八十文，署县沈宝善发仓平粜，劝捐赈济。③

士绅助赈弥补了常平仓谷的不足，而他们也利用这样的机会接近官府，部分地取代政府在基层社会控制中的作用，承担部分原应由政府承担的社会救济责任。当时实际上已有许多士绅不待地方官员开仓，即主动平粜或赈济：

> （康熙五十二年，清远米贵，）城厢内外绅士富户捐银买米赈济，民赖以安。④

---

① 乾隆《翁源县志》，第8卷，《杂记》。
② 雍正《长宁县志》，第9卷，《祥异》。
③ 道光《新会县志》，第14卷，《事略下》。
④ 乾隆《清远县志》，第2卷，《年表》。

(乾隆七年，广宁县)米价腾溢，贫民惫急……绅士陈兆麒、陈邦蕃、蒋雄等减价发谷，穷民多赖之。①

(乾隆十七年，潮阳县民马绍祖)运谷于和平埠，减值出粜，并煮粥以食饿者。②

(嘉庆八年，阳江县米贵,)商民俱困。邑绅方世型、周克行、谭会百等呈请煮粥以赈饥者，凡十二日。计共捐米七百零一石七斗，银六百一十三员，钱十一千。③

还要顺便讲到的是，尽管地方志和当时地方官员的奏折中往往把灾荒时士绅平粜救灾的举动称为"善举"或"义行"，但由于灾荒时市场米价与平常米价的巨大差额，这种平粜实际上是有厚利可图的。嘉庆初年刊刻的《蜃楼志全传》对18世纪广州城市生活有极为细致的描写，其中关于贡生兼商人地主苏吉士平粜赈灾的一段虽系小说家言，但甚为生动、深刻，特转录如下。

此时四月中旬天气，残春送去，溽暑催来。广中既值兵戈，又遭亢旱，从二月播种之时下了一场小雨，以后涓滴俱无。那第一熟的早稻看来收不成了，米价霎时腾涌。江西、湖广等处打听得风声不好，客商不敢前来，斗米两银，民间大苦。吉士分付苏邦，将积年收下的余剩粮食，细算一算，约十三万石有零，因于四城门乡城之交各设一店，共四处，每店派家人六名，发粮米二万石，平粜每石收花边银五圆，计司马秤银三两六钱。看官听说，若讲那时米价每石十两，不是少了六两四钱一石吗？若依着平时米价，却还多了一两六钱一石。八万石米还多卖了十二万八千银子。这虽是吉士积善之处，仔细算来，还是他致富的根基。吾愿普天下富翁都学着吉

---

① 乾隆《广宁县志》，第10卷，《年表》。
② 光绪《潮阳县志》，第8卷，《义行》。
③ 道光《阳江县志》，第8卷，《编年》。

士才好。那吉士再叫苏邦、苏荣分头监察，逐日收银回来。本府上官大老爷听得苏芳（即苏吉士——引者）有此善举，忙请他进去，奖掖一番。又每店派老成差役二名，禁止光棍藉端滋事及铺户转贩诸弊。①

这段描写中值得注意的有灾荒的原因、当时广东对外省米粮的依赖、平粜米店设立的位置、士绅与官府的关系、饥荒平粜时的治安等问题。尽管对当时米价的记载似乎偏高，但士绅可从灾年的平粜中获得利润却是没有疑义的。

综上所述，既然常平仓的实际效用主要不在控制米价季节变动和预防灾荒发生，而在于灾荒之后减轻受灾程度方面，我们就有理由认为，清代常平仓主要是一种社会控制手段。因为饥荒年月平粜或赈济虽然客观上可以拯救饥民生命，保护社会再生产所需要的劳动力，但其直接目的在于保持地方稳定，防止饥民骚动，维护封建统治。乾隆年间御史万年茂就说得很清楚："倘遇地方一时乏食，他处之米接济不及，乡民嗷嗷，万千成群，入城呼吁，地方官或赈或粜，小民各得升斗，即时立散。俟他处接济米来，小心易安，使平民有恃不恐。"②

清代常平仓得以发挥社会控制作用，还有社会心理方面的原因。从一定意义上说，社会控制是一个互动的复杂的心理过程，被控制者对控制的服从，是以对这种控制的某些期待得到满足为前提的，在传统中国社会，习惯上认为"为民父母"的州县官员对黎民百姓的衣食住行负有很大责任，常平仓在很大程度上正是作为这种关心"民食"的责任感的象征，为满足官僚和社会双重的心理需要而建立的。康熙早期任惠州知府的钟明进在其《积粟八议》中曾说："照得地方要务，当以积储为先，积储足则常变皆有所藉，而兵民以安，积储不足则缓急俱无所恃，而兵民不

---

① 庾岭劳人：《蜃楼志全传》，第 20 回，《丰乐长义绝大光王，温春才名高卞如玉》。

② 万年茂：《粜价不宜拨饷疏》，见《皇朝经世文编》，第 40 卷。

安。"①这里的"藉"和"恃"，在很大程度上指的是一种心理需要。

当然，常平仓作为一种社会控制手段，并不仅仅表现于它与米价不规则变动的关系上。下一节我们对此作专门研究。

第三节 粮食仓储与社会控制

常平仓、社仓和义仓是传统中国社会储粮备荒的三种主要形式。就18世纪广东而言，绝大多数州县只有常平仓和社仓之设，义仓只是在该世纪后期才零散地出现。以往关于古代中国仓储的分析，大多把它作为一个经济问题，探讨仓储与"民食"的关系及其在农业生产过程中的作用。仓储问题在更大程度上是一个社会问题，仓储的运作实质上是一种社会控制的形式。社会控制是通过社会力量使人们遵从社会规范、维持社会秩序的过程。从广义上说，它包括社会或社会中的群体为达到维持社会和谐和稳定的目的而采取的各种手段。清代广东各种仓储正是不同社会阶层所掌握的一种积极的社会控制措施，其形式的更替正反映了基层社会控制权的转移。

一、清代广东常平仓和社仓的建立

由官府设置仓库贮藏米谷以平衡粮价的思想，可以追溯到春秋时管仲"敛轻散重"的观点和战国时李悝"平粜"主张。但常平仓的设立当自汉代开始。史载"汉宣帝时，岁数丰穰，谷至石五钱，农人少利。大司农中丞耿寿昌请令边郡皆筑仓，以谷贱时增其价而籴以利农，谷贵时减价而粜，名曰'常平仓'"②，是为常平仓之始。东汉以后历代王朝都有常平仓或类似制度之设。建仓地点也从边郡扩展到全国。宋代开始建于各州县，设仓目的也从贮积军粮转变为具有救灾的意义。明代虽然常平仓由地方

---

① 雍正《归善县志》，第2卷，《事纪》。
② 《通典》，第12卷，《食货十二·轻重》。

官和士绅筹设，国家不为定制，但由官府设立于各州县的预备仓，实际上起了以前常平仓的作用。清初统治者即已注意到仓储问题。从顺治十一年(1654)始屡有设立仓储的诏令。但是清初广东社会长期动荡，直至康熙中叶仍未建立正常的储粮备荒制度。

当时广东已成为缺粮省份。长期的动乱严重削弱了小农应付天灾人祸的能力，结果，这一时期广东饥荒连绵不断，地方志中"饥殍载道""人有相食者"的记载举不胜举。① 据笔者的不完整统计，仅顺治十年(1653)，全省86个州县中就有44个遭受严重灾荒，超过全省州县的一半。至于数州县或十数州县出现饥荒的情况，几乎每年都在发生。灾荒不仅破坏了社会生产，而且也加重了社会秩序的混乱，例如，顺治九年(1652)香山就因"岁饥"而发生饥民骚乱。梁子直等率饥民攻陷县城，知县张令宪被杀。② 次年番禺县"春大饥，斗米千钱。时居民群聚为盗。窜踞茭塘村，(藩)王发兵剿之。兵燹之后，乡落为虚"③。这样，在消除引起社会动乱的其他因素的同时，建立正常的、制度化的米粮储备，预防和控制灾荒，就成为发展生产、维护社会秩序的前提之一。

在常平仓普遍建立之前，部分地方官已开始自发地在其任所建立各式各样的备荒粮食储备。④ 仅康熙二十二年(1683)，由于两广总督吴兴

---

① 参见《广东省自然灾害史料》。

② 参见康熙《香山县志》，第 5 卷，《宦绩》。

③ 康熙《番禺县志》，第 14 卷，《事纪》。

④ 这方面的例子包括：顺治十四年罗定州知州胡献珍修葺预备仓(参见康熙《罗定州志》，第 2 卷，《建置》)，顺治十五年电白知县韩斗南重修预备仓(参见康熙《电白县志》，第 4 卷，《公署志》)，康熙四年德庆州知州秦世科重建广备仓(参见道光《肇庆府志》，第 5 卷，《建置》)，康熙四、五年间西宁知县赵震阳捐赏重修预备仓(参见康熙《西宁县志》，第 2 卷，《建置》)，康熙六年开平知县高子翼和典史董遵仁捐俸创立常平仓(参见康熙《开平县志》，第 6 卷，《城池公署》)，康熙十一年东安知县张其善修复预备仓(参见康熙《肇庆府志》，第 6 卷，《建置》)，康熙十二年新兴知县李超重修预备仓(参见康熙《新兴县志》，第 4 卷，《建置》)，康熙十八年揭阳知县廖鸣凤建立常平仓(参见乾隆《揭阳县志》，第 2 卷，《公署》)，康熙二十四年新会知县何汉英重修预备仓(参见康熙《新会县志》，第 4 卷，《建置》)，同年澄海知县王岱建立义仓，捐谷三百石以备赈饥(参见雍正《澄海县志》，第 3 卷，《公署》)等等。

祚和广东巡抚李士桢的首倡，全省官员和士绅就"捐谷一万三千四百九十八石三斗，以备救荒之用"①。他们的这种做法，既是出于士大夫传统的"民本"思想，更是出于维持地方社会秩序的动机。编于康熙十八年(1679)的《万州志》有一段议论，正反映当时地方官和士绅的某种心情："今米皆折色，仓久废坏，万一有何不虞，城内无升斗之储，议赈议粜，两失所恃，变乱旧章，束手待毙，裁省些须，无裨于用，则明末之事乘可知也。"②康熙二十九年(1690)，就是在这样的社会和心理背景下，广东各地的常平仓得以普遍地建立。

康熙二十九年(1690)，玄烨再次诏直省各官举行积谷，置常平仓，他在重申以往有关设立仓储的历次谕旨并指斥各地官员奉行不力之后说："嗣后直省总督、巡抚及司、道、府、州、县官员务宜恪遵屡次谕旨，切实举行，俾家有余粮，仓庾充牣，以副朕受养生民至意。如有仍前玩愒，苟图塞责，漫无积贮者，将该管官员及总督巡抚一并从重治罪。"③由于迫切需要和现实可能，这一诏令就成为广东常平仓普遍建立的直接动因。除了个别州县推迟一两年外，广东的绝大多数州县都在这一年建立了常平仓。

常平仓建立以后，随着社会的逐步安定，政府控制力量的逐步加强和社会生产的恢复发展，持续几十年饥荒频仍的局面得到了缓解。但常平仓设立于府城和县城，又归官府管理，"偶遇旱涝，详报踏勘，往返察验，未免后时"④，因此按照历朝的传统做法，建立社仓又提上政府的议事日程。

一般认为，南宋乾道四年(1168)朱熹在其家乡建宁府崇安县借用本府常平米设置社仓之举为社仓制度建立之始。十三年后已任浙东提举的

---

① 李士桢：《李大忠丞政纪·抚粤政略》，第 1 卷。
② 康熙《万州志》，第 1 卷，《建置志》。
③ 《清朝文献通考》，第 34 卷，《市籴三》。
④ 同上书，第 35 卷，《市籴四》。

朱熹向朝廷奏报其做法，得到孝宗赏识，从而天下诸路仿行其法。① 不过，朱子所订的社仓法，实际上是隋开皇五年(585)长孙平建立的义仓制度和北宋熙宁二年(1069)王安石推行的青苗法的变通和发展。元明两代都有社仓或类似组织之设。明代广东各州县均设社仓，后毁于明末战乱。

清初在多次下诏设立常平仓的同时，于康熙十八年(1679)、二十八年(1689)、四十三年(1704)和五十四年(1715)等年份再三降谕令各地建立社仓，收贮米石。但顺治、康熙两朝广东只有翁源、阳山、兴宁、龙门等少数县份设立过社仓或义社仓。雍正元年(1723)，胤禛下谕再次"议定社仓事例"，认为"备荒之仓莫便于近民，而近民莫便于社仓"，在指责各地官员按正赋摊派仓谷的做法后，要求各"督抚速会同司、道、府等官确商妥议，务得安民经久之法"②。次年又复准社仓的劝捐、收息和管理之法。③ 正是由于这两道谕旨，雍正元年(1723)以后社仓组织在广东乡村普遍地得以建立。④

据方志记载，惠州、潮州两府的大多数州县在雍正元年(1723)就建立了社仓，其他州县大多要到雍正二年(1724)才有社仓之设，而清远、长乐和香山等县的社仓则是雍正三年(1725)建立的。就一县的范围而言，各乡社仓的建立往往要经历较长的过程，这与常平仓的建立过程不同。以恩平县为例：

> 雍正二年知县王树元奉行劝捐社谷，设立大田、莲塘、尖石、镇安屯四社。六年改并鹿冈、区村、关村三社。乾隆九年社正梁锡尚捐修附城社仓一间，又捐建三间；旧驿村监生冯文耀等捐建仓廒一间，另设旧驿社仓。十一年添泾竹头村社仓一所，拨关村社谷分

---

① 参见《文献通考》，第 21 卷，《市籴二》。
② 《清朝文献通考》，第 35 卷，《市籴四》。
③ 参见雍正《大清会典》，第 39 卷，《积贮》。
④ 关于清代广东社仓的详细情况，可参阅拙文《清代广东的社仓》，见汤明檖、黄启臣主编：《纪念梁方仲教授学术讨论会论文集》，广州，中山大学出版社，1990。

贮。十四年添设沙冈社仓一所，拨关村社谷分贮。十八年热水村生员吴舍新所捐书馆一间为社仓，立热水社，拨鹿冈社谷分贮；鹿冈社正吴矩准捐书馆一间为社仓；区村东闸民冯泰南捐瓦屋一间为社仓；区村西闸民捐伊祖何冈主旧祠一间为社仓；关村社正伍成岳将祖尝公地一区捐建社仓一间；南塘村民莫昭彦捐砖屋一间为社仓，拨何冈、泾竹二处社谷分贮。二十五年沙地村贡生吴元瑞捐建仓廒一座；禄家充民郑三铭捐建仓廒一座。自后各社归并，连续立尖石村一间，共仓七处。①

可见，该县社仓的建立和调整经历了从雍正二年至乾隆二十五年(1724—1760)长达 37 年的时间。笔者所见当时广东许多州县都有类似过程。

清初广东常平仓建立于社会动乱之后，其建立已主要出于保持社会安定、防止饥民骚动的目的，随后建立的社仓主要是为了弥补常平仓距离农村基层社会太远，自然灾害发生时反应不及时和不够有效的弱点。这两种仓储形式在几乎所有的方面都有自己的特色，但又互为补充地发挥着维持社会安定的职能。

二、仓谷的捐纳与捐输

清代广东常平仓与社仓的仓谷来源有各自的特点。我们先考察常平仓的情况。清代广东常平仓谷的来源包括捐纳谷、士民捐输谷、官员捐谷、罚赎谷、屯羡谷、营兵支剩米、漕谷、外省调拨谷、斛面多余谷、官租溢额谷和生息谷等名目。② 表4-3 以 9 个州县为例，说明不同来源的仓谷所占的比例。列出这 9 个州县不是一种有目的选择的结果，笔者翻阅过的清代及其以后的广东方志中，只有这 9 个县的资料适合作这样的

---

① 道光《恩平县志》，第 5 卷，《社仓》。

② 参见拙文《清代广东常平仓谷来源考》，载《广东史志》，1988(3)。此文已收入由中华书局出版的《清代区域社会经济研究》一书。

表 4-3　清代广东常平仓谷的构成

		陆丰县	澄海县	四会县	阳江县	化州	灵山县	罗定州	东安县	西宁县
捐纳谷	数量（石）	24 200.00	55 871.73	18 225.09	16 613.50	32 004.73	14 735.90	16 010.00	10 840.00	11 939.27
	比率（%）	61.76	88.36	80.36	97.07	83.53	98.36	96.36	75.54	72.80
土民捐输谷	数量（石）						184.10	73	913.6	333.17
	比率（%）						1.23	0.44	6.37	2.03
官员捐谷	数量（石）				500.87		30.00	92.00		803.00
	比率（%）				2.93		0.20	0.55		4.90
罚赎谷	数量（石）		2 400.00				30.00		854.25	558.20
	比率（%）		3.80				0.20		5.95	3.40
屯羡谷	数量（石）	4 598.79				1 203.59				
	比率（%）	11.74				3.14				
营兵支剩米	数量（石）									117.92
	比率（%）									0.72
漕谷	数量（石）			2 340.98						2 219.32
	比率（%）			10.32						13.53
外省调拨谷	数量（石）			1 884.08						
	比率（%）			8.31						
生息谷	数量（石）	57.93								117.50
	比率（%）	0.15								0.72
其他	数量（石）	10 323.47	4 957.28	230.50		5 108.20	2.00	439.65	1 741.24	311.73
	比率（%）	26.35	7.84	1.02		13.33	0.01	2.65	12.14	1.90
合计		39 180.19	63 229.01	22 680.65	17 114.37	38 316.52	14 982.00	16 614.65	14 393.09	16 400.11

资料来源：

乾隆《陆丰县志》，第 9 卷，《赋役》；嘉庆《澄海县志》，第 14 卷，《赋税》；光绪《四会县志》，第 3 编，《积储》；道光《阳江县志》，第 2 卷，《仓储》；光绪《化州志》，第 5 卷，《积贮》；雍正《灵山县志》，第 4 卷，《户役志》；民国《罗定志》，第 2 卷，《仓储》；道光《西宁县志》，第 7 卷，《积贮》；《东安县志》，第 2 卷，《仓储》。

统计。对表 4-3 的观察使我们发现了一个过去的研究者很少注意到的现象：捐纳谷是清代常平仓最重要、最有保证的来源，在常平仓谷总额中所占的比例基本上在 70％以上①，最高的几乎近 100％。从西汉到明代，在常平仓或类似的仓储中，仓谷基本上来自官方的调拨或由政府出钱籴买。邓云特在其有名的《中国救荒史》中，也把官出粟本作为常平仓的特点之一。② 可是，清代常平仓谷的来源却具有自己的特点。

捐纳即以财物向官府买取功名或官职，秦汉以后历代王朝多以这种办法解决财政困难和军费需求，是为中国封建政治制度的一大特色。清代常平仓所储的主要为捐纳谷。康熙二十八年（1689）议准俊秀捐米 200 石即准为监生③，这使常平仓谷来源有了保证。康熙二十九年（1690）以后广东常平仓的发展，就与这一规定的实行有密切关系。乾隆十年（1745）"恩减一五"，生俊捐谷 170 石就可取得监生资格。就广东的情形而言，康熙末年因历任俱有因公动用库项钱粮，加之荒歉之年买米散赈、科场费用等，积欠银 21 万两，"以粤东题开捐谷内公费抵补。其公费经督抚公议，每石收银五钱"④。从表 3-8 可以看出，当时全省平均米价约 0.68～0.85 两/石，折谷 0.34～0.43 两/石，而捐纳时附加的"公费银"高达 0.50 两，实际收捐额比法定高出一倍以上。尽管如此，捐纳者仍十分踊跃，仅康熙五十三年（1714）四月至五十四年（1715）春不足一年间即

---

① 表中陆丰县捐纳谷虽然只占 61.77％，但"其他"一栏中包括了"奉拨府仓谷六千石"。府仓谷也以捐纳谷为主要来源，若依此计算，其捐纳谷比例仍在 70％以上。当然，也有例外的情况。例如，丰顺至乾隆三年才设县，其常平仓谷主要来自兵米和屯米（参见光绪《丰顺县志》，第 2 卷，《仓储》）；大埔县常平仓谷中，屯羡谷占了 22.39％，支剩兵米占 12.2％（其余来源的比例不详，据同治《大埔县志》第 8 卷《仓储》计算）。

② 参见邓云特：《中国救荒史》，7 页，上海，上海书店，1984，重印本。

③ 参见许大龄：《清代捐纳制度》，85 页，北京，哈佛燕京学社，1950；乾隆《灵山县志》，第 2 卷，《事迹》；乾隆《番禺县志》，第 18 卷，《事纪》。

④ 《康熙朝汉文朱批奏折汇编》，第 8 册，101 页，康熙五十七年五月初七日两广总督杨琳奏。

收捐 70 余万石，巡抚杨琳奏请停止①，等各地完全停止时，捐谷数已达到 1 041 000 余石②。乾隆三十二年(1767)，"有省属化州、连州、吴川、平远、连平、阳山六州县俊秀报捐监生计一十八名，每名例捐一百七十石，共收捐谷三千零六十石"③。这是清代广东最后一批以捐常平仓谷取得监生资格的人，次年捐监事例在全国普遍停止。④ 从康熙二十九年(1690)至乾隆三十二年(1767)的近八十年间，捐纳事例时开时停，广东开捐十几次，每次捐纳各州县都有定额⑤，额满后准生俊"赴未捐足州县投捐"⑥。有时也让外省生俊赴广东投捐，但一般收效不大。

　　清代以捐纳谷作为常平仓谷主要来源的直接原因在于地方财政的困难局面。古代中国社会在传统上把平粜、赈灾之类的社会保险和公共福利工作视为州县官员的责任，宋以后常平仓也设立在州县。宋代视"户口之多少，留取上供钱，大州一二万贯，小州一二千贯，以为粜本"⑦，明代"郡县悉出官钞籴谷贮仓"⑧，购买仓谷的费用均由地方财政负担。但是，清代在中央与地方的财政分成方面，大幅度削减地方存留银归并中央，造成地方经费的极度困难。⑨ 在这种情况下，以捐监作为筹捐仓谷的主要途径，不失为解决地方官员责任与地方财政困难这一矛盾的有效办法。

---

①　参见《康熙朝汉文朱批奏折汇编》，第 6 册，163～164 页，康熙五十四年五月初一日广东巡抚杨琳奏。

②　参见同上书，第 8 册，101 页，康熙五十七年五月初七日广东巡抚杨琳奏。

③　《宫中档乾隆朝奏折》，第 30 辑，77 页，乾隆三十三年二月十二日广东巡抚钟音奏。

④　参见闻亦博：《中国粮政史》，119 页，上海，正中书局，1946。

⑤　例如，乾隆《东安县志》第 2 卷《仓储志》载："乾隆五年奉文本省捐监贮谷，东安应捐谷四万石。"

⑥　萧麟趾：《请捐足州县再行收捐议》，见乾隆《普宁县志》，第 10 卷，《艺文志》。

⑦　《宋史·食货志》。

⑧　参见梁方仲：《明代的预备仓》，见《梁方仲经济史论文集补编》，郑州，中州古籍出版社，1984。

⑨　参见陈支平：《清代赋役制度演变新探》，88～106 页，厦门，厦门大学出版社，1988。

不过,除这种经济上的原因外,以捐纳谷作为常平仓谷的主要来源,更重要的是政治上和社会上的意义。

对一个国家政权来说,建立更多的社会流动渠道使不同的社会利益集团都有上升的可能和希望,吸收处于较低社会阶层的人进入统治阶层,扩大自己的统治基础,是保证社会秩序稳定、维持自己统治的重要手段。对于清朝这样一个由少数民族建立的政权来说,这样做就更显得重要。捐纳监谷作为粟本,既使国家政权掌握了一种能有效地维持社会安定、防止因饥荒而发生社会动荡的经济力量,又为为数甚多的地主和商人提供了向上流动的可能,扩大了士绅阶层。据蓝鼎元《鹿洲公案》记载,雍正年间仅潮阳一县就有因捐纳而得到功名的"例监生"一千三四百人。捐纳虽不只捐仓谷一途,但其中必有许多人是因捐仓谷而得以上升的。

从较低的社会阶层流动到较高的社会阶层,得以更密切地接近权力中心,在传统中国社会中,是一种普遍的社会心理。以捐纳作为常平仓谷的主要来源,使许多社会地位较低的地主、商人等成为监生,从而取得了免服徭役等经济上的优免特权和一定的司法豁免权,并实际上使政府承认其对农村基层社会进行统治的合法性,在一定程度上满足了他们向上流动的功利性和心理性需要。关于监生的地位和社会作用,已有不少学者做过研究。笔者见到的一个有意义的案例是:乾隆二年(1737)永安县民叶国阳因盗窃被族长叶时有下令推入河中淹死,死者之兄叶近阳把当时在场但未置言的监生叶青选也指控为主令者,理由是:"那叶青选是个监生,他说的话,族人肯听从的。当时叶时有们要推弟郎下水,他若劝解一句,时有们自然罢了,不料他竟不劝解,以致弟郎淹死。"知县因叶青选"尤恃护符,不吐实情",难以审讯,向上宪要求革除其监生资格,经过惠州知府报按察司,再由按察司呈广东巡抚案验,然后由广东巡抚分别咨报礼、户两部备案,最后从礼、户两部依相反程序通知到县,才完成必要的手续,叶青选本人是于雍正二年(1724)捐纳监生的。① 这

① 参见档案:前三朝内阁题本,署广东巡抚山西布政使王謩题,"为弟伙同窃族独杀弟号乞验究事"。

个例子反映的是监生在宗族内部的统治作用。还有许多监生借助宗族的力量统治外族，"大姓每易欺凌小姓，而大姓中生监多者为尤甚。粤东聚族而居，其在城市者地方官耳目既近，防范亦易。至于深山穷谷，不通往来，而族姓蕃衍多者至数千人，其中生监及其弟兄子侄不免恃众恃符，欺压邻近居民，莫敢谁何"①。

仓储的建立和运用实质上是社会产品再分配的过程。以捐纳形式把地主、商人所得到的一部分剩余价值集中起来，用于有利于再生产和社会秩序的实物储备，比由地方政府拨款建立这种储备，对于小农阶层似乎要更为有利一些。因为地方财政完全依赖于赋税收入和各种加派，地方财政负担的加重不可避免地会直接加重赋税交纳者的负担。由捐纳仓谷而造成的社会财富流向的社会后果，是一个更为复杂的问题，牵涉对整个中国封建社会后期发展趋势的结构性认识，但有一点可以肯定的是，这种后果不会全部是消极的。

由于频繁开捐，从康熙中叶至乾隆初年的五六十年间，是广东常平仓的发展时期，各州县的常平仓谷绝大部分是这一时期积贮起来的。例如，嘉庆年间灵山县 15 339.32 石常平仓额谷中，有15 193.80 石是雍正十一年(1733)以前积储的，约占99.05％②；乾隆至道光年间罗定州的常平仓额谷一直为 19 500.67 石，其中 16 614.65 石是雍正五年(1727)以前积储的，约占85.20％③；道光间西宁县常平仓额谷16 357.11 石，其中乾隆十一年(1746)以前积储的为 16 282.08 石，约占99.54％。④ 这一时期广东全省常平仓积谷的增长十分迅速。前引李士桢奏折中提到康熙二十二年(1683)全省备荒捐谷 13 498.3 石，康熙二十九年(1690)后迅速增

① 《宫中档雍正朝奏折》，133 页，第 25 辑，雍正十三年八月初三日广东学政王丕烈奏。

② 据雍正《灵山县志》第 4 卷《户役志》、嘉庆《户部则例》第 27 卷《仓庾》的有关数字计算。

③ 据《广东省事宜》、嘉庆《户部则例》第 4 卷《户役志》、道光《广东通志》第 169 卷《积贮》和民国《罗定志》第 3 卷《仓储》的有关数字计算。

④ 参见道光《西宁县志》，第 7 卷，《经政下·积贮》。

加，雍正四年(1726)"十府一州所属各仓捐积常平贮谷一百六十四万二千余石，米一万三千九百余石"①，折谷约 1 669 800 石，次年因拨运西谷30 万石，增至 190 余万石②，乾隆初年又达 2 938 256.87 石③，比雍正四年约增加 75.96％，是为清代常平仓积谷的最高峰。以后一直至道光初年的百年左右时间里，广东常平仓积谷数基本不变，甚至略有减少（见表 4-4）。这种情况的出现主要是因为乾隆中叶以后停开捐纳事例。

表 4-4　清中期广东各府州仓储积谷数[1]　　　　积谷数单位：石

仓别 积谷数 时期 府州	常平仓			社仓	
	乾隆早期	嘉庆年间	道光早期	乾隆早期	道光早期
广州府	740 515.27	659 514.26	670 310.39[2]	34 420.74	103 356.25
南雄府[3]	56 038.64	56 038.64	56 038.64	2 805.88	4 791.28
韶州府	114 587.42	114 487.42	113 713.16	9 750.56	25 643.22
惠州府[4]	514 216.29	394 742.23	484 850.78	35 431.00	100 301.91
潮州府[5]	363 032.40	390 686.21	396 014.46	11 398.74	113 237.38
肇庆府	299 271.80	299 171.80	306 386.99	20 546.82	44 328.24
高州府	256 680.79	202 681.76	255 680.76	21 599.25	39 982.88
雷州府[6]	114 528.54	123 528.54	124 528.56	1 425.28	11 996.73
廉州府	81 281.25	81 271.66	81 271.66	992.20	9 016.64
琼州府	215 966.10	223 642.39	223 223.19	49 910.27	21 711.40
罗定州	52 601.04	52 601.04	52 601.04	6 835.51	15 633.35
连　州	38 124.10[7]	38 124.10[7]	40 409.87[8]	13 058.93	35 224.41
嘉应州	91 413.23	91 413.23	111 409.87	14 520.54	26 957.72
合　计	2 938 256.87	2 727 903.28	2 916 439.37	222 695.72	512 281.41

注：

[1]本表资料来源：乾隆早期据《广东省事宜》；嘉庆年间据嘉庆《户部则例》，第27 卷，《仓庾》；道光早期据道光《广东通志》，第 167 卷，《经政略一百六十九·积贮》。

———————

①　雍正《广东通志》，第 7 卷，《编年志二》。

②　参见《宫中档雍正朝奏折》，第 10 辑，151 页，雍正六年三月二十五日署广东布政使王謩奏。

③　参见《广东省事宜》。

[2] 含佛冈同知积谷数。

[3] 嘉庆十二年改为南雄州。

[4] 含惠防同知积谷数。

[5] 含南澳同知积谷数。

[6] 含雷防同知积谷数。

[7] 含理瑶同知积谷数。

[8] 含连山绥瑶同知积谷数。

这一情况正好与社仓形成鲜明对比。表 4-5 列出了雍正至乾隆初年广东 13 个州县社仓积谷数的变化情况。这 13 个并非有意选择的州县中，乾隆初年社仓积谷数比雍正年间增加的只有 3 个州县，6 个县份增长率为零，另外 4 县呈负增长，说明雍正初年广东各地社仓建立之后出现了30 年左右的停滞期，其时正值广东常平仓积谷迅速增加。在乾隆中期以后广东常平仓基本停滞的近百年间，社仓积谷却增加了 2 倍多，增幅最大的潮州府增加了近 10 倍（参见表 4-4）。这表明常平仓和社仓不但建立有先后之分，而且其发展也表现出一种时间上的交替。乾隆以后社仓积谷迅速增加的重要原因之一在于仓谷来源由以派捐为主转变为主要依赖捐输。

表 4-5　雍正至乾隆初广东社仓积谷数的变化

	雍正时期		乾隆初期数量（石）[1]	增长率（％）	雍正时期的资料来源
	时间	数量（石）			
和平	元年	13 000+[2]	13 400 367	0.00	乾隆《和平县志》，第 2 卷
澄海	元年	2 056.545	968.930	−52.89	雍正《澄海县志》，第 3 卷
揭阳	元年	2 351.330	2 251.955	−4.23	雍正《揭阳县志》，第 2 卷
平远	元年	2 551.180	3 610.053	+41.51	雍正《平远县志》，第 4 卷
保昌	二年	1 315.280	1 275.578	−3.02	道光《直隶南雄州志》，第 16 卷
顺德	二年	3 242.540	3 242.540	0.00	乾隆《顺德县志》，第 5 卷
普宁	二年	1 208.550	1 208.550	0.00	乾隆《普宁县志》，第 2 卷
阳春	二年	1 447.770	1 447.770	0.00	道光《阳春县志》，第 2 卷
开平	二年	5 419.379	4 410.875	−18.61[3]	道光《开平县志》，第 4 卷

续表

	雍正时期		乾隆初期数量(石)	增长率(%)	雍正时期的资料来源
	时间	数量(石)			
罗定	二年	594.610	2 112.907	+255.34	民国《罗定志》,第3卷
香山	三年	1 289.600	1 401.360	+8.67	道光《香山县志》,第4卷
鹤山	十年	341.750	341.750	0.00	道光《鹤山县志》,第4卷
灵山	十一年	2 395.800	2 395.800	0.00	雍正《灵山县志》,第4卷

注:

[1]据《广东省事宜》,该书记载时间为乾隆十年前后。

[2]原记载为"计谷一万三千石有奇"。

[3]雍正十年析新会、开平地置鹤山县,从这两县割拨社仓谷341.75石。不过,即使考虑这个因素,该时期开平社仓积谷数仍然呈负增长。

雍正二年(1724)广东巡抚年希尧所定社仓条约对仓谷来源有两条规定:(一)"无论绅衿贡监人等概照田亩捐积,大约每亩不过岁捐一升,必令干洁,勿以糠秕充数";(二)"捐谷照常之外,如有好义多捐者听,若数人或一人能捐建仓房者,本都院并道府给匾旌门"①。把派捐作为收集仓谷的正常渠道,而捐输只是一种例外。同年雍正帝关于社仓之法的谕旨中,本有"社仓之法,原以劝善兴仁,该地方官务须开诚劝谕,不得苛派,以滋烦扰"②之语,派捐显然有"苛派"之嫌。但在社仓草创阶段,这是一种不甚合理但非常有效的方法。例如,和平县社仓建立之初,知县张象乾就"躬自下乡劝输……自城及乡,某有余力可捐,某诚谨可任,某某应捐若干,某某应设仓于家,皆亲自指画,人不敢违"③,带有明显的强制性质。地方志往往对当时各地社仓积谷的来源语焉不详,或笼统地说"奉文劝捐社仓"④,"劝谕士民捐粟积贮"⑤,或干脆避而不提,其原

① 乾隆《和平县志》,第2卷,《社仓》。

② 雍正《大清会典》,第39卷,《积贮》。

③ 嘉庆《和平县志》,第2卷,《事纪》。

④ 乾隆《嘉应州志》,第10卷,《长乐县·仓廒》。

⑤ 乾隆《普宁县志》,第2卷,《仓储》。

因就在于这种"劝捐"在很大程度上是一种摊派。也有一些州县没有采用这一办法，如归善县"置簿劝题，随人乐助，不限多寡"①。

　　派捐是一种非制度化的做法，只在社仓建立之初由地方官奉命实行，实际上难以为继。这也就是乾隆初年以前社仓发展停滞的一个原因。据地方志记载，乾隆以后派捐基本停止，捐输成为社仓积谷增加的重要因素。

　　捐输带有报效的性质。从名义上说，捐输社仓谷是由于传统的"保乡""睦族"观念，系一种无偿捐献。但实质上这是财富与政治权力的一种交易，捐输者可由此得到更高的社会地位和各种优免特权。康熙五十四年(1715)清政府就已"议定直省社仓劝输之例。凡富民能捐谷五石，免本身一年杂项差徭；多捐一二倍者，照数按年递免。绅衿能捐四十石，令州县给匾；捐六十石，知府给匾；捐八十石，本道给匾；捐二百石，督抚给匾。其富民好义，比绅衿多捐二十石者，亦照绅衿例次第给匾；捐至二百五十石，咨部给以顶带荣身。凡给匾民家，永免差役"②。雍正二年(1724)又规定："若有奉公乐善，捐至十石以上，给以花红；三十石以上，奖以匾额；五十石以上，递加奖励。其好善不倦，年久数多，捐至三四百石者，该督抚奏闻，给以八品顶戴。"③乾隆三年(1738)再次议准，"社仓捐至三百石者，给以八品顶戴，四百石以上者，给以七品顶戴"④。

　　与常平仓谷捐纳相比，社仓捐输具有以下特点：(一)常平捐纳者必须是生员、俊秀，而捐输社谷者既可是"绅衿"，亦可是没有身份资格的"富民"，而且雍正二年(1724)后对两者的奖励不加区别；(二)常平捐纳只有捐监一途，捐输社谷则有各种途径，捐输者因捐输量不同可得到从免本身一年杂项差役直至七品顶戴等各种优免和地位；(三)捐纳事例时开时停，开捐由朝廷决定，而捐输社谷则没有这样的限制，乾隆间广东

① 雍正《归善县志》，第 2 卷，《事纪》。
② 《清朝文献通考》，第 34 卷，《市籴三》。
③ 雍正《大清会典》，第 39 卷，《积贮》。
④ 光绪《大清会典事例》，第 193 卷，《积储》。

各地常有捐输社谷的记载，而且各州县进行的时间也不一致，如果某一地方在某一年份是否接受捐输是由官府决定的话，那么这种决定权是由州县官员掌握的，不像捐监事例那样完全听命于朝廷；(四)每次常平捐纳，各州县都有一定的名额，而捐输社谷则没有定额限制。可以看出，捐输比捐纳更为灵活、方便，为许多财力有限、或因时间和名额限制而未取得捐纳机会的地主、商人和其他人提供了新的机会，并可做多种选择。这种做法又没有"鬻爵"之嫌，财富和权力、地位的交换在"急公好义"的美誉下进行，更合乎士大夫的道德规范，所以很受欢迎。关于社谷捐输的例子很多，篇幅所限，仅举数例如下：

> (澄海县)许廷奎，字璧园，下外人。性慕义，生平以伍恤为念。雍正癸卯社仓初设，奎首捐粟以为众倡。[1]
>
> (博罗县)韩准，生员，乐施予。遗命其子监生韩桐捐社仓谷百石。[2]
>
> (顺德县)吴国璋，字景文……长者之号溢于江湖，倚任者益众，贾利倍厚。国璋积而能散，雍正丙午、丁未荐饥，捐米赈济，乾隆壬戌谷贵，出所有减价平粜。设社仓，捐谷积贮。[3]

如能通过捐输得到顶戴，就可取得某种准官僚的资格，具有一定的司法豁免权，从而可以对地方社会拥有更大的控制权和影响力。对许多士绅来说，捐输社仓往往只是毕生谋取对乡族社会控制权活动的一个部分。一个很好的例证就是香山县小榄乡贡生何圣强。康熙五十二年(1713)饥荒，何圣强捐米 300 石赈济。雍正元年(1723)青黄不接，又捐 500 石分赈。次年一人捐谷 500 石建立了香山司属社仓(设于小榄)。雍正四年、五年(1726、1727)各捐米 710 石和 575 石分赈贫艰。雍正六年

---

①　嘉庆《澄海县志》，第 19 卷，《义行》，27a。
②　乾隆《博罗县志》，第 12 卷，《人物二》。
③　乾隆《广州府志》，第 41 卷，《义行》。

(1728)经督抚会题，奉旨给予八品顶戴。雍正七年(1729)再捐义田60亩于族内，租谷用于族内孤寡养口和收贮备荒。雍正十年(1732)又捐棺木，买地亩，立义冢，收敛通乡贫尸和暴露白骨掩埋，地方官再次给匾奖赏。到雍正十一年(1733)又捐米626石分赈大榄、小榄两乡四十一堡贫民，经两乡地保联名上呈，最后得到了七品顶戴。死后，被载入县志和府志。他所在的何氏宗族是小榄地方有名的三大姓之一，何圣强的上述活动，不但给宗族带来了荣誉，无疑也提高了他本人所在宗族在基层社会中的威望和影响力。雍正十一年(1733)上呈恳请为何圣强加品给坊的40个地保中，就包括了何、李、麦、萧、梁、高、黎、冯、张、章、蔡、罗、伍、刘、谭、陈、谈等十七姓。①

三、常平仓和社仓的管理

关于常平仓谷的使用，清政府规定："常平仓谷春夏出粜，秋冬籴还，平价生息，务期便民。如遇凶荒，即按数散给灾户贫民。"②说明平粜和赈济为仓谷的两大用途，另外还有借碾兵米和官方调运。现分项评述如下。

1. 平粜和买补

平粜是常平仓谷的最重要用途。每年春天青黄不接之时由州县官员开仓平粜。出粜比例有"存五粜五"和"存七粜三"两种，乾隆年间广东89个州县中，因"沿海卑湿"需加快仓谷周转或因"碾支兵粮"需要增加出粜量而"存五粜五"的有53个州县(约占59.55%)，其余36州县则沿全国通例"存七粜三"。大丰或歉收年月，出粜比例可灵活变通，但要经督抚报部查核，如遇大灾，出粜比例比常规高出五分(5%)时，还要奏请皇帝批准。丰岁出粜，每石按当时月报米价减银五分，按惯例谷价为米价的一

---

① 参见档案：前三朝内阁题本，雍正十一年正月二十九日广东巡抚杨永斌奏，"为钦奉上谕事"；光绪《广州府志》，第135卷，《列传》；道光《香山县志》，第2卷，《公署》。

② 雍正《大清会典》，第39卷，《户部·蠲恤五·积贮》。

半，即每石谷折半减银二分五厘；歉岁则每石米减银一钱，即每石谷减
银五分。如果粮价过昂，必须大加酌减，就得奏明皇帝才许实行，最大
减幅不能超过三钱。乾隆八年（1743）以前以粜谷为主，是年规定粜米粜
谷，各从民便，以后广东有的州县粜谷，有的州县碾谷为米后才出粜，
也有的州县米谷并粜。各州县平粜所得款项，在按比例扣除一定的耗米
银后①，分别上缴司库或道库，候秋后再领回买补。② 海南岛的情况有
点特殊，其米粮在很大程度上依赖于从大陆的船运，所以乾隆十九年
（1754）规定："嗣后琼州各属仓谷，凡遇风阻无船，米谷昂贵，即开仓平
粜。风定船来即停，仍令地方官于价平时速行买补。"③不受春夏平粜、
秋后买补的惯例限制。

仓谷买补于秋后进行。州县官员从司库或道库领回夏初上缴的粜价
银，按市价在市场上籴谷还仓。按规定，需买补 4 000 石以下的州县必须
在九月以后两个月内买足，4 000 石以上的必须在三个月内买足。缺粮或
当年米价昂贵的县份可到余粮县或米价较低的县采买补仓。④ 乾隆二十
四年（1759）以后每年从广西运"备东谷"10 万石到广东，也全部用于补充
常平仓。

在正常年份，广东常平仓谷的平粜与买补之间略有盈余。根据表
3-1，乾隆年间广东米价最高的四月变动指数为 105.30，米价最低的十一
月变动指数为 96.24。乾隆 60 年间广东全省平均米价为 1.454 两/石，由

---

① 各府州平粜耗米银有所不同。广州府、潮州府、嘉应州每石三钱，韶州府、
惠州府、肇庆府、琼州府每石二钱七分，南雄府、高州府、雷州府、廉州府、罗定
州、连州每石二钱五分。耗米银的高低与当时各府州的米粮地区差价是一致的。

② 以上关于平粜的讨论，主要根据《清朝文献通考》，第 35 卷，《市籴四》；第
36 卷，《市籴五》。嘉庆《户部则例》，第 28 卷，《仓庚》。《粤东省例新纂》，第 2 卷，
《户例·食谷》。咸丰《顺德县志》，第 4 卷，《建置略·仓储》。咸丰《龙门县志》，第 8
卷，《积贮》；第 16 卷，《事略》。

③ 《清高宗实录》，第 469 卷，乾隆十九年七月丁未。

④ 以上关于仓谷买补的讨论，主要根据《清朝文献通考》，第 35 卷，《市籴
三》；第 35 卷，《市籴四》。《粤东省例新纂》，第 2 卷，《户例·仓谷》。光绪《大清会
典》，第 9 卷。

此可算，平粜时平均米价为 1.531 两/石，约折谷价 0.766 两/石；买谷还仓时平均米价 1.399 两/石，约折谷价 0.700 两/石，差价约为 0.066 两/石。扣去平粜时减价 0.025 两/石，耗米银平均 0.027 两/石，每石仓谷粜籴之间尚约有 0.014 两/石的盈余。乾隆年间广东常平仓积谷 2 938 256.87 石，如果按全省平均"粜四存六"的比例计算，每年粜籴谷约为 1 175 303 石。这样，正常年份中可从常平仓谷的经营中得到16 000多两银子的盈余。乾隆四十五年(1780)广东巡抚李湖讲到："粤东各属常平仓谷，并无缺额，无需动项采买，所有积存平粜盈余银，俟数至十万两以上。除酌留一万两备拨买补不敷外，余报部充饷。"①说明实际上也有盈余银两存在。据户部尚书张廷玉题报，雍正十一年(1733)广东三水县、花县、南雄府、保昌县、惠州府、归善县、龙川县、长宁县、和平县、连平县、陆丰县、揭阳县、大埔县、高州府、雷州府、海康县、遂溪县、灵山县、兴宁县和平远县的常平仓都有"平粜羡余银"②。可见只要经营得法，常平仓是有微利可图的。

不过，以上讲的大多数是制度上的规定，实际上"存五粜五"或"存七粜三"只不过是仓谷出粜的最高限额，大多数年份常平仓谷平粜数量远远低于此比例。例如，雍正十二年(1734)全省平粜 45 229 石，仅占常平仓储谷数的 2.35%。③ 乾隆二十三年(1758)饥荒平粜后，从二十四年至二十七年(1759—1762)连续四年因"岁获屡丰，无需粜借"，全省常平仓均未开仓平粜。④ 乾隆二十九年(1764)平粜 235 200 石⑤，也只有全省储谷

---

① 《清高宗实录》，第 111 卷，乾隆四十五年七月甲辰。

② 档案：前三朝内阁题本，雍正十三年十一月十七日户部尚书张廷玉题，"为呈报广东省各府州存仓米谷数目事"。

③ 《宫中档雍正朝奏折》，第 23 辑，706 页，雍正十二年十一月初六日广东布政使张渠奏。

④ 《宫中档乾隆朝奏折》，第 17 辑，491 页，乾隆二十八年四月十九广东布政使奕昂奏。

⑤ 参见同上书，第 23 辑，152~153 页，乾隆二十九年十一月初九日广东布政使胡文伯奏。

数的 8%。所以,平常年份常平仓平粜较少对米价发生影响,是不足为怪的。

2. 赈济灾荒

赈济是灾荒年月救济灾民的特殊措施。办法有二:一是"实核灾民,按名散给",二是"设厂施粥",均为无偿发放。这样的例子前面已列举较多。赈济只在饥荒十分严重时才短时间实行,对象也限于死亡线附近的赤贫者,而且往往作为平粜的辅助手段,地位不如平粜重要。

3. 借碾兵米

清代旗营兵米向在民屯米石中开支。康熙时广东"通省额征民屯米三十三万五千二百余十石,拨支旗营官兵粮料"①,以后大致保持这一数额②。由于"民间应纳米石例于五月早禾成熟后始于开征,但兵丁计口授食,不能缓待"③,"雍正二年经督臣孔毓珣题定,每年春夏二季应支兵米在于存仓粜三谷内碾放,俟秋冬征谷还仓"④。这样,许多旗营驻防州县的常平仓都有"兵米春夏借碾垫买支解,秋冬征补还仓"的情况。据记载,雍正十一年(1733)番禺、东莞、顺德、新会、香山、陆丰、揭阳、开平等八个沿海县份借碾常平仓米谷达 15 207.1 石,次年番禺、顺德、香山、陆丰、揭阳、鹤山等县又从常平仓中借碾米谷 8 079.150 5 石。⑤在仓谷平粜较少的年份,借碾兵米数甚至大大超过平粜数,如雍正十二年(1734)全省平粜米谷 45 229 石,而借碾兵米谷却多达 358 228 石,后

---

① 《康熙朝汉文朱批奏折汇编》,第 6 册,307 页,康熙五十四年陆月二十四日广东巡抚杨琳奏。

② 参见《广东省事宜》。

③ 《宫中档雍正朝奏折》,第 14 辑,767~768 页,雍正七年十月二十八日广东巡抚傅泰奏。

④ 同上书,第 12 辑,893 页,雍正七年四月二十日王士俊奏。

⑤ 参见档案:前三朝内阁题本,雍正十三年十一月十七日户部尚书张廷玉题,"为呈报广东省各府州存仓米谷数目事"。

者为前者的近 8 倍。①

从常平仓借碾兵米谷是为了维持地方统治秩序的稳定。清初广东曾因兵饷拖欠、兵米不足而发生多次兵变，例如，顺治十八年（1661）"肇庆兵饥，脱巾欲去，督臣李栖凤散家财以给将士，反而后定。嗣是高州、雷州、徐闻县、海安所等处皆旋哗旋戢，幸未溃决"。可是"琼州营兵饷月米……各缺至一年内外"，是年"五月初间总镇下操，而旗纛忽嚣然四散，离营出城，稍稍劫掠关厢。至十五日复哗如前。地方官正设处抚定，而勺水易竭，泉府不继。至六月十六日则各营尽叛，或分掠村墟，或据扼城头"。到了康熙元年（1662），情况未有改善，"广州水师总兵张国勋之兵缺饷或以十月计，缺米或以一年计矣，惠、潮、南、韶诸营缺饷称是，在在呼庚，处处可虞"②。物价上升情况下军队与社会对立的心态和行为，也反映了同样问题。军队本是维持统治秩序的工具，一旦兵食缺乏就会成为最可忧虑的不稳定因素，所以，在常平仓建立之后，政府自然会利用仓谷来保证军粮供应的稳定。应该指出的是，把常平仓谷用于借碾兵粮，必然会减少平粜的数量，影响常平仓的经济功能。例如，丰顺县常平仓就是"除碾支兵米外，所存无几，不敷粜济"③。

4. 官方调运

除本地粜赈外，常平仓谷也常被调往外地。虽然康熙十九年（1680）有"直省常平仓谷，留本城备赈。义、社仓谷，留本村备赈，永停协解外郡"④的规定，但实际上该规定几乎未曾实行过。清代广东常平仓谷的调运是经常进行的，这种调运有四个目的。一是赈灾，前述饥荒年月的官方粮食调运有许多是调运常平仓谷的，恕不重复列举例证。二是补充缺

---

①　参见《宫中档雍正朝奏折》，第 23 辑，706 页，雍正十二年十一月初六日广东布政使张渠奏。

②　档案：内阁前三朝题本，康熙元年四月初一日兵部尚书明安达礼等题，"为粤省兵饥可虞事"。

③　《清高宗实录》，第 434 卷，乾隆十八年三月己巳。

④　雍正《大清会典》，第 39 卷，《户部·蠲恤五·积贮》。

粮区的常平仓储谷。例如琼州府首邑琼山县历来严重缺粮，其常平仓积谷 81 528.42 石中有 64 598.77 石（约占 79.23%）来自大陆的调拨，仅雍正六年（1728）就"收贮奉拨海康县均贮谷六千零四十石零三斗四升八合八勺"①。南澳岛也是严重缺粮地区，所以雍正十二年（1734）拨潮州府仓谷 5 000 石，揭阳仓谷 5 000 石运贮南澳仓，占该岛粤属常平仓贮谷数的 75.99%。② 三是帮助新设州县建立常平仓储。如嘉庆十七年（1812）析清远、英德两县地设佛冈厅，就"将清远、英德二县贮谷酌量拨贮"③，以帮助佛冈同知建立常平仓。四是保证兵粮供应。康熙四十七年（1708）将全省各州县"存仓谷米六万石运贮省仓，预备官兵支用"④。雍正四年（1726）两广总督孔毓珣以"潮州谷少，不足碾米给兵"为由，请拨惠州府谷平粜，将价银解交潮州府买谷存贮，此举还被雍正帝称为"哀多益寡之良法"⑤。这种由官方进行的米粮调拨，对于调节全省粮食余缺，平衡各地粮食供应是有一定作用的。

除上述四个方面的用途外，常平仓谷有时也被用于借贷种子口粮和救济孤贫。⑥

从清代广东常平仓谷的使用情况可以看出，常平仓已经是完全归国

----

① 咸丰《琼山县志》，第 6 卷，《建置志》。

② 参见乾隆《南澳志》，第 5 卷，《积贮》。清代南澳同知隶属闽粤两省统辖，因而有"粤属常平仓"和"闽属常平仓"之分。其闽属常平仓积谷完全来自福建省诏安县运贮的仓谷。

③ 道光《广东通志》，第 169 卷，《经政略十二·积贮》。

④ 雍正《大清会典》，第 39 卷，《户部十七·蠲恤五·积贮》。

⑤ 《清世宗实录》，第 46 卷，雍正四年七月辛卯。

⑥ 向小农家庭借贷种子口粮，本是社仓的功能。但有时也有由常平仓借贷的情况。例如，乾隆十一年广州府的南海、三水、顺德等县发生水灾，奉谕除对重灾区进行抚恤外，"其被灾稍轻，应须借给口粮籽种者即行借给，秋后免息还仓。俾被水民人均沾实惠，无致失所"（光绪《广州府志》，第 3 卷，《训典三》）。清代孤贫者每人岁支银三两六钱，定例于地丁银或田房税羡银项下支销（参见道光《广东通志》，第 160 卷，《经政略三·恤政》），但也存在用常平仓谷救济孤贫的偶然情况，例如，澄海县常平仓的开支中，就有"奉文赈给孤独谷三十六石六斗"（嘉庆《澄海县志》，第 14 卷，《赋税》）一项。

家所有的公共实物储备。尽管常平仓谷绝大部分来自士绅的捐纳，但政府已用功名及其带来的特权为代价，换取了常平仓的所有权和管理权。与西欧中世纪的封建国家政权相比，古代东方国家有着更为广泛的公共职能，即使在地方财政极为困难的情况下，清代地方政府仍然必须尽量履行这些职能。从当时仓谷使用的情况看，常平仓的设立固然对社会再生产的进行有一定作用，但它更重要的是作为一种社会控制手段而存在的。这种控制手段带有一定的经营性，有一定程度的自我调节和再生能力，基本上是经济性的。

清代常平仓仓政管理的一个重要特点是州县官员承包制。开始时府和州县两级都设常平仓，乾隆三十一年(1766)"咨准府仓谷石改归首邑经理"①后，仓政管理的责任就完全由州县官员承担。仓谷的平粜、买补、调拨、借碾、赈发都是州县官员的责任，仓政的好坏还成为考核官员政绩的一个重要方面。顺治时已规定仓储积谷必须"每年二次造册报部，察积谷多寡，分别议奏，以定功罪"②。康熙三十一年(1692)又有"常平仓……分贮各州县。州县官有升迁事故离任者，照交代收受正项钱粮例，取具印结。有短少者，该督抚题参，照亏空正项钱粮处分"③的规定。康熙四十七年(1708)定州县官经理仓谷舞弊议处之例："或捐谷本仓，以少报多，或将现贮之米，捏作捐输，以邀议叙，后遇本官任内有亏空事发，除知府分赔外，原报之督抚一并议处。至职官将仓谷私借与民计赃，以监守自盗论。所少谷石，著落追赔。"④雍正四年(1726)再定州县侵蚀、挪移仓谷之罪，侵吞仓谷"一千石以上，拟斩监候，不准赦免"⑤。上述措施包括了仓谷的清查、移交的手续，对渎职、舞弊的处分等内容，几乎把所有责任都加在州县官员身上。

不但仓务要由州县官员负责，而且，由于地方财政紧张，仓廪建设

① 道光《广东通志》，第169卷，《积贮》。
②③ 雍正《大清会典》，第39卷，《户部·蠲恤五·积贮》。
④⑤ 《清朝文献通考》，第34卷，《市籴三》；第35卷，《市籴四》。

和维修的费用也要由州县官员自筹。康熙二十九年(1690)全省各地普遍建仓时,建仓费用完全由地方自筹,一时筹借不到经费的州县就只好把仓谷寄存于官衙或民间。① 建仓之后,仓廪修葺也是一项经常性的、耗资较多的工作。尽管《广东省事宜》中记载有"鼠耗及盘晾常平仓谷,修补廒座"一项支出,但数量甚微,根本不足仓廪修葺所需的费用。所以,清代广东常平仓基本上是由州县官员捐俸修葺的。例如开平县于康熙二十九年(1690)建仓,"后日久倾颓,五十四年知县陈还捐俸修复"②。归善县"县仓二十余间年久倒塌",康熙六十一年(1722)"知县孙能宽捐俸修之"③。雍正六年(1728)揭阳知县陈树芝也有"捐俸重修"④常平仓之举。乾隆二十三年(1758)四月阳山县大雨雹,五月地震,"城署仓廒悉被损坏,知县杨拨捐俸率士民修复"⑤。

地方官员的责任承包是古代中国地方政治制度的一大特色。清代州县官员不仅对常平仓,而且对地方财政、社会治安都实行承包,这种承包与州县官员代表国家对基层社会进行控制的职能是一致的。

接着我们考察社仓的情况。

按规定,每个社仓设社正、社副各一人,由每社绅衿里耆公议老成殷实之人充任。每年青黄不接时借贷社谷,秋后还仓。借贷对象严格限于所谓"诚朴力田者","虽不必尽有田产之家,而佃田力作亦必实系耕

---

① 例如,《广宁县志》有"知县黄金从捐建常平仓"(乾隆《广宁县志》,第10卷,《年表》)的记载。澄海县也是由"知县陈嘉绩倡率里排盖建仓廒三栋共九间以贮常积仓谷"(雍正《澄海志》,第3卷,《公署》)。而镇平县"各案积谷共九千五百石,尚多寄民间",至康熙三十五年"蒙巡抚部院顾捐发银一百八十两"(康熙《镇平县志》,第4卷,《建置》),才得以建仓储存。文昌县直至康熙末年仍未建仓,只好把"捐纳所积谷石收贮大堂左右"(康熙《文昌县志》,第2卷,《建置·公署》)。东莞县在雍正元年建仓之前,常平仓谷也是"寄之广有仓暨各祠寺无定所"(宣统《东莞县志》,第19卷,《仓廒》)。

② 道光《开平县志》,第4卷,《建置》。

③ 雍正《归善县志》,第2卷,《事纪》。

④ 雍正《揭阳县志》,第2卷,《公署》。

⑤ 道光《阳山县志》,第13卷,《事记》。

农"；所谓游手不务正业者，包括技艺、佣工、商贾、贸易、无籍人等，还有胥役、营兵均不许借贷。这样做既是出于传统的重本抑末思想，也是为了保证秋成有谷偿还，以免无从催补，谷本无归。同时，不准土豪地棍冒名营私，如有阻挠生事，博强抑勒者，许社正、社副禀官严究。①

仓谷借贷的"加息"是社仓管理的重要问题。对此，康熙十八年（1679）曾下诏："乡立社仓……出陈入新，春月借贷，秋收偿还，每石收息一斗。"②雍正二年（1724）又规定："其收息之法，凡借本谷一石，冬闲收息二斗。小歉减半。大歉全免，只收本谷。至十年后息倍于本，只以加一行息。"③而同年年希尧所订《广东社仓条约》却只规定了息谷率的最高限额，"每石加息不许过一斗"④，未提及最低限额。结果各地的做法很不一致，有的州县每石加息一斗，也有的州县从不加息。⑤ 乾隆二年（1737）署广东巡抚王謩又奏请停收息谷，"丰收之年每石收耗谷三升，遇稍歉免交"⑥，社仓收息之例在全省普遍停止。但是，"仓廒损坏，随时粘补，势所不免。而经费无资，办理掣肘"⑦，而且"社正、副枵腹办公，殷实谨厚者趋而避之，无赖之徒冒充侵蚀"⑧，弊端丛生。结果，乾隆二十五年（1760）经两广总督李侍尧上奏，户部复准广东社仓仍行收息之例。⑨ 次年广东巡抚托恩多颁布社仓"画一条例"，对此作了统一规定："以乾隆二十五年为始，停止耗谷三升，每石加息一斗，查明收成分数，分别收免。……复酌核于耗谷一升外，再准支销息谷四升，以为粘补、

---

① 参见雍正《大清会典》，第 39 卷，《积贮》；乾隆《潮州府志》，第 21 卷，《仓储》；乾隆《和平县志》，第 2 卷，《社仓》。

② 雍正《大清会典》，第 39 卷，《积贮》。

③ 《清朝文献通考》，第 35 卷，《市籴四》。

④ 乾隆《和平县志》，第 2 卷，《社仓》。

⑤ 如平远县社仓就"春借秋还，当岁即不取息"（雍正《平远县志》，第 4 卷，《营建志》）。

⑥⑦ 见《清朝文献通考》，第 37 卷，《市籴六》。

⑧ 乾隆《潮州府志》，第 21 卷，《仓储》。

⑨ 参见《清朝文献通考》，第 37 卷，《市籴六》。

铺垫、仓廒、造册、纸笔及盘量、出入、看守、晾晒工资等项融支拨用，连耗谷共准支销五升。"①即息谷一半入仓，另一半用于各项仓储管理费用。这一规定成为定例，乾隆中叶以后广东社仓积谷的迅速增加，与此也有直接关系。这一点从表3-4所列六县的情况可以看出。

社仓与常平仓在管理上的重要差别在于，常平仓完全归官府所有，而社仓一直为官绅合办，其管理原则为"民设官稽"。

州县官员在观念上有"为民父母"的身份，对地方的社会福利和公共保险事业负有很大责任。政府对社仓的管理和控制，主要是由州县官员完成的。

首先，州县官员对社仓管理人员的任免有较大决定权。社正、社副由"绅衿里耆公议"产生，但必须"报县存案"②，在许多情况下实际由州县官员决定。雍正元年(1723)归善知县孙能宽就亲自下乡"选殷实诚朴之人为社正、副二长"③，前述和平知县张象乾也对"诚谨可任"者，"亲自指画，人不敢违"。同时，社正、社副若有"作弊徇情、虚收、那移、捏借等事，许同社士民禀县查究，另外遴委"④。乾隆三十八年(1763)大埔知县"王亦新查确各社仓谷亏缺"，就"将社正、副革除，追缴谷价"⑤。

其次，州县官员对社仓负有监督之责。清政府规定"其册籍之登记，每社设用印官簿二本，一社长收执，一缴州县存查。登载数目，毋得互异。其存州县一本，夏则五月申缴，至秋领出；冬则十月申缴，至来春领出。不许迟延，以滋弊窦。每次事毕，社长、本县各将总数申报上司"⑥。从地方志的记载看，道光以前每隔若干年就对社仓进行一次较大的清查。每年春天社仓借贷要"申报地方官"⑦，如遇灾需用社谷赈济，

---

① ② 乾隆《和平县志》，第2卷，《社仓》。
③ 雍正《归善县志》，第2卷，《事纪》。
④ 乾隆《和平县志》，第2卷，《社仓》。
⑤ 民国《大埔县志》，第7卷，《经政志》。
⑥ 《清朝文献通考》，第35卷，《市籴四》。
⑦ 雍正《大清会典》，第39卷，《积贮》。

更是"非禀官不能开发"①。而且，如前所述，有关社仓积谷捐输、借贷、收息和管理费用等的规定，也都由官府规定。

最后，州县官府实际上拥有社仓谷最终的所有权。传统中国社会并无严格的、绝对的财产法权观念，官府对共有或私有财产的侵占和褫夺是一种普遍现象。尽管有"各省社仓系士民捐置，听士民自为经理"②的规定，但州县官府对社谷价银的收管和占用，在习惯上和法理上都被视为正常。乾隆二十五年(1760)两广总督李侍尧奏请广东社仓借贷仍行收息之例，就规定："所收息谷责成州县稽查……其所余息谷如在五千石以上者变价解缴存贮，以为本地赈恤之用。"③虽然这一规定四年后以社谷应多为贮备为由不再实行，但其已反映了当时人关于社谷的所有权观念。乾隆中叶以后各次社仓清查案内，缺额仓谷全部追缴折价银，贮于县库、府库、道库或藩库(详见表4-6)。一些州县的社仓甚至连管理权也收归州县官府。略举数例如下：

广宁县"社仓在城内，乾隆十九年建造，三间，将社谷移贮，归县掌管"④。

和平县乾隆五十九年(1794)"奉文，四围社仓，饬归常平仓"⑤。

琼山县下窑塔、烈楼市等七仓社谷"俱附平常仓收贮"⑥。

在讨论官府与社仓的关系时，值得注意的还有巡检司的作用。清代巡检司是次于县的行政管理机构。巡检一般由八品以下的官员担任。广东社仓初设之时十分分散，一县有几十所至上百所，管理不便。乾隆二十五年(1760)督抚"檄各州县归并总仓"⑦，各州县建立"总仓"几所至十几所不等，其中许多设于巡检司所在的墟镇，有的还以巡检司定名。如

---

① 民国《佛山忠义乡志》，第 7 卷，《慈善》。
② 光绪《大清会典》，第 19 卷。
③ 《清朝文献通考》，第 37 卷，《市籴六》。
④ 乾隆《肇庆府志》，第 6 卷，《仓监》。
⑤ 嘉庆《和平县志》，第 2 卷，《事纪》。
⑥ 咸丰《琼山县志》，第 6 卷，《建置一》。
⑦ 乾隆《和平县志》，第 2 卷，《事纪》。

香山县就有捕属、香山司、黄圃司和黄梁司四座社仓①，连州社仓有捕属、朱冈司属和星子司属等三座②。巡检司官员在社仓管理中有较大作用，《保昌县志》就有"社仓设于各乡，借还甚便，而各乡巡司董其事"③的记载，乾隆年间佛山多次发社仓谷救荒，先后任五斗口司巡检的王棠、郑道源和柳因材都作为官府的代表，对主持其事的士绅进行监督并维持秩序。④ 巡检还协助社正、社副追回拖欠未还的仓谷，雍正二年(1724)广东社仓条约就规定："如有强借及不肯还仓者，社正、副禀巡司究追。"⑤清代巡检司在基层社会控制中有很大作用，这是一个有待深入研究的课题。

士绅阶层(特别是低层士绅)在社仓运作中也起重要作用。

社正、社副是社仓的直接管理者，广东社仓条约规定，充当社正、社副者，"该州县应免其杂派差徭，用酬其劳"⑥。他们原来大多是地方上的"殷实富户"，当上社正、社副后，"果能出纳有法，乡里推服，令按年给奖。如果十年无过，该督抚题请，给以八品顶带"⑦。他们有某些优免特权，有希望取得准官僚的身份，而且在社仓借贷中对农民有着很大权力，"临放时愿借者先报社长，计口给拨。交纳时社长先行示期，依限完纳"⑧。而且，"凡州县官员止听稽查，不许干预。如有抑勒邪借，强行粜卖侵蚀等事，许社长呈告，据实题参"⑨。

当然，在社仓管理中起作用的士绅远不止社正、社副。地方上的绅衿里耆不仅对社正、社副有推举和参劾的权力，而且也参与社仓的管理。托恩多就规定："出借社谷，原应取保然后给领。凡各族正、族副、约

---

① 参见道光《香山县志》，第 2 卷，《建置》。
② 参见乾隆《连州志》，第 3 卷，《公署》。
③ 乾隆《保昌县志》，第 5 卷，《仓庾》。
④ 参见道光《佛山忠义乡志》，第 6 卷，《乡事》；第 12 卷，《金石下》。
⑤⑥ 乾隆《和平县志》，第 2 卷，《社仓》。
⑦⑧ 雍正《大清会典》，第 39 卷，《积贮》。
⑨ 《清朝文献通考》，第 35 卷，《市籴四》。

正、党正等将应借人户知会社长。收还之期，着落催缴。"①社仓条约规定："如有巨族户口繁盛者可一姓、二姓及素相亲爱者，听其自为一社。"②因此有的社仓建立于族内，如兴宁县官联刘氏就有本族社仓，积谷150石。③ 这种族内社仓自然在更大程度上受族正、族长等宗族领导人的控制。此外，地方上为社仓事务与官府交涉时，往往采取士绅联名具禀的方式。例如，佛山社仓的多次赈济都由当地乡正、监生、举人、职员、生员、耆民等联名具禀，赈后买补仓谷时也经多人具结。④

士绅阶层作为国家政权与社会的中介，具有两面性。一方面他们协助政府控制地方社会，另一方面又作为地方利益的代表或代言人与政府抗衡。在基层社会控制体系中，不同士绅扮演不同的角色，承担不同的责任，社正、社副只是士绅控制网络的一个部分。和平知县王植就详细描述了当时农村社会的这一控制体系：

> 查和邑各乡，立保长、甲长以察奸歹；设练总、练勇以资守御；有约正、老农以为劝课；而墟市则有墟长以统墟甲，民间推乡老以及族长；社仓有正、副之名；公事合袊者之论，称曰"老大"。其名或不尽在富，要皆公正勤慎，始于地方有益。⑤

如想比较官府和士绅何者在社仓管理中作用更为重要，可能是没有意义的。因为在社仓管理的每个环节，他们都互相依赖，互相制约，很难分轻重主次。虽然国家政权在承认士绅统治乡族社会的合法性时，可在不同的士绅或士绅集团中选择，但官府对基层社会的控制，归根结底只能通过士绅阶层才能实现，反之亦然。虽然作为整体的士绅阶层总是掌握着基层社会的实际控制权，但具体实现某些社会控制功能的士绅或

---

① ② 乾隆《和平县志》，第2卷，《社仓》。
③ 参见《刘氏族谱·艺文》。
④ 参见《佛镇义仓总录》，第3卷。
⑤ 乾隆《和平县志》，第6卷，《风俗》。

士绅集团的合法性，却必须来自政府的授权或认可。为了叙述方便，以上的讨论偏重于结构性的分析，而实际上社仓管理是一个动态的、历时性的过程，官府和士绅在其中的地位和作用总是变动不居。开平县的情况就是一个例证：

> 雍正二年奉行劝捐社谷，绅士人民报捐谷五千四百一十九石三斗七升九合，历年借收存息谷二百四十七石二斗六升零五勺，原贮各社自行经理。乾隆五年洪潦涨发，各社仓廒坍塌。乾隆十七年贡生张翮飞、谭蕃益以修仓费用浩繁，议建总仓，分贮县城、沙冈二处，自愿承充社长管理。四十三年举关峻发充县城社正，陈润充沙冈社正，是年岁歉，照例详请出借一次。嗣后春借秋还之例，并不举行。皆因乡民住居辽远，跋涉需费，不肯借领。贫民居多有借无还，社正日形赔累。五十一年陈润、关峻发先后呈退，无人接充。嘉庆元年知县荆埌详准将社谷拨归常平仓暂行收贮。五年钦奉谕旨，社仓谷石仍听民间自行办理，不必官吏经手。七年县民谭廷标等赴省呈请将社仓谷石拨还各社经理，以便借还。十七年知县龚鲲详准。十九年知县伊云崧按照原续报捐及收存息谷数目拨回各里社长经理，书差不得稽查滋扰，立碑明伦堂。①

对这样一个复杂的变化过程，不管是单方面强调官府还是士绅的作用，都有片面之嫌。

四、仓储形式更替与义仓的出现

从18世纪后期开始，广东常平仓和社仓出现了逐渐衰落的趋势，其重要表现形式就是仓谷的缺额。

还是先考察常平仓的情况。尽管乾隆十三年（1748）后各州县常平仓积谷都有一个法定的额数，但实际上储谷缺额的情况十分普遍。例如，

---

① 道光《开平县志》，第4卷，《建置》。

鹤山县"乾隆五十九年清查案内，除各前县陆续买补外，尚亏缺谷贰千玖百玖十石零柒斗伍升"①，占该县额谷数的 37.7%；同年南雄府"清查报缺未补谷一万八千九百一十八石一斗九升零四勺"②，占常平仓谷定额的 30.9%；曲江县道光以前"历任盘缺借碾及被水折耗共缺谷三万三千七百六十四石二斗七升六合七勺"③，占仓谷额数的 92.3%。如前所述，清代广东常平仓谷定额与全省粮食消耗总量相比只占很小比例，从而难以对粮价季节变动产生有效影响，那么，缺额情况的普遍存在，又进一步限制了这种作用。仓储不足定额的原因有三。

首先，清代广东是严重缺粮省份，秋后买谷还仓比较困难，甚至有"东省原不产米，秋后买补仓谷最易昂价病民"④的说法，州县官员往往把补买仓谷"视为畏途，因循延诿"⑤。

其次，常平仓谷平粜和买补的价格随着市场米价而波动，但从司库领回买补仓谷的价脚银两却是基本不变的"例价"⑥，这就给州县官员投机牟利提供了可能。嘉庆二年（1797）的谕旨就指出了这种情况的存在："近来州县因买谷例价较之市价轻减，可有盈余，在任时辄将仓谷任意粜卖，私肥囊橐。及交代离任时，仅将例价留抵，日积月累，辗转因循，以致仓谷空虚，毫无储备。甚至将所留例价亦复侵用，迨清查时豫为挪借，以图掩饰目前，事后仍归无著。"⑦而且，18 世纪广东米粮价格呈现明显的上升趋势。这一趋势加强了州县官员利用实际粮价与"例价"间的

---

① 道光《鹤山县志》，第 4 卷，《经政》。

② 指府仓积谷，不包括始兴、保昌的常平仓谷。参见道光《直隶南雄州志》，第 16 卷，《积贮》。

③ 光绪《韶州府志》，第 22 卷，《经政略·积贮》。

④ 乾隆《广州府志》，第 53 卷，《艺文五》之陈宏谋《平粜买谷疏》。

⑤ 《清朝文献通考》，第 37 卷，《市籴六》。

⑥ 这种"例价"在乾隆、嘉庆年间全省均为 0.72 两/石，道光年间则各府不同，从 0.984 两/石至 1.6 两/石不等。参见《澄海县舆地图说》；道光《鹤山县志》，第 4 卷，《经政》；《粤东省例新纂》，第 2 卷。

⑦ 《清朝续文献通考》，第 60 卷，《市籴五》。

差额营私舞弊的可能性。

最后,清政府原规定常平仓谷春夏间平粜后,应于当年秋后尽数买补还仓。但乾隆九年(1744)由于市场上米粮"市价日昂,诚恐有妨民食","降旨暂停采买",规定"各省督抚务须斟酌地方情形,应买即买,应停则停"①,这使地方官员在仓谷买补方面的变通有了合法的依据。嘉庆五年(1800)又下谕:"各省内有收成稍减之州县,不妨暂缓采买,俟谷多价贱之时再行采办。"②当时的广东省例也有"如遇水旱谷贵,详明缓买,仍于谷贱之年添买足数"③的规定。这些规定在仓谷买补上给地方官员以适当的灵活性,立意本是无可厚非的。但出乎朝廷意料的是,这种灵活性也为仓储缺额提供了可能和借口。乾隆皇帝就曾指责说:"近闻各省大吏竟以停止采买为省事……今因停止采买之令,遂任仓廒阙少,置而不理,将来必至糜借无资,固非设立常平仓本旨,又岂朕停止采买本意乎?"④

从乾隆后期开始,广东各地社仓逐渐出现仓谷缺额情况。从表4-6可以看出,当时已有许多州县的社仓谷全部或大部分折银缴官。道光以后许多地方社仓积谷实际上只剩下一个名义上的数额。前面我们讲到乾隆中期至道光早期广东社仓积谷数大量增加的情况,现在可以认为,这种增加主要发生于乾隆朝中后期。

表 4-6　乾嘉道年间广东的社谷缺额

县份	时间	原额(石)	缺额(石)	缺额比例(%)	备注	资料来源
大埔	乾隆三十八年	5 028.01	4 938.01	98.21	价银贮库,五十九年买补	同治《大埔县志》,第7卷
四会	五十一年	2 934.78	2 934.78	100.00	价银缴藩库	光绪《四会县志》,第3编

---

① 《清朝文献通考》,第 36 卷,《市粜五》。
② 《清朝续文献通考》,第 60 卷,《市粜五》。
③ 《粤东省例新篆》,第 2 卷,《户例·仓谷》。
④ 《清朝文献通考》,第 36 卷,《市粜五》。

续表

县份	时间	原额（石）	缺额（石）	缺额比例（%）	备注	资料来源
三水	五十一年	1 568.66	1 520.87	96.95	价银缴藩库	嘉庆《三水县志》，第 3 卷
高要	五十九年	3 854.40	3 854.40	100.00	谷价缴藩库、府库	道光《高要县志》，第 9 卷
南海	五十九年	9 380.16	7 759.57	82.72	价银缴藩库	道光《南海县志》，第 14 卷
阳江	六十年	3 511.44	3 511.44	100.00	价银缴藩库	道光《阳江县志》，第 2 卷
番禺	六十年	9 808.28	7 134.46	72.74	价银缴藩库	同治《番禺县志》，第 19 卷
新会	嘉庆元年	4 942.07	4 942.07	100.00	价银缴藩库	道光《新会县志》，第 5 卷
阳春	八年	5 774.45	5 774.45	100.00	价银缴藩库	道光《阳春县志》，第 2 卷
澄海	八年	12 364.67	12 364.67	100.00	价银存司库	《澄海舆地图说》
丰顺	九年	5 571.26	5 571.26	100.00	价银缴藩库	光绪《丰顺县志》，第 2 卷
恩平	道光五年	2 999.63	1 000.00	33.34	价银缴藩库	道光《恩平县志》，第 7 卷
鹤山	六年	3 210.98	3 210.98	100.00	价银存藩库、县库	道光《鹤山县志》，第 4 卷
封川	十五年	2 569.09	2 569.09	100.00	价银缴藩库	道光《封川县志》

　　就 18 世纪的情况而言，广东社仓缺额的原因有三：（一）管理不得其人。如丰顺县"各社设社正、社副司之，嗣因屡选社正、副不得其人，权交地保看管，出借收息易滋流弊，递于嘉庆九年清查案内每石折银七钱二分，共银四千零一十一两三钱零五厘，奉文解储藩库。……事后并无买补还仓"①。清远漓江社仓也是"日久值事吞没，后经上控，值事缴回

①　光绪《丰顺县志》，第 2 卷。

银四千余两，解缴藩库"①。(二)仓谷霉变。四会县"乾隆五十一年大饥，知县瞿云魁禀报社仓存谷陈腐，檄准平粜，尽数运出变卖……缴解藩库，至今(光绪年间——引者)尚未领回买补"②。鹤山县"双桥、药径二司社仓霉烂谷肆百肆拾石零贰斗壹升陆合叁勺贰抄……价存县库"③。当然，仓谷霉变的根本原因仍在于管理不善，流通不畅。(三)有借无还。尽管政府规定"如有强借及不肯还仓者，社正、副禀巡司究追"，但拖欠、拒交仓谷的情况仍然时有发生。前述开平县社仓就有贫户居多，有"贫民借去不还，且渐皆物故，各社仓之谷罕有存者矣"④。

乾隆后半期开始的常平仓和社仓衰落的趋势，与同时期政府在灾荒救济中作用下降的情况是一致的。这从一个侧面反映了官府对基层社会控制权的削弱和官员责任感及道德水准的降低。

在常平仓和社仓衰落的同时，广东仓储出现了新的趋势，这就是义仓的出现。

一般认为，隋朝开皇五年(585)工部尚书长孙平上书建议"令诸州百姓及军人，劝课当社，共立义仓"⑤，为古代中国义仓制度之发端。唐代以后各朝多有义仓之设，主要用于赈济灾荒，但义仓的性质和仓政的管理有较多的变化。清代前期，大多数省份在常平仓和社仓之外，普遍建立了义仓，而广东长期只有常平仓和社仓。

乾隆时期，特别是乾隆末年以后，义仓开始在广东省内各地零星出现。略举数例如下：

嘉应州"义仓在金盘堡。乾隆五年监生谢方泰遵祖谢程福遗志，将尝谷一百石捐贮。知州李匡然给匾'世泽绵长'，复申详布政使王恕给匾'惠

---

① 民国《清远县志》，第13卷，《社仓》。
② 光绪《四会县志》，第3编，《积贮》。
③ 道光《鹤山县志》，第4卷，《经政》。
④ 咸丰《龙门县志》，第8卷，《积贮》。
⑤ 《隋书·食货志》。

及乡人'旌之"①。

阳山县士绅唐赓辉，乾隆后期"为本族设义仓以备荒，至今（道光年间——引者）赖焉"②。

广宁县贡生陈兆麟乾隆时"有仓在顾水，贮谷三千余石；每当青黄不接之时，凡佃户贫家多向取给，俟秋冬收成还之，不取息。或有力不能偿者，亦不责偿也，明年复贷之如故"③。

新会县"义仓在邑城内花园巷……嘉庆十九年卢观恒之子文举等承父遗嘱，捐资买地创建，复捐田三顷二十亩交邑绅士，三年公推首事轮管收租，递年租项贮存典商生息，以备救荒之费，不得别项移支"④。

就笔者所见，这一时期创设义仓最多的是南海县。乾隆间该县士绅设九江南方义仓，先"输金储粟"，后"购产收息，发当生息"，每逢岁歉籴米平粜；乾隆六十年（1795）佛山镇士绅倡建佛山义仓；嘉庆八年（1803）九江北方翘南社士绅郑佐扬等倡建佛山义仓，"积银一千两有奇，置产资租以备凶荒"；嘉庆十六年（1811）九江南方同济义仓建立，该仓由士绅陈履恒等联建；嘉庆二十四年（1819）本约士绅倡率捐银，建九江西方万寿约四社义仓，"共置基塘二口，铺舍四间，资租以备岁饥赈济"；次年士绅曾幹桢等建九江南方四里义仓；道光四年（1824）绅耆朱凤扬、张士魁等"倡率捐银置产及岁当生息"，建九江西方义仓；道光十七年（1837）沙头六乡义仓由士绅谭瑀等倡建；此外，九江北方义仓虽创建无考，但道光十一年（1831）已碾米赈贫。⑤ 这么多义仓集中在这一地区不是偶然的，南海是当时全省商品货币关系最发达的县份之一，佛山是著名的工商业市镇、全省市场中心的一部分，九江地区以经济作物种植著称，缺粮情况十分严重。而且，南海是全省首邑，士绅、宗族和其他基

① 乾隆《嘉应州志》，第 2 卷，《建置》。
② 道光《阳山县志》，第 10 卷，《人物》。
③ 道光《广宁县志》，第 11 卷，《人物》。
④ 道光《新会县志》，第 3 卷，《公署》。
⑤ 参见宣统《南海县志》，第 6 卷，《建置略》。

层社会组织的力量较为强大。

如果与常平仓和社仓比较，这一时期广东义仓的数量不多，大多数义仓规模也不大，但其建立、管理、经营、赈济等都表现出一系列新的特点，反映了一种新的发展趋势。我们以佛山义仓为例说明这一问题。

佛山原设有十堡社仓，但"自经官吏监督，遇有晾晒，非禀准不能开仓。又委员循例盘查，岁或一二至，夫马、酒席、公礼、犒费复不赀，不能不按堡摊派。以十堡之力，仅得此千余石之谷，而频烦供亿，未享其利，先受其害。故九堡毅然弃之。以佛山有祖庙租可供使用，但求免于派费，谷亦不复过问"①。这样，佛山之民未得社仓之利，反受社仓之累，当时甚至有"宁朽腐，必勿发"②的诫语。佛山义仓正是在这种情况下出现的。

乾隆五十五年(1790)举人劳潼等十九名绅耆联名上呈，要求将该镇汾水正埠码头闸门外绅商捐建的铺舍租银"除支用外，有余则择地建屋，买谷积贮，遇岁歉则禀请赈给"③，得到批准。五年以后，张遇阳、劳潼等三十四名绅耆再次上呈，报告"仓廒工竣，现在买谷贮仓"，并议定义仓条约。其经费来源为"正埠递年租项余羡，年年添买，可期充裕"，如遇散赈，仓储空虚，则"于合镇铺租银每两收五分，既以助赈，其余又得以买谷还仓"④。嘉庆二年(1797)，汾水正埠横过之文昌沙、鹰嘴沙两处渡口渡船因遭风被损，船户无力修复，李天达、区宏绪、劳潼等绅耆又议将上年修造灵应神庙士民捐输工费余羡银两装造船只，租给遭风疍户，"所取租银仍汇并正埠铺租，一体买谷归仓，以资广储"⑤。从此，正埠铺租和渡船租银成为佛山义仓两项固定的收入来源，后来又置有地产，

---

① 民国《佛山忠义乡志》，第 7 卷，《慈善》。

② 吴应逵：《劳莪野先生传》，见《广东文征》，第 5 册。

③ 《奉分宪核定正埠租项章程告示碑记》，见《明清佛山碑刻文献经济资料》，93 页。

④ 《奉宪建立义仓碑》，见《明清佛山碑刻文献经济资料》，97～98 页。

⑤ 《广储义仓碑示》，见道光《佛山忠义乡志》，第 13 卷，《乡禁》。

道光时三项租银每年达 650 两左右。①

　　佛山义仓积谷只有一个用途，就是荒年散赈。按规定"河下每谷一万斤有卖价至二百两以上者，方许议赈"。凡设赈，在祖庙前搭盖东西两厂，"计佛镇共领米者二十八处，每日散给十四处，分为双单日散给。男东女西，俾无混杂。一日领两日之米，以省贫民跋涉。大丁每日五合，小丁每日二合五勺。……凡散米将完，留散镇内花子流丐两日。男女各一日"②。清代广东义仓的最重要特点就是完全归士绅管理，不容官府插手。佛山义仓完全由士绅倡建，建立之初南海县知县即宣布"此项银两，系捐自民间，应听民便，毋庸官为经理。值事人等设有侵蚀等事，许各绅耆指禀究追，另举公正之人办理"③。平时义仓事务由"二十四铺轮流管理。以三铺为二班，每班办理三个月，递交下手。其三铺之中保正先从本铺集举公正绅士二人，耆老一人（否则，绅士一人，耆老二人），殷实行店一人，齐同到仓办事"④。仓谷散赈时，士绅的责任更加重大。"凡开赈先传佛镇二十五铺，鹰嘴、文昌两沙，及华远滘乡各地保，挨造贫户领米册，列明某铺某街某姓，户长某名，大丁某口，小丁某口，送至公所，复绅士分段亲查无异，填写丁口。其米票用编列骑字号数，分别收执存查，以防伪造假票捏报等弊。……凡赈厂通镇绅士公推总理二人，协理二人，日夜常川在厂，管理出入谷米银两数目，查察火足（烛）日夜之事"，甚至连米厂的办事人员也"必须绅耆子弟，否则绅耆引荐"⑤。除佛山义仓外，当时省内各地义仓也都是完全由士绅倡建并管理的，这种情况反映了士绅对基层社会事务的责任正逐渐加重。

　　道光以后广东义仓仍继续发展，咸丰以后常平仓和社仓制度基本瓦

---

① 参见《佛镇义仓总录》，第 4 卷。

② 同上书，第 3 卷，《义仓散赈章程总录》。

③ 《奉宪建立义仓碑》，见《明清佛山碑刻文献经济资料》，99 页。

④ 《佛镇义仓总录》，第 1 卷，《分宪官核定义仓章程款碑》。

⑤ 同上书，第 3 卷，《义仓散赈章程总录》。

解①，义仓就成为当时社会唯一能被接受的仓储形式，在全省得到普遍发展。对此作者有另文讨论。②

综上所述，清代广东常平仓只设立于府县城，完全归官方所有；社仓设立于次于县的地域范围内，为官绅共管；义仓则设立于一村一族之中，完全由士绅管理。常平仓设立于康熙二十九年(1690)前后，乾隆初年以前为其迅速发展阶段；社仓至雍正元年(1723)以后才普遍建立，其积谷数迅速增加则在乾隆中后期；义仓要到常平仓和社仓衰落时才开始发展，最后取代常平仓和社仓发挥社会救济的功能。这一过程说明越到清朝后期，对基层社会的责任和控制权就越是从国家政权转移到士绅阶层手中，社会正呈现出较为多元化的势态。

同时，我们也注意到，常平仓谷粜籴之间仅有微利可图；社仓谷借还时因有"加一之息"，从而具有较强的自我增值能力；而义仓则具有更强的经营性，其收入完全来自土地、店铺、渡船等的租银或"发当生息"所得。所以，这三种仓储形式的更替又反映了当时广东商品货币关系日趋发达的趋势。

本章的讨论表明，18 世纪广东社会的变迁中有两个引人注目的发展趋势。

第一，我们注意到，这一时期广东的市场机制逐步完善，在社会的总体运作中发挥着越来越重要的作用。就我们所讨论的米粮问题而言，市场愈来愈有效地预防和控制灾荒的发展，愈来愈有能力在荒歉之时向灾区运送更多的粮食，而且粮价越来越趋于稳定。而且，与其他地区相比，广东的官员和士绅也显得对市场机制有更深刻认识，他们大多主张发展商业贸易，主张减少对商品流通和经济生活的人为干预，比较注重商人阶层的地位和作用。

---

① 参见拙文《论清代广东的常平仓》，载《中国史研究》，1989(3)；《清代广东的社仓》，见《纪念梁方仲教授学术讨论会论文集》。

② 参见拙文《论清末广东义仓的兴起》，载《中国社会经济史研究》，1994(1)。

　　第二，我们也看到，18世纪广东基层社会控制权正逐渐下移，士绅阶层在地方社会负有越来越多的责任，因而也有越来越大的势力。以仓储为例，常平仓谷的捐输和社仓谷的捐纳提供了新的社会流动渠道，使许多地主和商人得以进入士绅阶层；社会福利和公共保险事业中政府作用的下降可以从乾隆中期以后官方粮食调运的减少和常平仓谷的严重缺额略见一斑，而社仓继常平仓之后有较大发展以及此后义仓的兴起则反映了政府在这方面的职能有被士绅取代的倾向。

　　市场机制逐步完善与当时广东地区商品货币关系高度发达的事实是联系在一起的，而士绅力量的加强在很大程度上则是这一地区宗族组织空前发展的结果。在以往关于传统中国社会的研究中，商品经济和宗族组织常常被视为两种相互分离，导向相反的社会现象。前者一般被认作近代化过程的前提和必经阶段，后者则被描述成一种比较保守和妨碍社会变革的力量。但是，18世纪广东地区却存在着与上述判断相左的事实。一方面，宗族和士绅投资发展经济作物，建设和管理农村墟市，致力发展运输系统，并尽力防止地方官府对乡村商业贸易活动的过分干涉。① 另一方面，市场的发展为各个地区的宗族和士绅阶层提供了较为多样的发展机会，农业商业化和农村墟市的繁荣增强了他们的力量，并影响了他们的价值观和行为模式，在市场活动中积聚了较多财富的商人通过科举、捐纳、捐输等途径跻身于士绅之列，有助于加强士绅的政治和经济实力。总之，发达的商品货币关系成为宗族和其他基层社会组织长期存在和逐渐发展的重要基础之一，而宗族组织的发展和士绅力量的增强又在很大程度上有利于农村市场的繁荣。这一现象除了说明有必要重新评价宗族组织和士绅阶层的性质和地位外，还提示我们不能对传统中国后期市场经济的导向性作简单化的理解。

　　在前面的讨论中，我们已指出18世纪的广东米粮市场存在着两个基

----

　　① 　除本书列举的例证外，还可参阅叶显恩、谭棣华：《明清珠江三角洲农业商业化与圩市的发展》，见《明清广东社会经济研究》。

本的矛盾：第一个是市场网络各组成因素的非理性性质与市场总体运作的有序表现性之间的矛盾；第二个是商人具体交易活动的利润追求与其最终目标的非经济性之间的矛盾。本章揭示的事实表明，这一市场还存在着另外一个基本矛盾，即市场发展的经济性要求与现实的社会性需要之间的矛盾。

市场问题可以从多个互相关联、层层递进的角度进行考察。首先，市场指的是商品买卖的场所。我们已说明18世纪广东米粮贸易的市场中心是多层次的、发达的。其次，市场也指一定地区内各种商品或某种商品的供给和有支付能力需求的关系。我们也已证明当时一个区域性的市场网络在维持广东各地粮食供需平衡方面有很高的效能，但问题并未到此为止，我们还应注意是否存在或可能出现完全意义上的"市场关系"，即具体市场活动背后可能存在的一种经济性的社会关系。在这种关系之中，商品的交易者在市场活动中的地位是平等的，对所持有的交易物(不管是实物、货币或劳动力)具有绝对的、排他的所有权，整个交易活动具有自由的、非人格化的特征，商品的价格取决于其制造成本和可替代性，从长期和总体上看，完全受价值规律的支配。当然不能期望这种关系，在具体的市场活动中得以完全实现，也不能假定传统社会的市场运作会自然而然地导致这种关系的产生，但从前述18世纪广东官员主张逐步减少对粮食贸易的人为干预，社会舆论普遍认为"遏籴"行为不合理，米粮商人的要求和利益比过去更受重视，市场运作在防止饥荒方面的作用日趋重要等迹象判断，当时广东米粮市场的发展确实存在减少非经济因素的要求。

然而，由于市场的发展与士绅和宗族力量的发展有内在的联系，士绅的社会目标和价值观念就不可避免地对市场活动的性质及其中的各种关系产生影响。对于士绅来说，支持或参与市场活动的目的在于以市场机制作为社会控制手段之一以保持地方社会的稳定，并通过市场活动聚积财富以提高本人和所在家族的经济实力与社会地位。而且，作为家族和地方利益的代表，他们对市场运作持一种利己的实用主义态度，而当时的国家和社会实际上都无足够能力和需要去防止这种态度可能引发的各种反市场行为。就整个社会对市场的期望而言，也是认为政治和社会稳定的需要压倒经济合理性的要求。就是力主发展商业贸易，反对"遏籴"的人，其议论的出发点也往往在于防止社会动乱。

在这一矛盾中，现实的社会性需要与市场发展的经济性要求之间的矛盾是无法真正协调的。尽管传统社会结构可以允许发达的全国性贸易网络的长期存在，可以允许某些区域的商品货币关系发展到引人注目的程度，而且商人阶层在市场活动中也可赚得惊人的利润，但却既不能使完全的市场关系得以出现并在社会价值层面上展开，也没有适当的机制和能力消除这种关系建立过程中必定出现的不稳定因素。既然从政府、官员到在很大程度上控制贸易活动的宗族、士绅都把社会稳定作为压倒一切的目标，并把市场活动作为实现这一目标的重要手段之一，那么市场本身发展的经济性要求就只能被扼杀，以至于似乎根本不存在这种要求。

第五章 结语
——市场机制与社会变迁的关系

本书从分析 18 世纪广东米价空间差异和时间上的变动入手，讨论了传统中国社会晚期市场机制与社会变迁的关系。

作为一部历史学著作，本书对过程的描述和现象的再现重于结构的分析，对米粮市场具体运作情形的讨论占了较大篇幅。我们发现，当时广东省内有着较为发达的复杂的多层次米粮贸易网络，这个网络有较高的效能和较完善的内部组织。而且，广东与广西、湖南、江西、福建之间有较为经常和较大规模的米粮贸易，这种贸易还同时伴随着其他商品的大规模贩运。可以认为，当时华南地区已存在一个以广州、佛山为中心，联结粤、桂两省和湘、赣、闽三省部分地区的区域性市场，这个市场在履行其功能方面的效能，甚至可与同时代的法国或 20 世纪同一区域的市场相媲美。若考虑到 18 世纪以江南为中心，连接山东、安徽、江西、湖北、湖南、四川、福建、江苏、浙江等省的更大的米粮市场的存在①，考虑到当时国内其他大规模长途商品贩运的繁荣和商人活动的活跃，考虑到清政府对货币和度量衡制度都有统一规定（虽然当时各地实际采用的货币和度量衡不够一致，但商人们已十分熟悉各种地方性制度间的折换），我们似乎可以认为，一个统一的国内市场正在形成之中。

我们也注意到，当时广东社会正发生着某种具有本质意义的变化，

---

① 参见 *Mid-Ch'ing Rice Markets and Trade：An Essay in Price History*。

其表现包括书中所提及或讨论的农业商业化、利用雇工进行商品生产①、社会流动性提高、商人力量加强、社会控制权下移和社会观念变化等等。这些变化无疑与日趋完善的市场机制有着直接的关系，它们为市场的发育、完善提供了前提、动力和环境，而市场的发展又为社会和经济的变迁起了推动和保障的作用。

但是，不管在广东或是国内其他地方，这种社会结构和经济结构的变化都未超出传统社会所能容许的限度。中国社会最终没有像某些学者所期待的那样，依靠自身的力量完成近代化的变革。这种情况产生的原因极其复杂，如果从市场机制的角度考察，市场基本矛盾的特质和动态无疑是值得注意的。

通过对广东米粮市场运作情况的考察，我们已指出传统中国市场存在着三对基本的矛盾，即市场网络各组成因素的非理性性质与市场总体运作的有序表现性之间的矛盾、商人具体交易活动的利润追求与其最终目标的非经济性之间的矛盾以及市场发展的经济性要求与现实的社会性需要之间的矛盾。这三对矛盾长期并存，互相嵌合，规定了传统中国的市场经济具有不同于西欧模式的发展动态。我们看到一个市场逐渐整合、效能逐步提高的过程，但这并不意味着具体交易活动中的非理性因素会同步地趋于消失；我们看到商人的力量和社会地位有明显的提高②，但他们的价值追求与传统的士绅并无本质差别；我们看到基层社会的控制

---

① 本书对这一问题讨论较少，表 3-15 的一些个案可能属于这种情况，更具体的材料可参见《中国资本主义的萌芽》，242～268、357～362 页。

② 商人社会地位的提高可从广东士绅的家训中略见一斑。尽管雍正皇帝仍然宣称："朕观四民之业，士之外，农为最贵。凡士工商贾皆赖食于农，以故农为天下之本务，而工贾其末也。"（《清世宗实录》，第 57 卷）但在当时广东士绅的家训中，我们看到的都是"天下之民，各有本业，曰士，曰农，曰工，曰商。……此四者皆人生之本业，苟能其一，则仰以事父母，俯以育妻子，而终身之事毕矣"（《岭南冼氏家谱》，第 5 卷之一），或"一家之间，为士、为农、为工、为商者不能以一人兼之，有职业于身者，士以诗书为业，农以稼穑为业，工以居肆成事为业，商则以贸易有无为业，勤修职业，毋怠毋荒"（仁化《明宣七郎文渊公家谱》上卷，《家训》）之类的告诫。

权有下移的趋势，但在这种趋势中获益最大的乡族组织和士绅阶层仍以维持既有的社会秩序为目标。社会性需要有足够的能力和机制压制市场发展的经济性要求，并把市场作为维持或加强现有社会结构的重要手段。从表面上看，市场的发育及其影响力的扩大似乎带来了社会经济的一系列变化，但实际上这些变化都未能改变传统社会形态的深层结构，反而被其化解，甚至成为这种结构赖以长期存在的新的基础。

这是因为，经济变化的性质与导向，并不单纯取决于经济本身的因素或关系，市场的发展亦非一个纯粹的经济过程，尤其在传统社会，经济运作更是在整体社会结构之中，在特定的政治体系和文化传统的制约下进行的，其发展走向在很大程度上取决于各种非经济因素同经济因素之间复杂的互动过程和方式。在清代的经济运作中，有两个与市场机制有关的特点，这在更深的层面上显示了市场发展与各种社会文化因素的复杂联系，有助于我们更好地理解市场的基本矛盾及其动态。①

第一个特点我们称之为"农户经济活动的非市场导向性"。这里所说的市场导向性，不是指农产品进入市场的比例或农民的家计依赖于市场的程度，而是指：(一)市场利润的高低和市场价格的波动能在多大程度上影响农户在各种作物种植比例以及资本、肥料、人力投入上的选择；(二)农户内部生产的组织形式在多大程度上有利于以最小的投入获得最大的利润。其基本前提是，农户的经济活动应该在成本核算的基础上，以获得利润为目的。但在清代，即使是同市场联系最密切的农户，其生产经营活动也仍是以生活上的满足和群体的和谐为根本目的。市场上某种农产品较优裕的价格，也许会对他们产生一定的吸引力，使他们改种这一作物。但他们作出这一选择的内在驱动力，不是这种作物作为商品投入市场后可能带来的利润，而是维持家庭成员生计的需要。对于这些

① 以下对这两个特点的阐述，在很大程度上得益于与刘志伟的多次深入讨论。这些讨论的结果可参见陈春声、刘志伟：《清代经济运作的两个特点——有关市场机制的论纲》，载《中国经济史研究》，1990(3)。读者不难发现，本章余下的部分实际上是这一文章的扩充。

农户来说，由生产商品而获得市场价值只是一种手段而不是目的。为了获取多一点收益，他们不经计算就投入更多的劳动力和生产资料，不管是否合算，都会被视为合理的行为。如前所述，18 世纪广东存在着持续的人口增长的压力。可以说，当时广东农户大量地转向种植经济作物时，吸引他们的并不是经过市场交换实现的利润，而是能养活更多人口的生活资料。当时不少农户改种土地收益较高的经济作物，是在家庭人口不断增加的情况下，为在有限的土地上养活更多人口而作出的选择。这时，农户的收益要经过市场交换才能实现，收益大小也取决于市场价格，的确也反映了市场经济的扩大及向农村渗透的趋势。但另一方面，这些农户在生产过程中对生产资料的拨付使用和劳动力的投入，却没有也不必要根据市场价格来核算。对于当时许多农户来说，土地收益率的提高是以更多的物资和劳动力投入来获得的，至于由此而可能导致的劳动生产率降低或利润率（如果有的话）下降，则一般不会被考虑。美国黄宗智教授对华北农村的研究表明，在农业商品化的同时，这一地区的家庭式农场有经济"内卷化"的趋势。① 就笔者接触到的材料，18 世纪广东地区也存在同样趋势，由于人口增长远远快于土地面积增加，加上不断分家和劳动力出路相对不足，使当时广东农村中的潜在过剩劳动力逐渐增加，农业经营规模有变小的倾向。在边际效益递减规律的作用下，农户不可能以最优的投入产出比例进行经济活动。黄宗智先生使用了微观经济学的两个概念机会成本和效用来解释所讨论的"不合理"现象。我们想进一步指出的是，在微观经济学的概念体系中，机会成本和效用是两个与市场联系在一起的范畴。在市场经济体系中，机会成本是通过一系列市场关系反映出来的，效用则以直接影响市场价格变动来显示其经济意义。如果说，考察传统中国社会中农户的经济行为时，也可以借用这两个概念的话，那么，我们不应忘记，用这两个概念所反映的事实背后，并不

---

① 参见［美］黄宗智：《华北的小农经济与社会变迁》，65～228 页，北京，中华书局，1986。

存在这样一种与市场的有机联系。因此，机会成本与成本，效用与价格之间的关系，常常背离微观经济学所揭示的一般规律。在传统社会中，以低机会成本获得高边际效用，同以高边际成本获得低边际报酬的现象，可以广泛地在同一经济行为中统一起来，恰恰是经济活动不以市场为导向的典型表现。

　　农户经济活动以维持生计和群体和谐为终极目的，同以家庭为基础的生产组织形式是互为因果的。在这种以伦理关系维系的组织内，个人的经济角色往往随其亲属角色而定，而亲属关系中的角色期望又常常使个人注重人伦关系，把经济利益置于从属的位置，因而抑制着理性化的经济活动，并在一切经济关系中以特殊性原则取代普遍性原则。故此，集组织生产与消费职能于一身的家庭经济体本能地否定市场平等交换的原则，排斥市场导向性。传统中国社会的家庭群体内部，还潜在地否定独立的个人权利，故其作为一个经济实体的内部关系也就不是一种基于个人独立经济利益的契约和交换关系，而更多地表现为以道德价值维系的人伦关系。这就不但令理性化的经营核算困难重重，而且往往造成规模不经济（diseconomics of scale）的后果，加上清代人口迅速增长和诸子均分遗产的传统等因素，就产生了农业的经营规模趋于小型化的倾向。我们知道，西欧资本主义的发展与农业经营规模的扩大联系在一起，经营式农场生产活动的市场导向性是不言而喻的，所以"重农学派使自己的学说集中注意那些有能力供应市场并得到货币价值的农场主，而很少关注那些为大农场干活的农业工人和收入只够糊口的小农"①。中国的情况与西欧完全不同。在中国，正是农户经济活动的非市场导向性，妨碍了规模经济的实现。在家庭人口增长的自然压力和土地边际报酬递减规律的作用下，农业经营趋向于选择劳动力高度集约化的模式，从而阻碍了一种能更有效地实现资源的最佳配置以达到用最小的投入获得最大利润

―――――――――

　　①　［民主德国］汉斯·豪斯赫尔：《近代经济史：从十四世纪末叶至十九世纪下半叶》，王庆余、吴衡康、王成稼译，刘漠云校，272 页，北京，商务印书馆，1987。

的企业组织发展的目的。

农业经营的小型化倾向，使得大多数农户同市场处于一种结构性的阻隔状态。如果我们只考察农产品进入市场的比例，可能会发现清代某些经济发达地区农户生计已在很大程度上依赖市场。但进一步研究不难发现，他们与市场之间的联系常常是通过地主与商人这两个中介来实现的。在商业资本仍未控制生产，而地主又很少干预生产过程的情况下，小农户往往缺乏有效的途径以及足够的知识和能力去了解并预测市场动向，加上农作物生产周期较长，他们对市场的适应更只能是盲目的，不能对市场动态作出及时的反应。18 世纪广东尽管市场机制比较发达，但仍不时出现局部性的米粮短缺和米价突然上升现象①，部分地正是由于这一原因。为了减少风险和维持生计，每个农户往往同时种植几种作物。即使是经济作物种植专业化程度较高的地区，农民们也经常以轮作、间种、套作的方式在主要经济作物之外种植其他多种作物，美国学者穆素洁（Sucheta Mazumdar）对 1644—1834 年珠江三角洲甘蔗种植业的研究，就证实了这种情况的普遍存在。② 当时广东大多数佃农交纳实物地租，他们根据市场动态调整生产布局的能力就更受到限制。

我们要讨论的与市场机制有关的第二个特点，可称之为"整体市场活动的非经济导向性"。这里所谓的经济导向性，是指一种追求经济和技术增长的价值取向。近代社会与传统社会的最重要差别之一，在于近代社会以追求经济增长和技术发展作为经济活动中超越个人感官享受的终极目的，经济增长成为价值观体系和物质活动的基础，而在传统社会中这

---

① 最典型的是雍正四年大埔县的例子，是年二月二十日该县每石米价银 3 两，三月十二日升至 4.2 两，四月初七日达 4.5 两，四月十七日又涨到 6 两，五月初七日高达 8 两，五月三十日又降至 5 两。这次米价波动是在全省米价上升的情况下发生的。（参见本书附录四）

② 参见 Sucheta Mazumdar，"Commercialized Agriculture and the Limits of Change：Sugarcane Cultivation in the Pearl River Delta，1644-1834，"中文译文已收入《清代区域社会经济研究》一书，《广东社会科学》1989 年第 1 期刊载了该文的节译。

样的思想在其价值观体系中毫无地位或不重要。① 这种追求经济增长并因此实行禁欲主义的观念就成为所谓"资本主义精神"的一部分，马克斯·韦伯(Max Weber)对此有一段很精练的表述：

> 这种伦理所宣扬的至善——尽可能地多挣钱，是和那种避免任凭本能冲动享受生活结合在一起的，因而首先就是完全没有幸福的（更不必说享乐主义）的成分搀在其中。这种至善被如此单纯地认为是目的本身，以致从对于个人的幸福或功利的角度来看它显得是完全先验和绝对非理性的。人竟被赚钱动机所左右，把获利作为人生的最终目的，在经济上获利不再从属于人满足自己物质需要的手段了。这种对我们所认为的自然关系的颠倒，从一种素朴的观点来看是极其非理性的，但它显然是资本主义的一条首要原则，正如对于没有受到资本主义影响的诸民族来说这条原则是闻所未闻一样确定无疑。②

尽管后来的学者对韦伯揭示的新教伦理与资本主义精神之间的因果关系有种种讨论，但这种精神的存在确是一个无疑的事实。从 1500 年至 1750 年，西欧历史上经历了一个影响深远的重商主义时代，当时的人们普遍认为，贸易和商业对一个国家的繁荣是至关紧要的，而财富是一种最基本的实力，实力又是获取财富的基本手段，结果，财富和实力就成为国家政策的最终目标。为了取得贸易顺差和贵金属现货储备，重商主义者大力主张创办和扩充工场手工业部门。③ 这样，追求财富和经济增长就不仅是商人们从事市场活动的动因，而且也成为各经济大国贸易政策的基础。西欧资本主义的产生无疑与这一切有着密切的关系。

---

① 参见[法]莫里斯·迪韦尔热：《政治社会学——政治学要素》，杨祖功、王大东译，257～300 页，北京，华夏出版社，1987。

② [德]马克斯·韦伯：《新教伦理与资本主义精神》，于晓、陈维纲等译，37 页，北京，生活·读书·新知三联书店，1987。

③ 参见《近代经济史：从十四世纪末叶至十九世纪下半叶》，210～229 页；《欧洲经济史》，第 2 卷，365～371 页。

　　但是，这种观念在传统中国社会的价值观体系中并没有其位置。如果拿清代中国颇为活跃的市场活动同欧洲重商主义时代的市场活动相比较，不难发现，两者很重要的差别在于，清代社会的整体市场活动并不具备同时代欧洲那种以追求经济增长为最终目的的价值取向。我们讨论过的清代广东米粮市场的几个基本矛盾，在很大程度上是由这种情况决定的。就整体而言，市场活动只被视为社会财富再分配的途径，而不是实现国民财富增值的必要手段。于是，社会评价个人行为的价值尺度，也不以其经济活动的成功与否为标准。许多学者都曾论及清代商人资本向土地转移的问题。如前所述，清代商人还大量地把商业利润用于宗族活动，如建祠堂、修族谱、置族产和进行族内救济等等。他们还积极进行政治性投资，或培养后代争取通过各种科举考试，或通过捐纳和捐输猎取功名。由经商致富，再购买土地，投资政治，是传统中国后期商人普遍选择的上升之途。18世纪广东米粮商人的发家史也就是沿此途径力求有所进取的历史。清代商品经济的发展，不但没有改变这种价值取向，反而为这种选择创造了更多的机会。商品经济越是发达，商业资本越是雄厚的地区，捐纳捐输的数量也越多。这一点从当时广东绅商踊跃捐纳常平仓谷和捐输社仓谷的行动中亦可见一斑。与广东对比鲜明的是，广西社仓积谷不来自捐输，而是来自常平仓借贷的息谷。据汤象龙先生研究，嘉庆五年至二十五年(1800—1820)广东收捐监银6 054 160两，道光一朝又收银 4 087 133 两，捐监生 38 264 人，均在全国各省中名列第一。① 这与当时广东商人富甲天下的情况有内在的联系。

　　由古代西方文明形成的文化传统中，有两项重要的遗产，对近代西方社会经济结构的演变产生了深刻的影响，一是基督教的传统，二是罗马法的传统。② 这些文化传统包含了一些与中国文化传统完全不同的基

---

　　① 　参见汤象龙：《道光朝捐监之统计》，见《中国近代财政经济史论文选》，30～45 页，成都，西南财经大学出版社，1987。

　　② 　参见[美]T. 帕森斯：《现代社会的结构与过程》，梁向阳译，84～90 页，北京，光明日报出版社，1988。

本精神,如超越主义、理性主义、普遍性原则和形式主义等等。这些文化传统在启动近代西方社会变迁中的作用是相当广泛的。很突出的一点就是在基督教的超越主义和理性主义传统的基础上,经过新教改革,强化了世俗化的人世观念。尤其是加尔文教派主张的所谓"先定说",以原罪、救世、天谴等观念促使信徒从事经济活动,把个人在现世的经济活动成功与否作为能否得救的主要标志。这种宗教感所产生的心理驱动力又外化为一种社会价值尺度,以每个人经济活动的成功程度作为其社会地位的重要标志。但在传统中国,并未产生过这种价值取向。同基督教使个人命运与他所归属的有组织的世俗社会分离的超越性倾向不同,中国的文化传统总是把个人命运与他所从属的社会集团联系起来,个人的社会地位主要取决于他在社会权力结构中的位置,取决于他所从属的社会集团的实力。因此,商人们把所得的利润用于购买土地,扩大和增强宗族力量,以及猎取功名等,在这种文化背景下,就是一种合理的选择。有的学者常常比较地租率与商业利润的大小,为在前者明显低于后者的情况下,商人仍不断将利润转用于购买土地感到困惑,并试图从政治环境的角度,以风险大小来作出解释。其实,商人们的整体市场活动本来就缺乏经济导向性,他们最终追求的是社会地位,通过市场活动攫取经济利益只是为达到这一社会目的的手段,因而必须服从于这一社会目的。在当时人看来社会需要比经济上的合理性具有更重要的意义。

市场活动的经济目的从属于社会政治目的的特点,是由中国文化的价值系统衍生出来的。这一价值系统以个人的自然关系为起点,由此形成了以自我为中心,以人伦关系层层推延开去的所谓"差序格局"的社会关系。人们经济行为的中心价值,是要达到和维持这种社会关系同自然关系的统一,"均平""安定"与"和谐"成为人们从事经济活动的终极目的。① 这一价值系统从承认自然与社会经常处于冲突与紧张出发,希望

① 参见费孝通:《乡土中国》,上海,观察社,1948;余英时:《从价值系统观看中国文化的现代意义》,台北,时报出版公司,1984。

能通过一系列经济活动来缓解这种冲突与紧张。很明显，在这样一个价值系统中，虽然也承认经济活动的意义，却没有为超越性的经济增长目标留有一席之地。这是一种中国式的理性主义，同西方文化中的理性主义有着根本不同的内容。

与此同时，这种以个人自然关系为起点的价值系统还具有很强的调适能力和化解能力。一方面，不管社会经济环境出现什么变化，这种价值系统都能以不变应万变，在深层结构不变的前提下迅速改变自己的表层结构，从而在各种社会环境中以合乎法律和道德的形式出现，维持着其超时代的生命力和具于本质意义的社会影响力。另一方面，这种以自我为核心的"差序格局"导致了外在是非标准的"个案思维"特点，各种从逻辑上看来互相矛盾、互相冲突的社会现象，不但可以在传统中国的价值体系中相安无事，而且能相得益彰。各种新因素的萌芽，不管发生于社会内部或得自于外来影响，都不但不能对这种不承认普遍性原则的极富弹性的社会文化形态产生实质性的冲击，而且只能迅速地被它化解，成为这种形态重要的或不重要的外化形式。不顾中国文化的这一特点，即使用逻辑的或理性的方法来推测传统中国市场交换关系可能的发展方向或社会后果，都可能事倍而功半。

除此之外，由于中国历史上缺乏罗马法那样形式主义的法律传统，尽管很早已形成了私有财产，却一直缺乏明确的排他的私人财产法权观念。国家对私人和共有财产的经常性侵犯，乡族势力对私有财产转移的习惯性干预，土地屡卖不断的现象，农民中普遍存在的均平理想，包括饥民吃大户和士绅百姓的遏籴行为等，都是缺乏绝对的私有财产法权观念的反映。社会心理的深层结构对完全排他的私有财产占有权、享有权和支配权的否定，使市场交换关系带上了人格化的特征，这自然会削弱整体市场活动的经济导向性。另外，由于缺乏根据普遍性原则制定的法律依据和形式主义的司法制度作为保障，在市场上进行交换的主体之间经济行为的可计算性和可预测性就得大打折扣，市场根据经济原则理性化地运作也就很难实现。这也是整体市场活动非经济导向性的一种表现。

在中世纪后期和近代早期的欧洲，资本主义社会形态确实是在国内市场较为发达、市场关系深入生产领域之后产生的。这一众所周知的历史进程使有的人以为发达的市场不仅是资本主义产生的前提，而且是其充分条件。许多学者也许从未用明晰的语言表达这一观念，但在其对传统中国社会末期社会发展的研究中，往往不假思索地认为当时日趋活跃的商品交换和商品生产活动会自然而然地导致资本主义的产生。他们关心的是劳动产品进入市场的比例、市场上商品的流通量和流通方向、国内市场的发展状况，把零星出现的一些以市场交换为目的的经济活动中对雇佣劳动的使用称之为"资本主义萌芽"，认为它们具有向资本主义发展的导向性。如果仅仅把资本主义理解为一种交换关系或劳动组织形式，这样的思路无疑是合理的。但是我们知道，资本主义不仅是一种经济关系，它同时也是一种权力体系、社会结构和文化价值形态。所以，仅仅从市场关系或商品经济发达程度寻找传统中国社会未能自发实现结构性变革的原因，可能是不够的。对一个领主制经济占较大比重，农村公社残余一直存在，有较强自给自足性质的地区来说，资本主义产生的首要条件自然是市场的重建和发展，而对于上千年来国内贸易从未中断，市场交换关系一直相当活跃的国度来说，其未能自发进入近代社会就可能有其他更本质的原因。马克思曾经指出："把我关于西欧资本主义起源的历史概述彻底变成一般发展道路的历史哲学理论，一切民族，不管他们所处的历史环境如何，都注定要走这条道路……他这样做，会给我过多的荣誉，同时也会给我过多的侮辱。……极为相似的事情，但在不同的历史环境中出现就引起了完全不同的结果。"① 因此，在考察市场机制与社会变迁的关系时，不能仅仅看到一些相同的现象就认为中国市场必定具有与西欧市场相同的特质和社会导向，也不能仅仅从市场结构内部进行分析，只有把市场置于广阔的社会文化背景下进行研究，才能更接近真实地重建历史。当然这是一项任重而道远的工作。

---

① 马克思：《给"祖国纪事"杂志编辑部的信》，见《马克思恩格斯全集》，中文 1 版，第 19 卷，130～131 页，北京，人民出版社，1963。

附录一　清代的粮价奏报制度

粮价单和雨水粮价折是本书所依据的主要资料之一。弄清这些材料所由之产生的清代粮价奏报制度的基本情况，对理解本书讨论的基本问题是有帮助的。如第一章所述，全汉昇、王业键、威尔金森、马立博、岸本美绪、陈金陵、刘岿和王道瑞等学者对这一制度都作过专门讨论。现结合前人研究成果，根据笔者发现的档案材料，对这一制度作一评述性介绍如下。

一、清代粮价奏报制度的基本情况

清政府建立粮价奏报制度主要是出于行政和财政两方面的考虑。就行政方面而言，清政府也和此前历代王朝一样，把防治灾荒作为维持社会秩序的重要措施，由于"谷价贵贱，民食攸关"①，就要求各级官吏随时注意粮价动态并上报，以便通过行政干预，防灾荒于未然。就财政方面而言，政府的军需、河工、仓谷的出粜或入籴，各衙门书吏员役的工食等财政收支都直接与粮价有关，这也要求对各地粮价有较清晰的了解。

清代粮价奏报制度开始于康熙中叶。现存最早的粮价奏折是康熙三十二年(1693)七月苏州织造李煦关于苏州得雨和米价的奏报，以后各地官员的奏折中逐渐有关于雨雪和粮价的报告。雍正帝曾责备安徽巡抚魏廷珍说："若依此论，则当年圣祖命各省督抚折奏米价雨旸，乃无益徒烦

---

① 《清朝续文献通考》，第 56 卷，《市籴一》。

之举矣?"①说明粮价奏报制度的建立是由于康熙帝的命令。从康熙到雍正,官员们的各种粮价报告越来越多,反映了这一制度越来越被重视。但当时对奏报粮价的时间、项目、粮价报告的格式都没有统一规定,各地官员或专折报告粮价,或于奏报其他事情的折子中附带提及粮价,或仅概述通省粮食的最高价与最低价,或将各府州粮价一一胪列,很不一致。这些粮价报告在《雍正朱批谕旨》《李煦奏折》《康熙朝汉文朱批奏折》《宫中档雍正朝奏折》等公开出版的大型档案汇编中多有收录,可供参阅。

就笔者看到的档案,乾隆元年(1736)六月以前粮价报告的格式仍然不够一致,但各督抚已逐月报告其辖区的粮价。乾隆元年(1736)六月,乾隆帝发布如下谕旨:

> 各省督抚具折奏事时可将该省米粮时价开单就便奏闻,其奏报单内或系中价,或系贱价,或系贵价,逐一注明;其下月奏报之价与上月或相同,或不相同之处,亦并注明。②

这个谕旨对粮价单与一般的雨雪粮价折作了区分,对粮价单的格式作了明确规定。乾隆三年(1738)二月再次下谕:

> 阅德沛(湖广总督——引者)米麦清单甚属明晰,可寄各省督抚,著照此式奏报。③

这个谕旨为粮价单的格式提供了范本。以后各省督抚统一按德沛的格式奏报粮价,粮价单奏报制度至此正式形成。粮价报告也明确区分为经常性报告和不规则报告两种。

经常性报告按县—府—省—中央的程序上报。王业键先生认为州县

---

① 《宫中档雍正朝奏折》,第13辑,501~502页,魏廷珍奏报皖省麦收分数粮价折。
② 档案:朱批,广东巡抚杨永斌所奏乾隆元年六月广东粮价单。
③ 转引自刘崴:《清代粮价奏折制度浅议》,载《清史研究通讯》,1984(3)。

粮价由知县(州)按旬开折呈报知府。不过,恐怕也存在着按月上报的情况。例如乾隆三十一年(1766)贵州布政使良卿就提到:"州县月报米谷价值,督抚大吏确核入告,原无不实。"①柳诒徵于 20 世纪 30 年代用表格形式公布了他发现的光绪末年江苏各县约 2 000 个县级报告和府的概括性报告,威尔金森也在日本发现了 20 世纪最初 10 年中陕西、四川各地的约 5 000 个县级报告,这是笔者所知两批仅存的县级粮价报告。知府在查核州县的报告后,将各县和自己所作的全府的概括性报告一起上报布政使。布政使在这些报告的基础上,提出全省粮价的概括性报告,其中包括某一月份各府州各种主要粮食的最高价和最低价,与上月粮价的比较以及"价中""价贱""价贵"之类的说明。这一概括性报告分送总督和巡抚,督抚上报皇帝的粮价单实际上只是布政使所送报告的复制品。不过,在向皇帝报告之前,督抚自己还要进行一次核对,两广总督鄂弥达上报米价时就讲到,"谨据东西布政使报到清册,臣复加查核无异"②,广东巡抚郭世勋在奏报粮价单时也特别说明:"据布政使许祖京具报前来,臣复查各属禀报相同。"③乾隆中期以前,总督和巡抚都有上报粮价的责任,所以在大多数情况下,皇帝每月可以接到关于同一省份内容相同的两份粮价单。④ 粮价单经常附在一个奏折后,奏折描述的内容包括全省各地一个月来的天气情况、农作物生长状况、主要农事活动、商情、民情、全省某种粮食的最高价和最低价等,这种奏折通常被称为雨雪(水)粮价折。本书所利用的就是这种最后送达皇帝的粮价单和雨雪粮价折。此外,据威尔金森、王业键的研究,各省每月还要编制一份包括各县主要粮食价格的细册,送户部备案。这种细册迄今尚未被发现。

---

① 《皇朝经世文编》,第 39 卷,《户政十四》。

② 档案:朱批,乾隆二年正月十五日两广总督鄂弥达奏。

③ 档案:朱批,乾隆五十七年九月十五日广东巡抚郭世勋奏。

④ 王道瑞认为乾隆十三年以后总督陆续不再奏报粮价,参见王道瑞:《清代粮价奏报制度的确立及其作用》,载《历史档案》,1987(4)。但就广东而言,这一转变迟至乾隆二十八年才发生,详见本书附录三。

不规则报告是经常性报告之外的粮价奏折，它通常是由不负定期上报粮价责任的官员上报的。就笔者看到的材料，乾隆年间广东官员陈奏粮价情形的就有布政使、学政、将军、提督、右翼副将、粤海关副监督、潮州总兵、琼州总兵、高州总兵和南澳总兵等。① 他们上奏的可以是赴任或巡视途中的调查所得，也可以是对驻扎地区雨水粮价情况的简单描述；可以是亲身调查，也可以根据属员的报告(如广东提督宝瑛、广州将军锡特库等人的折子都注明"据各属所报米价""据各府州呈报米价")，还可以委派手下人到各地调查(如粤海关副监督郑伍赛就讲到"粤东地方辽阔，年时米价访查往返费时"②)；可以专折上奏，也可以在奏及其他事情时附带提及。总之，没有一定的程序、格式。总督、巡抚依据未经正常的粮价上报系统得到材料而提出的报告也属于不规则报告。③ 不规则报告的主要作用之一在于对经常性报告的真实性提供检查。

二、粮价单的可比性问题

可比性是评价清代粮价单最重要的问题之一。粮价单中的数据不管在时间上还是在空间上都必须是可以比较的，对我们的研究才有意义。下面我们就从商品种类、市场水平、量衡制度、价格标准这几个主要的方面来讨论这一问题。

---

① 关于这个问题的例证，可参见档案：朱批，乾隆四十六年七月十七日广东布政使郑源琦奏，乾隆四十五年八月初六日广东学政李调元奏，乾隆十五年八月二十七日广州将军锡特库奏，乾隆四十六年七月初二日署广东提督宝瑛奏，乾隆二年十一月二十二日广东右翼副将管总兵事王涛奏，乾隆二年七月二十六日粤海关副监督郑伍赛奏，乾隆六年六月初四日潮州总兵武绳谟奏，乾隆二年四月十二日琼州总兵武进升奏，乾隆三十八年正月二十五日高州总兵马乾宜奏，乾隆二年十一月二十二日南澳总兵张天骏奏。

② 档案：朱批，乾隆元年九月十九日粤海关副监督郑伍赛奏。

③ 这方面的例证可参见档案：录副，乾隆四十二年八月二十四日两广总督杨景泰奏。杨上奏请求于是年十月陛见皇帝，顺便报告了当时广州米价。

关于商品种类，各省粮价单开列的粮食种类不尽相同，一般都同时胪列本省几种主要粮食的价格，米价是必报的项目之一。稻米是广东的主粮，所以广东粮价单历来只开列米价一项。从本书附录四可以看到，当时广东粮食市场出售的不但有大米，而且有大量的稻谷，但粮价单上从未开列过谷价。可以假定，如果县级官员收集到的是稻谷，价格一定会按当时官方规定的"谷二米一"①的标准折算为米价。从乾隆三年（1738）开始，广东各府州米价都按上米、中米、下米开列，这种区分主要根据水稻的品种，如乾隆《灵山县志》就指出花粘、过洞粘、齐粘、八月粘、霜降粘五种稻米"气香味甘，饱食易化，上米也"，而交趾粘则"米白味淡……贾人以为下品"②。从清代地方志的记载看，当时广东各地的水稻品种大同小异，可以认为各地对上、中、下米的划分标准是基本一致的。因此，从商品种类的角度说，粮价单中的数字是可比的。

关于市场水平，可以肯定粮价单上的数据是县级官员从粮食销售市场上收集到的。两广总督班第在粮价单的结尾处总是注明"以上粮价均照各府州市集时估据实开报"③，两广总督李侍尧在报告雨水粮价情形时也说明所报的是"市集粮价"或"省会、各属墟市粮价"④，都可以证明这一点。而且，从第二章第三节所述佛山和县城米铺的情况看，这些数据是由米铺上报给巡检司或县衙门书吏，再由他们报告县官的。目前还未见有直接证据反映这些数据是零售价还是批发价，但批发价的可能性更大一些。而且，从种种迹象判断，在当时的市场条件下，粮食贸易中批发价和零售价的差别是很小的。例如，常平仓谷的粜籴都与当时当地的粮价发生联系，平粜采取零售的形式，入籴则成批购进，如批零差价很大，地方官员根据上报的粮价（不管是批发价还是零售价）来进行预算都会与

---

① 参见雍正《大清会典》，第 39 卷，《积贮》。
② 乾隆《灵山县志》，第 6 卷，《物产》。
③ 档案：朱批，两广总督班第所奏乾隆十八年十二月两广粮价单。
④ 档案：朱批，李侍尧乾隆三十五年三月二十八日、三十八年正月十九日奏（2 件）。

实际情形产生较大出入，但他们似乎一直未曾注意或提及这一问题。根据以上分析，似可认为，从市场水平的角度看，粮价单的可比性也是较强的。

关于量衡制度，清代米粮的出售一般采取石、斛、斗、升等容量单位(1 石＝2 斛＝10 斗＝100 升)，这一点是没有疑义的。问题在于当时这些单位的实际容量因时因地因商品而异，极不统一。以广东为例，新兴县、香山县有与仓斗不同的所谓"乡斗""乡小斗"[①]，归善县有"加一""加五"[②]等各种私量，琼州府"土名一斗谓之一筥，每一筥较仓斗多二升"[③]，民国《潮州志》所记潮州地区有"万世保斗""海斗""麦场斗"等 22 种斗，其容量相差竟在 4 倍以上。实际上，当时几乎每个县都有自己的计量制度。庆幸的是，粮价单中所用的量制单位没有出现类似的混乱局面，督抚大都在粮价单中注明以"仓石"为单位，有的写得更加清楚，"以上通省各州县米价俱系仓斗纹银合算"[④]，说明他们都已注意到量制统一问题。仓石是清代官方用于粮食收支的统一的量制单位，它以户部颁发的铁斛为标准[⑤]，地方官员对于仓石与本地量制的折换比例应该是十分熟悉的，因为这种折换在征收赋税、仓谷粜籴、支发工食等日常财政活动中是经常进行的。由于量制的一致，粮价单的可比性又增强了。

关于价格标准，清代粮价单用纹银和库平两开价，这一点已为以前的研究者所证明。在本书附录四我们可以看出，许多地方的粮食是用制钱开价的，不过，官员们在上报粮价时都会折算为银两。乾隆五十一年(1786)曾"复准各省市换钱价长落，随时行令将市换钱价有无增昂，按月查明，按季报部，以凭查复"[⑥]，可见地方官员对于银钱比价的变动应该

---

① 康熙四十四年《新兴县志》，第 18 卷；康熙《香山县志》，第 1 卷。
② 康熙《归善县志》，第 2 卷，《邑事纪》。
③ 档案：朱批，乾隆二年四月十二日琼州总兵武进升奏。
④ 档案：朱批，广东巡抚杨永斌所奏乾隆元年九月广东粮价单。
⑤ 参见《户部则例》，第 28 卷，《仓庾》。
⑥ 《清朝续文献通考》，第 19 卷，《钱币一》。

是十分了解的。此外，清代银两的成色、重量单位(平)也很不一致，但有理由相信地方官员通晓其相互关系并在上报粮价时进行了折算，因为这种折算在他们征收赋税、支付各种工食银两时也是要进行的。所以，从价格标准这个方面看，粮价单所列数据也是可以比较的。

上述商品种类、市场水平、量衡制度和价格标准是影响物价数据可比性的四个主要因素，对它们的分析表明，清代粮价单是可以进行比较的。

三、粮价单的可靠性问题

这里我们要讨论的问题有两个：首先是清代粮价报告本身的真实性，其次是各种可利用的清代物价资料中有没有比粮价报告更可靠一些的。

关于第一个问题，我们认为清代粮价奏报制度本身已包含了防止地方官员弄虚作假的努力。清朝统治者对粮价奏报制度是十分重视的，为保持粮价报告的真实性采取了许多措施。

措施之一是皇帝的经常检查。按清朝规定，每份奏折都要由皇帝亲自批阅，粮价单和雨水粮价折自然也不例外。至少在清朝中期以前，最高统治者对粮价报告是十分重视的。康熙、雍正皇帝在粮价奏折上的批示已收录于前面讲过的几部大型档案汇编中，恕不赘列。以我们讨论的乾隆朝为例。乾隆帝自始至终十分注意粮价报告，所作的批示举不胜举，就是在本文所利用的广东粮价单上也时有所见。例如，乾隆二年(1737)五月广东粮价单有这样的朱批："七月方奏五月米价，其故云何？"①是年十二月广东粮价单上又有"览各属米价腾贵，当此青黄不接之时，与督臣吴为筹画民者，毋致一夫失所，方慰朕怀"②的朱批，对粮价的重视可见

---

① 档案：宫中档朱批奏折·粮价单类，奏者不详。

② 档案：朱批，粮价单类，奏者不详(从朱批内容判断，估计为署广东巡抚王謩所奏)。

一斑。到其晚年，乾隆帝还专门强调："嗣后各该督抚等务宜各加愧厉，留心查察，严饬所属州县以谷价贵贱，民食攸关，每月粮价务须核实呈报，不得因有采买等事，先行浮开数目，以便任意侵肥。"①至乾隆六十年(1795)十一月十六日，在行将退位之际，他还在署两广总督朱珪所报雨水粮价折上作了如下长篇批示：

> 朱珪奏地方雨水粮价情形一折，阅所开粮价单内广州等府米价有较上月贵二分至七八分不等者。广东本年雨水调匀，秋成尚属丰稔，现据该署督奏，各处商贩商船连樯辐凑，是市集粮食充盈，价值自应平减，何以较上月粮价转有增昂？是否系该处市侩因收成较好，预抬价值以为将来减落地步；或系地方官为采买起见，将粮价有意多开，以便采买时可以浮冒。均未可定，著传谕朱珪留心查察。至现在市价较上月稍有增昂，于民食究竟有无妨碍，并著查明复奏，以慰廑念。将此谕令知之。②

　　不管他的责问有理与否，其对待粮价报告的认真态度跃然纸上。值得注意的还有，他讲到防止地方官有意多开粮价的问题。当然，封建君主重视粮价报告并非真正出于对人民生活的关心，但这种重视毕竟可以对地方官员产生一种威慑作用，使之不得不有所顾忌。

　　措施之二是不规则报告的存在。对一个地区的行政、财政不负直接责任的官员随时随地都可以向皇帝报告这个地区的收成、雨雪、灾荒、粮价等情况，这些奏折对于正常上报的粮价单是最有效的检查物。它的存在对于保证粮价单真实性所起的作用是最重要的。皇帝对于这类奏折也是十分重视的，例如乾隆皇帝在批阅粤海关副监督郑伍赛所上的雨水粮价折时写道："知道了。督抚散赈，若讳灾掩饰及属员冒销，泽不下逮

---

　　①　《清朝续文献通考》，第 56 卷，《市籴一·乾隆五十七年谕》。
　　②　档案：朱批，乾隆六十年十二月初二日署两广总督暂留广东巡抚朱珪奏(根据军机处录副奏折中此奏的抄件确定朱批时间)。

者，应据实奏闻。"①明确要求他监督督抚的活动。

措施之三是几种经常性粮价报告的同时存在。乾隆中期以前，皇帝每个月都可以得到分别来自总督和巡抚的关于同一省份粮价的两份奏折，各省布政使每月还要把一本粮价清册送交户部，这几份材料互相比较的可能性使督抚在上报粮价时难以单独弄虚作假。而清代地方高级官员的高度流动性②，又使共同作弊成为一种十分困难的事情。

综上所述，清政府保证粮价报告制度可靠性的措施还是比较严密的。可以假定，至少在清代中期以前，在其行政制度比较强有力的时期，粮价单的可靠性还是较有保证的。

但是，和一些研究者的看法不同，我们认为粮价奏报制度中的弊病也是明显的。

首先，府和省两级都较少对下级粮价报告进行有效的检查。这就使府州一级和州县一级的官员可能在开仓平粜时报低粮价，在买谷入仓时报高粮价，从中渔利；也使他们可能在灾荒时为推卸责任把粮价报低，或为争取减免赋税而故意报高价格。乾隆六年(1741)就任广东巡抚的王安国"到任后检查各属所报雨水米价，未尽确实，不无粉饰之处"③，就反映了这个问题。第二章第三节提到五斗口巡检司书吏指使佛山米铺报价头人少报粮价和县城米铺浮开米价的情况，说明这一制度在最开始的环节已存在作弊的事实。

其次，多种粮价报告的存在虽然为朝廷提供了进行比较检查的可能性，但这种检查并非经常进行，清政府对收到的粮价单也从未做过系统的整理，这样仍然为作弊提供了可能。乾隆帝曾说过，"各省督抚每月所报粮价，往往多就轻减之价开报，本不尽实"④，说明他也觉察到问题的

---

①　档案：朱批，乾隆二年十一月二十二日粤海关副监督郑伍赛奏。

②　例如，乾隆朝 60 年中任广东巡抚的有 29 人次，任两广总督的有 28 人次。

③　档案：朱批，乾隆六年六月广东巡抚王安国奏"为谨陈粤东雨水米价，仰祈圣鉴事"。

④　《清朝续文献通考》，第 56 卷，《市籴一》。

存在。乾隆十一年(1746)闰三月,广东琼州府米价"因路远尚未报到"①,两广总督策楞就用该府三月份的米价作为闰三月米价上报②,同年六月他又用同样方法作弊③,这种敷衍搪塞的行为只要对比一下总督、巡抚的奏折就可发现,但居然没有被觉察。乾隆四十四年(1779)十月至四十六年(1781)闰五月连续 21 个月中,广东南雄府所报米价完全相同④,这种甚为反常的现象也不曾引起乾隆帝的注意。上述例子证明,弄虚作假的现象在粮价奏报制度中是存在的,即使在清代中期以前也不排除官样文章的可能性。

不过,从粮价单和其他粮价奏折的内容看,大多数官员是负责任的,在大多数情况下,他们的报告还是可靠的。马立博曾用电子计算机对1738 年至 1795 年广东和广西粮价单相邻月份的米价重复率进行统计,以此检验米价数据的真实性。在他收集到的 35 674 个米价数据中,与相邻月份不同的占 83%,2 个月相同的占 8%,3 个月相同的占 4%,4 个月以上重复的仅占 5%。⑤ 这一分析结果与同时期米价数据的真实程度大体相近。问题不仅仅在这里,问题还在于目前我们可以利用的几种清代物价材料中,粮价单和雨水粮价折对我们的研究是最有用的。

除粮价单外,清代物价资料比较集中地保存于方志、簿记、笔记和粮价单外的其他档案中。

地方志中收录的物价资料十分丰富,笔者从清代广东方志中辑录到的清代广东粮价数据在 600 个以上(与本书有关的 18 世纪的数据已收录于本书附录四),这些材料当然是难得的,也可以为研究者们所利用。但从本书附录四可以看出,这些数字大多是灾荒年月的极端高价,很难用

---

① 档案:朱批,广东巡抚准泰所奏乾隆十一年闰三月广东粮价单。

② 参见档案:朱批,两广总督策楞所奏乾隆十一年闰三月广东粮价单。

③ 参见档案:朱批,两广总督策楞所奏乾隆五十一年六月广东粮价单。

④ 资料来源参见本书附录三。

⑤ 参见 Robert Marks, *Food Supply*, *Market Structure and Rice Price in Eighteenth Century South China*:*The Qianlong Long Wave*, draft, 1990。

于对正常经济状况的分析，而且他们使用的价格标准、量衡制度也很不统一，可比性较差。

账本、租簿、收支簿之类的簿记材料中也有丰富的物价资料，它们过去较少为人们收集和保存，从笔者看到的十几个清代广东簿记①看，这部分物价资料很具体，反映的商品种类很多，可靠性很强，完全有必要进行更加深入的研究。不过，目前保留下来的簿记材料大多年代偏晚，量衡制度和价格标准也不一致，而且局限于某一小地区，不利于作较宏观的分析。

清人的笔记、文集中也保存有较多的物价资料，但比较零散，大多过于笼统，只能用于一般性的描述，难以在较严密、细致的定量分析中被利用。

除粮价单和其他专门粮价奏折外，清代各种档案中物价材料也为数不少，本书附录四所收录的出自《清代地租剥削形态》的粮价数据，实际上就是根据刑科题本的材料折算的。但是，这些材料的整理尚待时日，还不可能在物价史研究中被大量运用，其系统性、可比性也逊于粮价单。

通过上面的分析，可以认为，尽管清代粮价单和其他粮价报告在可靠性方面还不能尽如人意，但较之其他可以利用的材料，其系统性、可比性和可用性仍然比较高，这就是本书主要根据粮价单来展开研究的基本理由。

---

①　这些簿记为：广东省中山图书馆所藏的《家用收支簿》《善善堂租簿》《善善堂收支簿》《癸卯年娶媳妇支用簿》《进支银簿》《戊戌年娶媳妇支用本》《买物归来价值记》《石楼陈启秀堂租簿》《顺德地方自治研究社己酉年收支清册》，广东省社会科学院图书馆所藏《朱九江家用册》等。

附录二 康熙四十六年至雍正十三年
(1707—1735)广东米价

说明：

(1)本附录的资料根据：《康熙朝汉文朱批奏折汇编》(北京，档案出版社，1984—1985，本文以下简称《康熙奏折》)，《宫中档雍正朝奏折》(台北，"故宫博物院"，1977—1979，本文以下简称《雍正奏折》)和《雍正朱批谕旨》(本文以下简称《雍正朱批》)。全汉昇和克劳斯在 *Mid-Ch'ing Rice Markets and Trade：An Essay in Price History* 一书对《雍正朱批》中的米价数据作了系统整理，本附录中所有来自《雍正朱批》的数字均转引自他们的著作第154～160页，表 D-9。

(2)本附录各府州简称如下：广：广州府；南：南雄府；韶：韶州府；惠：惠州府；潮：潮州府；肇：肇庆府；高：高州府；雷：雷州府；廉：廉州府；琼：琼州府；罗：罗定州；连：连州(该州设于雍正五年)；嘉：嘉应州(该州设于雍正十一年)。县以下的地名用全称。未注明地点的数据为全省米价。

(3)本附录所有数据除注明者外，均为米价，单位为：两(纹银)/仓石(米)。

(4)表中月份均为农历月份。

时间	价格	奏报者	资料来源
康熙四十六年八月	0.80	范时崇	《康熙奏折》，第 1 册，676～677 页
四十七年五月	0.80	范时崇	同上书，第 2 册，49～51 页

续表

时间	价格	奏报者	资料来源
康熙四十八年六月	0.80	范时崇	《康熙奏折》，第 2 册，520～522 页
十月	0.80	范时崇	同上书，第 2 册，657～658 页
四十九年五月	惠、潮 0.90；琼 0.80；其余 0.70	范时崇	同上书，第 2 册，876～877 页
五月	广州城 0.72～0.73	管源忠	同上书，第 2 册，883～884 页
五十年六月	广州城 0.72～0.73	管源忠	同上书，第 3 册，612～613 页
五十一年六月	广州城 0.80～0.90	管源忠	同上书，第 4 册，285 页
十一月	沿海州县 1.30～1.40	陈元龙	同上书，第 4 册，538 页
五十二年一月	1.40～1.50	管源忠	同上书，第 4 册，667页
三月	2.00	管源忠	同上书，第 4 册，722～723 页
四月	1.70～1.80～2.00	王文雄	同上书，第 4 册，770页
五月	3.20～3.30	管源忠	同上书，第 4 册，838页
闰五月	1.40	管源忠	同上书，第 4 册，931页
六月	广州城 1.30；广 1.00～1.10；南 1.10～1.20；韶 1.20～1.30；惠州城 1.00；惠 0.80～0.90；潮州城 0.95；潮 0.80～0.90；肇庆城 1.30；肇 1.00～1.10；高 1.20；雷 1.30；廉 1.20；琼 1.20；罗定州城 1.00；罗 0.90	赵弘灿	同上书，第 5 册，11～14 页
六月	1.00～1.20	王文雄	同上书，第 5 册，38～40 页
七月	1.20～1.30	管源忠	同上书，第 5 册，93～94 页
九月	1.10	管源忠	同上书，第 5 册，199～201 页
十月	0.90～1.00	王文雄	同上书，第 5 册，230～232 页
五十三年四月	0.90～1.00	赵弘灿	同上书，第 5 册，513～514 页
五月	0.70	赵弘灿	同上书，第 5 册，600～602 页

时间	价格	奏报者	资料来源
康熙五十三年六月	0.70	管源忠	《康熙奏折》，第 5 册，648～650 页
六月	广州城 0.70～0.80	王文雄	同上书，第 5 册，664～666 页
十月	高要县上白米 0.80(上白米)，0.70(中白米)，0.58(红米)	赵弘灿	同上书，第 5 册，791～793 页
五十四年四月	潮 0.90～1.00；其余 0.70～0.80	杨 琳	同上书，第 5 册，165页
六月	0.70～0.80	赵弘灿	同上书，第 6 册，271～272 页
七月	广州城 0.74～0.75～0.80	管源忠	同上书，第 6 册，347～349 页
十月	广州城 0.85～0.86～0.90	管源忠	同上书，第 5 册，548～550 页
十一月	0.80～0.90	赵弘灿	同上书，第 6 册，602～603 页
十一月	广、琼 0.80(粗米)，0.90(细米)；南、韶、惠、潮、肇、高、雷、廉、罗 0.70～0.80	杨 琳	同上书，第 6 册，633页
十一月	0.70～0.90	王文雄	同上书，第 6 册，639页
五十五年一月	广、肇 1.10～1.20；惠、潮、南、韶 0.90～1.00；高、雷、廉 0.70～0.80	杨 琳	同上书，第 6 册，772页
一月	广、肇 1.10～1.20；惠、潮 0.90～1.00；高、雷、廉 0.70～0.80	王文雄	同上书，第 6 册，782～784 页
五月	广、肇、潮 1.20～1.30；南、韶、肇、罗 1.00～1.10；高、雷、廉 0.60～0.70；琼 0.70～0.80	杨 琳	同上书，第 7 册，127页
六月	广、惠、肇 0.90～1.00；南、韶、罗 0.80～0.90；高、雷、廉、琼 0.70～0.80；潮 1.10～1.20	王文雄	同上书，第 7 册，258页
七月	0.80～1.00	赵弘灿	同上书，第 7 册，329～332 页
九月	0.70～0.90	赵弘灿	同上书，第 7 册，440～441 页
九月	潮 1.00～1.10；其余 0.70～0.80	杨 琳	同上书，第 7 册，451页
十月	0.60～0.80	王文雄	同上书，第 7 册，497～498 页

续表

时间	价格	奏报者	资料来源
康熙五十六年四月	广、潮、肇 0.70～0.80；其余 0.60～0.70	杨　琳	《康熙奏折》，第 7 册，883～885 页
五月	0.70	王文雄	同上书，第 7 册，928～929 页
六月	0.60～0.70	王文雄	同上书，第 7 册，1064～1065 页
六月	广、惠、潮、肇 0.70～0.80；南、韶、高、雷、廉等 0.60～0.70	杨　琳	同上书，第 7 册，1075 页
六月	0.75～0.76	管源忠	同上书，第 7 册，1076～1079 页
九月	广、惠、潮、肇 0.90～1.00；其余 0.65～0.70	杨　琳	同上书，第 7 册，1218 页
五十七年三月	广、惠、潮、肇 0.90～1.00；其余 0.70～0.80	杨　琳	同上书，第 8 册，76 页
六月	0.75～0.76～0.80	管源忠	同上书，第 8 册，157 页
六月	广、惠、潮、肇 0.70～0.80；其余 0.50～0.60	杨　琳	同上书，第 8 册，199 页
九月	广、惠、潮、肇、琼 0.70～0.85；南、韶、高、雷、廉 0.50～0.70	杨　琳	同上书，第 8 册，326 页
五十八年三月	广、惠、潮、肇、琼 0.70～0.85～0.86；南、韶、高、雷、廉 0.50～0.70；均为下米	杨宗仁	同上书，第 8 册，437页
五月	广、惠、潮、肇、琼 0.70～0.86；南、韶、高、雷、廉 0.50～0.70	杨　琳	同上书，第 8 册，490页
九月	广、惠、潮、肇、琼 0.67～0.82；南、韶、高、雷、廉 0.65～0.70	杨　琳	同上书，第 8 册，609页
五十九年六月	广、惠、潮、肇 0.70～0.75～0.76；南、韶、高、雷、廉、琼 0.50～0.70	杨　琳	同上书，第 8 册，713页
十一月	广、惠、肇 0.90～1.10；南、韶、潮、高、雷、廉、琼 0.60～0.90	杨　琳	同上书，第 8 册，743页
六十年闰六月	广、惠、潮、肇 0.90～1.00；高、雷、廉、琼、南、韶等 0.70～0.80	杨　琳	同上书，第 8 册，821页
六十一年五月	0.90～1.00	杨　琳	同上书，第 8 册，903页

续表

时间	价格	奏报者	资料来源
康熙六十一年九月	省城0.80～0.90;外府0.60～0.80	杨 琳	《康熙奏折》,第8册,928页
雍正元年五月	广、惠、潮 0.80～0.90;南、韶、肇 0.70～0.80;高、雷、廉、琼 0.65～0.70	杨 琳	《雍正奏折》,第1辑,255～256页
六月	广、惠、潮 0.80～0.90;南、韶、肇、罗 0.70～0.80;高、雷、廉 0.65～0.70	年希尧	同上书,第1辑,315页
雍正元年十月	0.85～0.86～0.90	管源忠	同上书,第1辑,854页
十一月	高州城 0.50～0.60(细米);其余 0.70(粗米),0.80(细米)	杨 琳	同上书,第2辑,66页
二年四月	省城 0.80(细米),0.70(粗米);各府 0.60～0.70	年希尧	同上书,第2辑,525页
六月	广、惠、潮、肇 0.70～0.80 高、雷等 0.50～0.60	孔毓珣	同上书,第2辑,729页
六月	0.70～0.80	管源忠	同上书,第2辑,775页
十月	广、南、韶、惠、潮、肇 0.85～0.86(细米),0.77～0.78(粗米);高、雷、廉、琼 0.50～0.60	孔毓珣	同上书,第3辑,303页
十月	0.80～0.90	管源忠	同上书,第3辑,286页
三年四月	广、肇 0.80～0.90;其余 0.70～0.80	孔毓珣	同上书,第4辑,92页
六月	0.75～0.80(细米),0.65～0.70(粗米)	孔毓珣	同上书,第4辑,591页
十一月	0.90(细米),0.80(粗米)	孔毓珣	同上书,第5辑,379页
十二月	广、惠、肇、潮、韶、南 0.60～1.40;高 0.33～0.55;雷 0.46～0.85;廉 0.65～0.70;琼 0.63～0.85;罗 0.81～1.00	杨文乾	《雍正朱批》,第2函,第1册
四年二月	潮 2.40～2.50	万际端	同上书,第2函,第4册
四月	广、惠、潮、肇 2.00;韶、南、琼 1.10～1.20;高、连、廉 0.70～0.80	万际端	同上书,第2函,第4册
四月	广 1.34～1.67;碣石镇2.50～2.60;潮 2.80～3.00	孔毓珣	《雍正奏折》,第5辑,843页
七月	1.00	万际端	《雍正朱批》,第2函,第4册
十月	省城1.10	阿克敦	《雍正奏折》,第6辑,764页

时间	价格	奏报者	资料来源
雍正四年十一月	广、惠、肇、韶、南 1.00～1.20～1.30；潮 1.50～1.60；高、雷、廉 0.70～0.90	孔毓珣	《雍正奏折》，第 6 辑，764 页
十一月	省城 1.50	石礼哈	同上书，第 7 辑，214页
十一月	潮 3.00	毛文铨	《雍正朱批》，第 2 函，第 5 册
十一月	省城 1.70，潮 2.00	杨文乾	同上书，第 2 函，第 1 册
十一月	省城 1.70～1.80	杨文乾	《雍正奏折》，第 7 辑，249 页
十二月	省城 1.20～1.30	杨文乾	同上书，第 7 辑，249 页
五年二月至三月	广州城 2.70～3.00	官　达	《雍正朱批》，第 5 函，第 1 册
三月	潮 4.00	高其倬	同上书，第 14 函，第 5 册
三月	肇庆城 1.20	阿克敦	《雍正奏折》，第 7 辑，659 页
闰三月	肇庆城 1.60～1.70	阿克敦	同上书，第 7 辑，830页
四月	省城 1.50～1.70	常　赉	同上书，第 8 辑，27 页
四月	肇庆城 1.30	阿克敦	同上书，第 8 辑，86 页
五月	肇庆城 1.10～1.20	阿克敦	同上书，第 8 辑，263页
五月	广州城 1.20～1.30	官　达	《雍正朱批》，第 5 函，第 1 册
五月	广州城 1.10～1.20	常　赉	同上书，第 5 函，第 2 册
八月	省城 1.20～1.30	阿克敦	《雍正奏折》，第 8 辑，682页
八月	省城 1.50～1.60；肇 1.40～1.50；南、韶、惠、罗 1.10～1.40；高、雷、1.10～1.20；潮、廉、琼 1.80～2.00	孔毓珣	同上书，第 8 辑，719页
九月	广、肇、惠、潮、韶、南 1.20～1.70；高、雷、廉、琼 0.80～1.00	王绍绪	同上书，第 8 辑，853页
九月	省城 1.20～1.30	阿克敦	同上书，第 8 辑，867页
十月	省城 1.30～1.40	阿克敦	同上书，第 8 辑，198页
十一月	高、雷、廉、琼 0.65～0.80～0.90；南、韶 0.80～1.00；惠、潮 1.50～1.60；广、肇 1.20～1.30	孔毓珣	同上书，第 9 辑，299页
六年三月	碣石镇 1.80～1.90	苏明良	同上书，第 10 辑，127 页
二月至三月	省城 1.50～1.60	石礼哈	同上书，第 10 辑，385 页
四月	省城好米 1.25，次米 1.15	石礼哈	同上书，第 10 辑，385 页

时间	价格	奏报者	资料来源
雍正六年五月	广、惠、潮 1.00	杨文乾	《雍正朱批》,第 2 函,第 1 册
六月	高、雷、廉、琼 0.60～0.80;广、肇、惠、潮、韶、南 0.80～1.00	王绍绪	《雍正奏折》,第 10 辑,686 页
六月	碣石镇 1.20～1.30	苏明良	同上书,第 11 辑,712 页
八月	0.80～1.30	孔毓珣	《雍正奏折》,第 11 辑,331 页
八月	南澳 1.15	许良彬	同上书,第 11 辑,886 页
九月	省城 1.24(上米),1.18(中米),1.12(下米);潮 1.00(上米),0.95(中米);惠 0.90;南 1.40(上米);琼 0.92(上米),0.89(中米),0.85(下米);廉 0.88(上米);始兴县 1.20(上米),1.10(中米),0.97～0.98(下米)	王士俊	同上书,第 11 辑,497～498 页
九月	南澳 1.10	许良彬	同上书,第 11 辑,886 页
九月	碣石镇 0.75	苏明良	同上书,第 11 辑,712 页
十月	高、雷、廉、琼、惠、潮 0.70～0.90;广、肇、南、韶、罗 0.90～1.10	孔毓珣	同上书,第 11 辑,570～571 页
十月	省城 1.10～1.20;广 1.03～1.14;南、韶、肇 1.10～1.20;惠、潮、罗、琼 0.90;高、雷、廉 0.70	傅 泰	同上书,第 11 辑,669页
十一月	广 1.10～1.20;南 1.16～1.17～1.25;韶 1.05～1.06～1.20;惠 0.82～0.98;潮 0.86～0.98;肇 0.97～0.98～1.18;高、廉 0.71～0.78;雷 0.67～0.77;罗 0.82～0.94	王士俊	同上书,第 11 辑,774～775 页
十二月	南澳 0.90～1.00	许良彬	同上书,第 11 辑,886 页
七年三月	1.13～1.14	王士俊	《雍正朱批》,第 7 函,第 1 册
四月	省城 0.80～0.86～0.87;南 1.04～1.10;惠、潮、肇、高 0.70～0.80;廉、雷、琼 0.60～0.70	王士俊	《雍正奏折》,第 12 辑,894 页
四月	省城 0.80～0.86～0.87;南雄府稍贵;其余 0.70～0.80	傅 泰	同上书,第 13 辑,72 页

续表

时间	价格	奏报者	资料来源
雍正七年五月	0.50～0.70～0.80	傅 泰	《雍正奏折》,第13辑,334页
六月	省城0.84～0.85;大埔县、普宁县0.53～0.54;雷、廉0.50～0.60	王士俊	同上书,第13辑,376页
七月	广0.75～0.82～0.83;南0.80～0.85～0.86;韶0.80～0.83～0.84;惠0.60～0.65;潮0.51～0.57;肇0.70～0.73～0.74;高0.53～0.54～0.60;雷0.55～0.63;廉0.73～0.74～0.80;琼0.64～0.65～0.70;罗0.75～0.76～0.80	傅 泰	同上书,第13辑,702页
七月	广0.75～0.83;南0.80～0.85～0.86;韶0.80～0.84～0.86;惠0.60～0.65;潮0.51～0.57;肇0.70～0.74;高0.53～0.54～0.60;雷0.57～0.64;廉0.73～0.74～0.80;琼0.65～0.703;罗0.75～0.76～0.80	王士俊	同上书,第1辑,702页
七月	0.55～0.86	王士俊	《雍正朱批》,第7函,第1册
闰七月	碣石镇小麦0.44两/担,大麦0.20两/担,番薯0.05两/担,下米0.62两/担	苏明良	《雍正奏折》,第14辑,131页
闰七月	0.70～0.85～0.86（中米）,0.55～0.75～0.76(下米)	郝玉麟	同上书,第14辑,166页
八月	潮州沿海0.60～0.70	许良彬	同上书,第14辑,337页
八月	广0.66～0.73;南0.63～0.67;韶0.63～0.67;惠0.55～0.62;潮0.55～0.56～0.60;肇0.61～0.66;高0.52～0.56;雷0.53～0.56;廉0.61～0.66;琼0.55～0.56～0.60;罗0.51～0.55	王士俊	同上书,第14辑,389页
八月	广、肇0.70;惠、潮0.60～0.70;韶、南、高、雷、廉、琼0.80	王绍绪	《雍正朱批》,第11函,第1册
九月	广0.66～0.67;韶0.60;惠0.65～0.66;潮0.56～0.57;肇0.70;高、雷0.55～0.56;廉0.70;琼、罗0.65～0.66;连0.66～0.67;南0.70	傅 泰	《雍正奏折》,第14辑,789～790页

续表

时间	价格	奏报者	资料来源
雍正七年九月	广 0.67～0.72；其余 0.52～0.67	王士俊	《雍正朱批》，第 7 函，第 1 册
十月	0.57～0.70	傅　泰	同上书，第 4 函，第 2 册
十月	广 0.63～0.67；南 0.66～0.67～0.70；韶 0.60～0.63～0.64；惠 0.63～0.66；潮 0.53～0.57；肇 0.67～0.68～0.70；高 0.53～0.56；雷 0.54～0.57；廉 0.67～0.68～0.70；琼 0.63～0.67；罗 0.62～0.66；连0.63～0.67	王士俊	《雍正奏折》，第 14 辑，885 页
十一月	0.53～0.70	王士俊	《雍正朱批》，第 7 函，第 1 册
十一月	广 0.54～0.55～0.60；南 0.61～0.66；韶 0.51～0.55；惠 0.57～0.62；潮 0.47～0.53；肇 0.65～0.66～0.70；高 0.47～0.53；雷 0.46～0.52；廉 0.61～0.66；琼 0.56～0.62；连 0.57～0.63；罗 0.55～0.56～0.60	傅　泰	《雍正奏折》，第 15 辑，101 页
八年一月	广 0.61～0.65；南 0.67～0.68～0.70；韶 0.60～0.64～0.65；惠 0.50～0.53～0.54；潮 0.47～0.53；肇 0.67～0.68～0.70；高 0.50～0.54～0.55；雷 0.53～0.54～0.60；廉 0.55～0.56～0.60；琼 0.60～0.62；连 0.55～0.56～0.60；罗0.55～0.59 广 0.61～0.65；肇、南0.62～0.70；其余 0.52～0.60	王士俊	同上书，第 15 辑，693～694 页
二月	广 0.61～0.66；南 0.65～0.72；韶 0.60～0.64～0.60；	王士俊	《雍正朱批》，第 7 函，第 1 册
三月	惠 0.51～0.57；潮 0.57～0.64；肇 0.66～0.74；高 0.53～0.54～0.60；雷 0.51～0.56；廉 0.61～0.66；琼 0.67～0.72；连 0.60～0.63～0.64；罗 0.61～0.66	王士俊	《雍正奏折》，第 16 辑，172 页
四月	省城 0.62～0.70	傅　泰	同上书，第 16 辑，321 页

续表

时间	价格	奏报者	资料来源
雍正八年四月	0.51~0.73	王士俊	《雍正朱批》，第 7 函，第 1 册
五月	广0.60~0.64~0.65；南0.64~0.74；韶0.61~0.66；惠0.53~0.58；潮 0.50~0.54~0.55；肇0.71~0.76；高 0.50~0.54~0.55；雷0.60~0.64~0.65；廉0.64~0.69；琼0.65~0.68；罗0.50~0.53~0.54；连0.62~0.67	王士俊	《雍正奏折》，第 16 辑，553~554 页
八月	广0.63~0.64；惠0.48~0.49；南0.65~0.66；韶0.63~0.64；潮0.51~0.52；肇0.66~0.67；高0.48~0.49；雷0.48~0.49；廉0.58~0.59；琼0.61~0.62；罗0.48~0.49；连0.56~0.57	王士俊	同上书，第 16 辑，879 页
九月	通省0.50~0.70；琼0.90	郝玉麟	同上书，第 16 辑，897 页
十月	广 0.58~0.62；南 0.61~0.64；韶0.50~0.53~0.54；惠0.45~0.49；潮0.45~0.49；肇0.64~0.67；高0.45~0.48；雷0.50~0.53~0.54；廉0.58~0.62；琼0.61~0.65；罗0.48~0.50；连0.50~0.52~0.53	王士俊	同上书，第 17 辑，59 页
十月	0.40~0.60	郝玉麟	同上书，第 17 辑，132 页
十一月	广0.58~0.62；南0.61~0.64；韶0.50~0.53~0.54；惠0.45~0.49；潮0.45~0.49；肇0.64~0.67；高0.45~0.48；雷0.50~0.53~0.54；廉0.58~0.62；琼0.61~0.65；罗0.48~0.50；连0.50~0.52~0.53	鄂弥达	同上书，第 17 辑，466~467 页
十一月	广0.56~0.62；其余0.50~0.62~0.63	蔡良	同上书，第 17 辑，219 页
十二月	广0.58~0.62；南0.61~0.65；韶0.58~0.60；惠0.48~0.50；潮0.54~0.57；肇0.45~0.48；高0.47~0.48~0.50；雷0.58~0.62；廉0.61~0.65；琼0.66~0.69；罗0.48~0.50；连0.46~0.49	王士俊	同上书，第 17 辑，457 页

续表

时间	价格	奏报者	资料来源
雍正九年一月	0.45～0.67	鄂弥达	《雍正朱批》，第 17 函，第 5 册
三月	广 0.54～0.57；南 0.55～0.58；韶 0.47～0.48～0.50；惠 0.40～0.42；潮 0.53～0.57；肇 0.43～0.46；高 0.41～0.45；雷 0.43～0.47；廉 0.48～0.50；琼 0.53～0.57；罗 0.43～0.46；连 0.40～0.42～0.43	王士俊	《雍正奏折》，第 18 辑，31 页
四月	广 0.52～0.56；南 0.53～0.57；韶 0.46～0.47～0.50；惠 0.38～0.55；潮 0.51～0.55；肇 0.41～0.45；高 0.40～0.42～0.43；雷 0.41～0.45；廉 0.45～0.49；琼 0.51～0.55；罗 0.41～0.45；连 0.38～0.42	王士俊	同上书，第 18 辑，164 页
五月	广、南、韶、琼 0.56～0.60 其余 0.40～0.50	蔡　良	同上书，第 18 辑，296 页
五月	0.38～0.56	王士俊	《雍正朱批》，第 7 函，第 2 册
六月	0.45～0.70～0.80	郝玉麟	《雍正奏折》，第 18 辑，557 页
六月	0.40～0.70～0.80；省城 0.64	鄂弥达	同上书，第 18 辑，560 页
九月	0.50～0.70	郝玉麟	同上书，第 19 辑，60 页
十月	高州府茂名、电白、信宜、吴川等县米 0.63～0.65，谷 0.32～0.33；化州、石城等县米 0.55～0.56，谷 0.28～0.30；雷州府海康、遂溪、徐闻等县米 0.78～0.80，谷 0.41～0.42；廉州府钦州、合浦、灵山等县米 0.61～0.62，谷 0.31～0.32	蔡添略	同上书，第 19 辑，103 页
十二月	广 0.91～0.92；南 0.73～0.74；韶 0.65～0.66；惠 0.80～0.90；潮 0.80～0.90；肇 0.72～0.73；高 0.62～0.63；雷 0.55～0.56；廉 0.65～0.66；琼 0.81～0.82；罗 0.68～0.69；连 0.54～0.55	黄文炜	同上书，第 19 辑，316 页

续表

时间	价格	奏报者	资料来源
雍正十年二月	0.60～1.00	焦祈年	《雍正朱批》，第11函，第3册
三月	0.60～0.70～1.00	杨永斌	《雍正奏折》，第19辑，588页
四月	0.70～0.80～1.00	杨永斌	同上书，第19辑，779页
四月至五月	1.00～1.20	柏之蕃	同上书，第20辑，42页
六月	0.82～0.83	柏之蕃	同上书，第20辑，42页
六月	广 0.78～0.79；南 0.73～0.74；韶 0.76～0.77；惠 0.75～0.76；潮 0.81～0.82；肇 0.73～0.74；高 0.55～0.56；雷 0.75～0.76；廉 0.61～0.62；琼 0.66～0.67；罗、连 0.71～0.72	黄文炜	同上书，第20辑，132～133页
七月	0.54～0.82	杨永斌	同上书，第20辑，234页
九月	潮 0.90	范毓馪	同上书，第20辑，575页
十月	0.50～0.80	杨永斌	同上书，第20辑，724页
十月至十一月	广、惠、肇、潮 1.40～1.50	鄂弥达	《雍正朱批》，第17函，第6册
十一年一月	潮 1.33～1.34(市斗)，1.15～1.16(仓斗)	范毓馪	《雍正奏折》，第21辑，94页
三月	0.60～0.70～1.20	鄂弥达	同上书，第21辑，253页
春	广、肇、潮 1.40～1.50	鄂弥达	同上书，第21辑，253页
四月	0.60～1.20	杨永斌	同上书，第21辑，524页
五月	0.60～1.06	杨永斌	同上书，第21辑，637页
六月	潮 1.08(市斗)，0.89(仓斗)	范毓馪	同上书，第21辑，686页
六月	海丰县 0.77～0.78，谷0.38～0.39；陆丰县、惠来县 0.91～0.92	蔡添略	同上书，第22辑，613～614页
七月	0.6～1.0	鄂弥达	同上书，第21辑，779页
七月	高、雷、廉 0.80～0.90；琼、潮 1.50～1.60；惠 1.60～1.70；南、韶、肇 1.30～1.40；省城 1.20～1.30	毛克明	同上书，第22辑，43页
八月	海丰县米 0.70，谷 0.35；陆丰县、惠来县米 0.91～0.92，谷 0.45～0.46，番薯 0.10 两/担	蔡添略	同上书，第22辑，613～614页
八月	0.60～1.06	杨永斌	同上书，第22辑，98页

时间	价格	奏报者	资料来源
雍正十一年十月	潮 0.90（市斗），0.74（仓斗）	范毓馪	《雍正奏折》，第 22 辑，245 页
十月	南 0.90～1.00	李惟扬	同上书，第 22 辑，274 页
十一月	0.60～0.70～1.00	杨永斌	同上书，第 22 辑，319 页
十一月	0.58～1.00	鄂弥达	同上书，第 22 辑，337 页
十一月	广 0.92，0.88～0.89（次米）；惠 1.30～1.40；高 0.60；琼 1.05～1.06；潮 0.92～0.93；雷 0.96～0.97；廉 0.92；南、韶、肇 0.96～0.97	毛克明	同上书，第 22 辑，383 页
十二年一月	潮 1.02（市斗），0.83（仓斗）	范毓馪	同上书，第 22 辑，563 页
一月	0.60～1.10～1.20	鄂弥达	同上书，第 22 辑，618 页
二月	0.50～0.60～1.00	杨永斌	同上书，第 22 辑，691 页
四月	0.56～1.10	鄂弥达	《雍正朱批》，第 17 函，第 6 册
四月	0.80～1.00	杨永斌	《雍正奏折》，第 23 辑，101 页
五月	广 1.02～1.03～1.00；潮 1.00～1.10；惠 0.95～0.96～1.00；南、韶 0.90～1.02～1.03；肇 0.97～0.98～1.10；高 0.53～0.67；雷、廉 0.74～0.98；琼州府琼山、乐会两县 1.50～1.60；其余 1.10～1.20	毛克明	同上书，第 23 辑，200 页
五月	0.50～1.10	鄂弥达	同上书，第 23 辑，200 页
六月	广、嘉、肇 0.96～0.97；韶 1.00；南、罗 1.04～1.05；惠、潮、雷、琼 0.80；高、廉 0.70	张 渠	同上书，第 23 辑，229 页
六月	广、南、肇、韶、罗、嘉 0.90～1.00；惠、潮、雷、琼、连 0.70～0.80；高、廉 0.50～0.60	杨永斌	同上书，第 23 辑，235 页
六月	海丰县米 0.73～0.74，谷 0.36～0.37；陆丰、惠来两县米 0.88～0.89，谷 0.44～0.45	蔡添略	同上书，第 24 辑，138～139 页
七月	潮 1.10～1.20（市斗），0.91（仓斗）	范毓馪	同上书，第 23 辑，278 页
八月	0.60～0.70～1.00	杨永斌	同上书，第 23 辑，473 页
九月	0.50～0.84～0.85	鄂弥达	同上书，第 23 辑，615 页

续表

时间	价格	奏报者	资料来源
雍正十二年十月	南、韶 0.95～1.00	李惟扬	《雍正奏折》，第 23 辑，662 页
十月	潮、嘉 0.93（市斗），0.77（仓斗）	范毓馪	同上书，第 24 辑，690 页
十月	海丰县米 0.76～0.77，谷 0.37～0.38；陆丰、惠来两县米 0.93～0.94，番薯 0.05 两/担	蔡添略	同上书，第 24 辑，138～139 页
十一月	广、韶、肇、嘉 0.80～1.00；南、惠、罗 0.80～0.90；潮、雷、琼、连 0.70～0.80；高、廉 0.60～0.70	杨永斌	同上书，第 23 辑，716 页
十三年一月	0.70～0.97～0.98	鄂弥达	同上书，第 23 辑，134 页
一月	海丰县、陆丰县、惠来县番薯 0.11～0.12 两/担	蔡添略	同上书，第 24 辑，138～139 页
三月	广、南、韶、肇、惠、潮、嘉 0.80～1.05（上米），0.90（中米），0.80（次米）；高、雷、廉、琼、罗、连 0.77～0.86（上米）	杨永斌	同上书，第 24 辑，315 页
三月	广、南、韶、肇、惠、潮、嘉 0.80～1.05（上米），0.75～0.89（中米），0.66～0.79（次米）；高、雷、廉、琼、罗、连 0.77～0.86（上米）	鄂弥达	同上书，第 24 辑，347 页
四月	潮 1.03（市斗），0.85（仓斗）	范毓馪	同上书，第 24 辑，470 页
四月	惠、潮 1.20～1.30	鄂弥达	同上书，第 24 辑，508 页
闰四月	0.75～0.76～1.00	杨永斌	同上书，第 24 辑，632 页
五月	0.60～1.00	鄂弥达	同上书，第 24 辑，833 页
五月	广 0.77～0.89；南、韶 0.83～0.84；惠 0.98～1.09；潮 0.97～1.03；肇 0.76～0.83；高 0.57～0.65；雷、廉 0.62～0.63～0.70；琼 0.88～0.92	郑伍赛	同上书，第 24 辑，893 页
六月	韶、南 0.80～0.90	李惟扬	同上书，第 24 辑，820 页
六月	潮 1.02（市斗）；0.84（仓斗）	范毓馪	同上书，第 25 辑，33 页

附录三 乾隆元年至嘉庆五年(1736—1800) 广东米价数据的资料来源

　　从这 65 年间广东粮价单和雨水粮价折中收集到的数据超过45 000 个,因篇幅所限,无法刊出。这些档案全部藏于中国第一历史档案馆,分属于"宫中档朱批奏折·粮价单类"(目录号:2974-36),"宫中档朱批奏折·农业类·雨雪粮价目"(目录号 3514-67-1,3514-67-2)和"军机处录副奏折·农业类·雨雪粮价目"(目录号:1313-30)。据悉,该馆已将此部分材料从各个类目中集中起来进行整理。

年份	月份[1]	件数[2]	奏报者
乾隆元年	五	1	两广总督鄂弥达
	六至十一	6	广东巡抚杨永斌
	十二	1*	粤海关副监督郑伍赛
二年	二,四至十二(含闰九月)	11	不详
三年	一至十二	12	署广东巡抚王謩
四年	一至六,九至十二	10	同上
	七至八	2	两广总督马尔泰
五年	一,四至十一(含闰六月)	10	署广东巡抚王謩
	二,十二	2	两广总督马尔泰
六年	一	1	同上
	二[3],四,六至七,十	5	广东巡抚王安国
	八至十二[4]	5	署两广总督庆复
七年	一,三至六,八至九,十一	8	署两广总督庆复
	二至四,八,十[5]	5	广东巡抚王安国

续表

年份	月份[1]	件数[2]	奏报者
乾隆八年	二至十一(含闰四月)	11	广州将军、两广总督策楞
	十二[6]	1	护理广东巡抚印务、布政使托庸
九年	一至九[7],十二[8]	10	广州将军、两广总督策楞
	一,六[9]	2	两广总督马尔泰
	十至十二	3	两广总督那苏图
十年	一至三	3	同上
	四至九,十二	7	两广总督策楞
	十至十二	3	广东巡抚准泰
十一年	一至十(含闰三月)	14[10]	同上
十一年	四,六,八[11],九至十,十二	6	广州将军、两广总督策楞
十二年	一至三	3	广东巡抚准泰
	四至六,八至十二	8	广州将军、两广总督策楞
	十二	1	广东巡抚岳濬
十三年	一至闰七,九至十二	12	同上
十四年	一至六,八至十	9	同上
	七	1	两广总督硕色
	十一至十二	2*	广州将军锡特库
十五年	二	1	不详
	三至六	4	两广总督陈大受
	七至十二	6	广东巡抚苏昌
十六年	一至六(含闰五月),九,十二	9	同上
	十一	1	暂署两广总督、广州将军新柱
十七年	一至八,十至十二	11	广东巡抚苏昌
	九	1	两广总督阿里衮
十八年	一至十	11	广东巡抚苏昌
	十二	1	两广总督班弟
十九年	一至十二(含闰四月)	13	广东巡抚鹤年

续表

年份	月份[1]	件数[2]	奏报者
乾隆二十年	一至四，六，九，十二	7	广东巡抚鹤年
	五，七，十	3	两广总督杨应琚
二十一年	一至十一(含闰九月)	12	广东巡抚鹤年
	十二	1	两广总督杨应琚
二十二年	一至六，八至九，十一至十二	10	署广东巡抚周人骥
	七	1	两广总督杨应琚
	十一	1	暂署两广东总督印务、署广州将军李侍尧
二十三年	一	1	署广东巡抚周人骥
	二，四	2	两广总督陈宏谋
	三	1	广东巡抚钟音
	五，六	2	署两广总督、署广州将军李侍尧
	七至十二	6	广东巡抚托恩多
二十四年	一至三，六至十二(含闰六月)	11	同上
	四，五	2	两广总督李侍尧
二十五年	一至六，八至十，十二	10	广东巡抚托恩多
	七	1	两广总督李侍尧
二十六年	一至五，七至十二	11	广东巡抚托恩多
二十七年	一至七(含闰五月)	8	同上
	八	1	两广总督苏昌
	九至十二	4	署广东巡抚明山
二十八年	二至五	4	同上
	七至十二	6	两广总督兼管广东巡抚苏昌
二十九年	一至四	4	同上
	五至十二	8	广东巡抚明山
三十年	一至三(含闰二月)	4	同上
	四	1	两广总督兼管广东巡抚印务李侍尧

续表

年份	月份[1]	件数[2]	奏报者
乾隆三十年	五	1	暂署两广总督印务兼署广东巡抚、江西巡抚明山
	六至十一	6	广东巡抚王检
三十一年	一至十二	12	同上
三十二年	一至六	6	同上
	七至十(含闰七月)	5	两广总督兼署广东巡抚李侍尧
	十二	1	广东巡抚钟音
三十三年	一至十二	12	同上
三十四年	二至三,五至十一	9	同上
	十二	1	两广总督兼署广东巡抚李侍尧
三十五年	一至十二	12	广东巡抚德保
三十六年	一至三,六至十一	9	同上
	四至五	2*	广东巡抚德保
三十七年	一,四至七	5*	同上
	八至十	3	同上
	十一至十二	2	两广总督兼署广东巡抚李侍尧
三十八年	一至二	2	同上
	三至十一(含闰三月)	10	广东巡抚德保
三十九年	一至十二	12	同上
四十年	一至十二	12	同上
四十一年	一	1	不详
	三至四	2	两广总督兼署广东巡抚李侍尧
	五至十二	8	广东巡抚李质颖
四十二年	一至三,五至八,十至十二	10	同上
四十三年	一至四,六至七(含闰六月),十二	8	同上
四十四年	一至十二	12	同上

续表

年份	月份[1]	件数[2]	奏报者
乾隆四十五年	一至二	2	广东巡抚李质颖
	四至十二	9	广东巡抚李湖
四十六年	一至六（含闰五月），十	8	同上
四十七年	七至十二	6	广东巡抚尚安
四十八年	一	1	广东巡抚尚安
四十九年	五至六，八至十二	7*	广东巡抚孙士毅
五十年	一至十	10*	同上
	十一至十二	2*	两广总督兼署广东巡抚富勒浑
五十一年	一至七，九至十一	10*	同上
	十二	1*	两广总督暂署广东巡抚孙士毅
五十二年	一	1	同上
	二至三，六至九，九至十二	8*	广东巡抚图萨布
五十三年	一，三，五，七	4	同上
	二，四，六，八至十二	8*	同上
五十四年	一至三	3*	同上
	七，九至十二	5*	广东巡抚郭世勋
五十五年	一至五，十一	6*	广东巡抚郭世勋
	十二	1	同上
五十六年	一	1	同上
	二至三，五至十二	10*	同上
五十七年	一，四至闰四，十一至十二	5	同上
	二至三，五至十	8*	同上
五十八年	一，三至四，七，十至十一	6	同上
	二，五至六，八至九，十二	6*	同上
五十九年	一	1	同上
	六，八至九，十一	4	广东巡抚朱珪
六十年	一至三，七至八，十，十二	7	同上

续表

年份	月份[1]	件数[2]	奏报者
嘉庆元年	一至八	8	署两广总督兼广东巡抚朱珪
	九	1	两广总督觉罗吉庆
	十	1	不详
	十一至十二	2	广东巡抚张诚基
二年	一至三	3	张诚基
	四至五	2	广东巡抚陈大受
	六	1	不详
三年	一至五，九至十一	8	不详
四年	五至十一	6	不详
五年	三至十二(含闰四月)	11	不详

注：

[1]本附录所有月份均为农历月份。

[2]此栏有 * 号者为雨水粮价折，其余均为粮价单。

[3]仅有惠、潮、高、廉、雷、琼六府米价。

[4]原件无年份，根据其数据和说明确定年代。米价单中肇庆府数据为奏报的当月数据，即比全省数据晚一个月。乾隆七年庆复奏报的米价单也有相同情况。

[5]仅有廉、琼两府米价。

[6]缺廉、琼两府米价。

[7]正月粮价单中，廉、琼两府为上年十二月数据，二月粮价单缺这两个府，三月至六月的粮价单中廉、琼两府均为上一月数据，九月米价单缺琼州府。

[8]缺廉州府米价。

[9]廉、琼两府为五月米价。

[10]闰三、四、五月琼州府米价单独列单上报。

[11]仅广、南、肇、高、雷、连六府米价。

附录四　地方志和其他文献中有关 18 世纪广东粮价的记载

时间	地点	米价		谷价		备注	资料来源
		两/石	文/石	两/石	文/石		
康熙三十九年	兴宁			0.27		有年	乾隆《兴宁县志》，第 9 卷
四十一年	定安	3.00				大旱	乾隆重修康熙《定安县志》，第 1 卷
四十一年	澄迈	1.70～1.80				失收	康熙《澄迈县志》，第 9 卷
	文昌	2.00				地震	乾隆《文昌县志》，第 9 卷
四十四年	会同		200			年丰	乾隆《会同县志》，第 9 卷
	嘉应州	3.00				大祲	乾隆《嘉应州志》，第 6 卷
四十八年	文昌	2.00				大饥	康熙《文昌县志》，第 9 卷
五十年	定安	3.00				淫雨	乾隆重修《安定县志》，第 1 卷
	大埔	3.00				饥	乾隆《潮州府志》，第 11 卷
五十一年	茂名		1 000			大饥	嘉庆《茂名县志》，第 18 卷
	高州		1 000			大饥	乾隆《高州府志》，第 5 卷
	化州		1 000				光绪《化州志》
	琼山	4.00				饥	宣统《琼山县志》

续表

时间	地点	米价		谷价		备注	资料来源
		两/石	文/石	两/石	文/石		
康熙五十二年四月	清远	1.50				米贵	乾隆《清远县志》，第 2 卷
	佛冈	1.50				蝗灾	咸丰《佛冈厅志》
五十二年春	顺德		1 000			饥	乾隆《顺德县志》，第 16 卷
	长宁			1.30		饥	道光《长宁县志》
五十二年	新会		2 800			饥	乾隆《新会县志》，第 2 卷
	吴川				1 000	大贵	雍正《吴川县志》，第 9 卷
	连平州	2.00				大饥	雍正《连平州志》，第 11 卷
	兴宁			1.00		饥	乾隆《兴宁县志》，第 2 卷
	广东	2.00				腾贵	雍正《广东通志》，第 7 卷
	四会	2.00				饥	光绪《四会县志》
	封川	3.00				大饥	道光《封川县志》
	东莞	2.00				大饥	宣统《东莞县志》
五十五年夏	惠来	4.00				饥	乾隆《潮州府志》，第 11 卷
雍正元年一月	大埔	0.50				有年	同上书
元年二月	大埔	0.33～0.34				有年	同上书
三年	博罗				200	大熟	乾隆《博罗县志》，第 2 卷
	石城		600			饥	光绪《石城县志》
	潮阳	5.00				饥	乾隆《潮州府志》，第 33 卷
	顺德		1 000			岁收歉，水	道光《顺德县志》，第 11 卷

时间	地点	米价		谷价		备注	资料来源
		两/石	文/石	两/石	文/石		
雍正四年二月二十二日	大埔	3.00				大饥	乾隆《潮州府志》,第 11 卷
四年三月十二日	大埔	4.20				大饥	同上书
四年四月七日	大埔	4.50				大饥	同上书
四年四月十七日	大埔	6.00				大饥	同上书
四年四月	龙川		2 000			大饥	嘉庆《龙川县志》
四年五月七日	大埔	8.00				大饥	乾隆《潮州府志》,第 11 卷
四年五月三十日	大埔	5.00				大饥	同治《大埔县志》,第 13 卷
四年春	兴宁	3.00				谷贵	乾隆《兴宁县志》,第 9 卷
四年夏	长宁		2 000			饥	乾隆《长宁县志》,第 9 卷
	大埔	5.00				新谷登场	民国《大埔县志》第 38 卷
四年	顺德				1 000	饥	乾隆《顺德县志》,第 11 卷
	海阳	7.00				饥	雍正《海阳县志》,第 8 卷
	潮阳	5.00				淫雨	乾隆《潮州府志》,第 8 卷
	揭阳	7.00				大饥	同上书
	惠来	6.80~7.00				飓风,积雨	同上书
	惠来	6.30				大水	雍正《惠来县志》,第 12 卷
	澄海	7.00				大饥	雍正《澄海县志》,第 6 卷
	连平州	2.00				饥	雍正《连平州志》,第 8 卷
五年二月	大埔	3.10~3.20				大饥	乾隆《潮州府志》,第 11 卷

续表

时间	地点	米价		谷价		备注	资料来源
		两/石	文/石	两/石	文/石		
雍正五年三月	大埔	4.70～4.80				大饥	乾隆《潮州府志》，第 11 卷
五年四月	大埔	6.10～6.20				大饥	同上书
五年	东莞		3 000			大饥	光绪《广州府志》，第 8 卷
	潮阳	6.00～7.00				大饥	乾隆《潮州府志》，第 11 卷
六年一月	大埔	5.00				有年，春雹	民国《大埔县志》，第 38 卷
六年二月	大埔	3.40				有年，春雹	同上书
六年	澄海	0.80				大有年	雍正《澄海县志》，第 6 卷
	新兴		260			岁稔，小斗	乾隆《新兴县志》
七年	广东	0.60～0.80					雍正《广东通志》，第 1 卷
	南海		300			大有年	宣统《南海县志》，第 2 卷
	澄海	0.60				大有年	雍正《澄海县志》，第 6 卷
	连平	0.40				大有年	雍正《连平州志》，第 8 卷
	新兴		200			大有年，小斗	乾隆《新兴县志》
	兴宁	0.60				有年	乾隆《兴宁县志》，第 9 卷
七年冬	顺德		300			丰收	乾隆《顺德县志》，第 16 卷
	惠来	0.60				大熟	雍正《惠来县志》
八年	海阳	0.50				大有年	雍正《海阳县志》，第 8 卷

续表

时间	地点	米价		谷价		备注	资料来源
		两/石	文/石	两/石	文/石		
雍正八年	普宁		700			大有年	乾隆《潮州府志》,第 11 卷
	澄海	0.50				大有年	雍正《澄海县志》,第 6 卷
	罗定州	0.50				丰稔	民国《罗定志》,第 9 卷
	连平州	0.30				大有年	雍正《连平州志》,第 8 卷
	西宁	0.50				丰稔	道光《西宁县志》,第 12 卷
	兴宁	0.50				大有年	乾隆《兴宁县志》,第 9 卷
	广东	0.50					民国《旧西宁县志》
九年	兴宁	0.40				大有年	乾隆《兴宁县志》,第 9 卷
十三年	石城		500			大有年	光绪《石城县志》
	琼山		600			大有年	宣统《琼山县志》
乾隆元年十一月	揭阳			0.778			《清代地租剥削形态》,19 页
四年四月	龙川		2 000			大饥	乾隆《龙川县志》,第 1 卷
七年一月	琼州	1.10~1.90				上米	《清高宗实录》,第 17 卷
七年一月	琼州	1.00~1.86				中米	同上书
		0.84~1.88				下米	同上书
七年三月至四月	大埔	3.50				大旱	乾隆《潮州府志》,第 11 卷
七年五月	三水	2.50				不雨	嘉庆《三水县志》,第 13 卷
八年五月	河源			0.65			《清代地租剥削形态》,504 页

续表

时间	地点	米价		谷价		备注	资料来源
		两/石	文/石	两/石	文/石		
乾隆九年	香山			0.25		谷种	《清代地租剥削形态》，507 页
十五年春	惠来	3.00				旱	乾隆《潮州府志》，第 11 卷
十五年七月	清远			0.70		禾苗	同上书，376 页
十六年	长宁				1 200	荒	乾隆《长宁县志》，第 9 卷
十七年	博罗		2 500				乾隆《博罗县志》，第 2 卷
	惠来	4.00				饥	乾隆《潮州府志》，第 11 卷
	连平		2 500			饥	光绪《惠州府志》，第 18 卷
十八年	兴宁	2.00				饥	乾隆《兴宁县志》，第 9 卷
十八年至十九年	琼州		846				《清代地租剥削形态》，99 页
二十一年	琼州		700			有年	乾隆三十九年《琼州府志》，第 10 卷
二十二年三月	清远			0.59			《清代地租剥削形态》，406 页
二十三年春	南海		2 000			旱	宣统《南海县志》，第 1 卷
	顺德		2 000			旱，大饥	宣统《顺德县志》，第 23 卷
	东莞		3 000			饥	光绪《广州府志》，第 81 卷
	翁源				3 000	价贵	嘉庆《翁源县志》，第 8 卷
	惠州		3 000			旱	光绪《惠州府志》，第 18 卷
	归善		3 000			大饥	乾隆《归善县志》，第 2 卷

续表

时间	地点	米价		谷价		备注	资料来源
		两/石	文/石	两/石	文/石		
乾隆二十三年四月	博罗		3 200			饥	乾隆《博罗县志》，第2卷
二十三年十二月	保昌				622		《清代地租剥削形态》，406页
二十三年	龙川	4.00					乾隆《龙川县志》，第1卷
	三水	3.50				大饥，小斗	嘉庆《三水县志》，第13卷
	潮阳		2 700～2 800			米大贵	乾隆《潮州府志》，第11卷
	惠来	3.00				大旱	同上书
	肇庆		2 000			饥	道光《肇庆府志》，第22卷
	高明		2 000			饥	道光《高明县志》，第17卷
	高要		2 000			饥	道光《高要县志》，第10卷
	封川		3 000			旱	道光《封川县志》
二十四年	海丰	7.20				饥	光绪《惠州府志》，第18卷
二十九年	阳山	1.31				大水	道光《阳山县志》，第13卷
三十二年	归善			0.867			《清代地租剥削形态》，433页
三十四年春	封川		2 600			饥	道光《封川县志》
	归善		3 000			大饥	乾隆《归善县志》，第2卷
	兴宁	5.00				大祲	《兴宁乡土志》上册
	海丰		6 000			久雨	同治《海丰县志续编》
三十三年春夏	龙门		3 000			大旱	咸丰《龙门县志》，第16卷

续表

时间	地点	米价		谷价		备注	资料来源
		两/石	文/石	两/石	文/石		
乾隆三十四年	大埔		6 000			大饥	民国《大埔县志》，第 38 卷
	阳山		3 200				道光《阳山县志》，第 13 卷
	和平		4 000			大水	嘉庆《和平县志》，第 2 卷
	惠州		3 000			大饥	光绪《惠州府志》，第 18 卷
三十七年	阳江		4 000			饥	道光《阳江县志》
三十八年七月	南海		1 500			饥	宣统《南海县志》，第 1 卷
四十二年	东莞		4 000			饥	宣统《东莞县志》
	高明		2 200			饥	道光《高明县志》，第 17 卷
	钦州				6 000	饥	道光《钦州志》，第 8 卷
	化州		2 000			大饥	光绪《化州志》
	石城	3.00				大旱	光绪《石城县志》
四十三年春	石城	5.00				大饥	同上书
四十三年夏	博罗		4 000			春旱	光绪《惠州府志》，第 18 卷
四十三年	归善		4 000			大饥	乾隆《归善县志》，第 2 卷
	高明		2 200			饥	光绪《高明县志》，第 15 卷
	高要		2 200			饥	道光《高要县志》，第 10 卷
	阳春		4 600			米贵	道光《阳春县志》，第 13 卷
	澄迈		4 000			米贵	嘉庆《澄迈县志》，第 10 卷
	东莞		4 000			饥	嘉庆《东莞县志》，第 41 卷

时间	地点	米价		谷价		备注	资料来源
		两/石	文/石	两/石	文/石		
乾隆四十三年	海丰		8 000				嘉庆《东莞县志》,第41卷
四十四年二月	连平				610		《清代地租剥削形态》,473页
四十四年	灵山				300	大有	民国《灵山县志》
五十年冬	高要		2 200			饥	道光《高要县志》,第10卷
	肇庆		2 200			饥	道光《肇庆府志》,第22卷
五十一年秋	连山		5 000			大饥	民国《连山县志》
	连州		4 800			大饥	同治《连州志》
	大埔		6 000			大旱	民国《大埔县志》,第38卷
	阳山		4 800				道光《阳山县志》,第13卷
五十一年冬	高要		2 200			饥	道光《高要县志》,第17卷
五十一年	广州		5 000			大饥	光绪《广州府志》,第81卷
	清远	3.60				大饥	光绪《清远县志》,第12卷
	顺德		2 000			大饥	宣统《顺德县志》,第13卷
	东莞		5 000			大饥	嘉庆《东莞县志》,第41卷
	澄海	10.00				大旱	嘉庆《澄海县志》,第5卷
	四会	3.00				大旱	光绪《四会县志》,第10编
	阳春		2 400			贵	道光《阳春县志》,第13卷
	英德		6 500 ～6 600			旱	道光《英德县志》

续表

时间	地点	米价		谷价		备注	资料来源
		两/石	文/石	两/石	文/石		
乾隆五十二年春	长宁	1.30				饥	乾隆《长宁县志》，第 9 卷
	新会			6.00		大饥	道光《新会县志》，第 14 卷
	潮阳		10 000			大饥	光绪《潮阳县志》，第 13 卷
	大埔		10 000			旱	民国《大埔县志》，第 38 卷
五十二年四月	恩平	3.00				大饥	道光《恩平县志》，第 3 卷
五十二年春夏	四会	2.20～2.30				旱	光绪《四会县志》，第 10 编
五十二年夏	开平	5.00				旱	道光《开平县志》，第 8 卷
五十二年	高明		3 500			大饥	道光《高明县志》，第 17 卷
	阳江		4 000			歉收	道光《阳江县志》，第 8 卷
	西宁		5 000			大饥	道光《西宁县志》，第 12 卷
	阳山		4 800			饥	道光《阳山县志》，第 13 卷
	三水	3.20				饥 小斗	嘉庆《三水县志》，第 13 卷
	高要		3 500			大饥	道光《高要县志》，第 10 卷
	东莞		5 000			大饥	嘉庆《东莞县志》，第 41 卷
	新安	7.20（10 元）				大旱	嘉庆《新安县志》
	龙门		7 000			大旱	咸丰《龙门县志》，第 16 卷
	龙川	8.00				大饥	嘉庆《龙川县志》，第 5 卷
	肇庆		3 500			大饥	道光《肇庆府志》，第 22 卷

续表

时间	地点	米价		谷价		备注	资料来源
		两/石	文/石	两/石	文/石		
乾隆五十三年四月	封川		5 200			大饥	道光《封川县志》
五十三年秋	连州		3 600			旱	同治《连州志》
五十三年	肇庆		3 500			大饥	道光《肇庆府志》，第 22 卷
	阳山		3 600			大饥	道光《阳山县志》，第 13 卷
	高要		3 500			大饥	道光《高要县志》，第 10 卷
	高明		3 500			大饥	道光《高明县志》，第 17 卷
五十四年春	定安		10 000			大饥	光绪《定安县志》
	万州		8 000			大饥	道光《万州志》
五十四年	会同		7 000			旱	嘉庆《会同县志》
	新会	3.00				不雨	道光《新会县志》，第 14 卷
	澄迈		10 000			大饥	嘉庆《澄迈县志》，第 10 卷
五十五年	会同		600 ~700			岁稔	嘉庆《会同县志》
五十九年冬	大埔		8 000			饥	民国《大埔县志》，第 38 卷
六十年闰二月	澄海	2.00				大饥	嘉庆《澄海县志》，第 5 卷
六十年三月	高明		2 000			饥	道光《高明县志》，第 17 卷
六十年三、四月	大埔		18 000			大饥	民国《大埔县志》，第 38 卷
六十年	丰顺		10 000			大饥	民国《丰顺县志》，第 3 卷
	归善		8 000			大饥	光绪《惠州府志》，第 18 卷
	和平		8 000			大饥	民国《和平县志》，第 2 卷

续表

时间	地点	米价		谷价		备注	资料来源
		两/石	文/石	两/石	文/石		
乾隆六十年	海阳		10 000			大饥	光绪《海阳县志》，第 25 卷
	潮阳		33 000			大斗，大饥	光绪《潮阳县志》，第 13 卷
			18 000			小斗	
	阳江		5 000			歉收	道光《阳江县志》，第 8 卷
	平远		8 000			大饥	嘉庆《平远县志》
	兴宁		10 000			大饥	咸丰《兴宁县志》
嘉庆元年	封川		18 000				道光《封川县志》
二年	博罗		200			大熟	乾隆《博罗县志》
三年夏	大埔		1 400			旱	民国《大埔县志》，第 28 卷

附录五　从"倭乱"到"迁海"
——明末清初潮州地方动乱与乡村社会变迁

一、引言

关于明代后期东南沿海地区以"倭寇"或"海盗"等一系列事件为中心的长时间的地方动乱，以及清代初年在同一地区实行的严厉的"迁海"措施，已有许多引人注目的研究。在以往的论著中，抗击"倭乱"和实行"迁海"基本上是作为明清两个王朝的政治军事行动，被分别描述和讨论的。作者以为，如果把研究的视角从朝廷的军事措施转移到地方社会具体的历史场景，那么，就有理由把明清之际东南沿海地方社会的动乱与"转型"视为一个连续的过程，对从"倭乱"到"迁海"的社会历史背景也就有重新检讨的必要。本文试图通过对东南沿海一个富于典型意义的地区的分析，说明这一时期社会转型过程中王朝体制与地域社会之间复杂互动关系的一个侧面。

本文将要讨论的地域在广东省的最东部，隋朝以来该地区一直被称为"潮州"。以明末清初"潮州府"的行政区划而言，包括了韩江中下游的大部分地区，计有海阳、潮阳、揭阳、程乡、平远、饶平、惠来、大埔、澄海、普宁、镇平等县。从秦朝开始，这一地区就与整个岭南地区一起，归属中原王朝的政治"版图"，但是，王朝教化与地域社会之间的契合，却经历了长期的互动过程。在这一过程中，明末清初的变化尤其具有重要的意义，这一地区是最受"倭乱"和"迁海"问题困扰的区域，而这一时期地方社会所发生的一系列变化，在以后本地的历史发展中也有深远的影响。有清一代一直有论者谈到这一点。

同治年间先后署潮阳、普宁、澄海三县和潮桥运同事的江苏如皋人冒澄，光绪三年（1877）在廉州知府任上，"取在潮时所为书牍文告之属，芟而录之，号曰《潮牍偶存》"。其老友汪璪为该书作序，其中谈到当时人关于潮州的印象：

> 岭以南行省二，广东为难治。广东列郡九，潮州为难治。郡地滨海，其民多贾贩，不知诗书，有赀百万不识一字者。以防海盗故，乡□筑砦，编户聚族，以万数千计。置兵储粮，坚壁足自守。村落相接，一语睚眦，辄合斗杀，伤或数百人。其豪集亡命，肆意剽掠，探丸□网，猝不可捕。逋赋自若，催科之吏不敢入砦门。又有卤□之利，奸民水陆转贩，利兵火器与之俱，吏卒熟视，莫敢谁何。①

他的描述，与雍正年间任普宁知县署潮阳县事的福建漳浦人蓝鼎元的感受，几无二致：

> 既不怀刑，遂轻宪纲，而有包侵国赋，抗拒征输，积逋连年，妄希肆赦。负气喜争，好勇尚斗，睚眦小嫌，即率所亲而哄，至以刀兵相格，如临大敌。强者凌弱，众者暴寡，而歃血拜盟之风，村村仿效。多以豪爽愠致杀人，因或藉命抄掠，自杀图赖，视为奇货；投环饮鸩，刎颈沈河，曾不少顾惜焉。②

冒澄本人讨论了这种延续了数百年的现象产生的历史根源，认为其形成与明代后期急速转变的社会环境有关：

> 民情强悍，好勇斗狠，嗜利轻生。乡村聚族而居，烟户繁密。明末海盗纵横，民多筑围建堡以自卫，久而乡无不寨，高墙厚栅，

---

① 冒澄：《潮牍偶存·序》。
② 蓝鼎元：《鹿洲初集》，第14卷，《潮州风俗考》。

处处皆然。其弊也，莠民藉以负固，敢于拒捕抗粮。官吏捕治为难，半由于此。①

这些议论提示我们，明末清初潮州地方动乱与乡村社会的军事化过程，确实对后来本地区的地方文化和历史发展路向有着重要的影响。

二、地方动乱与"民""盗"界限的模糊

关于明代嘉靖以后东南沿海以"倭寇""海盗"活动为中心的地方动乱，已有许多出色的研究。论者往往将这一过程与明王朝"海禁"政策所引致的矛盾相联系，以为明政府规定"寸板不许下海，寸货不许入番"，以严刑峻法禁止私人的海上贸易活动的政策，与粤、闽、浙诸省百姓从汉唐以来就一直进行海上贸易，从中获利颇丰的地方文化传统发生尖锐冲突，加之嘉靖以后该地区商品货币关系空前发展，商人和地方势家力量增强，由此而引发了地方社会的急剧动荡。② 以往研究明末清初潮州地方历史的学者，也大多从这一解释出发来理解当时地方社会的种种变化。

然而，仔细阅读方志、文集等地方文献，就会发现实际的情形要比以上的解释复杂许多。实际上，明代潮州地方社会的动乱，在嘉靖年间"倭寇""海盗"等问题出现之前很久就已经开始了，最剧烈的一次是天顺年间(15世纪中叶)揭阳夏岭等村乡民作乱。嘉靖《广东通志》记其事曰：

> (天顺三年)海寇黄于一、林乌铁等作乱，潮州知府周宣讨平之。……周宣以奇计陷乌铁而诛之。于一等益肆乱，烧劫揭阳县治而下，夏岭等二十四村皆被胁从。当道檄宣捕贼，宣亲督兵，据险

① 冒澄：《潮牍偶存》，第1卷，《潮阳县地舆图说》。

② 参见张维华：《明代海外贸易简论》，上海，上海人民出版社，1956；戴裔煊：《明代嘉隆间的倭寇海盗与中国资本主义的萌芽》，北京，中国社会科学出版社，1982；林仁川：《明末清初私人海上贸易》，上海，华东师范大学出版社，1987；郑梁生：《中日关系史研究论集》(五)，台北，文史哲出版社，1995。

札营凡七所，与贼相距四十余日，擒杀渠魁，余贼不敢出。宣谓盗魁既得，余可抚而下也。乃出榜令乡儒陈骥等入贼中张挂，而自诣贼营抚谕。各贼皆释甲罗拜乞降，且诉从贼非本心，皆出于被胁不得已。因遍历各村，放回被□男妇五十三名口，拘收大海船一百五十艘，抚过从良民一千二百三十七户。①

该事件中，受抚的有二十四村一千二百多户，这些"从良民"从良后似乎仍有自己的武装，因为紧接着周宣平定烧劫兴宁、长乐等地的山贼罗刘宁时，就"潜起从良民黄伯良等，出贼不意，捣其巢穴，大破贼众"。这二十四村的百姓号称自己"从贼"是被胁迫所致，但当年周宣受当道猜疑，改调别任不久，二十四村"盗乱"再起：

> 而海寇复大乱攻围县治，劫掠民居，杀死指挥刘璨(?)、通判刘恭，又掘破海堤，淹没军民房屋万余区。城门昼闭，官吏束手无策。乡儒陈骥等白当道曰，事亟矣，必周守复来，其事乃定。因令具书请宣，宣慨然为来，入境军民胥庆。宣白当道，开城门，纳逃难诸良民。时府县、学舍、寺观及官廊旷闲处皆听栖宿，病者给医药，死者给棺梓，贫乏不能自存者设法赈济之，潮人大悦。当道欲遽发兵。宣曰，彼虽为贼，良心犹存。况未窥其虚实，万一损吾威□，则事去也。不如先招之，招之不报，发兵未晚也。乃出榜约日招降。至期各贼驾船百艘来，皆被坚执锐，魁渠服色僭拟侯王。宣谓曰，若等既欲从良，何为乃尔？于是皆投戈释甲，去僭服，相与罗拜。宣为恸哭，众亦哭。当日单骑亲诣贼巢，因而遍历二十四村，且慰且谕，归被掳男妇七百余人。贼船三百余艘送当道处，悉烧毁之。其有未毁者，皆凿沉之。②

---

① ② 嘉靖《广东通志》，第66卷，《外志三·海寇》。

据揭阳进士李惠《平寇记》所载，从乱的二十四村除夏岭外，还有西陇、赤窖、乌合、浮陇、华坞、大家井等村①，如此之大的地域范围同为"贼巢"，可知这一带地区"盗贼"与民众关系之密切。事实上，夏岭村民可能从来就没有真正成为政府的"编户齐民"，天顺年间任江西提学，后被谗乡居的潮阳人李龄载其事曰：

> 揭邑有沿海而村曰夏岭者，以渔为业，出入风波岛屿之间，素不受有司约束。人健性悍，邻境恒罹其害。②

实际上，周宣招抚后，这一带地方的"盗乱"问题仍然没有真正平息，"大集无赖，攻城剽邑，肆为杀戮。海、揭二邑，受害尤甚"③。到天顺八年（1464），朝廷终于派大军征夏岭：

> 杀获及溺水者不计其数，胁从者三千余，悉遵诏命抚入腹里良善乡村居住，欲其同归于善而已。贼巢自夏岭至西陇、赤窖俱革，不与居住。④

夏岭、西陇、赤窖、乌合、浮陇、华坞、大家井等村，嘉靖四十二年（1563）澄海设县后大多归属澄海。澄海设县，主要是出于加强对地方动乱的行政控制的目的，"其地原属海（阳）、揭（阳）、饶（平）三邑，因鞭长不能及腹，难于控驭征输"⑤。在此前后饶平、惠来、普宁等县的建置，也大致出于同样的目的。"澄海"得名，"取海宇澄清之义也"⑥，正说明这里原来正是海宇未靖之地：

> 澄海潮郡裔邑，旧即海阳之辟望逻司。先是岛彝入寇，剽掠横

---

① 雍正《揭阳县志》，第7卷，《艺文·记》。
②③ 李龄：《李宫詹文集·赠郡守陈侯荣擢序》，见《潮州耆旧集》，第1卷。
④ 李惠：《平寇记》，见雍正《揭阳县志》，第7卷，《艺文·记》。
⑤ 康熙《澄海县志》卷首，《自序》。
⑥ 郭子章：《潮中杂记》，第1卷，《郡县释名》。

骜无虚日,其山海恣睢逋荡之徒,承倭倡乱,啸聚朋凶,营垒连结
于兹地,盖寇贼渊薮也。①

然而,澄海设县以后,县治由于"盗乱"迟迟不能确定,"官此地者来
无定居,或驻蓬洲、或樟林、或冠陇"②。就是后来确定设县治于辟望
司,数十年间仍然是"县官率侨居府城,不肯一至县,盖惧寇也。于是逃
移之民,咸嗷嗷然谓未有复业"③。

前述这种"盗"与"民"彼此难分的情形,绝不仅限于夏岭或澄海一地,
在当时的潮州地方是一种十分普遍的现象。例如饶平县的东南部的信宁
都、宣化都一带地方(俗称"东里"):

> 海滨独信宁都黄芒诸村尤为僻远,居民接济番舶,劫掠行舟,
> 遇荒尤甚。尝拒敌官军,势甚猖獗。④

早在 15 世纪初年,东里地方已经有乡民通倭劫掠的事件发生:

> 宣德元年,倭夷犯上里……通事刘秀勾引倭舟入泊于湾港,威
> 召各村各里之保长,赴舟领货,名曰"放苏"。邻村皆靡然从之,遂
> 以肆掠。⑤

嘉靖年间此地发生的两次"民变"和"兵变"事件,影响所及,已不限
于潮州一府。郭子章《潮中杂记》对此记载颇详:

> 饶平宣化柘林民吴大兴与弟吴三由鼠窃孽祸,聚众驾海舟十余
> 艘劫杀惠、潮,居民被害极甚。至是(嘉靖五年),(潮州卫指挥赖)

---

① 刘子兴:《儒学海壳蚶蛎场租碑记》,见康熙《澄海县志》,第 9 卷,《学校》。
② 康熙《澄海县志》卷首,《自序》。
③ 王天性:《半憨集·志左侯应祀名宦事略》,见《潮州耆旧集》,第 16 卷。
④ 嘉靖《广东通志》,第 66 卷,《外志三·海寇》。
⑤ 陈天资纂修:《东里志》,第 2 卷,《境事志·灾异》。

俊提督东路民兵驱灭之。①

（嘉靖四十三年）潮州柘林海兵叛，提督侍郎吴桂芳再讨平之。时倭寇久住潮阳，府藏不继。柘林防守海兵谭允传等以缺饷称乱，扬帆直抵广城。初犹以告粮为名，省中以军门方有事，倭寇在远，径议发兵剿之，大为所败。于是各叛兵横肆钞掠，省会戒严。桂芳闻变，阳布令招之，随调东莞南头九铺水兵，自外洋入，因躬督副总兵汤克宽、参将门崇文，水兵自惠阳趣东洲里海而出，合击之。贼腹背受兵，骇奔无措。生擒六百一十二人，斩首不计。已而余党复据大舰不解，桂芳与总兵俞大猷用计破之，复生擒三百九十三人，斩级四十一颗。首贼谭允传、卢君兆等先后磔于市。②

上述事件在《粤大记》《潮州府志》《饶平县志》中也有记载，"柘林兵变"更是震动朝野的大事。

在这些记述中，乡民或以接济"盗贼"为己任，或因与"海盗"贸易而获利，在许多地方基本上是"民""盗"难分，甚至"民""盗"一体。连朝廷专门设置的用于防"盗"的"海兵"也公然叛变，当了"盗贼"。雍正《揭阳县志》收录了嘉靖年间当地的两段民谣，生动地描述了当时人对"民""兵""盗"三者关系的理解：

嘉靖末倭寇入境，致山海等贼苏（继）、刘（兴）、曾（一本）、吴（平）及钟青山、林道乾辈相煽作乱，各据巢穴，出没不常。时国家募兵措饷，公私交之，民不聊生，作为谣言曰：

人难做，难做人，不遭官府亦遭兵。

兵好做，好做兵，多支钱粮不出征。

贼亦谣言曰：

---

① 《潮中杂记》，第 10 卷，《国朝平寇考上》。
② 同上书，第 11 卷，《国朝平寇考下》。

打劫得金银，分些与总兵。

谁人敢厮杀，冠带送来迎。

可惜痴呆汉，不来从我们。①

16 世纪至 17 世纪上半期潮州士大夫的文集中，保留了许多类似的记述。嘉靖二十四年至二十六年(1545—1547)任潮州知府的郭春震编修的《潮州府志》，也记述了饶平东里一带"暹罗诸倭及海寇常泊巨舟为患"的情况，特别指出当时潮州海患不止有三个原因：

> 一曰窝藏。谓滨海势要之家，为其渊薮，事觉辄多方蔽护，以计脱免。一曰接济。谓黠民窥其乡道，载鱼米互相贸易，以赡彼日用。一曰通番。谓闽粤滨海诸郡人驾双桅，挟私货，百十为群，往来东西洋，携诸番奇货。因而不靖肆劫掠。②

其时正"养疾家居"的山东道监察御史、潮阳人萧端蒙"参诸舆情，即所见闻"，上有《条陈远方民瘼六事疏》，其第三"议备倭"说明了"寇"患难消的原因之一：

> 沿海之人，多有专以接济为生，坐致巨资。凡贼之所以敢于深入而久驻者，皆此辈为之地也。虽滨海处处有之，而揭阳之鮀浦为甚。③

萧端蒙所讲"鮀浦"，即前述天顺年间乡民曾多年作乱的夏岭附近地区。直到清代顺治三年(1646)，时为南明唐王政权詹事府詹事的揭阳士大夫郭之奇上《为潮事可忧有四等事疏》，首先担忧的仍然是潮民"尽化为盗"的情势：

---

① 雍正《揭阳县志》，第 3 卷，《兵事》。
② 嘉靖《潮州府志》，第 1 卷，《地理志》。
③ 萧端蒙：《同野集》，见《潮州耆旧集》，第 15 卷。

> 臣窃忧夫潮有盗而无民矣。潮岂无民，民将尽化为盗也。屠城破邑之魁，皆腰犀盖黄之贵，子女玉帛惟其意也，眶眦生杀惟其命也。富贵于是乎出，功名于是乎出，肆志快欲，亦于是乎出。民不为盗，而谁为乎？①

甚至连官府之中也有通"盗"之人，林大春《论海寇必诛状》就讲到"州郡监司之左右胥役"与"海寇"互通声气的情形：

> 海寇固未易绝也。彼其延蔓既久，枝干日繁，一邑九乡，半为贼薮。是沿海之乡，无一而非海寇之人也。党与既众，分布日广。自州郡以至监司，一有举动，必先知之。是州郡监司之左右胥役，无一而非海寇之人也；舟楫往来，皆经给票，商旅货物，尽为抽分，是沿海之舟楫商旅，无一而非海寇之人也；夺人之粮，剥吏之金，辄以赈给贫民，贫民莫不乐而争赴之，是沿海贫民，无一而非海寇之人也。②

甚至因为官府软弱，无力御"盗"庇民，而使抗"盗"之民被激变为"盗贼"的事件发生。隆庆元年(1567)抗御"海盗"林道乾的澄海县溪东寨乡民的遭遇，就是一例。林大春记其事曰：

> 有鲘浦、溪东激变之盗，自号"白哨"，聚党亦至数千，江北靡有孑身矣。
>
> （初道乾攻鲘浦、溪东二寨，久不下之，贼被杀伤甚众，因并力攻之。会食尽，救兵不至，寨遂陷。得脱去者仅百余人。城中士夫闻而怜之，为言于郡，请收入助城守，许之。
>
> 后贼闻此百余人者，欲得而甘心焉，请于郡。郡令出与贼，于是百余人者奋臂呼曰："吾为若守里社，力不支以至于破亡，幸士夫

---

① 郭之奇：《宛在堂集》，见《潮州耆旧集》，第33卷。
② 林大春：《井丹先生文集》，第8卷，《状疏表》。

怜而收我。我方誓死杀贼，以报不共之仇，奈何临敌弃之，请从此
逝矣。"遂载剑而出，散入山中为群盗，号"白哨"云。）①

　　有意思的是，后来《澄海县志》《揭阳县志》和《潮州府志》记载这一事
件时，都有意无意地回避了幸存的百余溪东乡民最终"散入山中为群盗"，
且"聚党亦至数千"的事实，而把他们塑造为一群英雄。例如，康熙《澄海
县志》就将其领袖人物载入《节义传》中：

> 　　陈求默，溪东人，嘉靖末年林道乾攻溪东寨，求默率众御之，
> 道乾失利。并呼乳名诟骂之。道乾怒，誓死攻寨。求默偕众二百余
> 人溃围出，至郡城。郡中士民高其义，壮其勇，白假守给冠带，领
> 众护城池。道乾惧，力索求默，假守素畏道乾，欲与之，士民愤争
> 乃止。求默私计不足恃，遂哭辞士民奔闽焉。②

　　在这一事件中，官府因惧怕"盗贼"而出卖良民，包括林大春在内，
所有记载都在谴责官府惧"盗"。更有意思的是，围攻溪东寨的"海盗"林
道乾后来受了招安，化"盗"为"民"（详见下节）；而原来领众护城抗贼的
陈求默，却被迫上山落草，当了强盗。而地方上的记载对陈求默等人，
到底是"民"是"盗"，也理解不一。
　　只有真正了解当时潮州地方社会这种"民""盗"难分、甚至"民""盗"
"合一"的情势，才可能深刻理解自明代中期开始的乡村军事化过程，及
同时发生的一系列社会变革的性质和意义。

三、安插"抚民"与"抚贼"问题之呈现

　　鉴于"民""盗"难分的实际情形，加之"官府苦于地方多事，兵力不

---

① 《井丹先生文集》，第 15 卷，《上谷中丞》。
② 康熙《澄海县志》，第 15 卷，《节义》。

暇"①，地方官府对于"盗贼"往往采取"招抚"的做法。许朝光、曾一本、林道乾、魏朝义、朱良宝、许瑞等当时最有名的"海盗"集团都先后受过"招抚"。其时之所谓"招抚"，就是不再追究为首者和协从者的法律责任，甚至对为首者封官赐爵，而最重要的一点是，在沿海地区指定适当地点"安插"这些"抚民"，使之成为王朝的"编户齐民"。这就意味着成千上万没有解除武装的有组织的"海盗""山贼"上岸或下山定居，他们进入正在迅速开垦、地方社会秩序开始形成的韩江三角洲，势必与当地社会产生严重的矛盾与冲突。就是采取"围剿"的办法对付"盗贼"，即使官兵获胜，"贼首"伏法之后，也还是存在安插"胁从"民众的难题。如嘉靖四十一年(1562)平定张琏之乱，在"生擒琏磔于市"，又"斩级六千六百余颗"之后，仍然要"招降安插男妇一万五千一百余名口"②。

这是一个极为艰难、充满矛盾的过程，安插者希望通过这个过程使被安插者成为"抚民"，但并无足够的政治、军事和经济资源使他们心甘情愿地这样做，结果，就出现了许多"抚民"继续为"盗"，成为"抚贼"的情况。地方文献中将受抚的"盗贼"称为"抚贼"或"抚盗"的记载很多，如《东里志》描述了嘉靖四十年(1561)饶平县大城所被"海盗"攻破事，其中提到"海盗"撤退之后的情形："次日，抚贼许朝光至，将残民擒杀报功，资械搬载而去。"③许朝光受抚安插于澄海之东湖寨事在嘉靖四十二年(1563)，大城所失陷之时许朝光尚未受抚。《东里志》为万历二年(1574)东里士绅陈天资等所编，"抚贼"云云，当代表当时本地人对许朝光等的看法，擒杀"残民"是报功的理由，也只可能是万历年间的传说。万历十三年(1585)成书之《潮中杂记》记其受抚事，则称之为"抚盗"④。《粤大记》记载隆庆初年苏继相之乱时，提到被称为"抚贼"的其他"山贼"：

---

① 《潮中杂记》，第 11 卷，《国朝平寇考下》。
② 《粤大记》，第 3 卷，《事纪类》。
③ 《东里志》，第 2 卷，《境事志·灾异》。
④ 《潮中杂记》，第 10 卷，《国朝平寇考上》。

继相纠其党三千余徒，据揭阳之黄寨为巢，号"天一大王"。胁抚贼吴成龙札汤田，刘兴策札赤秋溪，黄瑞札大顺乡。互出为盗。①

许朝光受抚事，在当时的地方社会中是一件极富于象征意义的事件。许朝光为海阳县下外莆都东湖人（嘉靖四十二年设澄海县后，其地归澄海），本姓谢，被饶平县人、大"海盗"许栋收为养子后改姓许。嘉靖三十二年（1553）许朝光杀许栋而尽领其众②，"分据潮阳牛田洋，算舟征赋"，"沿海焚劫日炽"③。嘉靖四十二年（1563）许朝光终于接受招抚，其过程充分展示了其时潮州地方"官""民""盗"之间的奇特关系：

> 嘉靖四十二年本府捕馆始倡招安策，朝光听招。欲召之入见，朝光要言曰，能听朝光即入，不听不入。朝光入毋闭诸城门，毋斥去左右，毋禁左右不得持兵器。诸城门俱守用朝光之人。入当宴以殊礼，陪以县佐首领官，宴罢即出，毋令谒府道。当事者一一许之。
>
> 乃驾船数十艘沂流上，旌旗蔽空，甲光耀日。舣舟老鸦洲，跨高马，佩长剑，其党数百翼之入城，受宴出。
>
> 于是，朝光知官司之莫谁何也，遂为安居长久计。筑寨南澳山之隆澳，山久荒秽，多鬼怪，居之多病疫，乃内徙筑寨东湖。朝光虽听招，仍四出剽掠无虚日。分遣头目驾巨舰屯据牛田洋，盘问船只，不问大小，俱勒纳银，然后给与票照，方敢往来生理，名曰"报水"。
>
> 后以杀倭报效军门，加以镇抚名色。④

可以看到，许朝光把被召入城见官变成一次大规模的武装示威行动，这些"海盗"接受招抚后的定居之所也是自己随心所欲选择的结果，而原来所从事的剽劫抢掠的勾当仍然得以继续，至于"分据潮阳牛田洋，算舟

① 《粤大记》，第 3 卷，《事纪类》。
② 参见同上书，第 32 卷，《政事类·海防》。
③ 《潮中杂记》，第 10 卷，《国朝平寇考上》。
④ 康熙《澄海县志》，第 19 卷，《海氛》。

征赋"的举动,更由于接受招安而似乎有了一层合法的外衣。这样的"招抚"安排,对于"海盗"集团差不多是有百利而无一弊。据《明史·刘显传》载,嘉靖四十一年(1562)总兵张显与俞大猷、戚继光等破据守福建平海卫的"倭寇"时,曾得到许朝光的帮助:"平海倭欲遁,为把总许朝光所邀败。乃尽焚其舟,退还旧屯。"①是为前引《澄海县志》所谓"以杀倭报效军门"事。可知许朝光被招抚后,就得到了"把总"职衔。嘉靖四十三年(1564)该集团内讧,许朝光被手下头目莫应敷杀害。其众为莫应敷所领,继续占据东湖寨。②"朝光死时,郡守为文祭之"③,不但生前被授以官职,而且死后仍要被赠予哀荣。

许朝光征收船税的牛田洋在潮阳县境,当时潮阳士绅就对"招抚"的做法大不以为然:

> 邑诸生曰,我潮虽僻在海隅,去雍州远,顾其民乐战斗,有无衣同仇之风焉。朝光虽横,诚出四乡之子弟并力攻之,犹足以制其命也。何至招抚以示弱耶?④

当时人常常把地方官对"盗贼"的这种软弱态度,归咎于官场的腐败和官员的道德勇气不足。如嘉靖年间一度乡居的揭阳县著名士大夫翁万达在致友人的信中,就直指"海寇"猖獗是潮州本地官员的腐败与无能所致:

> 海寇日益为害,鮀浦恐有变,其形已具。语之有司,如水沃石,良可痛叹。斁邦横政,昏天黑日,聚贿者纵贼,惧势徇情者纵贼,暗于事者纵贼。贼白日行于市,莫敢何问也。寒居草登,贼艘日夜

---

① 《明史·刘显传》。
② 参见《东里志》,第 2 卷,《境事志·灾异》。康熙《澄海县志》系许朝光被杀事于隆庆元年。
③ 康熙《澄海县志》,第 19 卷,《海氛》。
④ 隆庆《潮阳县志》,第 2 卷,《邑事志》。

过其门而欲入者屡屡，业已避之。①

　　翁万达为嘉靖朝首屈一指的边臣，先后参与征伐安南和平定广西断藤峡之役，又多年在北部边疆防御蒙古俺答部，战功卓著，两度任兵部尚书。就是这样一位著名将领，在自己的家乡，居然面对日夜经过自家门口的贼船毫无抵御之力，只能避之大吉，"贼势"之盛，可见一斑。"敝邦横政，昏天黑日"一句，充分表达了翁万达对地方官员的不满。

　　官至内阁首辅的高拱，隆庆四年(1570)在《议处远方有司以安地方并议加恩贤能府官以彰激劝疏》中，集中论述广东吏治不良与"盗贼"充斥的关系：

　　　　广东旧称富饶之地，乃频年以来盗贼充斥，师旅繁兴，民物凋残，狼狈已甚。以求其故，皆是有司不良所致。而有司之不良，其说有四。

　　　　用人者以广东为瘴海之乡，劣视其地。有司由甲科者十之一二，而杂行者十之八九；铨除者十之四五，而迁谪者十之五六。彼其才既不堪，而又自知其前路之短，多甘心于自弃。此其一也。

　　　　岭南绝徼，僻在一隅，声闻既不通于四方，动静尤难达于朝著，有司者苟可欺其抚按，即无复有谁何之者。此其一也。

　　　　广乃财贝所出之地，而又通番者众，奇货为多。本有可渔之利，易以艳人。此其一也。

　　　　贪风既成，其势转盛。间有一二自立者，抚按既荐之矣，而所劾亦不过聊取一二，苟且塞责，固不可以胜劾也。彼其见抚按亦莫我何，则益以为得计，而无所忌惮。居者既长恶不悛，来者亦沦胥以溺，是以贪风牢不可破。此其一也。②

―――――――――

　　①　《与邹一山兄书》(十二)，见《翁万达集·文集》，第16卷，577页，汕头，汕头大学出版社，1992.
　　②　高拱：《绥广纪事·边略五·疏》，见沈节甫辑：《纪录汇编》，第56卷。

明代后期潮州吏治败坏，确是事实，地方志中也不时可以见到府县官员因贪赃纵"盗"而被弹劾的记载。但是，把"盗贼"充斥完全归咎于地方官员的道德操守，则是忽略了当时整个社会的结构性矛盾，而这些矛盾才是在更根本的层面上起作用的因素。地方官员对"盗贼"基本采取"招降"策略，除了官府本身没有足够的军事和政治力量外，更重要的是，这些所谓"盗贼"基本上都是没有编入里甲的"化外之民"，随着明代后期潮州地方社会的转型(包括作为其重要内容的"一条鞭法"的实施)，如何把大量的"化外之民"变为王朝体制下的"编户齐民"，已经成为所有地方官员都不能不面对的难题，对"盗贼"采取招安的政策，通过"安插"使之成为"抚民"，实际上一个是没有其他选择的选择。如前所述，就是被剿灭的"海盗"集体，对其成千上万的所谓"胁从者"，也同样有安插定居的问题存在。

地方文献中有时也可以见到安插"抚民"取得实效的记载，《潮中杂记》载嘉靖十八年(1539)招抚"海盗"安插于信宁都事：

> 十八年佥事雍某遣饶平知县罗胤凯招抚海寇，平之。
>
> 饶地滨海，独信宁都黄芒诸村僻远，居民恃险为恶，接济番舶，劫掠行舟，势甚猖獗。郡邑白监司，议与兵剿之。雍某倡议招抚，檄知县罗胤凯亲入其乡，置社学，立保约，择其弟子十余人聚于邑庠，盗贼日消，习俗稍变。①

实际上，信宁都"民风"的转变经历了很长的过程。信宁都即前文已经提到的饶平县"东里"地方(亦称"东界")，据《东里志》记载，至万历初年，东里的乡约已经"因寇乱久废"，社学也久未举行。② 嘉靖末年地方上仍然有"东界顽民，从倭过半"的说法，结果"各处关津，严稽东界人

---

① 《潮中杂记》，第10卷，《国朝平寇考上》。
② 参见《东里志》，第2卷，《风俗志·乡约》；第3卷，《学校志·社学》。

民，虽有员役，亦被遣诘"①，当地士绅百般辩解之余，也承认当地确有
"恶少不能忍饥馁之窘，或恣睢以侥旦夕之命"的情况存在。当时官府已
有再派兵围剿东里的打算，所谓"奸人肆雌黄之口，遂鼓簧于玉石俱焚之
议，吠声嚣于众狨，讹言彻于上闻，东里几为邱墟矣"②。

动辄以千人计的集团性的"海盗""山贼"上岸或"下山"定居，不可避
免地要对"安插地"原有的社会秩序造成巨大冲击，"抚民"与先前的居民
对各种自然、社会和文化资源的争夺，一定会加剧地方社会的动荡与不
安。所以，已经定居的"编户齐民"往往尽力抵御官府安插"抚民"的举措，
不惜动用各种资源与"抚民"对抗。而拥有强大武装、原来已经习惯于反
官府和反社会活动的新的"抚民"，也不见得一定居就会与新的环境相适
应，往往继续保持亦"民"亦"盗"的生活方式，还常有再次"反叛为盗"的
情况发生。隆庆年间安插曾一本和林道乾两大"海盗"集团的过程，充分
展现了这个过程的复杂和困难所在。

曾一本原为海阳县薛陇乡人，早年追随大"海盗"吴平，嘉靖末年吴
平在南澳的城寨被官军攻破，吴平逃到海外，曾一本集其残部，先侵寇
广东西部的高州和雷州一带，扩张势力后再度回到潮州沿海，"四出剽
掠，潮、揭受祸最酷"。其招安过程曲折而短暂：

> 隆庆元年七月赴府告招安，官司许之。又惧官司绐己也，欲得
> 文官质，官司难焉。遂大举众，计欲薄府城取质。知县张璇不虞贼
> 之入也，谒府，舟还至老鸦洲，被执去。于是招之下浛，仍释知县
> 归，在贼近有三月云。既而一本复叛，之南澳，据吴平旧寨，杀掳
> 参将缪印等官兵数多，屡年不能平。③

曾一本是自己到官府要求招安的，为安插事绑架澄海知县为人质达

---

① 林芳奋：《辨诬怨》，见参见《东里志》，第 4 卷，《公移文（附）》。
② 《东里志·序》。
③ 康熙《澄海县志》，第 19 卷，《海氛》。

三个月之久,被安插于潮阳下浍地方只有三个月,又再次造反。整个过程看来都出于曾一本的主动,官府似乎一直处于受制被动的地位。此事终于惊动朝廷,两年以后,在广东、福建两省会剿之下,曾一本蹈海死。其舅许瑞继续统领其残部,以后再次被招抚(详后)。

林道乾原"为潮州府吏,有罪亡命海上为盗",与曾一本互为犄角,隆庆元年(1567)攻破溪东寨后,"诸寨风靡。于是拟饮马鳄溪,心窥府城。海、潮、揭、澄诸村落,皆其啖肉饮血区矣"①。其时官军正忙于围剿曾一本,无力应付林道乾,故一开始就作姑息招安,冀图"以贼制贼"的打算:

> 今说者乃以一本名偶上闻,在所必诛。而道乾宜在所后,不如姑且抚之,复割壤地以与之,冀其无为我患。万一幸为我用,或可并力西向,以从事于一本。②

当事者准备安插林道乾于潮阳县的招收都下尾(一名"华美")地方,遭致潮阳士绅的强烈反对。其时乡居在家的潮阳著名士大夫林大春,通过友人向当事者表达了不满这个安排的理由,事见《致萧安所书》:

> 年兄今夕杨公之会,切记为言招收、砂浦不可安插之意。若询其故,须陈利害。盖此地为一邑藩篱,切近诸澳,贼常出没。又其民可练为兵,亦易与为乱。往岁地方警急,辄从征调,多得死力。自道乾一招,半为贼有,寻被残破,故土为墟。然使及今休养,犹可生聚,官府以义鼓之,或足以当东南一面门户。若复招安于此,则生聚者无几,见存者又复沦胥于盗。不惟自撤藩篱,抑且引盗入室而并据之。而欲求潮阳一夕之安,不可得矣。此已往之覆辙,近事之明鉴也。③

---

① 康熙《澄海县志》,第19卷,《海氛》。
② 《井丹先生文集》,第15卷,《上谷中丞》。
③ 同上书,第15卷。

信中与萧安所晤面之"杨公"，当为嘉靖四十五年至隆庆二年(1566—
1568)间任潮州知府的杨承闵。安插林道乾事，在隆庆元年至二年
(1567—1568)之间，主其事者为总兵郭成和潮阳知县陈王道。林道乾安
插后，也曾有"遇有他盗窃发，听明文征调，截杀立功"①之事，对地方
社会似乎并非全无帮助。但潮阳士绅继续反对"安插"的安排：

> 乡士大夫书略曰：近来巨寇林道乾安插下尾地方，实为潮人附
> 背之痛。其未招，势既外溃；今名曰招，势复内食。痈溃，其毒犹
> 在外；内食，则腹心将朽矣。今秋敛甫毕，谷入贼仓，人家悬磬，
> 钱入贼帑。曰为改岁，妇子无由而室处，豺狼在道，征夫何自以旋
> 归。景象如此，海滨恶得而不坐毙耶？……顷者道乾徒党公行至县，
> 掳掠居民，民不得已，严兵以拒之。彼遂旅至城下，宣言中秋欲来
> 屠城，城中震恐，道路相顾涕泣。县令仓皇，莫知所为。于是吾辈
> 乃往见令，说以尹铎守晋阳之事，因请移书责之背盟，始得以暂弭
> 其来。然而观其报书，辞甚悖慢，又安能保其不来乎？②

可见，被安插的"盗贼"对本地原有的社会秩序确实造成了严重的冲
击。潮阳士绅一直对这伙"抚贼"的活动保持高度警觉，林大春在文章和
书信中多次表明对林道乾"复叛"的担忧：

> 闻贼一面阳为告招，一面行劫乌船，先后计十数只。所获器械
> 极多，米石以千计，仍勒船商重资赎船。此其反状明甚，而尤曰云
> 云者，缓我也。又闻各处亡赖逋负之徒，相率襁负入贼。贼每悬购，
> 得十人者予三金，人各一金，即以统之，故多应之者。而旧时抚巢
> 与今日劫渡之盗，往往奔赴焉。此两日间，益贼盖不止数百千人矣，
> 此尤可深虑者。③

---

① 隆庆《潮阳县志》，第6卷，《乡都》。
② 《井丹先生文集》，第15卷，《上谷中丞》。
③ 同上书，第16卷，《与谢凤池论城守二首·其一》。

又集四方亡命，征无赖生儒，稍习文义，以治其部伍，修其辞约。而彼乃深居大舶，行王者之事。公然出入城郭，列羽卫以要陪官之宴。此其目中已无岭南久矣。①

康熙《澄海县志》载林道乾"行王者之事"的具体情节为："阴蓄异志，大治宫室苑囿，拟王侯居。门列戟，乘舆张盖，着蟒龙，登堂传呼。"这些严重违制、无法无天的行径终于为官府所不容，万历元年（1573）朝廷发大兵进剿其"安插"之地，林道乾逃往海外。② 有意思的是，大兵围剿之时，原来一直反对安插"海盗"的潮阳本地士绅，又积极采取行动防止官兵过分杀戮，以免"玉石俱焚"。据《潮阳县志·林大春传》所记：

招收都混迹崔苻，当道欲遣师屠之，春为力阻，全活万人。③

隆庆初年潮阳士绅力争制止朝廷安插林道乾集团，未能成功。几年以后，他们却成功地防止了另一帮"海盗"上岸定居，这就是许瑞集团。如前所述，曾一本死后，残部由其舅父许瑞继续统领，主要活跃于广州和惠州沿海，其时广州海面尚有林雄、许德之、程光诸股"盗贼"活动，官兵屡剿屡败，"乃招瑞杀贼立功，瑞邀击诸贼，大破之，无一生脱者。军门嘉赏瑞，遣回潮听招"，事在隆庆四年（1570）前后。初拟安插许瑞于潮阳白土地方，结果"士夫百姓控于其令，极言不便。其令为白道府，遂罢"④。时任潮阳知县者为晋江人黄一龙，其《止抚盗安插议》载于隆庆《潮阳县志》：

白土地方，南距海门所，北连潮阳县，接壤冈头、南塘二寨，田业俱渐耕垦。近集乡民谢加仕、黄宜兴等议处招抚安插情由，无

---

① 《井丹先生文集》，第8卷，《论海寇必诛状》。
② 参见康熙《澄海县志》，第19卷，《海氛》。
③ 光绪《潮阳县志》，第10卷，《人物》。
④ 康熙《澄海县志》，第19卷，《海氛》。

不骇然。执称本乡田业俱各有主，海无煮盐之地，山乏樵采之木，若使抚民与居民混处，恐无营生之业，必有日后之变。若使居民尽弃其业而与抚民，则居民又将置于何地？幸蒙大兵剿灭海寇，获睹太平之盛，讵意招抚计处，吾乡重增失所之忧。及照通县士夫耆民俱论海门所藩屏潮阳县，警报相传必经于白土。白土地方间在潮阳、海门之中，诚为切要腹心之地，非复招收华美之僻可伦，抚于此万一有变，腹心之疾，诚所当虑。如昔曾一本版招下泲之事，良可鉴也。况潮阳旧治一十六都，今分割于惠来、普宁，仅存其半。加以二种法外之民混之，势迫难容。若果抚民倾心向化，乞照雷州事例，给票归家。不然乞择别县闲旷之地处之，使得为良民长久之计，庶吾邑免负芒刺在背之忧等情到县。

缘照本县地方浅薄，人情易动，向招曾一本于下泲，民残已甚。继招林道乾于华美，民怨未纾。然犹僻在一隅，离县三十余里。今所议白土地方，即在潮阳城外，与海门所相为联属，田业有主，民居已定，难以复插抚民。况事必协乎舆情而后可保其永久。今据本县上自士夫举监生员，下至里老耆民人等，一闻计插之议，俱各狂奔齐会，拥门控诉，甚至呼天叩地，涕泗交集，即此民情，可觇事体。况本县既已安插道乾，难以复招许瑞、林凤。且瑞等原系别县户籍，潮阳非其故土，即使强插，终难久安。查审舆情，委属不便。①

黄一龙上书后，"前议遂寝"，当事者又议改安插许瑞于澄海县的夏岭地方，即天顺年间二十四村作乱之处。澄海知县蔡楠亦上书痛陈利害，表示反对：

考许瑞回潮听招，道府初议潮阳白土安插，士夫百姓控于其令，极言不便。其令为白道府，遂罢。议及澄海夏岭，蔡楠上书，言夏

---

① 隆庆《潮阳县志》，第6卷，《乡都》。

岭原系革除，不可复插法外之民。言澄方里不能六十，莫应敷虎咆于东，朱良宝鸥张于北，魏朝义蝮螫于西，仅空南之一方耳。复插许瑞夏岭，则四面皆敌，民何以立，官何以理？①

据说，因许瑞"其言剀切，道府不能夺也，夏岭之议遂寝"。当时许瑞屯舟于牛田洋待官司议安插地，久候不决，遂强行入居曾于嘉靖末年被林道乾攻破的溪东寨。溪东寨迫近另一"海盗"首领魏朝义的安插之地大井，结果两个"海盗"集团"争海利，相仇杀"，最后以许瑞的败亡而告终。据《澄海县志》的说法，这个结果其实早在蔡楠的意料之中：

> 令计溪东亦吾地，然近大井，两虎必斗，久当坐收卞庄子之利。乃听居之，不复言。既果如所料。②

蔡楠上书中"莫应敷虎咆于东，朱良宝鸥张于北，魏朝义蝮螫于西"一句，确为其时澄海县城周边之实际情形。前面已经讲到，莫应敷所统为许朝光旧部，所据之东湖寨在澄海县城东面。而魏朝义、朱良宝两班人马也是嘉靖、隆庆年间招抚"安插"的。

魏朝义原来就是浦都大井村人，为"盗"后就在本村筑寨与官兵抗争，"焚烧屠戮，所至如洗"。后被招安，就地安插。招安后，除上述与许瑞一党火并事外，据说对官府颇为效顺：

> 督所部防捍地方，鮀浦左右赖无它虞。道府常檄使捕盗，捕无不获，获无不真，未尝枉一平民，公论归美。而里中恶少恶其害己也，常飞语中伤之。赖道府知察，得全腰领。③

而朱良宝的下场就大不一样了。朱良宝原为澄海县南洋乡人，先从乡人王伯宣为"盗"，伯宣死，辅助其子王若鲁以叛。后惧官兵围剿，缚

---

① 康熙《澄海县志》，第19卷，《海氛》。
②③ 同上书，第19卷，《海氛》。

王若鲁献以赎罪，因告招安，结寨南洋。招安后劫掠如故，与林道乾并称"林朱"：

> 其为祸最惨者，林朱也。官府苦于地方多事，并力不暇，准其
> 告招。招之后……林朱则报水杀人如故。民甚苦之，然不敢声其冤，
> 盖惧二酋，声则丧身灭门之祸不旋踵而至者。①

隆庆五年(1571)官府发兵进攻南洋寨，半路为朱良宝截击，"杀之几尽"②。万历元年(1573)朱良宝率军进攻广东西部沿海的阳江县，被官兵击退，又回守南洋寨。万历二年(1574)官府再发大兵进剿，几次惨败之后终于攻下南洋寨，朱良宝死于刃下，其部下"无一降者，皆髡首死殉"，据称被"俘斩一千二百五十名颗"③。

综上所述，从嘉靖四十二年至隆庆四年(1563—1570)的短短八年时间里，在以鲍浦及牛田洋为核心，潮阳、澄海两县方圆不足百里的地域范围内，先后招抚"安插"过许朝光、曾一本、林道乾、魏朝义、朱良宝、许瑞等六个大的"海盗"集团上岸定居。加上官府安插的其他较小的"盗贼"团伙④和参加"海盗"后被官府零散"给票回籍"定居的人，当时潮州沿海几乎到处可见这些所谓"法外之民"。

从总的趋势看来，不管其间经历多少曲折，这些"抚贼"中多数人最后总是要成为一般民户的，如朱良宝占据的南洋寨被官军攻破后，"魏朝义、莫应敷闻之，相率毁巢，散其党乞降。许之"⑤。林道乾占据的潮阳招收地方被官军攻破之后，林大春刀下救人，尽力保护而存活的"万余

---

① 《潮中杂记》，第11卷，《国朝平寇考下》。
②③ 康熙《澄海县志》，第19卷，《海氛》。
④ 较小的盗贼团伙被招安的例子，如隆庆元年澄海大家井民陈世荣、余乾仁、连思恭等作乱，官府发兵进剿，官兵擒斩首从贼连思恭、陈世业等二百二十二颗。余乾仁等残党负伤奔入大山避命，告称岁饥乏食，愚民无知，致干法纪，乞命招安。委潮阳县县丞丰汝登抚定，回还原土安插复业。(参见《潮中杂记》，第11卷，《国朝平寇考下》)
⑤ 顺治《潮州府志》，第7卷，《兵事部·朱良宝林道乾之变》。

人",大概也就成为"良民"了。而许瑞死后,"头目林奇材领其众,后不知所终"①。许多大"海盗"集团在其首领死后几年,所谓"贼众"往往都"不知所终"。当然不排除他们投靠别的"海盗"集团的可能性,但一个更大的可能就是定居下来,终于成为"编户齐民"。只是,从"抚贼""抚民"到一般民户的过程十分曲折而艰难,一方面是"海盗"变成"抚民"后,可能对安插地原有的社会秩序和权力结构造成重大冲击;另一方面,与"海盗"成为"抚民"的过程同时发生的,还有许多一般的民户因为种种原因又不断沦为"盗贼"。到明清之际王朝更替,政治统治的"正统性"变得模糊的时候,这个过程就变得更加复杂了。

四、筑城建寨与乡村聚落形态的变化

前引冒澄《潮嵝偶存》讲到"明末海盗纵横,民多筑围建堡以自卫,久而乡无不寨,高墙厚栅,处处皆然",所言确为这一时期出现的潮州乡村聚落形态的普遍特点。既然"海盗""山贼"不断侵扰,"抚民""抚贼"到处可见,官员懦弱,官兵无能,政府没有足够能力在一个迅速转型的社会中维持安定和起码的秩序,一般的村民就只好自己高筑寨墙,架设炮位,聚族合村以求自保了。结果,明代嘉靖以后,潮州沿海地区的聚落形态发生了很大变化,许多散居的小村落消失了,出现了一座座墙高濠深的军事性城寨。

不管是政府还是士绅,都对筑城建寨的做法持提倡和鼓励的态度。嘉靖《广东通志》讲述了嘉靖三十八年(1559)"倭寇"从福建进迫饶平县,有司"通行各县谕令小民归并大村,起集父子丁夫互相防守,其附郭人民俱移入城内"②。万历、天启年间两度乡居的海阳县著名士大夫林熙春在《澄海县修溪东寨记》中也提到:

---

① 康熙《澄海县志》,第19卷,《海氛》。
② 嘉靖《广东通志》,第66卷,《外志三·海寇》。

澄海新造，潮州视为左翼。而溪东一寨，控沧溟而捍封疆，微论澄要地，即谓潮之咽喉亦可。先是戊午倭夷就此登岸，辄破蓬州守御，而蹂践我土者数年。当事始下令各村以自为守。溪东凿土得石，累石为城，环城皆水，形胜与各村异。①

"倭寇"破溪东事在嘉靖三十七年（1558），可推测林熙春所言"当事始下令各村以自为守"，与嘉靖《广东通志》所载"谕令小民归并大村"可能为同一事件。由此可知官府公开提倡各村乡民筑城建寨，应该是从嘉靖三十八年（1559）开始的。不过，实际上民间自发的建设城寨的举措在此之前早已开始，而士大夫们也一直鼓励百姓这样做。如林大春在《豪山筑堡序》中就讲到最初提倡的理由和所遭遇的困难：

案边法五里为墩，五十里为堡，以受边民而严守望。无事则散处于边，以时屯牧射猎。虏至传举烽，则收牛羊仓廪入，坚壁清野以待之。虏人往往野掠无所得而去。迩来余邑有倭夷之患，余尝欲仿其法，令邑外诸乡里颇置城堡，如边垂便。顾鲜有行之者。……然而环海之滨，孤悬之地，无高台深堑之险，无边兵戍守之固，贼因得以乘胜长驱，稍蚕食之。苟一寨不支，即势如破竹，虽有墩堡亦终于不可守矣。然后知边法亦有不克尽行于海峤者，此类是也。要之，地利不如人和，此又在乎守御者之用心何如耳。②

林大春提倡的按照边疆墩堡之法建立的城堡，看来还不是百姓常年居住的聚居点，而只是遇变可以藏身防御的军事堡垒。事实上，这样的城堡早在天顺年间就已经存在，至明末仍然发挥作用。事见林大春《南野陈公保障凤山序》：

凤山其上盖有古寨址，云天顺中夏岭为寇，乡人陈千山公尝倡

---

① 林熙春：《城南书庄集》，见《潮州耆旧集》，第 31 卷。
② 《井丹先生文集》，第 12 卷，《序》。

义守寨，劫（却？）贼数万众，自是贼无敢东向以窥凤山者。其后百余年，为嘉靖庚申，又有倭夷入寇之事。而千山之孙南野公复以保障有功，称于当时云。

初海上久安，诸寨圮废，适诸路方用兵，公因与其弟山谷公议修寨事，寻又浚渠列栅，以益其险。时倭报尚远，公已先备如此。已而倭夷果至凤山，凤山虽已置寨，而人心顾望，未有所定。公独身率子弟负版插先登，而其乡父老乃始定为守计，亦莫不率子弟以从者。

盖众方入寨而贼遂至。公乃与众泣誓，定约束，勒兵以守。贼果拥众仰攻，公命以石击之，中二贼。既复以铳击之，中一贼。其为流矢所中者，又数贼。贼惧，以为此乃木城，有备，不可攻也。遂夜遁。①

庚申年即嘉靖三十八年(1559)。据隆庆《潮阳县志》载，此次抗倭得胜之后，"见重诸乡，乡人争往依之者以万计"。但嘉靖四十二年(1563)该寨终于被"倭寇"攻破，至隆庆时"山寨仅存，人烟稀旷"②。1936年李介丞编《明季岭东山砦记》，其中记述凤山寨时，引用《李氏族谱》的记载，提到隆庆以后直至南明永历年间，凤山寨仍多次击退来犯的"盗贼"。该寨"明季有张、郭、李、陈、庄、郑六族聚居"③，说明到明末时凤山寨已经不仅是遇变暂时藏身的处所，而且发展为数族合居的大村。

《明季岭东山砦记》根据族谱、方志和其他地方文献，共记录了明末清初潮州乡村建立的124座城寨的情形，这些城寨有"寨（砦）""堡""围"等不同的名称，大多为百姓常年居住的有军事设施的聚居处所。试以明末建立的丰顺县的建桥围和澄海县的渔洲堡为例：

---

① 《井丹先生文集》，第12卷，《序》。
② 隆庆《潮阳县志》，第6卷，《乡都》。
③ 李介丞：《明季岭东山砦记》，第3卷，1936，手抄本。

　　建桥围：明隆庆末，寇贼黄王常结党倡乱，自江西及兴（宁）、长（乐）、程乡、海阳各县，悉被劫掠。里人张乾福谓乡人曰：今寇贼猖獗，若不联防设险，建寨御侮，将流离四散。乃阻水筑墙为围，练丁壮以自卫。适大理卿陈燕翼奉命巡察粤□……见乾福有谋略，奏保以六品都乡长，佥军事。乾福于是慨然散家财，大兴土木。深沟高垒，立东、西、南、北四门，各置大炮，聚族邻固守，与群贼抗。①

　　渔洲堡：明季海寇充斥，肆劫掠，里人余荐卿率众设堡固守，贼渠林道乾、魏朝义诸寇屡来攻，不下，为解去。②

可以见到，出面组织乡民建筑建桥围、渔洲堡的，都是本乡有力量的人。这在当时的潮州乡村是一种普遍的现象。林大春《豪山筑堡序》也讲到，潮阳豪山乡置堡守御时，协力任事者也是这类乡村的领袖人物：

　　而豪山一乡因始置堡为守御计，若有合于余之策焉者，意其中必有协力任事之人，而吾未之见也。乃今得闻陈氏尚昭、以宦二君者，岂余所谓其人欤？初君既以行谊为乡所推闻于郡县，以从事于筑堡之役。其后堡成，寇至不敢窥兵，乡人赖之。③

也有地方官员出面为乡村修筑城寨的例子。如万历四十年（1612）澄海知县钱梦松就捐资修复嘉靖末年开始多次被兵火破坏的溪东寨：

　　岁有崔苻出入无惮，三老戒心，每每以修城请。当事者犹逊力诎弗果。壬子邑令钱使君以问俗至，三老请如初。

　　会整饬兵备，副使曾公行县，使君集舆情上议，大略追惟往事，言之痛心。倘城而不固，犹云以城予敌，况旧址五百有奇，倾颓逾

①　李介丞：《明季岭东山砦记》，第 3 卷。
②　同上书，第 5 卷。
③　《井丹先生文集》，第 12 卷，《序》。

半而罅隙不与焉。相地度费,非数百金不可。欲请公帑,则积贮无
遗;欲括寨民,则困备特甚。职愿以身为帜,俸薪不足,以罚赎继
之;罚赎不足,以劝募继之。寨分六社,特借社长,籍工、籍物料
而止,无它与也。职私忧过计,似足当海上一箸。议上,曾公报可。

遂檄巡简胡正敦事,主簿郑鲸阅视。则以某月某日肇役,迨某
月某日迄工。雉堞桓桓,楼门矫矫,过者凝眸,有如金汤。总之费
二百金而近,而城举矣。①

这是一个很特殊的例子。如前所述,嘉靖末隆庆初溪东寨先被林道
乾攻破,"城中九百余人骈首就戮"②,以后又有许瑞占据此地与魏朝义
"争海利,相仇杀",对当地破坏极大,以致寨民"则困备特甚",所谓"民
穷财尽",没有能力修复城寨。而出面完成此项工程的钱梦松,在当时是
难得的一个"好官"。据称他任澄海知县两年,有诸多善政,除修复城寨
外,还修建了捍卫县城的韩江堤围,事载康熙《澄海县志·名宦传》。这
两方面的缘由,使得修复溪东寨的工程,靠一个知县出面主持,而不仅
是由乡村自己完成。实际上,尽管官府也曾"下令各村以自为守",但当
时的大多数府县官员,并不认为帮助乡村修建城堡是自己的职责所在,
林熙春在《澄海县修溪东寨记》中曾对此有严厉批评:

余惟今之为吏者,大都以簿书期会为兢兢,至谭及保障,犹谓
幸无及于其身,又何所利而仕之。即为人上者,亦曰此大迂远,而
阔于事情。又何事力诎,而举赢为脱。有不测,安所登埤,殷鉴不
远,此岂特有司过哉?

1981年8月在文物普查的过程中,澄海县樟林村发现了一批从明代
嘉靖年间到清代嘉庆年间该村历史档案的抄本③,其中有一部分为与樟

---

① ② 林熙春:《城南书庄集·澄海县修溪东寨记》,见《潮州耆旧集》,第31卷。
③ 这些文献现以《樟林乡土史料》为题,以专集形式收藏于广东省澄海县博
物馆。

林城寨建设有关的资料，以下我们根据这批文献，以樟林城寨为个案展开讨论。

明代嘉靖二十六年(1547)所修《潮州府志》已记载饶平县苏湾都江北堡有"樟林村"，但从新发现的这批文献看，当时的"樟林"还不是一个聚落。从元初至明中叶，所谓的"樟林村"是由散居在今樟林村北面莲花山麓的陆厝围、周厝围、蔡厝围、程厝围、小陇、大陇等小乡里组成的：

> 尝考山边草洋内则有陆厝围，坑埔之南则有周厝围，此乃前人屋居，后搬为田。至万历、崇祯又遭水堆积为埔，本里各姓俱有田在焉。又石壁头小墩下则为境主天后娘灵感官，驿后、胜塘、后沟则为诸姓里居。此先人传习，以为元初之烟址也。①

这些山边小村的居民"三五成室，七八共居"，主要是渔户或疍户，负担军役和渔课，归设于附近的东陇渔泊所管辖。嘉靖三十五年(1556)三月，为了防御日益严重的"海盗""倭寇"的侵扰，原散居于莲花山麓的各个小村落开始在山下埔地合建一个大的聚落，同年十月樟林排年户共15姓户丁上呈潮州知府，请求在这个新建的聚落设防自卫：

> 具呈文人饶平县苏湾都樟林排年蓝徐翁户丁蓝城居、徐荣生、翁标选，程林马户丁程学礼、林冒州、马良德，姚陆张户丁姚乃文、陆景、张景叶，朱陈宋户丁朱家珍、陈国文、宋惟殷，王李施户丁王玉、李叶春、施中林，为恳恩批勘建防，以御海寇，以安万万黎庶事。

> 缘居等海滨蚁民，命乖运塞，居址莲胜荒丘，三五成室，七八共居。可为生者，耕田捕海；遵治化者，变物完官。前属海阳，今隶饶平，课排军民，凛分赫然。何今复为不幸，寇倭猖獗，东海汪洋，无可御堵；西土孔迩，难以救援。况又河口军卫、驿地步兵各

---

① 《樟林乡土史料·古迹大观》。

自保守，庶个穷黎，哀救无门。家室所有，悉为洗迄。惨惨哭哭，莫可奈何。

今遗余苏商度计阻，必合聚筑稍能存生。故本年三月合集众村移会南面官埔创住。但斯地樟林楠櫃丛什，可为屋具；四面沟湖深曼，可为备防。然又众庶激奋，欢愿捐资筑防。第忖乃樟滨涯弹址，非邑非州，恐干律令所禁。又思民为邦本，本固邦宁，樟虽滨涯，亦民也，徒不筑防，终无安止，势必命染非辜，或同化逆，居等汹汹，尽为弗愿，天台其忍之乎？

且复此防不立，大有不利。樟居东涯，邦已可以至州，州外东土，村落不一，人丁何啻万亿，倘东涯无防，攘肌及骨，王城其保无溃乎？且立防之计，虽居等之私利，实有溥及于州外数十里之民也。无事我村安寝，耕插种植，亦犹众村之民也。有警众村附入，官军督捕，犹如王府之铁库也。甚至上宪按巡，邑主追缉，亦有止居也。不则寇凶莫测，可无虞乎？此利下益上，通便无弊，如是天台早所洞识怜恤者也。

兹伏恳爷爷中达宪天，俯从民便，慈艰准筑，则活万命匪浅矣。仰赐沛泽，则向之哀救无门者，今歌父母孔迩矣。披列筑防惠民情由，匍赴爷爷台前作主，金批印照准筑，恩恤穷黎，则泽被有戴二天矣。

这个呈文很快得到知府的批准："有利民，准筑。"①

樟林"建寨呈文"中有几点是值得注意的。首先，樟林寨是由莲花山麓多个散居的小村庄"合聚"而成的。这些小村的民户至迟从明初起已经编入里甲排年，分属里甲制下五个不同的"户"，早就是政府管辖之下的"编户齐民"。而且，从官府的登记制度看来，樟林寨建设以前，"樟林村"已经作为一个独立的"单位"而出现。这大概反映了当时潮州乡村聚落

---

① 《樟林乡土史料·樟林建寨破寨事由》。

形态变化的一般情况。其次，"合集众村移会南面官埔创住"事在嘉靖三十五年（1556）三月，至当年十月才呈报"捐资筑防"，可见合村居住事官府并不介意，官府紧张的是军事设施的建设，所以前者不须呈报，后者则"干律令所禁"。事实上，合村者是否已经"编户"和"筑防"有否呈报是区分"民"与"盗"行为的两条最重要的标准，已"编户"者经呈报而建寨当然属"民"之所为，所以樟林建寨的理由是"思民为邦本，本固邦宁，樟虽滨涯，亦民也"；非编户齐民又私自"筑防"，所建者就大多被视为"贼寨"。最后，樟林建寨的初衷，一方面是散居各村的各姓乡民在此聚居，另一方面也准备"有警众村附入"，让周围的其他小村遇"盗"时有避难防御的处所，兼具两方面的功能。至少给官府的呈文是这样讲的。不过，后来的实际发展却是周围的其他小村的村民纷纷移居樟林寨，城寨从开始时"一村之中，尚犹未满百灶也"①，发展为占地约 600 亩，俨然成为在地域社会中有较大影响力的一个大聚落。② 嘉靖四十二年（1563）置澄海县，樟林划归澄海管辖。隆庆五年（1571）县城落成之前，樟林寨成为知县经常驻跸之所：

> 澄海一县创设于明嘉靖四十二年。其地原属海（阳）、揭（阳）、饶（平）三邑，因鞭长不能及腹，难于控驭征输。故割地增设一令，亦未暇计及其山川形胜、土地物宜也。官此者来无定居，或驻蓬州，或樟林，或冠陇，至今土人犹能言之。③

嘉靖三十五年（1556）潮州知府发出《筑寨牌文》，批准樟林建筑城寨，并报经"宪台"准照，于寨墙上设置炮柜和炮窗，指定村民"具呈举奖"之

---

① 《樟林乡土史料・乡党里甲解疑》。

② 《樟林乡土史料・上林氏记述》。按：《樟林乡土史料》中有一段长达 3 200 余字的关于樟林本地历史的记述，无标题，落款"时康熙戊辰正月望日八十三岁上林氏撰"。本文作者将其定名为《上林氏记述》。也有本地学者引用该材料时，注其出处为《佚名篇》。（参见黄光舜：《闲堂杂录》，1996 年铅印本）

③ 康熙《澄海县志》卷首，《自序》。

"保寨约长"蓝端明"协督报效"，又"令保长蓝端明同寨众推立防谏一人，相为辅理"①。据称，樟林城寨建成后，寨墙共长"八百丈零五尺"②，各种防御设施齐备：

> 　　前任府主大老爷批准筑阳寨一围。炮柜六个，东、西、南、北正大门并小道下水门、小东门共六个。寨环马路，内外各存七尺，以便巡防拦水。又沟河周环，各离马路外凿一丈八尺。又沟堤与淤泥相间处共五尺。界制分明，莫得混淆。民等赖此以安生，官军赖此以巡防。③

由以上的描述，可大致推想当时潮州乡村地区普遍建立的城寨的一般规模和格局。不过，城寨的建立并不能完全防止"盗贼"的侵扰。建寨没有几年，嘉靖四十二年（1563）九月，因为村内土豪"虚首插占荒淤，开池养鱼肥己，胆敢将泥淤之涂堆积官沟，侵占填塞，以致河水不通"，结果护城濠失去防御作用，城寨被"海盗"攻陷，"寨破人戮，惨不胜言"④。以后直至清代康熙年间，樟林寨还有十余次被"海盗""山贼"攻破的记录。

从上引数据还可以看出，出面请求在樟林寨"捐资筑防"和后来被官府指派负责实际防务建设的，没有一个是有功名的乡绅。留意一下当时潮州乡村主持其他城寨建设的"有力量者"的身份，也可见到类似的情况。明代嘉靖以后潮州地区出现了薛侃、翁万达、林大春、林大钦、唐伯元、林熙春等一批有地位的本地士大夫，士大夫的政治权威和文化影响力较之前代大大增强，他们也对地方社会的各种问题发表了许多有影响并被后人一再引用的看法。不过，当时乡村社会正处于激烈的动荡和重新整合的过程之中，"乡下人"能得到功名的仍为数不多，我们注意到的这些

---

① 《樟林乡土史料·筑寨牌文》。

② 《樟林乡土史料·上林氏记述》。

③④ 《樟林乡土史料·抄录呈明府主沟河界址》。

被称为"寨"或者"堡"的村子往往带有明显的军事性，在这种情景下，"豪强"可能比通过科举取得功名的人有更大的影响力，而且许多村子实际上还未有得过功名的人。

不过，就总的趋势看来，大致从明嘉靖至清康熙前期的一百多年间，是潮州乡村社会逐渐被乡绅阶层控制的重要转折时期，乡绅在水利、公益、治安、刑讼等事务中的作用越来越明显。从嘉靖三十七年（1558）所立《塘湖刘公御倭保障碑记》中，就可以见到乡居的士大夫出面主持城寨建设和防御"盗贼"的例证：

> 海阳隆津之市镇曰塘湖，北负郡城，东枕大河，西接原野，南环沧海。田畴百里，烟庐万井，实衍沃奥区。承平以来百九十载，民弗知兵，惟弦诵贸易以趋事乐生。靡有崇墉巨障、坚甲利刃为防御之具。盖颐世柔良，其积习也久矣。岁在嘉靖丁巳之秋，盗起邻境，聚党侵陷揭阳。凡密迩本镇村落，咸被荼毒。

> 适乡大夫少参刘见湖先生终制家食，目击时事若恫。乃身谋诸乡者，建堡立甲，置栅设堠，鼓以义勇，申严约束，相率捍御，民赖以宁居。

> 无何，值戊午首春，倭寇突至，屯垒揭阳之江，恣行劫掠，莫之敢膺。凡大井、鲘浦、蓬州、庵头等处，悉被残破。戕其老稚，掳其丁壮，焚其室庐，祸乱之惨，近古所无。塘湖之民，日夜忧惶，咸思欲举家移窜，以避其锋。

> 先生虑桑梓之将及祸，义不容诿。乃与乡人约，视产高下，敛九则之金，以为防守之费。初有一二为梗者，先生谕以大义，咸乐信从。相要害之处，重设栅闸；度可乘之隙，高筑战栅。率其丁壮，各分信地，更番防守。至于往来兵夫犒劳之需予，预为处分，动中机宜。以故倭寇之肆掠于邻近村落者，警报日至，独于是镇迄不敢犯。向非先生倡义防守，则是镇为潮南之通衢，民物殷盛，寇所垂

涎,安能偃然若是耶?①

碑中所谓"刘见湖"即刘子兴,为当时海阳县最著名的士大夫之一,其事迹载于顺治《潮州府志》:

> 刘子兴,字宾之,海阳人。登嘉靖辛丑进士。授临海知县,有廉名。迁兵部主事,历福建按察使,晋广西左布政。致仕居官,端介自持,俸入外不他名一钱,迨归,行李萧然。家居十年,清修德让,为潮士大夫所推。尝谓士人一解组,即宜谢绝干谒。若俯首仆仆为人役曹,不若居官署。键门谢客,犹能远俗氛,持素节也。所著有《见湖遗稿》,藏于家。②

就是这样一位标榜致仕后决意"谢绝干谒",不再"俯首仆仆为人役曹"的士大夫,还是"虑桑梓之将及祸,义不容诿",出面主持本村的"御倭保障"大计。他后来还利用其社会地位,多次出面与地方官员和有关将领交涉,制止过路的官兵伤害乡民及其利益(详见下节)。刘子兴所作所为,是"正常的"传统中国乡村社会中一般的乡绅都会做的,以后潮州地方有力量这样做的乡绅也越来越多。

刘子兴在塘湖建寨立甲时采用"与乡人约,视产高下,敛九则之金,以为防守之费"的方法,大概也是其时大多数城寨建立时所谓的"捐资"方式。

经过大概一百年左右的"筑城建寨运动",明末潮州地区乡村的聚落形态已经与以前大不相同,现在所见潮州农村主要的"大乡里"(大村),几乎都在嘉靖至崇祯期间有过一次重新整合并"筑城设防"的过程。以澄海县为例,至明末该县重要的居民点,几乎全部成了军事堡垒:

---

① 陈历明主编:《潮汕文物志》上册,335 页,汕头,汕头市文物管理委员会办公室,1985。据谢逸主编《潮州市文物志》(1985 年铅印本)659 页所录同一碑记校订。

② 顺治《潮州府志》,第 6 卷,《人物部·海阳县》。

在下外为冠陇寨，在上外为箣林寨；在中外为渡头寨；在苏湾
为程洋冈寨，为南沙头寨，为南湾寨，为樟林寨；在蓬州为岐山上
寨，为岐山下寨，为下埔寨，为鸥汀背寨，为外沙上、中、下寨；
在鳄浦为水吼桥寨，为湖头市寨，为厚陇寨，为月浦上、中、下寨，
为长子桥寨；在鮀江为鮀浦寨，为莲塘寨，为大场寨。以上诸寨百
姓因寇盗充斥，置寨防御，自为战守。①

五、"乡兵"之组织与乡村军事化

前引有关刘子兴主持塘湖乡筑寨的碑记，题为《塘湖刘公御倭保障碑
记》，不过，细读碑记全文，就会注意到实际上"倭寇"从未到过塘湖。而
且读者不难发现，其实城寨的功能主要的不是"御倭"，而是为了"防兵"。
刘子兴本人在乡里被一再称颂的功业，除了领众建寨之外，就是出面与
官府和将领打交道，从肆行劫掠的官兵手上解救被欺负的乡民，保护乡
人的人身和财产不受兵夫侵害：

凡调发兵夫，经过是镇者，不下万人。在他乡镇，往往肆行劫
夺，民怨是丛。或捏为接济靡所控诉。惟是镇赖先生之庇，颇为敛
戢。初有长乐兵经塘湖，与屠户曾七竞，兵以刀斫伤其额而夺其肉，
先生为白之别驾虞侯，竟逮其人，严械警众。乡人方邦宰家近道旁，
被程乡兵破门肆掠，先生率乡夫捍御，乃徒步往谕以国法祸福，兵
遂遁去。有肖达茂者，商贩自郡城而归，遇东莞兵夺其所致之金，
驰诉先生，令堡甲长缚送之官，为白于当道，还其金而罪其人。复
有农家蔡世重、林七者被兵夫诬执为接济，先生怜其枉，躬驰辩白，
为释其缚。其锄强遏恶，扶持善良类如此。是以邻乡之民闻先生之

---

① 康熙《澄海县志》，第 11 卷，《兵防》。

风，以塘湖为晏土，扶老携幼以就，籍其余庇者，且数十百家。①

如前所述，刘子兴曾任官至广西左布政使，塘湖乡依赖他的地位的庇护，得以少受过往兵士的骚扰。而"邻乡之民闻先生之风，以塘湖为晏土，扶老携幼以就，籍其余庇者，且数十百家"的情形，说明当时潮州普遍出现的合村聚居、筑城建寨的举措，也包含了防御官军"劫夺"的动机。上引资料提到经过海阳的兵夫有"长乐兵""程乡兵""东莞兵"等名目，其实当时在潮州围剿"海盗"的官军大多是外来的"客兵"，包括来自广西土司的所谓"狼兵"。之所以出现这种情况，是因为明初建立的军卫制度到这时已逐步瓦解，不足以应付东南沿海社会秩序急剧变动的局面。

明初实行卫所制度，洪武二年(1369)设潮州卫，在府城建立左、右、中、前、后五个千户所，以后至洪武二十七年(1394)间，又先后在沿海地方设立了大城、达濠、海门、靖海等四个"守御千户所"②，兵士平时屯田，遇变则参战。经过一百多年的发展，到嘉靖时卫所制度已处于瓦解过程之中，失去创设时希望具备的功用。嘉靖《潮州府志》载：

> 潮屯田最号沃壤，近多为卫所官隐据，又为势室占夺督屯。官索屯丁例金，又多侵渔，军士安得不枵腹以待耶。以此人不乐于屯种，往往以其地贸易于富室，富室亦利其不徭编，遂为故物。而屯丁又鬻于势豪为私人矣。法至此尽坏耶，伤哉，伤哉。③

明末屯田制度的瓦解有更深刻的理由。不过，既然屯田之法"尽坏"，卫所中的军士自然要有别的谋生之道，结果之一是军籍耗减。后人根据《筹海图编》等史料统计，得知嘉靖年间广东军额平均每卫1168人，仅及原额的23%。④ 所以，我们开始见到官府出钱雇募民户充当兵夫的记载，如大城守御千户所，嘉靖初年已经要"连年官府雇募黄芒等处兵夫三百

---

① 《潮汕文物志》上册，335 页。
②③ 嘉靖《潮州府志》，第 2 卷，《建置志》。
④ 参见陈懋恒：《明代倭寇考略》，35 页，北京，人民出版社，1957。

名，协同官军驾船屯聚"。时任饶平知县的罗胤凯撰有《议地方》一文，对大城守御千户所官兵虚靡钱粮以致上下交困的情形痛心疾首：

> 而大城一所，又深居腹里，名虽备寇，实则虚靡粮食。况本所近以奏免征调，专以守御为事，顾置之空闲，方且外募兵夫，岁给千金，月支百石，以资顽恶。岁月无穷，公帛易耗，几何不至于上下俱疲耶？①

不仅如此，在地方文献中还经常可以见到卫所官兵欺压百姓、残害无辜的记载。大城所西门内，至今仍树立着万历二十六年（1598）广东著名士大夫黄佐所撰《海上事略碑记》，其中记录是年在潮州与惠州交界海面上发生的一桩官兵诬良为盗、残害商民的案件：

> 五月二十日，有闽商五舟，往吴川买米归，至碣石海面，被贼追之。各商奔赴官兵求援，官兵遂擒五十五人为盗。游击顾桌拷讯诬服，以奇功报。可容阅文移与昔报异，且所获赃仗无几，又未见彼此攻杀情形，心疑之，行惠州海防邱同知鞫审详解，与将官初审矛盾。可容誓神复审，各商号冤，声震辕门。报以拷掠，足胫几断，验之果然，观者皆泣下。仍复行多官会审，取吴川米行埠头结，及各商原籍印结证之。讵意与当事者枘凿，相见谈及，声色俱厉，谓为姑息纵盗。可容力辩，声泪俱下，径忤而出，即欲挂冠长往。曰：嗟乎，杀人媚人，异日何以为子孙地乎？同事司道婉解强留之。而五十余人未即就死。逮制台戴公耀廉知其冤，可容招详多命，竟将释。生还尽五十人，而五人已毙图圄矣。②

碑中所谓"可容"者，为时任惠潮备兵副使之任可容。任可容因海上

---

① 《东里志》，第4卷，《公移文（附）》。

② 《潮汕文物志》上册，337页。据《东里志》第4卷《公移文（附）》所录同一碑记校订。

破倭功及地方上诸多善政,后来得以入祀名宦祠。回护诬良为盗的卫所官兵之"当事者",姓名已不可考,但既然能够对惠潮备兵副使"声色俱厉",当为省一级官员。卫所军制败坏至此,地方危急时,当然也就难以指望官兵们能有多大作为了。

事实上,地方士绅对卫所官兵军纪败坏的情况一直抱怨不止。天顺年间李龄评论夏岭之乱时,就已经讲到官兵不守纪律是激发民变的重要原因:"有司动遣巡司率隶兵而拘执之,则侵扰其众,豪夺其有。民弗堪,乃相率舟道海而逃。"①隆庆初年,致仕乡居的原工部侍郎、海阳人陈一松代潮州将士草《为盗贼纵横恳乞天恩复回守御以急救生灵疏》,也对潮州各卫所"缺军守御"的情况忧心忡忡:

> 潮郡西北负山,东南望海,山、海二寇出没为患,盖自昔然矣。国初设立潮州卫,管辖十所,共旗军一万余名,分布内外,地方以宁。至成化间,广西浔徭作乱,提督军门暂将本卫所军借调若干,更戍梧州。往还三千余里,水土不服,十九疾病,十五生还。以致尺籍空虚,见今仅存若干。而环潮之疆,群盗巢穴,奚窜数十,包藏祸心,变且不测。城守缺人,又且借调不已,岁复一岁。②

陈一松起草这份奏疏的目的,在于希望朝廷免除潮州卫官兵征调广西,所以把兵丁缺额、城守空虚的原因,都归结到远途征调上。其实,就是免除征调,问题仍旧还是存在。例如,他也讲到"嘉靖初年饶平乡官苏御史奏准,大城所旗军永免征调"③一事,从前引饶平知县罗胤凯《议

---

① 李龄:《李宫詹文集·赠郡守陈侯荣擢序》,见《潮州耆旧集》,第 1 卷。

② 陈一松:《玉简山堂集》,见《潮州耆旧集》,第 19 卷。该奏疏中有"国初设立潮州卫,管辖十所"一句,除前述洪武二十七年以前在府城和沿海建立的左、右、中、前、后、大城、蓬州、海门、靖海九所外,还包括了嘉靖十九年在北部程乡县设立的程乡守御千户所。程乡县清雍正十一年以后改嘉应州,不再隶属潮州府。

③ 陈一松:《玉简山堂集·为盗贼纵横恳乞天恩复回守御以急救生灵疏》,见《潮州耆旧集》,第 19 卷。

地方》一文得知，大城所"奏免征调，专以守御为事"以后，仍然需要"连年官府雇募黄芒等处兵夫三百名"，"虚糜粮食"，以致"上下俱疲"。

地方文献中不时可以见到卫所官兵临战退却、见死不救的记载。如隆庆元年(1567)林道乾围攻溪东寨时，"假守遣兵号二千救溪东，兵环寨袖手观，寨遂破，杀掳男妇千余口"①。

由于潮州本地卫所官兵不足以应付动乱的局面，就只好从广西、福建、江浙和本省的长乐、程乡、东莞等地征调所谓"客兵"来潮州增援。一方面是潮州卫军士每年都被借调往三千里外的广西，另一方面是从各地征调的"客兵"又络绎而至，只是"往来兵夫犒劳之需"一律要取给于民户，对久罹兵祸的百姓来说，无疑是雪上加霜。

《塘湖刘公御倭保障碑记》记录刘子兴庇护乡民免受"客兵"骚扰事，在嘉靖三十七年(1558)。据嘉靖《广东通志》记载，是年潮州确有大规模的军事部署：

> 嘉靖三十七年正月壬午，倭寇自漳、泉入揭阳县劫掠……突入揭阳县大家井村，劫财杀人，房屋尽毁。至蓬州千户所，从崩城拥入城中，杀死百户李日芳等。报至，海道副使林懋举先往潮州，提督都御史王钫调集汉达狼兵，并募广州新会、顺德打手。未至，知府(李)春芳预集乡夫御之。及佥事经彦寀、参将钟坤秀统督官兵至，共擒斩真倭、从倭共一百七十名颗。②

是役之外，嘉靖四十一年(1562)和嘉靖四十三年(1564)又有两次大规模的从外地征调"客兵"来潮围剿"盗乱"的行动。前一次是为了对付张琏之乱，其时"奏调土汉官兵七万六千有奇，会同江、闽二省官兵，分五大哨"③进剿。后一次则是因为"倭寇"在潮州沿海屯驻，号称万人之众，

---

① 康熙《澄海县志》，第 19 卷，《海氛》。
② 嘉靖《广东通志》，第 66 卷，《外志三·海寇》。
③ 《粤大记》，第 3 卷，《事纪类》。

朝廷"先后动调狼土劲兵四万五千,福兵一万五千"①围剿。

上述三次军事调动的主力都是所谓"狼土劲兵"(即"狼兵")。"狼兵"本是广西等地少数民族土司的军队,嘉靖三十三年(1554)起,朝廷由于卫所军队不足以应战,开始征调"狼兵"助攻"倭寇""海盗"。② 但是,"狼兵"不属于正常的军队系统,将领难于驾驭,军纪更为败坏。例如嘉靖三十七年(1558)平息张链之乱一役,"乡夫之功居多。狼兵沿途恣肆,官目不能制御,徒张声势而已"③。

在这样的情形之下,地方社会只能组织自己的武装,以求自保,这就导致了明末潮州"乡兵"的普遍出现。林大春在有名的《论海寇必诛状》中,就直指"客兵不宜于地方",倡议由官府出面募集乡兵:

> 曰:或谓客兵不宜于地方,何也? 曰:兵之所聚,荆棘生焉,自古然者。又况彼自远来,其于道里之险夷、贼中之虚实,尚不能知,而望其临敌制胜,奋不顾死,亦难矣。故不如不调之便也。
>
> 曰:然则兵将何取也? 曰:各处乡兵自足供各地方之用,患鼓舞之无其人耳。且如近者,潮阳之围,未曾借兵于异处也。以负海数百之兵,犹足以固守一隅,屡战而屡却之,使当时当事者有能虚心一意,以保安士类,奖进忠义,则斯贼之破也,无难也。惜乎其不能也,而使贼得汗漫去,遂至四野丘墟,丰莞邻壑,亦可叹也! 今如责令州县正官听其便宜选募,当道不得沮折之。或令各处地方各推境内有笃行忠信、无问士民、但义能倡率父兄豪杰者,得自为守战。果有全城破敌之功,许以事闻,不得泯没。所在当有募义而起者矣。
>
> 曰:然则募兵、养兵之费,将何如处也? 曰:以其所需于客兵者,而移之以选募乡兵,宜无不足矣。又各道团练及各县民壮、新

---

① 《潮中杂记》,第 11 卷,《国朝平寇考下》。
② 《明史·张经传》。
③ 嘉靖《广东通志》,第 66 卷,《外志三·海寇》。

夫、打手工食,岁费不下数千金。倘可议革,剂量以为兵费,亦或
一助也。是在当事者加之意而已。①

以上议论对乡兵的组织、奖叙和经费来源等均有所规划,期望殷殷,
溢于言表。其时潮州士大夫的记述中,基本上都把御"寇"保家的希望,
寄托于组织"乡兵"上。泰昌元年(1620)林熙春上《请蠲畿辅加派并练乡兵
疏》,甚至引用家乡潮州乡兵抗御"寇贼"故事,建议在近畿州县组织乡兵
以捍卫京城:

> 臣忆嘉靖末寇入潮阳,赖乡兵巷战出堵。臣外祖黄良曾以乡兵
> 而抗倭,臣族人林尾曾以乡兵而抗吴平,臣邻乡溪东、岐山二堡曾
> 以乡兵而抗林道乾。……今近畿州县不下百十有余,即古称带甲百
> 万之国,有悲歌慷慨之风,倘州县各练得一千上下,亦可得数万兵
> 而羡,亦何不可行之?②

林熙春奏折中提到"嘉靖末寇入潮阳,赖乡兵巷战出堵"和林大春所
言凭借乡兵解"潮阳之围"两事,先后发生于嘉靖三十九年(1560)和嘉靖
四十二年(1563),是为在地方社会震动一时的"乡兵"御"寇"取胜的两个
有名的战例。嘉靖三十九年(1560)潮阳乡兵巷战驱赶贼寇一事,林大春
《潮州通判翁公平寇碑记》有详细记载:

> 一日忽有贼迤逦从西北来,自号为兵,盖漳寇云。是时邑无长
> 吏久,又倭去备弛。初贼不知公之在内也,乃夜缒城上,鼓噪而入。
> 时漏下已数十刻,守者皆偃甲卧,贼二千人号万人猝至,出其不意,
> 惊起莫知所为,多奔走投城下。贼因环啸城上,城中闻之大恐,以
> 为倭寇入也。
> 于是公即勤(勒)兵戒严,而自骑往见贼,问贼何来状。贼中相

---

① 《井丹先生文集》,第8卷,《状疏表》。
② 林熙春:《城南书庄集》,见《潮州耆旧集》,第29卷。

顾愕然，窃惊怪之。顾贼业已入城，即不下。公乃部署吏士分布诸
要路，而调守备军于郊。贼亦分队焚烧边城庐舍。城中愈益恐，咸
奔依公所，男女以万计。公为感泣露祷，愿身先士卒，受石矢，为
百姓请命。父老无不流涕。

　　时有上书言便宜事者，其略曰：方今城中百万生灵之命，悬于
足下，故愿为足下效愚计。窃闻之，兵不百者，不可以当敌；计不
一者，不可与共事。今贼拥二千之众，负曾城之险，而我以兵制其
下，人民外徙，声援内空，胜败尚未可期也。为今计莫若速出令，
号召四乡之兵，使皆毕集城下。且夫四乡负海之兵，轻敌而敢战，
皆天下之所谓勇悍精兵者也。足下诚发帑金，县赏以待之，则壮士
皆相率而为足下死矣。夫收天下之精兵以与贼战于城上，又以游兵
薄城下，是贼进无所得退无所据，破之必矣。

　　公得书，遂从其计。于是益调诸路援兵。兵自远近至，盖数千
人。其时家君亦从城中收子弟兵，得六十人，克城西路，却敌先登，
捕虏一人。公得所捕者，辄手斩之以殉，贼气遂沮。而邑人刘应望
等皆以诸生起兵属公，城中军威大振，斩首二十三级，捕虏一十三
人。贼已穷蹙，悔入城不得去。会天大雨，贼兵愈益溃乱，自相
蹂踏。①

最后，"贼兵"在乡兵内外夹击下终于败退。上引记述中之所谓"翁
公"者，为时任潮州府通判的翁梦鲤，事发当日正好因督兵居于潮阳县
城。嘉靖四十二年(1563)募集"乡兵"解潮阳县城之围事，载于林大春编
撰之隆庆《潮阳县志》：

　　初，海贼吴平等勾引倭奴入寇，往来潮、海之间，所过村里，
屠灭不可胜计，潮人苦之久矣。及是年正月，复至海阳，屯据各乡，
尽发士民家冢墓。谍报日至，远近震骇。时予适家居，因与乡搢绅

──────────

① 《井丹先生文集》，第13卷，《记》。

先生计曰：贼势如欲东，道必经潮揭古渡。吾若共募精兵一枝于渡口戍守之，贼必不能飞渡大江明矣。众然之。

会兵未齐，而贼突至城下，退掠迤北诸村里，破凤山，直浦等寨惨烈尤甚。于是，邑恃刘君绂者首率诸生刘应望等，告诸当道，谓余宜以义倡募兵城守，辞不获，而郭侯梦得复力赞之。乃作书遣应望赴踏头埔募得壮士五百人，而庄淑礼、胡世和皆在军中。其时倭贼已至城下三日矣。

先是应望引兵且至城下，士民豫以酒肉缒城犒之，与夫一切供具、槟榔、花果之类甚办。且恣所嬉游，若无意于战者。当事者承城观之，恚曰：此竖子耳，何能为？

顷之，贼分屯北郊萧氏园亭，众兵奋曰：此可击矣，所少者铁镖耳。予即亟告诸邑大夫，取库中所藏，及自骑环城上，令守者人拔一枝，须臾得镖数百枝，悉以与之。于是兵得镖，各挟藤牌、鸟铳以往，径抵北园，一人先登，众随其后，大破倭贼于城北隅，所击杀无数。我兵亦伤者数人。会日暮，亟收兵以入。然后人人知兵可用也。此一捷也。

兵既入城，分守四门，而城西尤为贼冲，因稍益壮士如淑礼辈守之。会贼急攻城，以云梯十道攀堞蚁附而上，淑礼、世和登堞奋击，砍杀倭首数十余人，贼众遂溃。淑礼、世和各身被十余创，犹自跃城下，割首功，因中鸟铳而毙。此二捷也。

其后贼复囊沙填濠，造临冲之车以进，我兵乃以铁钩括囊，纵火焚车，大破之。倭有被焚死者。此三捷也。

贼既屡挫，复计城南临水，方舟可渡，乃退取巨舰连结之。又造连舳车置其上，鼓噪而前。我兵复夜沉水中，杂取乱石塞其下，使贼舟格不得进。因以佛朗机冲之，舟车尽碎。此四捷也。

南郭陈氏有乔松一株，高可数丈许，贼营其宅，因援松而上，结小窠于树杪，俯视城中，秋毫无遗者。城守者稍不为备，辄中流矢，城南行人为断。其时城中有一少年，自言能弹飞鸟，因募使独守一堞，我兵辅之。即以鸟铳隐堞中仰射之，三发三中，窠坠贼死，阁枯枝上至于腐败，为鸟鸢所食。此五捷也。①

此次潮阳县城被围，一直没有官兵前来救援，"贼兵"围城达五旬之久。最后"巡视海道副使刘存德以家兵来援潮阳"②，才把"倭奴"赶走。其间及事后，潮阳士绅百姓对官兵迟迟不至，一直怨声载道。嘉靖三十九年(1560)和四十二年(1563)两次事变中，官员和乡绅招募乡兵的乡里，主要是招收都的踏步头村，该村似乎一直有军事性的传统。林大春事后记其事曰：

> 招收之村……曰踏头埠。按此地负海，故产精兵。其人轻敌而敢战，贼无敢窥其垒者。余作《翁别驾平寇碑》，尝言之矣。其后倭奴作难，城中被围者五旬，复得此地之兵以却贼，语在《事纪》及《灵威庙记》。盖壮乡也。③

除了潮阳县城外，潮州府还有多个县城曾受到"盗乱"的威胁，乡兵几乎成了县级官员在危急时唯一可以借助的力量。例如，崇祯年间，揭阳县城就两次受到"乱贼"威胁，依赖乡兵救援，才得以解围。事见雍正《揭阳县志》：

> (三年)三月二十四日，流贼自长乐入境，时丰政贼魁叶阿婆、张文斌等乘势并入，延劫蓝、霖诸乡村，逼县。乡翰林郭之奇捐资募壮士，躬先救御，知县冯元飙率官乡兵继往，逐至蓝田之上洋，入长乐界，克之。
>
> 七年甲戌二月十九日衜寇据城焚杀为乱，乡都司黄梦选平之。

---

① ② 隆庆《潮阳县志》，第2卷，《县事纪》。

③ 同上书，第6卷，《乡都》。文中提到的《灵威庙记》也为林大春所撰，主要记述嘉靖四十四年潮阳士绅重修灵威庙(双忠庙)的由来，其中着重叙述历次"盗乱"中双忠公显灵捍灾御患的"灵验"故事。庙记全文见隆庆《潮阳县志》，第15卷，《文辞志》。

　　先是衙门横肆，结党害人，士民共愤，群殴逐之。衙蠹遂率其众隶反，更纠集无赖千余，树旗排阵，杀人放火，劫库纵囚，合邑鼎沸。为首者杨干参、杨则征、曾清扬等，绰号"三将军"，以吴不凡为军师，陈声南为先锋。胁知县陈鼎新为大元帅，新不从，贼欲杀新。士民危惧奔逃，大乱十余日。

　　是时承平日久，邑无守兵，知县告急于乡都司黄梦选。选率家兵夜逾金城而入，阴扶知县逾墙微服往藏黄宅中。乃伏兵后衙而单身从正堂出，贼见骇愕。黄佯以美言抚之，讲议既久，黄出其不意，大奋膂力，立斩三渠，帅麾伏兵冲出。贼措手不及，队伍散乱。乘势击之，又手斩贼先锋数十。贼大败，复聚余党血战于街衢。黄先传令各绅家丁闻嚷声俱登屋，认贼号，悉以砖瓦掷扑助阵。贼暨就擒戮。①

其后不久，饶平县城也陷于危机之中，知县赖以解围的仍然是乡兵：

　　（崇祯）十六年九月漳州盗余五姊陷黄岗城，进攻饶平县。知县万邦俊督民兵击之，贼退。②

　　上面列举的，都是乡兵参加有关县城安危的较大的军事行动的记录。至于在相对较小的冲突事件中借助乡兵的资料，难以一一列举，仅抄录《潮州府志》和《潮阳县志》的两段记载作为例证：

　　（嘉靖）二十三年海贼李大用船近百艘，合攻东路官兵并柘林下岱，乡民竭力守御。贼从后澳潜登海岸，乡兵擒斩一首，乃退。至夜，乡人度其再至，设伏待之。贼果登岸，伏发，斩首二级，贼遁去。③

---

①　雍正《揭阳县志》，第 3 卷，《兵事》。
②　顺治《潮州府志》，第 7 卷，《兵事部·余五姊之变》。
③　同上书，第 7 卷，《兵事部·李大用之变》。文中"乡民度其再至"一句，原文作"乡民逆其再至"，据康熙《饶平县志》改。

（嘉靖）三十九年吉安巡检李中如中白哨议招，不从被执。杨继传、邹文纲侵据连年，煽乱已极，人心痛愤，官府无如之何。于是李中奉守巡道会委，费执告示谕以听招，不纳，反为所执，并将该司印信夺去。时有邑人把总庄临民者，素称胆气，有口辩，尝白取饶平县令于虎口，当道信之，乃令带领乡兵入营，果得李中及印信以归。①

有关乡兵组织的详细情形，还有许多不清楚的地方。而且，从上面引述的材料看，每一次募集或动用乡兵的方式都不相同，相信这些本来就"非正规"的武装力量，组织形式一定五花八门。既然当时乡村的聚落大多已经是军事性的城寨，也就大多拥有自己的武装，所谓"乡兵"的存在一定十分普遍。

征集或招募乡兵的，大多是州县官员，乡兵也几乎是他们唯一可以依赖的军事力量。而在统帅朝廷大军到地方上"平倭""剿匪"的高级将领看来，乡兵的战斗力似乎就大有问题了。嘉靖末年率兵到潮州剿灭所谓"潮倭"的俞大猷，就写有《论乡兵不可用》一文：

乡兵之不可成功者，有故也。……若邻近贼巢之乡兵，持一餐之饭，一升之米，与贼从事。纪律不知，老弱并出，彼此观望，朝出战而暮思归，谁肯步步立营，志专在战。如战得利，即将贼物搬回，来来往往，半在营而半在家，头目亦不能禁之。其或失利，更无再聚再战之志也。②

可以想见，明末潮州乡村存在着一个一个的城寨，这些城寨大多拥有自己有组织的武装力量。如果控制城寨的士绅或其他有力量的人与官府合作，那么居住在城寨中的人就被视为"良民"，其武装力量也就是"乡

---

① 隆庆《潮阳县志》，第2卷，《县事纪》。
② 俞大猷：《正气堂集》，第15卷，《与南赣军门尧山吴公书四首》。

兵";如果城寨的为首者不与官府合作,那么,该城寨就会被视为"贼寨",其武装力量也就成了"贼兵"。问题在于,所谓与官府"合作"与否常常是因时因事而异的,结果"民寨"与"贼寨"、"乡兵"与"贼兵"的界限也就变得富于动感而模糊了。此外,各个城寨和各支武装力量之间时常发生冲突,某个城寨与官府关系密切,与之冲突的其他城寨就可能被官府视为"贼寨",结果,在这种特定的历史空间中,做"良民"还是当"盗贼",有时是由不得自己选择的。我们可以讲明代末年潮州乡村出现了一个影响深远的军事化趋势,但我们不能将这种趋势简单地理解为"海盗"上岸或"良民"拥兵自保的过程。明清之际,由于王朝更替,"国家"在政治上的"正统性"处于反复变化之中,潮州乡村的军事化过程继续发展,但与"正统性"相联系的"民"与"盗"的界限,也就变得更为复杂了。

六、清初政局混乱与乡民之"自保"

清代最初的近四十年时间里,潮州地方继续动荡不安,由于王朝交替时期政局变幻无常,政治认同上的"正统性"失去客观依凭,官、民、兵、盗之间的界限变得很不确定,乡村社会只能依赖明末以来形成的军事化传统和村际联系,村自为战,力求自保。

1644年清兵入关之际,潮州数县正忙于应付来自福建的姜世英和阎王老两股"盗贼"的侵扰。特别是姜世英部号称两万人,从正月至十月,先后寇掠饶平、普宁、海阳、惠来、揭阳等县,一度威胁府城。其时潮州仍然在南明政权的控制之下,至1646年仍然奉隆武正朔。由于京城政权更迭,地方上"盗贼"蜂起,著名的揭阳"九军"于1645年形成,僭号"后汉",纪元"大升"(详后文)。顺治三年(1646)十一月清兵在佟养甲、李成栋率领之下攻入潮州,是为清朝统治潮州之始。同年又有潮州山寨私自拥立明朝赵王之事件发生。其时郑成功驻扎于南澳,继续奉南明隆武和永历正朔,传檄勤王。以后郑氏军队以南澳为据点,多次进攻潮州沿海各地。次年再有海兵于揭阳拥明宗室朱由榛为监国之短暂事件。顺治五年(1648)广东巡抚佟养甲、提督李成栋在广州叛清复明，潮州再奉永历正朔，并选送生员参加永历政权的科举考试。时潮州镇总兵车任重杀李成栋任命之惠潮道李光垣和潮州知府凌犀渠，据潮州以叛，称"红头党"。李成栋又派部将郝尚久率兵抵达潮州，杀车任重，自任潮州镇总兵。顺治七年(1650)清兵在尚可喜等率领下攻陷广州，郝尚久又叛明降清。以后三年间，潮州的战事主要在郑成功与郝尚久两支军队之间进行。但至顺治十年(1653)，郝尚久再次易帜，宣布反清复明，并与郑成功率领的"闽军"联手进攻潮阳、澄海等地。半年之后清兵再陷潮州，郝尚久败死。顺治十四年(1657)郑成功拥立的明鲁王自金门幸南澳，以后直至顺治十六年(1659)，南澳为其主要的驻跸之地。其间郑氏军队进攻并占据了饶平、揭阳、普宁、澄海、海阳的大片地方，揭阳、普宁、澄海等县城曾先后失守。"闽军"与清兵在潮州地区进行了长达九年的惨烈的拉锯战，直至康熙元年(1662)守据南澳的郑军将领陈豹向清朝投降。康熙元年至八年(1662—1669)间，潮州沿海人民奉命"迁界"，生灵涂炭。其间"盗乱"不止，而潮阳沿海"界外"的达濠地方仍为与台湾明郑政权有密切关系的邱辉所占据，邱辉军队连年进攻沿海各县。康熙十二年(1673)"三藩之乱"开始，次年潮州镇总兵刘进忠投降福建之耿精忠，再归附台湾的郑经，潮州又奉永历正朔。以后台湾明郑军队多次来潮增援刘进忠，刘进忠势力最大时控制了广东潮州、惠州和福建漳州的大片地方。康熙十六年(1677)，刘进忠因与郑经的矛盾，又投降清朝。康熙十九年(1680)清兵攻克达濠寨，邱辉逃往台湾。至是，清王朝对潮州的统治终于得以稳固下来，地方社会秩序渐趋稳定。①

近四十年的战事是在南明与清朝两个政权并存，地方长期处于"不清不明"状态，从属关系反复无常，军事将领不断易帜，而号称奉南明"正

---

① 有关清初潮州的政局与战乱以及相关的数据来源，可参见《潮州志·大事志》(一)、(二)，见饶宗颐主编：《潮州志汇编》，655～667页，香港，龙门书店，1965。

朔"的各支人马又互不统属,有时还相互残杀的情景下进行的,地方社会实际上已经失去判断各种势力的"正统性"的客观依据。这些军队或"盗匪",不管其旗号如何,既然在潮州路过、驻扎和征战,其粮饷、兵备自然就无一不取自潮民,能够在县城委任官吏的,大多采用征调的方法;而占山为王或攻占不了县城的,就只好抢掠乡村。所以《揭阳县志》载:"南北各贼大破乡寨,肆行焚劫,自此以后四十余年间,劫掠乡寨,时时不断,百无一免者。"①其实,在乡下的百姓看来,这一时期不管是"官兵"还是"盗匪",基本上并无二致。其时正好乡居揭阳,经历过"九军之乱"的南明詹事府詹事郭之奇,于顺治六年(1649)上《为潮事可忧有四等事疏》,其中痛斥南明在潮官吏、将领及所谓"勤王"队伍大多为招摇撞骗、腐败无能的角色:

> 臣窃忧夫潮有官而无民矣。文不出于铨衡,武不出于枢督,始犹冒监纪、监军也,今或称枢抚矣、卿贰矣、词林台首矣;始犹冒副将、参游也,今尽称元戎矣、督府矣、挂印某处矣。狗尾羊头,招摇闾里,印缓累若,皆出何人?……

> 臣窃忧夫假道于潮者,多纸上之兵,而少师中之卒也。今之借潮恢闽,请缨受钺者,不一而足矣。或云某义旅若干,或云某自行裹粮,或云某才兼文武,可备干城之寄,或云某已恢某处,可免南顾之忧。听其言,非不娓娓,课其实,归于鬻札、招盗二者而已。臣窃廉其所札之官,非牡贾庸流,即纨绔竖子,取百取千,如蛮如髦。所集之兵,非望门而食,即择地而噬,攘夺公行,矫虔不禁。未复之壤,则缩而趑趄;既恢之土,则群分而并割。俾吾民之畏兵甚于敌,且使边方强敌哂我中国无人,岂非此种种者。②

顺治六年(1649),正值潮州因李成栋叛清归明而易帜,总兵车任重

再杀地方大吏以叛，又被李成栋派遣的郝尚久所败，地方政治秩序极端混乱之时。次年李成栋兵败，郝尚久又归顺清朝，潮州再次易帜。实际上不管是南明政权还是清王朝，在当时的情势下，都只能依赖这些政治态度变幻无常但操有实际兵权的将领，士大夫阶层所重视的朝廷法度、君臣之义、道德文章等，在这个"天崩地裂"的时代，一时间显得有些不合时宜。对于风雨飘摇中的南明政权来说，就是知道把印绶授予那些"狗尾羊头，招摇闾里"者极不得体，知道"请缨受钺者"，"非牡贾庸流，即纨绔竖子"，但除了采用这些权宜之计外，其实别无办法可施。

问题在于，政局变幻不定，"华""夷"之辨模糊，由于政治和文化的"正统性"混乱，加之几十年间地方上科举考试偶开常辍，从明代中叶开始影响力日渐显著的潮州士大夫阶层在清初几十年间受到严重打击，士大夫集团内部也因为政治上的"效忠"问题产生了分化。结果，这一时期在地方社会中最引人注目的，往往是一些未有功名但有权势的豪强。这些没有受过传统儒学训练的人物，在这个动荡不安的年代，采取的大多是"有奶便是娘"的处世原则。以澄海县埠头寨著名的豪强黄海如为例：

> 黄海如，苏湾埠头人。与兄汉日俱给事郡邑为吏，寻投南澳帅札授游击衔。甲申闻都城失守，遂招亡命，图谋不轨，当道惧祸，听之。乙酉南都又失，乘机称乱。
>
> 时知县刘珙抚谕不听，蹑珙后抵城下，其党陈斌等内应开门，劫库放囚，比屋抄掠，杀举人戴星、贡生郭云龙、生员十余人。珙遁去。拆毁县治，仅留中堂。
>
> 闰六月初三日率众犯府城，城外屋宇尽毁。群盗蜂起附之，奸徒内应，潮郡将危。知府杨球遍城设栅，内应不敢先发。喜乡绅夫人谢氏自捐千金雇民夫守城，时参府刘远征民兵婴城固守，十日始退。七月复至，会丰顺营吴六奇、金城营把总萧钦统乡兵到，海如惊遁。
>
> 九月往闽就抚。十一月移哨故里埠头村。
>
> 丙戌十一月率众投诚制府佟养甲，许其统兵随征遣，分海如镇

雷州。己丑夏，海如杀雷州知府赵最，叛归，复横行征虐。潮镇郝尚久发兵剿之，海如遁。

　　庚寅六月勾引闽寇数万犯府城，五旬不解。官兵从漳州来援解围，去。寻以有异志，为闽寇所戮。①

　　黄海如先是衙门的胥吏，以后投奔南澳的郑氏父子，所谓"授游击衔"，大概也如郭之奇所指的，"归于鬻札、招盗二者而已"。顺治元年（1644）开始招兵买马，次年正式背叛明朝而作乱。在进攻潮州府城失败后，却到福建投降仍宗奉明朝正朔的郑氏政权。顺治三年（1646）清兵一到，又马上归顺清朝。三年后在雷州杀朝廷命官，再次作反。而此时在潮州与之对抗的郝尚久，也已随李成栋叛清复明，张挂的也是南明旗号。顺治七年（1650）初郝尚久再度投降清朝，黄海如就马上把握机会，再次归顺明郑政权，从福建引兵进攻郝尚久。而他自己最后被明郑军队处决的理由，仍然是"有异志"，其"变色龙"本性贯穿始终。

　　其时在潮州地区活动的张挂南明旗号的武装力量，大多与福建的明郑政权关系比较密切。不过，这些武装以所谓"反清复明"的口号自我标榜，只是将其作为招兵买马、征发军粮的招牌，其实际的行径与明末的"盗贼"并无二致。顺治年间为祸揭阳等地十余年的所谓"九军"就是明显的例证：

　　　　（顺治二年）石坑贼首刘公显统九军贼总聚蓝、霖二都以叛，札营南塘山水陆交会之处。九军者，曾铨、马麟、马殿、马登、傅达、丘瑞、黄甲、吕忠、吕玉。又以潘俊为东军，陈云任为南军，陈汝英为北军，陈佩如为西军，凑为十三军。又以温韬鲁为都军，吴元为大将，曾懋昭为二将，共十八将。其余贼首以数百计。擅立伪号，曰后汉大升元年。立十五大营，十三大府，铸印选官。妖贼矫诬如是。②

----

①　康熙《澄海县志》，第 19 卷，《海氛》。
②　雍正《揭阳县志》，第 3 卷，《兵事》。

"九军"起事之蓝田、霖田二都,在揭阳县西部,历来为客家人聚居之地。他们与聚居于揭阳东部的讲潮州方言的所谓"福佬人"(又称"平洋人")历来有诸多矛盾。所以,"九军"一起,就被称为"狢贼","九军之乱"实际上成为两个不同方言人群之间的一场旷日持久、规模特大的械斗:

> 狢贼暴横欲杀尽平洋人,憎其语音不类也。平洋各乡虑其无援,乃联络近地互相救应,远地亦出堵截。①

冲突的双方都力图与福建的郑成功建立联系,因为郑氏是当时地方上可以寻求支持的最有力量的军事集团。"平洋人"甚至"备礼往闽请兵",本意在请将官洪正,不料郑芝龙派来驻守南澳并进兵揭阳的是陈豹。陈豹很快就招纳"九军"为"义男"②并引"九军"至福州,由南明唐王授予官职③,由是,"九军"也张挂了南明的旗号。顺治三年(1646)九月,"九军"大举进攻也仍然宗奉南明正朔的揭阳县城,破城后施行严刑酷法,毁坏典章文物,杀害了大批乡绅:

> 钉锁于天中,以猛火燃迫,至于皮开肉绽。掘坎于地下,以滚汤灌渍,至于体无完肤。多以纸浸油,男烧其阳,女焚其阴,异刑不能阐述。

> 各贼分宅镇营,杀戮乡绅士庶。杀进士许国佐、黄毅中,推官邢之柱,知县谢嘉宾,举人杨其华、黄三槐、杨世俊,贡生林鼎辅、谢联元,武举杨德威,都司黄梦选,监生王之达、郑之良,例贡郭之章。通县生员被杀七十余人,饥寒因以病故四十余人。

> 抢掠妇女,尽驱入山。所至破棺碎木主,贼名之曰"劈死鬼"。

> 贼毁文庙,劫城隍,开库狱,焚黄册。④

---

① ② 雍正《揭阳县志》,第3卷,《兵事》。

③ 参见《潮州志·大事志》(一),见《潮州志汇编》,655页。

④ 雍正《揭阳县志》,第3卷,《兵事》。

揭阳县城位于揭阳县东部"平洋"（潮州话，即"平原"之意）地方，历来为讲"福佬话"的人群聚居之地。"九军"在攻陷城寨后大规模杀害乡绅一类行径，在清初的战乱中屡屡发生，这也是当时潮州士大夫力量明显削弱的缘由之一。有意思的是，"九军"杀害乡绅士庶、毁坏名器文物，却得到明郑政权的嘉奖，破城次月，"陈豹加刘公显为左军都督，铸银印授之，文曰'镇国将军之印'。其余贼首俱加以都督等官"，从此，"九军"驻扎于揭阳县城，改其名为"都督府"①。此后不久，潮州易帜归顺清朝，"九军"继续攻城掠寨，先后进攻潮州府城和潮阳县城。揭阳县城虽然也张挂清朝旗号，但"九军贼总督刘有据镇县内，出入仪仗纷纭，官民惮之"，"贼众尤出入无忌，莫敢谁何"，甚至时有"九军"兵士当众殴打朝廷命官的事件发生。②顺治四年（1647）又迎明郑定国公郑鸿逵等到揭阳驻扎，郑鸿逵占据揭阳县城至顺治八年（1651）。顺治六年（1649）七月始，"九军"及郑鸿逵部，与其时正叛清降明潮州镇总兵郝尚久部，两支同样张挂南明旗号的军队展开了长达三个月的血战。顺治八年（1651）郑鸿逵部撤退回闽，是年五月清兵杀"九军"首领刘公显。但"九军"余部的活动直至顺治十三年（1656）还见诸史料记载。

所谓"官兵"剿灭"九军"时，对百姓杀戮之甚，与"九军"不相上下。如顺治八年（1651）总兵班志富和郝尚久围攻"九军"将领固守之揭阳白塔三寨时，"郑厝仓、许厝寨相继出降者七百伙，妇女千口，班、郝令依各营。是晚，密令兵杀之"。至攻破洪厝寨时，"兵乃拥入，将内千余男妇，一概杀戮"。而至雍正时，《揭阳县志》仍对此津津乐道，称赞"班、郝二镇，未称全人，亦做一场美事"③。至于官兵驻扎、征战时因征调军需，对久经战乱的地方社会的严重摧残，更是史不绝书。以顺治十二年（1655）清兵与明郑军队在揭阳的一场战役为例：

自九月中，闽以七日破揭、普、澄三邑，平南王命左翼镇许尔

①②③　雍正《揭阳县志》，第 3 卷，《兵事》。

显，靖南王命左翼镇徐成功及院部兵，并七标哈喇翼、聂应举等共兵一万余，马、步各半，潮镇刘伯禄、饶镇吴六奇并蔡元等兵七千余，自十月二十二日札官径，至十二月二十四日移札罗山。筑四大营盘，内涂围茅，房外河堑。其各营将亦如之是。

时知府黄廷献令舟车所至，笭物不计。本县乡寨取马谷以千以百，抽寨夫以万以千，余物接踵不绝。百里内地，竹木一尽，大小祠宇，拆毁无存。兵马之出，如渔如猎，老幼被拘者，以财物赎归。使令稍不如意，挞打弹射至毙，了不介意。又造事诬捏乡寨，妄指杀兵盗马之类。①

官兵这种拆祠毁屋、拘人收赎、严刑酷法、诬陷贤良的做法，与一般意义的"盗贼"所为并无二致。时值多年兵祸之后，从顺治三年(1646)至此，九年间揭阳已经六次破城，地方受摧残之甚，可想而知。

既然地方社会无法判断哪个政权委任的官吏具有"正统性"，从地方大吏到山海之"盗"，都时而顺明，时而降清，而不管是所谓"明军"还是"清兵"，其行径都如同寇匪，那么，各个乡村都只好在明代后期已经建设的军事设施和军事组织的基础上，依靠乡村自身的力量和传统的村际联系，力求自保。谨以《明季岭东山砦记》记载中的几个乡寨为例：

惠来县虎头山砦：嘉靖年间，山贼吴世岳、杨万据为巢穴，因名虎头。明末举人林万贤谋复明室，重筑为砦，名禁城砦。密遣人赴南都，奉札授兵部主事符，号召四方。砦延袤三百余丈，下临大溪，凡来往米船，皆抽取军饷。龙溪一带村乡，许佃户纳租三分，抽其七分为兵粮，从事练兵。

揭阳县蓝田都金汤寨：甲申明吏部员外郎罗万杰所筑。……金汤本为培塿小山，温泉出其左，万杰辟榛莽，夷山筑墙，内建街市，招集商贾，乃征其地租货税，凭以练兵，保聚为卫。

---

① 雍正《揭阳县志》，第 3 卷，《兵事》。

　　大埔县白候堡：明祚鼎革之际，寇贼四起。乡人杨廷珙、杨士蔚等，率众于白候乡中，筑土堡，练丁壮自卫。士蔚心怀明室，阴结豪强，屡图恢复。戊申白候大水，左堡倾圮，士蔚胞弟士熏亟倡建复，及堡成而寇至，一乡赖安。寻以御寇故，派役征费，小户多逃避。士熏乃合大小户做五股均摊，小户赖以安。

　　海阳县乐仙围：杨昌时居里也。昌时应明经不受秩，惟授徒课儿是务。明季甲申国变，闽贼姜世英、郑芊鲍、叶祝老等先后寇县境，叶贼更以数千人屯郡城，肆行焚掠。昌时捐赀筑寨，设防捍御，邻近乡民避难，赖以保全者数百人。①

　　《明季岭东山砦记》的作者李介丞在书中列明其记载所依据的除地方志等文献外，主要是相关家族的族谱，所以，上引记述中杨士蔚"心怀明室"的说法，不能排除是编撰《杨氏族谱》之杨族后人的溢美之辞。而林万贤所谓"密遣人赴南都，奉札授兵部主事符"的说法，无疑使他"凡来往米船，皆抽取军饷"，又"许佃户纳租三分，抽其七分为兵粮"的举动，变得师出有名。无论如何，以一个村寨的力量，要达成反清复明的抱负，肯定是无能为力，而这些村寨首领不管口里如何标榜，实际所做的都是拥寨自保。值得注意的是，尽管在更大的地域社会的层面上，最有权势者都是拥兵自重的豪强，但在具体的乡村里，出面率众捍御兵祸的，仍有许多是乡居的士绅。上面所列举的村寨大多自己征收赋税，包括商税、地租和差役等，由此可知政局动荡情势下，乡寨"自保"的经费来源。

　　康熙二十七年(1688)正月十五日，澄海县樟林乡八十三岁的老人上林氏记述了樟林从"开村"以来的历史，其中清初四十余年历史的记载为其亲身所经历，可以真确地看到一个村子在历史重大转折时期的遭遇与命运，弥足珍惜。现不避烦赘，节引如下：

　　乙酉年我苏湾都被埭头黄海如倡起破澄。之后不惟县北埔尾陈

_____

① 　李介丞：《明季岭东山砦记》，第 13 卷。

斌继之，而山门则有唐其观，南洋则有许龙，福建则有郑成功。相与残害海滨乡村、郡邑，以致我皇清皇威震怒，有斥地之令，以绝寇食。……

我澄实在其内，时幸新受总兵许龙保荫，是以缓迁。众荷其功，乡绅里老乃题捐凑买乡中林家祠堂边空地，盖建一祠，以奉许公生辰。不意建盖未成，复有奉旨斥地之令。随于康熙三年甲辰我澄全斥，仅留南洋、程洋冈、南沙寨等乡一圈，名曰两河中间。我乡先斥，屋宇、砖石、物件、树木悉被未迁之人搬斫已尽。后至丙午年南洋等乡亦斥，即有奉旨着许眷属搬程乡，未几又钦差大人同提督拘许上京归旗。

后至戊申，钦差大人、平南王、督抚、提督又沿海巡勘，见迁民哀哀载道，野骸析足，亦为之伤心惨泪。谕以不久光复，即同吴总兵两翼驻扎龙船岭观盗十余日。后督抚大人一暨回巡归省，血奏复地设防。奉旨恩准，即于康熙八年己酉许海内之民归复开耕。即于是年议设营垒于东陇渡头榕脚，因乡乏人理事，被宪棍攒来俺乡中筑防，周一百四十丈，高一丈四尺，置三门，设守备一员，兵五百名以御。从来设兵以卫民，今且民以卫兵，噫怪矣哉！……

后至康熙十三年甲寅，不意潮城总兵刘进忠公子续顺构难，干戈复起。我滨终为贼扰，清欲索粮草，明欲急米柴，百倍征输，派派不休，苦无何。遂有抛犊而为兵，遂有弃锄而入盗，而有贞节者坚守而搬移。是以丁巳、戊午二载，社散丘墟，蓬蒿满室，举耳寒蛩凄心，荒鸟裂肠。兼以次载康熙十八己未五月初七日黎明，海寇邱辉率伙数千劫掠我乡焉。里内物洗如空，屋之被焚者，蓝、林、范而已，人之被掳者，仅老病而已。光复以来，至此益甚矣。

次年庚申，王师扫平，而余丑倾心向化矣，而滨村始渐无虞矣，而人始得安寝矣。①

_____

① 《樟林乡土史料·上林氏记述》。

如前所述，嘉靖三十五年（1556）樟林已经建设城寨，以后虽然不断有"盗贼"破寨的记载，但寨墙屡破屡修。樟林寨最后被拆毁，是康熙三年（1664）"迁海"之后的事情。复界以后，在乡村中央虽然也有官府出面建设的城寨，但该城寨规制甚小（原寨墙共长"八百丈零五尺"，而新寨墙长只有一百四十丈，城寨面积不及原来的二十分之一），只是澄海协右营守备署的兵营而已，百姓无从入内居住。所以上林老人才有"从来设兵以卫民，今且民以卫兵，噫怪矣哉"的感叹。这样的情况其实相当普遍，潮州沿海三五十里"迁界"范围内的城寨，在"迁界"中基本上都损毁殆尽，"复界"以后这些城寨基本没有重建，沿海少数由官府出面建设的城寨，大多只是绿营的兵营。与之同时被削弱的，是这些村寨的军事力量。可以见到，"复界"之后樟林对各类"人祸"抵御能力大不如前，动辄出现"社散丘墟，蓬蒿满室"的景象。

上林氏记述中提到的许龙，也是明末清初潮州著名的豪强，《澄海县志》有传：

> 许龙，号庆达，南洋人。明末拥众据南洋，擅海上鱼盐之利，家数十万。海寇出入，屡为所挠截。投诚后加都督衔。时有斥地之命，南洋应斥，挨延不行。平南王至郡，迁之程乡。数年召入旗，卒。①

许龙占据的南洋地方，也就是隆庆、万历年间大"海盗"朱良宝结寨盘踞之处。许龙占据南洋达二十余年之久，因与隔海相望的南澳岛的郑氏力量不断冲突，而投降清朝。郝尚久第二次叛清复明时，许龙也受其节制。郝兵败后，许又再次降清。虽然其间多次随朝廷大军征伐潮州各县，但其基本力量始终守据南洋一地。许龙在地方上势力的瓦解，也是"迁海"的结果。虽然开始时因其"挨延不行"，朝廷留下"两河中间"一圈地方未迁，但两年后许龙还是被迫举家迁徙程乡，最后被拘上京归旗。

---

① 　康熙《澄海县志》，第 15 卷，《人物·武功》。

由此事例可知清初"迁海"的另一个效应，就是基本铲除了一百多年来一直在沿海地方活动的军事性豪强。许龙的结局算是比较好的，其时潮州沿海还有许多拒迁的豪强，最后都被清兵剿灭。如占据惠来县靖海卫地方的苏利，就公开拥兵叛乱，拒不迁入界内，结果兵败被杀。次年，朝廷再遣许龙率水师，招降收编了苏利余部。①

上林氏记述中提到康熙十八年（1679）侵扰樟林的"海盗"邱辉，是"迁界"以后潮州沿海唯一有能力继续占据"界外"，并与外洋通商的豪强势力：

> 邱辉，绰号臭红肉，潮阳人。自少投台湾为贼，沿海劫掠十余年。康熙己酉统贼艘数百围龙湖，见乡兵有备，却退。其余流劫海阳、揭阳、澄海、惠来、普宁数百十乡寨，掳去妇女前后不啻数万，以貌之好丑估价听赎，否则卖台湾为婢妾。男子则卖为奴，或以代牛。老者、病者立杀之，僵尸遍野。庚戌以后授台湾伪札，公然开府于达濠埠，置市廛数百间，擅一府鱼盐之利。潮商买盐上广济桥贩卖，非有贼票不敢出港也。甲寅潮镇刘进忠叛降海寇，授辉为副将，镇潮阳、惠来。十九年海寇败遁，辉随之厦门。二月念七日厦门破，辉还据达濠，日事劫掠。②

邱辉开始时在沿海劫掠，无定所。康熙五年（1666）与郑成功派驻厦门的部将江胜订儿女姻亲后，才归达濠，与厦门互为掎角。③ 其时潮州正在"迁界"期间，达濠在"界外"。邱辉可以占据达濠十余年，除了一度与"刘进忠之变"有关系外，主要是由于其与台湾郑氏势力的关系。不过，邱辉的所作所为已是一百余年来潮州沿海豪强活动的余绪，康熙十九年（1680）清军平达濠，邱辉下海遁走。康熙二十三年（1684）清政府统一台

---

① 参见雍正《惠来县志》。
② 康熙《澄海县志》，第19卷，《海氛》。
③ 参见《台湾外纪》。

湾，同年开海禁，潮州沿海为时一百多年的地方动乱局面终于告一段落。

七、结语

近二十年关于明末"倭寇"问题的研究，有若干引人注目的进展。其中最重要的发现是，明代官方史料所记载的"倭寇"侵扰东南沿海的事件，大多数乃中国沿海的"海盗"与"势家"所为，"倭寇"问题的症结，主要不在于中日两国间"朝贡"贸易关系和日本国内政治格局的变化，而有必要在中国社会内部去寻求其更基本的原因。论者往往以此为出发点，论述"倭寇"问题实际上是由于明朝政府励行"海禁"政策，与嘉靖以后东南沿海高度发展的商品货币经济（也即所谓"资本主义萌芽"）产生深刻矛盾所引致，所谓"倭寇"实际上是从事海上走私贸易的"海商"集团。① 本文的研究，从一个区域较长时段的内部发展考察当时沿海社会动乱的缘由，我们发现，这一时期在潮州沿海活动的"盗贼"集团，并非全部具有海上贸易活动的背景，地方动乱的根源也主要不在于"禁海"与海商走私贸易的矛盾，而是"整体的"社会结构"转型"的一个方面。实际上，明末清初是潮州历史发展中一个具有关键性意义的转折时期。与地方动乱的一系列事件相联系，这一时期潮州府的地方政区重新划分，聚落形态发生变化并出现明显的"军事化"趋势，以宗族组织和民间神祭祀为核心的乡村社会组织重新整合，户籍和赋税制度也有重大变化，当地人对地方文化传统和历史渊源的解释有了新的内容。"倭乱"的背后，同时进行着一场影响深远的社会变动。② 所以，仅仅从贸易或经济发展的动因去解释"倭寇"的起源，可能有以偏概全的缺失。

在《明史》等官修正史中，明代中后期东南沿海地方社会的动乱，基

---

① 参见戴裔煊：《明代嘉隆间的倭寇海盗与中国资本主义的萌芽》；林仁川：《明末清初私人海上贸易》。

② 参见陈春声：《嘉靖"倭乱"与潮州地方文献编修之关系——以〈东里志〉的研究为中心》，见《潮学研究》，第5辑，汕头，汕头大学出版社，1996。

本被解释为明朝军队与"倭寇"之间的一场战争。这样的理解对现代学者的研究一直产生影响。20 世纪出版的大多数有关该课题的论著,都认为明代中后期的动乱起于嘉靖二年(1523)宁波的所谓"争贡之役",止于嘉靖四十五年(1566)俞大猷、戚继光把潮州著名"海盗"吴平赶离广东。从隆庆开始,"中国大陆沿海,大体上呈现出暂时的相对平静的状态","倭寇之祸解除,中国沿海社会经济又得到正常的发展"①。这样的说法明显受到《明史》的相关记述,特别是"列传"中张经、胡宗宪、俞大猷、戚继光、刘显、谭纶等军事将领的传记的影响,关注的视角在于朝廷大军开展的重大军事行动(其实这些行动打击的对象,大多也不是"倭寇",著名者如汪直、吴平等),而非地方社会的实际情形。隆庆以后,朝廷用兵的重点转移到北部边防,研究者在正史中所见隆庆以后著名将领建功立业者大多在北方,就容易产生东南社会已经"由乱入治"的错觉。本文的研究表明,至少在潮州地区,社会动乱是一个从明代天顺年间延续至清代康熙中期的长达二百余年的过程,其间地方社会进行了复杂的分化和整合,官员、士绅、军队、"盗贼"和一般百姓之间的关系不断变化,实际的社会运作中,义理与功利并重,功名与豪势共存。这样复杂的历史变化实况,不管将其单纯归结为贸易管理、行政控制或军事征伐的得失成败,都与真实的情形相去甚远。

既然有理由把明清之际潮州地方社会的动乱与"转型"视为一个连续的过程,那么,对清代康熙初年实行的"迁界"的背景就有重新检讨的可能。以往对"迁界"问题的研究大多将其视为清王朝对付退守台湾的明郑势力的一种手段,讨论的重点在于最早建议实施"迁界"者的责任和沿海

---

① 李光璧:《明代御倭战争》,9、85 页,上海,上海人民出版社,1956。又可参见陈懋恒:《明代倭寇考略》;王婆楞:《历代征倭文献考》,重庆,正中书局,1940。

"迁民"的苦难。① 本文描述的情形，很容易使人联想到，"迁界"也是清王朝在地方社会"民""盗"难分，政治与文化的"正统性"严重混乱的情形之下，所实行的重建社会秩序的有效措施。沿海数十里之内的百姓在驱赶之下背井离乡，生计无着，自然苦不堪言。但是我们也见到，"迁界"以后，影响潮州地方社会达一百多年的"海盗"和"豪强"的力量不再活跃，乡村的军事设施和军事组织（特别是"乡兵"）的重要性也远不及明末，被划于"界外"地区的军事性城寨基本被拆毁，"复界"之时乡村社会内部的权力结构也发生了变化。无论如何，从明代中叶开始的地方社会的动乱局面，正是在"复界"之后逐渐完结的。康熙中期以后，潮州乡村的社会控制形态与社会组织，较之从前有很大的不同，从明代中叶开始的地方社会的"转型"过程，终于在"复界"之后不久告一段落。

在这个长达二百余年的社会变化过程中，地方动乱与社会整合的关键之一，是身份与认同的问题。在当时极端复杂的情形之下，地方官府和士绅们难以解决但又常常必须面对的一大问题，就是如何明确地界定"民"与"盗"。而地方上的几乎每一个人，也自觉不自觉地面对着同样的问题。尽管在《大明律》等法典中，对各种为"盗"的行为有清晰的界定，但在当时潮州实际的社会生活中，面对着所谓"民将尽化为盗""有盗而无民"的复杂情势，不管是官府要确立自己统治的基础，还是士大夫想维护本地的利益，都需要对儒学的义理和法律之原则抱着某种实用的变通精神。这也就是安插"抚民"而导致"抚盗"问题出现的缘由。如果说，明代后期乡村军事化过程中出现的城寨与武装的性质，可以根据其所有者和参加者与官府的关系，来确定其为"民寨""乡兵"或"盗寨""贼兵"的话，那么，在清代最初几十年"不清不明"的混乱时期，由于政治与文化"正统

---

① 参见谢国桢：《清初东南沿海迁界考》《清初东南沿海迁界补考》，见《明清之际党社运动考》，北京，中华书局，1982；马楚坚：《有关清初迁海的问题——以广东为例》，见《明清边政与治乱》，天津，天津人民出版社，1994。

性"变幻不定,赖以作出这种判断的相对客观的标准也变得非常模糊。在这个过程中,我们也可以看出"国家"的观念对于中国乡村的生活具有何等重要的意义。传统中国社会的所谓"身份"与"认同"问题,归根结底,往往是与"国家"关系的观念问题。

原载《明清论丛》,第 2 辑,北京,紫禁城出版社,2001

附录六　地域认同与族群分类
——1640—1940 年韩江流域民众"客家观念"的演变

一、问题的提出

1933 年，罗香林先生出版其影响深远的《客家研究导论》一书，该书开宗明义，一开始就提出了"客家"的定义：

> 南部中国，有一种富有新兴气象，特殊精神，极其活跃有为的民系，一般人称他为"客家"（Hakkas），他们自己也称为"客家"。他们是汉族里头一个系统分明的支派，也是中西诸社会学家，人类学家，文化学家，极为注意的一个汉族里的支派。[①]

这段话所反映的罗先生有关"客家"的看法，至少包含了如下三方面的内容：一、"客家"是一个"民系"；二、"客家"是汉族的一个支派；三、"客家"不但是一个来自外人的他称，也是这个民系的自称。这一简洁而合乎近代社会科学分类法则的定义，被许多后起的研究者所沿用，已经成为学术史意义上的"常识"。

近十余年，罗先生的研究亦受到诸多有说服力的批评，特别是在其有关客家源流的论证方面。论者以多种史料相互印证，包括现代遗传学研究的若干可能证据，说明罗先生有关客家先民原居住于中原，东晋以

[①]　罗香林：《客家研究导论》，1 页，上海，上海文艺出版社，1992，影印希山书藏 1933 年版。

后经过五次大迁徙，最终形成目前的地域分布格局的说法，在史实上和学理上存在着诸多难以自圆其说之处。批评者亦在此基础上，对客家人的源流，特别是客家族群与南方少数民族的可能存在的渊源关系，提出了一些富于启发性的推测。①

作者近年来一直在韩江流域乡村地区进行实地调查，带着实地调查的体验，重新阅读相关文献，很自然地注意到，罗先生有关客家人祖先来源于中原的说法，不仅存在于他所依据的客家人的族谱之中，而且在更早的时候，就已经普遍存在于该地区百姓的"历史记忆"中。所以，或许在学术史上更有价值的问题，不仅仅在于指出罗先生在资料运用和史实描述方面的缺憾，而应该尽可能带有某种"知识考古"的性质，去探讨罗先生所表达的有关"客家"的观念，在号称客家人聚居核心区的韩江流域中，是如何通过漫长的历史变迁过程，逐渐形成的。

二、"九军之乱"所见之"语音不类"问题

韩江是广东仅次于珠江的第二大河，其上游分汀江和梅江两支。汀江发源于福建长汀县和宁化县交界处，梅江发源于广东紫金县，汀、梅两江在大埔三河坝汇合后，始称韩江。韩江南下直出丛山峡谷，在潮州城下，再分北溪、东溪、西溪等几道支流出海。潮州以上为韩江中上游地区，多山地丘陵，主要为讲客家话的人群聚居。韩江下游是三角洲平原，其居民以讲福佬话者居多。明代韩江中下游的大部分地区为潮州府所辖，清代雍正十一年(1733)在梅江流域设立了嘉应州。直至20世纪初年，具有近代"民族"色彩的"客族"和"土族"(指讲福佬话的人群)分野被清楚界定之后，正在努力塑造"客族"意识的著名客家知识分子温廷敬，

---

① 参见房学嘉：《客家源流探奥》，广州，广东高等教育出版社，1994；陈支平：《客家源流新论》，南宁，广西教育出版社，1997；李辉、潘悟云等：《客家人起源的遗传学分析》，载《遗传学报》，2003(9)。

仍然在报纸上连载长篇文章，说明整个韩江流域同属一个区域：

> 夫吾等所居之州郡，非潮州与嘉应乎？潮、嘉为人为之区画，
> 而实具天然之流域。今虽分为二州，向实合为一府。程乡、镇平、
> 平远，本为潮州之隶属；兴宁、长乐，虽割自惠州，然以地势论之，
> 固与潮州属同一流域。……我粤省为西江流域，而东有东江，北有
> 北江以会之。自惠州以西，韶州以南，皆脉络贯通，联为一气。独
> 我潮、嘉，山脉异向，河水异流，坐是之故，民情风俗，自成一派，
> 与省会绝不相同。皆受此地理之影响也。①

至迟从元代开始，韩江流域的方言区地理分布格局，就已经与近代
的情况相当接近。《永乐大典》引用潮州《图经志》，对其时该地域的语言
地理分布，做了如下描述：

> 《图经志》：潮之分域，隶于广，实古闽越也。其言语嗜欲与闽
> 之下四州颇类。广、惠、梅、循操土音以与语，则大半不能译。惟
> 惠之海丰，于潮为近，语音不殊。至潮梅之间，其声俗又与梅阳之
> 人等。②

据考证，明初的潮州《图经志》成书于永乐元年至五年（1403—1407）
之间③，但上引资料中提到的梅州和循州都是宋元时代的行政建置，由
此推测《图经志》的记载可能转抄自宋元时期的其他文献。当时的潮州包
括了韩江中下游地区，大致与清代雍正十一年（1733）以后潮州府的地域
范围相近；而当时的梅州主要是梅江流域的程乡县，明代洪武二年
（1369）才并入潮州府。根据以上记载，当时韩江下游的语言与福建南部

---

① 载《岭东日报》，光绪二十九年十一月初八日，第 1 版。

② 《永乐大典》，第 5343 卷，《十三萧·潮·潮州府》，2450 页，北京，中华书
局，1986。

③ 参见杨宝霖：《已佚的潮州古方志考》，见《潮学研究》，第 7 辑，14 页，广
州，花城出版社，1999。

地区接近,与韩江上游的梅州、循州的"土音"不能相通,但韩江中游的所谓"潮梅之间",其语言与梅州是相通的。这样的地理分布,与现今韩江下游的人群都讲属于闽南方言的"潮州话"、韩江上游的人群均讲客家话、而居住在韩江中游者则有许多"半山客"的情形,十分接近。

尽管这类语言分布的地理差异一直存在,但在近代以前很长的时间里,"客"并未作为一个与潮州人"相区隔的族类概念而在历史文献中出现。传统上,中国人称一个人或一群人为"潮州人""开封人"或"泉州人"时,更多的是指其郡望或籍贯,而非族类。至迟从宋代苏轼撰《潮州韩文公庙碑》,认为"始潮人未知学,公命进士赵德为之师。自是潮之士皆笃于文行,延及齐民。至于今号称易治"①开始,"潮人"或"潮州人"一直是作为一个与地望相关联的概念被使用的。雍正十一年(1733)新设的嘉应州,其居民大都讲客家话,但该州大部分地域原来是潮州府辖地;而在设立嘉应州以后,潮州府各县内仍有大量的讲客家话的人群存在,其中大埔、丰顺两县的居民,基本上都是讲客家话的。所以,有清一代,韩江中下游地方讲客家话的人群中,有许多人自称为"潮州人"。

"客家人"最容易被识别的标志之一,是其被称为"客家话"的语言。就目前我们所能见到的文献,韩江流域最早出现的以语音作为分类标志的有关"客"的文字,见于雍正《揭阳县志》有关清初该县发生的"九军之乱"的记载。

从16世纪开始,韩江中下游地方因为与"倭寇""海盗"和"山贼"问题有关等一系列事变的影响,长期处于所谓"动乱"的势态中。清代最初的近四十年时间里,地方上继续动荡不安。由于王朝交替时期政局变幻无常,几十年的战事是在南明与清朝两个政权并存,地方长期处于"不清不明"状态,从属关系反复无常,军事将领不断易帜,而号称奉南明"正朔"的各支人马又互不统属,有时还相互残杀的情景下进行的,地方社会实

---

① 苏轼:《潮州韩文公庙碑》,见乾隆《潮州府志》,1038~1039页,台北,成文出版社,1967,影印本。

际上已经失去判断各种势力的"正统性"的客观依据。① 所谓"九军之乱"，就是在这样的背景之下发生的，事起于顺治二年(1645)。据雍正《揭阳县志》记载：

> （顺治二年）石坑贼首刘公显统九军贼总聚蓝、霖二都以叛，札营南塘山水陆交会之处。九军者，曾铨、马麟、马殿、马登、傅达、丘瑞、黄甲、吕忠、吕玉。又以潘俊为东军，陈云任为南军，陈汝英为北军，陈佩如为西军，凑为十三军。又以温韬鲁为都军，吴元为大将，曾懋昭为二将，共十八将。其余贼首以数百计。擅立伪号，日后汉大升元年。立十五大营，十三大府，铸印选官。妖贼矫诬如是。②

"九军"起事之蓝田、霖田二都，在揭阳县西部，历来为讲客家话的人群聚居之地。从当时的记载看，他们与聚居于揭阳东部的讲"福佬话"的所谓"平洋人"，似乎已经有颇深的矛盾。"九军"一起，就被"平洋人"称为"獠贼""九军之乱"实际上成为两个不同方言人群之间的一场旷日持久、规模特大的械斗：

> 獠贼暴横欲杀尽平洋人，憎其语音不类也。平洋各乡虑其无援，乃联络近地互相救应，远地亦出堵截。③

尽管对"九军之乱"的起因可以做多种解释，但从上引记载可明显看出，引起这场大规模械斗的主要缘由，在于"语音不类"。在由"平洋人"

---

①　有关明末清初韩江中下游地区社会动乱与乡村社会的变迁，可参见陈春声：《从"倭乱"到"迁海"——明末清初潮州地方动乱与乡村社会变迁》，见《明清论丛》，第 2 辑；《嘉靖"倭患"与潮州地方文献编修之关系——以〈东里志〉的研究为中心》，见《潮学研究》，第 5 辑，65～85 页；《明末东南沿海社会重建与乡绅之角色——以林大春与潮州双忠公信仰的关系为中心》，载《中山大学学报》，2002(4)。

②　雍正《揭阳县志》，第 3 卷，《兵事》。

③　同上书，12a 页。

撰修的县志中,"客"字被加上了带有明显歧视意味的"犭"偏旁,但这段记载也表明,在 17 世纪 40 年代的韩江流域,"客"作为某一个方言群体的称谓,已经被普遍接受。在平洋人的笔下,"九军贼"的横暴行径简直罄竹难书,顺治三年(1646)九月,"九军"攻破揭阳县城,施行严刑酷法,毁坏典章文物,杀害了大批乡绅:

> 钉锁于天中,以猛火燃迫,至于皮开肉绽。掘坎于地下,以滚汤灌渍,至于体无完肤。多以纸浸油,男烧其阳,女焚其阴,异刑不能阐述。
>
> 各贼分宅镇营,杀戮乡绅士庶。杀进士许国佐、黄毅中,推官邢之柱,知县谢嘉宾,举人杨其华、黄三槐、杨世俊,贡生林鼎辅、谢联元,武举杨德威,都司黄梦选,监生王之达、郑之良,例贡郭之章。通县生员被杀七十余人,饥寒因以病故四十余人。
>
> 抢掠妇女,尽驱入山。所至破棺碎木主,贼名之曰"劈死鬼"。
>
> 贼毁文庙,劫城隍,开库狱,焚黄册。①

揭阳县城位于揭阳县东部"平洋"地方,历来为讲"福佬话"的人群聚居之地。

就我们关心的问题而言,雍正《揭阳县志》的记载有两点是值得注意的:(一)"九军之乱"的起因直接与"语音不类"有关。由于是次动乱涉及揭阳全县的广大地域,可见其时已存在超越邻村之间相互矛盾的以语言划界的分类意识。(二)与"獠贼"相对应的人群自称为"平洋人"。在潮州话中,"平洋"即"平原"之意,可知其时虽已有强烈的"语音不类"的意识存在,但仍以指涉地理的名词作为与"獠"相对的人群分类标志。

---

① 雍正《揭阳县志》,第 3 卷,《兵事》,10b 页。

三、"迁海"与"复界"对族类关系的影响

　　明代嘉靖至清代康熙前期的一百多年间，韩江流域地方社会经历了一个急剧动荡、由"乱"入"治"的历史过程，原有的社会秩序和地方权力结构发生了重大变化。这一时期该地区的地方政区重新划分，聚落形态出现某些军事化的趋势，以宗族组织和民间神祭祀为核心的乡村社会组织重新整合，户籍和赋税制度发生重大变化，当地人对地方文化传统和历史渊源的解释有了新的内容。其中，康熙初年对沿海居民实行"迁海"的政策及其随后"复界"的安排，对韩江流域族类关系的变化，也有深远的影响。

　　康熙元年(1662)，清政府在东南沿海实行大规模的"迁海"政策，"令滨海民悉徙内地五十里"①，"应迁之地，插标为限，拆墙毁屋，以绳直之。界内人夫发开河沟，深广各一丈，余筑墩台，派兵守望"②。潮州沿海数十里居民全部内迁，民不聊生，哀鸿遍野。在"迁界令"之下，韩江下游的民众被安插到中上游山区定居，如澄海县在康熙三年(1664)奉旨裁撤，县民全都被安插到程乡县。清代潮州有句民谚，所谓"澄海无客，大埔无潮"③，意即澄海全县居民都是讲福佬话的。这么多讲福佬话的人群，被安插到讲客家话人群聚居的韩江中上游山区居住，无疑对当地的族类关系有意义深远的影响。

　　今日我们所见的所谓"客家典型民居形式"土楼的地理分布状况，与"迁界"也有直接的关系。作者曾经指出，由于从明代嘉靖年间开始长达一百余年的激烈社会动荡，当时韩江流域出现过一次持久"筑城建寨运

---

　　①　屈大均著，李育中等注：《广东新语注》，49页，广州，广东人民出版社，1991。

　　②　乾隆《揭阳县志》，第7卷，《风俗志·事纪》，台北，成文出版社，1974。

　　③　参见黄挺：《潮客关系简论——以潮汕地区为例》，载《韩山师范学院学报》，2005(1)；吴榕青：《试论粤东闽语区的形成》，载《韩山师范学院学报》，2005(1)。

动",乡村社会的军事化是该时期地方社会一个重要的发展趋势。到明末的时候,该地区乡村的聚落形态已经与前大不相同,现在韩江流域主要的"大乡里"(大村),几乎都在嘉靖至崇祯期间有过一次重新整合并"筑城设防"的过程。① 以澄海县为例,明末该县重要的居民点,几乎全部成了军事堡垒:

> 在下外为冠陇寨,在上外为篛林寨;在中外为渡头寨;在苏湾为程洋冈寨,为南沙头寨,为南湾寨,为樟林寨;在蓬州为岐山上寨,为岐山下寨,为下埔寨,为鸥汀背寨,为外沙上、中、下寨;在鳄浦为水吼桥寨,为湖头市寨,为厚陇寨,为月浦上、中、下寨,为长子桥寨;在鮀江为鮀浦寨,为莲塘寨,为大场寨。以上诸寨百姓因寇盗充斥,置寨防御,自为战守。②

这一以"筑城建寨"为标志的乡村社会的军事化趋势,对韩江流域的地方文化也有长远的影响。同治年间先后署潮阳、普宁、澄海三县和潮桥运同事的江苏如皋人冒澄,曾著文讨论潮州人"好勇斗狠,嗜利轻生"现象产生的根源,认为其形成与明代后期"筑围建堡"的历史过程有关:

> 民情强悍,好勇斗狠,嗜利轻生。乡村聚族而居,烟户繁密。明末海盗纵横,民多筑围建堡以自卫,久而乡无不寨,高墙厚栅,处处皆然。其弊也,莠民藉以负固,敢于拒捕抗粮。官吏捕治为难,半由于此。③

明代后期在韩江流域东侧及其相邻地区开始出现的土楼建筑,其实就是这一"筑围建堡"过程的一部分,其建筑和居住者并没有方言群体的

---

① 参见陈春声:《从"倭乱"到"迁海"——明末清初潮州地方动乱与乡村社会变迁》,见《明清论丛》,第2辑。已收入本书。

② 康熙《澄海县志》,第11卷,《兵防》。

③ 冒澄:《潮牍偶存》,第1卷,《潮阳县地舆图说》。

差别。清代康熙初年"令滨海民悉徙内地五十里",沿海数十里的民房被清拆一空,当然也包括土楼在内。执行"迁界令"的结果之一,就是土楼只存留于"迁界"范围之外的内陆山区,而内陆山区主要为讲客家话的人群聚居之地,这就导致了土楼被视为"客家典型民居形式"的看法。其实,时至今日,也仍有大量的讲福佬话的人群,居住在土楼建筑中。①

康熙八年(1669),潮州各地开始"复界"。康熙二十三年(1684)清政府统一台湾,同年开海禁。在此后的一段时间里,因"迁界"而移居韩江中上游山区的沿海民众陆续回迁原居地,政府也采取了鼓励在沿海和内地受战争破坏的地区移民垦荒的政策②,结果,原在山区居住的讲客家话的人群也随着向外迁徙,移居广东省内的其他地区,以及广西、江西、四川和台湾等地,这就形成了罗香林先生后来所描述的所谓"客家迁移运动的第四时期"③。罗先生也一再强调此次"客家迁移运动"与"复界"的关系:

> 抑近世中国历史之发展,与清朝对郑成功父子之据地抵抗,而严令闽粤沿海五十里居民,划界内徙,有甚钜关系。而客家先民之迁居沿海省分,亦即因迁界后之复界与招垦官荒而引起。④

民国《赤溪县志》也强调复界之后,官府鼓励垦荒的政策对讲客家话的人群迁移的影响:

> 边界虽复,而各县被迁内徙之民能回乡居者已不得一二,沿海地多宽旷,粤吏遂奏请移民垦辟以实之。于是惠、潮、嘉及闽、赣

---

① 参见黄挺:《潮汕文化源流》,141～142 页,广州,广东高等教育出版社,1997。

② 参见拙著《市场机制与社会变迁——18 世纪广东米价分析》,161～172 页,台北,稻乡出版社,2005。

③ 《客家研究导论》,62 页。

④ 罗香林:《客家史料汇篇》,7 页,台北,南天书局有限公司,1992。

人民挈家赴垦于广州府属之新宁,肇庆府属之鹤山、高明、开平、
恩平、阳春、阳江等州县,多与土著杂居。以其来自异乡,声音一
致,俱与土音不同,概以客民视之,遂谓为客家云。①

从当时的各种记载看来,这一时期从韩江中上游地区移居外地的人
群,已经很清楚地被称为"客"。例如,蓝鼎元在雍正二年(1724)所写的
《与吴观察论治台湾事宜书》,是这样描述这个人群的:

广东饶平、程乡、大埔、平远等县之人赴台佣雇佃田者,谓之
客子。每村落聚居千人或数百人,谓之客庄。客庄居民朋比为党。
睚眦小故,辄哗然起争,或殴杀人匿灭其尸。健讼,多盗窃,白昼
掠人牛,铸铁印重烙以乱其号(台牛皆烙号以防盗窃,买卖有牛契,
将号样注明)。凡牛入客庄,莫敢向问;问则缚牛主为盗,易己牛赴
官以实之。官莫能辨,多堕其计。此不可不知也。②

类似的记载还有很多。值得注意的是,在当时的这类记载中,还不
能明晰地分辨出"客子"或"客庄"之类的称呼是否已经成为这些人的自
称。

与此同时,18世纪韩江流域的地方志,除前引雍正《揭阳县志》有关
"九军之乱"的记载外,并未见更多的直接用"客"来称呼本地方言群体的
记载,但不同方言存在的事实,则更普遍地受到关注。以康熙《程乡县
志》为例:

李士淳曰:风俗与化移易,今古相悬,因地变迁,南北回别。
以一郡言之,则郡人土音近于漳泉,程人土音近于汀赣。程人悃幅

---

① 民国《赤溪县志》,第8卷,《附编·赤溪开县事纪》,165页,台北,成文出
版社,1967。

② 蓝鼎元:《鹿洲初集》,第2卷,《与吴观察论治台湾事宜书》,90~91页,
台北,文海出版社,1977。

无华，郡人巧猾多智。①

康熙《程乡县志》修于康熙三十年（1691），其时程乡县尚未改为嘉应州，仍是潮州府的属县。上引记载明确指出了"郡人土音近于漳泉，程人土音近于汀赣"的事实，但仍以"郡人"与"程人"这类以地域为划分标志的概念，来描述讲不同方言的人群。分设嘉应州以后，潮州各县方志仍继续关注府内不同县份方言的差别，乾隆《普宁县志·方言》部分就指出，讲客家话的大埔、丰顺两县的方言，与其他县份明显不同：

> 普于潮郡诸邑，大约与三阳、澄海同，与惠来、饶平大同而小异，至大埔、丰顺，则悬远不相通矣。②

四、族谱纂修与祖先来源"历史记忆"的塑造

作者曾经指出，明清之际韩江流域地方社会的动乱与"转型"是一个连续的过程，清初的"迁界"，实际上是清王朝在地方社会"民""盗"难分，政治与文化的"正统性"严重混乱的情形之下，所实行的重建社会秩序的有效措施。沿海数十里之内的百姓在官府驱赶之下背井离乡，生计无着，自然苦不堪言。但是也必须看到，"迁界"以后，影响地方社会达一百多年的"海盗"和"豪强"的力量不再活跃，乡村的军事设施和军事组织（特别是"乡兵"）的重要性也远不及明末，被划于"界外"地区的军事性城寨基本被拆毁，"复界"之时乡村社会内部的权力结构也发生了变化。从明代中叶开始的地方社会的动乱局面，正是在"复界"之后趋于终结的。康熙中期以后，韩江流域乡村的社会控制形态与社会组织，较之从前有了很大

---

① 康熙《程乡县志》，第1卷，《舆地志》，18页，广州，广东省中山图书馆，1993。

② 乾隆《普宁县志》，第8卷，《方言》，361页，台北，成文出版社，1974。引文中所谓"三阳"，即海阳、揭阳和潮阳三县。

的不同。① "复界"以后地方社会的诸多变化中,最引人注目的现象之一,就是宗族组织成为乡村最重要的社会组织形式,祠堂、尝产和族谱等相应地普遍出现。

正如多位学者的研究所指出的,明代后期华南地区出现过明显的"宗法伦理庶民化"倾向,嘉靖以后,宗族意识形态向地方社会扩张和渗透,宗族礼仪在地方社会得到推广,这实际上是把地方认同与国家象征结合起来的过程。② 不过,至少在韩江流域,要到 17 世纪末"复界"以后,宗族组织才在乡村社会中普遍地建立起来,成为乡村中最重要的社会组织形式。罗香林先生的《客家史料汇篇》一书,收录了他数十年间所收集的40 姓 86 种族谱有关"客家源流"的资料,这些族谱全都是 18 世纪以后才编修的。

这些族谱大都对本族迁徙的历史有较多记载,其祖先源流故事的基本结构,可以丰顺《吴氏族谱》的描述为例:

> 太始祖由江南入闽省地方汀州府宁化县石壁村,结庐课子及孙,讳承顺公,妣邹宜人。二墓葬于彼石壁村,坐东向西。⋯⋯公妣生三子:长坎一公,仍回江南大宗祖居;次坤二公,三震三公,后裔析分江、浙、闽、广等处,今亦颇盛。③

上述故事中始祖从中原或北方地区移居闽西宁化县石壁村,再由石壁村迁居各地的说法,是讲客家话的人群中流传最广的关于宗族源流的描述。这种说法,至迟在明末清初已经存在。明清之际在韩江流域地方政治舞台上扮演重要角色的丰顺吴氏族人吴六奇,就这样回忆童年时听

---

① 参见陈春声:《从"倭乱"到"迁海"——明末清初潮州地方动乱与乡村社会变迁》,见《明清论丛》,第 2 辑。

② 参见郑振满:《明清福建家族组织与社会变迁》,159~162 页,长沙,湖南教育出版社,1992;[美]科大卫、刘志伟:《宗族与地方社会的国家认同——明清华南地区宗族发展的意识形态基础》,载《历史研究》,2000(3)。

③ 丰顺《吴氏族谱》,转引自《客家史料汇篇》,67 页。

到的有关祖先来源的说法：

> 忆方幼龄，即闻诸祖考云：我先人来自宁化石壁，与杭之汤湖，共为一脉。虽以闽粤异处，支派遥分，未得遽详世系，然遗言在耳，中心固耿耿不忘也。①

吴六奇在明末时是一个山贼，为所谓"五虎乱潮"者之一，清初降清，出任专为平定地方社会动乱而设置的饶平总兵，为把明郑势力逐出潮州沿海地区，立下汗马功劳：

> 福建汀州人，海阳籍，明末踞大埔、程乡、饶平等处，亦五虎乱潮之一。后投诚，授饶平总兵，平潮有功。②

吴六奇在《吴氏渤海堂谱序》中谈到孩童时代即已从先辈口中获知祖先源流，揭示了族谱在保留此类"历史记忆"并赋予其"正统性"方面的重要作用。18 世纪以后宗族组织的普遍建立和族谱的大量编修，无疑是有助于这类"历史记忆"的强化和推广的。

再以 19 世纪末著名外交家和诗人黄遵宪的《己亥杂诗》为例，说明这种传说的影响之深。黄遵宪是嘉应州人，在光绪二十五年（1899）所作的这组诗，有多首谈及客家的源流与文化③，其中一首为：

> 筚路桃弧辗转迁，南来远过一千年。方言足证中原韵，礼俗犹留三代前。

诗后"自注"云：

---

① 吴六奇：《吴氏渤海堂谱序》，见丰顺《吴氏族谱》，转引自《客家史料汇篇》，66 页。
② 江日昇：《台湾外记》，第 3 卷，108 页。
③ 参见张应斌、谢友祥：《黄遵宪的客家源流观》，载《汕头大学学报》，2000（1）。

客人来州，多在元时，本河南人。五代时，有九族随王审知入闽，后散居八闽。今之州人，皆由宁化县之石壁乡迁来，颇有唐魏俭啬之风，礼俗多存古意，世守乡音不改，故土人别之曰客人。

可以看出，关于自己的祖先来自中原的说法，对于讲客家话的人群来说，已经成为日常生活的常识。每个人从孩提时代开始，就从大人的口耳相传之中，从本族的族谱中，不断地听到和读到此类解释。后来被罗香林先生誉为"最先提述客家源流问题"①的嘉庆年间和平人徐旭曾的《丰湖杂记》，也就是保留于和平《徐氏族谱》中的一段记载：

博罗、东莞某乡，近因小故，激成土客斗案，经两县会营弹压，由绅耆调解，始息。院内诸生，询余以客者对土而言，寄庄该地之谓也。吾祖宗以来，世居数百年，何以仍称为客？余口讲，博罗韩生以笔记之(五月念日)。

今日之客人，其先乃宋之中原衣冠旧族，忠义之后也。自徽钦北狩，高宗南渡，故家世胄，先后由中州山左，越淮渡江而从之，寄居各地。迨元兵大举南下，宋帝辗转播迁，南来岭表，不但故家世胄，即百姓亦多举族相随，有由浙而闽，沿海至粤者，有由湘赣逾岭至粤者，沿途据险与元兵战，或徒手与元兵搏，全家覆灭，全族覆灭者，殆如恒河沙数。天不祚宋，厓门蹈海，国运遂终，其随帝南来历万死而一生之遗民，固犹到处皆是也；虽痛国亡家破，然不甘为田横岛五百人之自杀，犹存生聚教训复仇雪耻之心，一因风俗语言之不同，而烟瘴潮湿，又多生疾病，雅不欲与土人混处，欲择距内省稍近之地而居之；一因同属患难余生，不应东离西散，应同居一地，声气既无间隔，休戚始可相关。其忠义之心，可谓不因地而殊，不因时而异矣。

当时元兵残暴，所过成墟，粤之土人，亦争向海滨各县逃避，

① 《客家研究导论》，2页。

其闽、赣、湘、粤边境，毗邻千数百里之地，常有数十里无人烟者，于是遂相率迁居该地焉。西起大庾，东至闽汀，纵横蜿蜒，山之南，山之北，皆属之。即今之福建汀州各属，江西之南安、赣州、宁都各属，广东之南雄、韶州、连州、惠州、嘉应各属，及潮州之大埔、丰顺、广州之龙门各属，是也。

所居既定，各就其地，各治其事，披荆斩棘，筑室垦田，种之植之，耕之获之，兴利除害，休养生息，曾几何时，遂别成一种风气矣。粤之土人，称该地之人为客，该地之人亦自称为客人。

……客人语言，虽与内地各行省小有不同，而其读书之音，则甚正，故初离乡井，行经内地，随处都可相通；惟与土人之风俗语言，至今犹未能强而同之，彼土人以吾之风俗语言，未能与彼同也，故仍称吾为客人；吾客人亦以彼之风俗语言，未能与吾同也，故仍自称为客人。①

《丰湖杂记》作于嘉庆十三年(1808)，其有关客家源流的描述中，以下几点是值得特别引起注意的：(一)嘉庆年间在东江下游地区，讲客家话的人群与讲后来被称为"广府话"的人群间发生过激烈的"土客斗案"，这里正是两个方言群体聚居地交叉界邻的地方；(二)徐氏描述的有关"客人"源流的故事，已经超越了个别家族或宗族对其祖先来源的追忆，而被描述为对整个方言群体共同来源的解释；(三)这种解释包含了与国家兴亡直接相关的内容，被赋予强烈的"忠义"的意涵；(四)"客人"是"土人"对于后来移民者的称呼，但已经被后者接受为本群体的"自称"；(五)"客人"与"土人"最明显的识别标志，就是语言。

徐旭曾是和平县人，和平县在东江上游地区，与嘉应州相距不远，人员来往密切，但该地不属韩江流域。不过，徐氏是嘉庆四年(1799)进士，曾在户部任职，丁母忧后不再为官，长期掌教广州越秀书院和惠州

① 　和平《徐氏族谱》，转引自《客家史料汇篇》，297～299 页。

丰湖书院,其识见不囿于一乡一族,所描述的客家方言群的聚居范围,已经包括了粤、闽、赣三省的大片地区,即所谓"福建汀州各属,江西之南安、赣州、宁都各属,广东之南雄、韶州、连州、惠州、嘉应各属,及潮州之大埔、丰顺、广州之龙门各属"。所以,可假定《丰湖杂记》所表达的讲客家话的人群有关自己群体的看法,在当时的韩江流域也可能存在。

必须指出的是,此类关于自己是历史上移民的后代的传说,在中国人的社会中是很常见的。尽管在一般的历史解释和教科书的描述中,中国人常常被赋予"安土重迁"的禀性,但有意思的是,在现存的数以万计的族谱中,在乡村父老口头流传的说法里,我们所听到的,都是乡民们的先祖从外地迁移到本地定居的故事。最为人所熟悉的,除了客家人从福建宁化石壁迁徙到各地的故事、珠江三角洲的居民中所流传的珠玑巷的传说、广东所有讲闽南语系方言的人群都来自福建莆田的说法外,还有华北广泛流传的山西洪洞县大槐树的传奇。连西南地区现在被定义为彝族、苗族和侗族的人群中,也普遍流传着自己祖先原来居住在江西吉安府的故事。从某种意义上讲,整个中国社会可以被视为一个"虚拟的"的移民社会。只要有机会到乡村与老人们谈谈,就会明白,中国普通老百姓关于其先祖来自另一个他们实际上并不熟悉、但在历史上教化程度可能更高的地方的观念,是如何的普遍和根深蒂固。徐旭曾的贡献,是在广泛了解各个地区有关传说的基础上,根据族谱的记载,将一个一个家族的故事,描述成为一个以方言为主要识别标志的人群的集体的"历史记忆"。

不过,《丰湖杂记》在形成之后的一百余年间,只是保留于和平《徐氏族谱》之中,并未广泛传播。真正意义上的客家"族群"意识的自觉,是与近代西方"种族"观念的传入和近代城市生活的出现直接相关的。

五、近代城市生活与"族群"意识的自觉

具有近代"种族"意涵的客家族群意识的形成，无疑与清代咸丰至同治年间发生于珠江三角洲西部边缘地区的"土客斗案"直接相关，两广总督瑞麟和广东巡抚郭嵩焘在《会奏查办土客案疏》中简述了事件的原委：

> 论事之缘始，为匪者土民，助官攻匪者客民，客民顺，而土民逆。论事之终竟，为匪者乱民，与士绅无与，客民因以土匪为仇而助官，其蓄意已深；因剿匪而戕及士绅，柯曼无已，其图杀尤惨；迫后窜居广海城寨，至于抗官犯顺，是土民顺而客民又逆。①

在这次影响深远的事变中，与"客民"相对者被称为"土民"。事平之后，多位外国传教士和学者报道、研究了事变经过，并正式用"人种"之类的术语来描述这个方言群体。关于咸同年间广东西路的"土客大械斗"及事后西方研究者的观念对客家"族群意识"形成的重要作用，罗香林先生在《客家研究导论》中已有所讨论②，近年还有几位学者做了相当出色的研究③，本文不再赘述。

除了"土客大械斗"这类激烈的冲突事件之外，近代城市的兴起以及城市日常生活接触中引发的族群隔阂问题，是具有近代色彩的客家族群观念得以强化和普及的另一个重要因素。作者感兴趣的是，汕头市兴起在韩江流域民众"客家"观念变化过程的作用。

---

①　瑞麟、郭嵩焘：《会奏查办土客案疏》，见民国《赤溪县志》，第8卷，《附编·赤溪开县事纪》，181页。

②　参见《客家研究导论》，7～8页。

③　参见程美宝：《地域文化与国家认同——晚清以来"广东文化"观的形成》，见杨念群主编：《空间·记忆·社会转型："新社会史"研究论文精选集》，387～417页，上海，上海人民出版社，2001；刘平：《被遗忘的战争》，北京，商务印书馆，2003。

19 世纪 60 年代末期，由于《天津条约》的签订，位于韩江入海口的渔村汕头成为通商口岸。随着机器轮船业的发展，这个口岸在几十年间迅速成为"中国通商第四口岸"①。著名的客家学者温廷敬在《潮嘉地理大势论》中，这样描述汕头的地位：

> 以近海之故，民多冒险出洋。南洋诸岛之利权，潮嘉人几握其半，皆海线之关系也。然其缺点者，则以二百余里之海线，而可泊大舰者，仅有汕头一埠。②

汕头原来只是一个小渔村，现在成为整个韩江流域唯一可以停泊机器轮船的口岸，潮州府和嘉应州两地的商人都竞相在这个新兴的城市中发展自己的力量。其中许多人是先到了南洋、香港、上海等地做工或经商，在侨居地赚了钱，再回来汕头一带发展的。有意思的是，汕头周围韩江下游地区的许多大型基础建设，都是韩江中上游的客家商人兴建的。如 1920 年建设汕头至樟林轻便铁路的是大埔百堠乡人杨俊如。③ 而光绪三十年(1904)动工，三十二年(1906)落成的潮汕铁路，从倡议兴建到投资建设，主其事者是嘉应州最著名的华侨商人之一张煜南。④

从光绪二十九年(1903)起，由客家人在汕头主办的《岭东日报》就在"潮嘉新闻"栏中积极报道张煜南等人的活动，还就修建潮汕铁路种种问题发表了许多评论，该年十月连载的《条陈利弊》文中，有"开铁路以浚利源"一节：

> 汕头为通商口岸，货物充盈，潮州粟米不敷，需籍海米以接济。

———————————

① 《集股行轮》，载《岭东日报》，光绪三十年二月初一日，第 4 版，"潮嘉新闻"。

② 《潮嘉地理大势论》，载《岭东日报》，光绪二十九年十一月十一日，第1版，"潮嘉新闻"。

③ 参见芮治壎：《汕樟公路见闻录》，见《汕头文史》，第 5 辑，129～138 页，汕头，汕头市政协文史资料研究委员会，1988。

④ 参见王琳乾：《潮汕铁路兴废始末》，见《汕头文史》，第 4 辑，76～80 页，汕头，汕头市政协文史资料研究委员会，1987。

近来梅溪水浅，舟楫难通，虽有浚河局日日去沙，然潮州地势低洼，一遇洪流，上流之水即挟泥沙以具来，梅溪之淤塞如故。去岁汕头海米山积，因船不能运，郡城斗米几至千钱，人心以寒，商务以败。侏儒饱欲死，臣朔饥欲死，古今有同慨焉。

潮州出口之货，以糖为一大宗。糖不能往，米不能来，议者谓宜浚河道。然千夫之努力，不敌一水之怒奔。盖此水由嘉应地面而来，嘉应产杉，伐木开山，山崩土裂，春水暴涨，泥沙即顺流而下。虽日日浚河，于事仍属无济。

生谓似宜开筑铁路，人货自得流通。不必动库银，不必借洋债，设立公司，售卖股票，以股商总理其成。且今日本国不开，后来必有外人开之者，坐使无穷之利益，拱手而让之他人，虽悔曷追也。①

这里讨论的是修铁路以解决汕头至潮州间的运输问题，实则与汕头至嘉应州的交通大有关系。潮州城位于韩江三角洲平原的顶端，韩江干流过了潮州，即开始分流，最后分 19 口入海。② 分流之后水势自然变小，结果，枯水季节韩江下游航运往往受阻，而潮州府城以上河段反而比较容易通航。实际上，光绪二十九年（1903）不但潮州府城米贵，嘉应州也是"各属连年歉收，米价昂贵。况今旱象已成，冬收无望，全赖海米流通，籍资接济"③。所以，张煜南等人倡建潮汕铁路，对解决韩江上游的丰顺、大埔、嘉应州一带与汕头这个大港市间的运输问题，是大有裨益的。实际上，不但嘉应州的货物和人流要经由汕头出入口，而且其邮政、金融活动也以汕头为中心，对嘉应州民生有重要影响的侨批业，也完全以汕头为枢纽。④

---

① 载《岭东日报》，光绪二十九年十月十八日，第 3 版，"潮嘉新闻"。
② 由于 20 世纪 60 年代以后围海造田和并围堵口的工程，现在韩江只有 5 个入海口。
③ 载《岭东日报》，光绪二十九年九月二十一日，第 2 版，"潮嘉新闻"。
④ 参见陈春声：《近代华侨汇款与侨批业的经营——以潮汕地区的研究为中心》，载《中国社会经济史研究》，2000（4）。

因为这样，汕头逐渐成为整个韩江流域的文化和教育中心，潮州和嘉应州的许多文人，不管是讲什么方言的，都集中到此地活动，许多人也就在这个城市定居下来。他们在此地办学堂，出报刊，编撰书籍，许多事情都是共同面对潮、嘉两地的，实际上没有特别的福佬或客家的界限。例如，光绪二十八年(1902)，温仲和与丘逢甲等一批讲客家话的师友在汕头创办岭东同文学堂，是为粤东办新学的先声，该学堂兼收潮、嘉两地学生。《岭东日报》除了论说、谕旨、专件、时事要闻、本省新闻、京都新闻、外国新闻等栏目外，另有篇幅较大的"潮嘉新闻"专栏，专门刊登潮州和嘉应州各地的来稿，报道地方上的各类新闻。在报纸的时评中，往往也是"潮嘉"并称的。

在"潮嘉新闻"中，我们很难看到"客家"和"福佬"两个方言群冲突和分界的具体例证，日常生活中更多发生的，还是所谓"姓自为争，乡自为斗"这类土客两族内部"歧中又歧"的现象。[1] 所以，尽管比较上层的、受近代学术思想影响的知识精英们，已经将日常生活中由于语言和习俗差别而产生的体验，逐步发展为一个超越了乡族界限和行政区划范围的种族的观念(详见下节)，但百姓的日常生活中要面对的问题，要更为复杂和充满动态，生活与理念之间还是有着较大的距离。这也是当时许多客籍文人一直把整个韩江流域作为一个整体来观察的缘由之一。

不过，两个方言群体的存在，毕竟也是日常生活的一部分。平时的乡村生活中，村民们生活在从小就已经习惯的环境之中，比较不容易感受到因另一个方言群体的存在而产生的与身份或认同有关的问题。但到了城市之中，周围朝夕相处的人来自四面八方，这种因为接触而产生的认同或分类的感觉就变得明显起来。当时汕头有两个最重要的会馆，即所谓"潮属有万年丰会馆，嘉属有八属会馆"[2]。有意思的是，属于潮州

---

[1]　参见温廷敬：《潮嘉地理大势论》，载《岭东日报》，光绪二十九年十一月十一日，第 1 版，"潮嘉新闻"。

[2]　《浚河要件》，载《岭东日报》，光绪二十九年九月初一日，第 2 版，"潮嘉新闻"。

府的大埔和丰顺两县商人不属于万年丰会馆，而是参加了八属会馆。如前所述，这两个县的居民大多讲客家话。

《岭东日报》所载潮州中学堂的情形，是另一个有趣的例子：

> 友人来函云：潮州中学堂分教某君尝对人云，本年中学堂之学生，惟澄海最有进步，若大埔学生则多不上讲堂，殊少进益。按大埔学生之多不上讲堂，以堂中分教二人皆操潮州土语，语音不通之故。然业已负学生之任，纵格于语音，不能上堂听讲，何不借学堂为自修之地。大埔学生勉乎哉。①

在这种情形之下，因为语言不同而产生人群分类的情况，是很自然的。其实，就是兼收潮嘉两属学生的岭东同文学堂，因为语言不同而产生的问题也是明显的。从学堂创办开始，就因为潮嘉语言不同，设立两个"副办"，明确规定在潮州和嘉应州功名较高的士绅中各遴选一位出任。光绪三十一年(1905)，该校更改用"按语言分班的办法，以嘉属人为一班，曰新后班，潮属讲客语之大埔人及揭阳之河婆人，也归入客语班。潮属人为一班，曰新前班"②。

正是因为与不同人群的接触增多，许多文人开始分析自己族群的"特质"及其优缺点一类的问题，如有笔名"双髻山人"者，在报纸头版发表《论大埔妇女之特色与其缺点》，论述了大埔妇女的四大特色和两个缺点，所论者与今日谈客家妇女特质的议论大致相同。③ 嘉应州州绅还呈请知州，通饬劝谕本州妇女改变"高髻"的发式，在《岭东日报》上还发表《改装十二便》的文字，宣扬嘉应妇女改妆的好处，其理由之一为："州妆一到

---

① 《学生宜勉》，载《岭东日报》，光绪二十九年十一月十四日，第2～3版，"潮嘉新闻"。

② 杨勉：《汕头同文学堂始末》，见《汕头文史》，第 1 辑，70～72 页，汕头，汕头市政协文史资料研究委员会，1983。

③ 载《岭东日报》，光绪三十年二月二十九日，第 1 版，"论说"。

汕头，必至聚众骇观，甚至有将该髻如香港博物院做古玩者。"①在这些文人的心目中，新兴的汕头已经成为观察本乡风俗的一个具有某种合法性的参照物。

六、《岭东日报》与教科书问题的争论

在带有近代种族意识的"客家"观念形成的过程中，前文提到的由客家人在汕头创办的《岭东日报》起过很大作用。

《岭东日报》是粤东地区第一家近代报纸，1902年5月18日在汕头育善街创办，社址原为当地的知名人士曾杏村、吴子寿等人开设的专门收集上海、香港等地的各家报纸供人阅览的岭东阅报社。该报主持人杨源(字季岳)是嘉应州人，光绪二十四年(1898)进士，一起参与创办的还有温廷敬、何士果和陈云秋等人。该报每期8开4页，页中可对折成16开8版的小册子，售价为制钱12文，逢周六停刊。从其政治倾向看，《岭东日报》被后来的研究者视为清末支持革命派的报纸之一，曾发表过《论今日改革当以大赦党人为首义》《读梁氏议国体问题书后》等社评，在光绪三十一年(1905)发生的反对美国华工禁约运动中，该报也有积极表现，并大力提倡拒用美货。② 温廷敬先后两度任该报主

---

① 《改装十二便》，载《岭东日报》，光绪三十年二月初一日，第3版，"潮嘉新闻"；又见《改妆不成》，载《岭东日报》，光绪三十年三月初九日，第4版，"潮嘉新闻"；《劝谕改妆》，载《岭东日报》，光绪三十年四月二十五日，第4版，"潮嘉新闻"。

② 参见方汉奇：《中国近代报刊史》，261、335、342、352、540页，太原，山西教育出版社，1981；王琳乾：《汕头市新闻史料拾零》，见《汕头文史》，第2辑，83～89页，汕头，汕头市政协文史资料研究委员会，1985；鲁本斯：《辛亥革命时期潮汕报刊一隅》，见《汕头文史》，第1辑，62～64页。《岭东日报》停刊于光绪三十四年(参见方汉奇前引书)。因年代较为久远，目前尚无一公共收藏机构完整藏有《岭东日报》，据笔者所知，中山大学历史系资料室和汕头市档案馆都有所收藏，汕头市潮汕历史文化研究中心则藏有部分复印件。作者收集、利用《岭东日报》的工作，得到韩山师范学院潮学研究所所长黄挺教授和汕头大学文学院陈锦熙先生的大力协助和指点，谨致衷心谢忱。

笔①，对报纸的立场有重要影响。

温廷敬，字丹铭，号止斋，笔名讷庵。大埔县百堠乡人。早年就读潮州韩山书院，甲午战败后，为实现救国志愿，专心钻研西政西学，主张废科举，兴新学，促进维新变法。光绪二十八年（1902）参与在汕头创办岭东同文学堂。他与杨源是诗友和知友，参与《岭东日报》的创办，并兼任主笔，时年三十四岁。后来，因同文学堂教务繁忙，一度辞去主笔职务，但仍在报纸上发表大量时评。在光绪三十一年（1905）反对美国华工禁约的运动中，有激烈言辞，为当局所不满，被迫辞去同文学堂讲习，再任《岭东日报》主笔。其子温原先生后来将其主持《岭东日报》笔政期间的时评收入《讷庵时论抄存》（稿本），凡50余篇，另外，所遗《补读书楼文集》稿本16卷，也收录有较多该时期他在报刊上的言论。②

这份客家人创办、由客家人任主笔的报纸，从创刊之时开始，其评论中就一直有关于客家源流的论说。其中最集中反映这类观点的，当推温廷敬以"讷庵"的笔名，从光绪二十九年（1904）十一月初八日至十一日，在报纸头版"论说"栏中连载的《潮嘉地理大势论》一文。该文分气候、地势、山脉、河流、海线和民族六个部分叙述潮州府和嘉应州的地理大势，其有关"民族"部分全文如下：

> 民族者，地理之主人翁也。故言地理者，必以民族为归。地理既殊，则民族亦因之而异。

> 潮嘉民族，分为土客二族，嘉应全属，皆为客族；澄、普二县，皆为土族；海、潮、揭、惠，亦属土族，惟山谷之间，颇有一二客

---

① 参见温原：《温丹铭先生生平》，见《汕头文史》，第3辑，102～116页，汕头，汕头市政协文史资料研究委员会，1986。

② 参见台北市大埔同乡会编：《大埔县志·附：社团学校简介人物事略》，82～84页，台北，台北市大埔同乡会，1971；温原：《温丹铭先生生平》，见《汕头文史》，第3辑，102～116页；温原：《温丹铭著作及编校辑佚书目简介》，见《汕头文史》，第3辑，117～128页；温原：《〈温丹铭著作及编校辑佚书目简介〉补遗》，见《汕头文史》，第5辑，158～162页。

族错处；饶平、丰顺，则土客各居其半；大埔亦客族，惟有一支自福建来者，尚守其土音不改，然实寥寥不足数。要之则山谷内陆，为客族根据地；海滨广斥，为土族根据地。

二族语音虽异，皆属中原故族流徙而来。考诸家族谱，多始于唐末宋初，盖经黄巢之乱，随王潮入闽者。土族先至，据海滨之漳、泉；客族后至，据山谷之汀、杭。由漳、泉转徙，而居海、澄、揭、惠、普之地。由汀、杭转徙，而居嘉应、大埔之地。土族先至，且沿海多旧种之民，故其语音多因而转变。客族后至，且山谷少人迹之地，故其语音亦少变。此二族沿革之本末也。

客族以近山之故，故其民质朴忍耐。土族以近海之故，故其民活泼进取。然质朴者或流于固陋，活泼者每近于浮华。且客族以瘠土而多外出，土族以沃土而好家居，则性情又互为变易。要皆与地理有关系者也。

夫一国民族，必语言风俗统一，然后感情从之而生。潮嘉民族，已别于中原，又不能合于省会，其势已成隔膜。而土客二族，歧中又歧。且姓自为争，乡自为斗，残杀之风，不绝于世。苟不讲求联络之法，其何能立于物竞天择、新种侵入之世乎。①

这是作者目前所见韩江流域的讲客家话的人群中，较早以近代"民族"概念和进化论观点，系统地阐述自己族群的地位的文字。《潮嘉地理大势论》所述最值得关注者，不在于有关客家源流的观点，而在于有关"土族"与"客族"关系之论说。他之所谓"土族"，即后来关于教科书问题争论中所谓之"福佬"。② 按照他的描述，客族、土族都是五代之时随王潮迁到福建的中原移民的后裔，只是因为在福建定居的地点和再迁潮州的先后不同，而形成语音和习俗有异的两族。这里的"土族"讲的是福佬

_____

① 载《岭东日报》，光绪二十九年十一月十一日，第 1 版。

② 参见饶宗颐：《福老》，见黄挺编：《饶宗颐潮州地方史论集》，144～150 页，汕头，汕头大学出版社，1996。此文原载汕头《大光报·方志周刊》，第 44 期，1948。

话，而广东西路土客大械斗时讲广府话的是"土民"。

光绪末年，广东顺德人黄节（原名晦闻）在上海国学保存会出版的《广东乡土历史教科书》中，认为客家人和福佬人"非汉种"，从而引起关于"福佬"和"客家"是否汉种的热烈讨论。这场讨论在近代"客家"观念形成的过程中，影响颇为深远。① 《岭东日报》在这场讨论中发挥了独特的作用，罗香林先生在《客家研究导论》一书的"导论"中，略述其情形：

> 迨至光绪三十一年（西元一九〇五年），顺德人黄节，于上海国学保存会出版所著《广东乡土历史》，其第二课误据上海徐家汇教堂所编《中国地舆志》，谓"广东种族有曰客家福佬二族，非粤种，亦非汉种"。客家人士，接阅此书，太为不满，乃出而联络南，韶，连，惠，潮，嘉，各属客人，设"客家源流研究会"一团体；嘉应劝学所复发起组织客族源流调查会，各发传单，遍告各地客人，根据闻见，著为论说，以暴露客家的源流。当时，主持其事的有丘逢甲，黄遵宪，钟用和诸人，而汕头《岭东日报》主笔温廷敬，更能根据客家史实，与黄氏乡土史相驳诘，温所著有《客族非汉种驳辩》，及《与国学保存会论种族问题书》等文，均见光绪三十二、三年间《岭东日报》。②

从现存的材料看，似乎上海国学保存会出版《广东乡土历史教科书》事，发生在光绪三十三年（1907），而非罗香林先生所述之 1905 年。③ 实

---

① 有关清末民初广东"广府""福佬"和"客家"三大"民系"观念的形成，可参见程美宝《地域文化与国家认同——晚清以来"广东文化"观的形成》（见《空间·记忆·社会转型："新社会史"研究论文精选集》）和《由爱乡而爱国：清末广东乡土教材的国家话语》（载《历史研究》，2003 年第 4 期）两文的研究。

② 《客家研究导论》，5～6 页。

③ 参见黄节：《广东乡土历史教科书》，上海，国学保存会，1907；陈泽泓：《爱国未有不爱乡——试释黄节编著广东乡土历史教科书》，载《广东史志》，1999(2)；程美宝《地域文化与国家认同——晚清以来"广东文化"观的形成》，见《空间·记忆·社会转型："新社会史"研究论文精选集》，401 页。

际上，这是一场只有感到受伤害的一方单边在进行的论争。受到客籍学者强烈批评之后，上海国学保存会随即在报纸上告示，"拟于再版时改正，其余未经售罄之书概行停售"，并未坚持己见。① 十多年后，罗香林先生出版《客家研究导论》时，也相信"黄先生著乡土史时，当不至存有若何不良目的，然以其书为普通教科所用，故深为当时客家人士所不满，今则大家已'释然矣'"②。清末民初，正值广东东部讲客家话的人群政治和文化力量都空前发展的阶段，乡居的丁日昌、黄遵宪和丘逢甲等③都是当时对地方政治具有重要影响的人物，而且都有相当杰出的学术和文学造诣。在他们周围，还有温仲和、钟用和、温廷敬、何士果、邹鲁等一批在地方上有相当影响的文人和学者。他们利用这个机会，将论争变成了一场建构"客家意识"的运动。《岭东日报》也就成了客籍文人们发表见解的重要场所。

关于福佬和客家种族问题的论争开始后，温廷敬不但自己发表多篇评论，而且在报纸上刊载客家源流研究会同人的文章，以及地方官员更正《广东乡土历史教科书》的牌示。④ 发表于光绪三十三年（1907）二月十六日《岭东日报》"论说"栏目中的《〈广东乡土历史〉客家福老非汉种辨》全文如下：

> 近见国学保存会有出《广东乡土历史教科书》一种，为粤人黄晦闻所作。其第二课广东种族，有曰客家、福老（原书且作猺字）二族，非粤种，亦非汉种。其参考书复曰此两种殆《周官·职方》所谓七闽

---

① 参见陈泽泓：《爱国未有不爱乡——试释黄节编著广东乡土历史教科书》，载《广东史志》，1999(2)。

② 参见《客家研究导论》，27～28页。

③ 如前所述，黄遵宪在《己亥杂诗》等著作中，对客家源流有诸多论说，但他于光绪三十一年二月去世（参见钱萼、孙仲联：《黄公度先生年谱》，见钱萼、孙仲联辑：《黄遵宪先生诗论评》，127页，台北，文海出版社，1973），应未能如罗香林先生所言，参与有关《广东乡土历史教科书》的争论。

④ 载《岭东日报》，光绪三十三年三月二十五日，第1版。

之种，不知其何故出此。岂其有意诬蔑欤？不然，何失实之甚也。

考潮州一郡，自秦史禄留家揭领，其戍卒多流寓于此。及汉平南越，揭阳令史定（当即史禄之后）首以县降，自是以来，多为流人所居。晋代初立万川（即今大埔县）亦以安置流人，大抵汉越杂处。此自秦汉至六朝，潮州民族之大概也，即吾粤当时之民族，亦俱类是。

客家、福老二族之称，实起于唐宋以后。盖自唐代，潮州人士始稍萌芽，若陈元光之武功，赵德之文学，虽为潮人，然其先实中原故族。元光平漳州，其将卒悉河南人，设郡后，来者益多，聚居城邑。土人（瑶族，即闽之旧种）畏之，称为河老。河老者谓其自河南迁来也（见《郡国利病书》），此为河老之旧族。及唐末之乱，王潮陷漳州，其将士亦河南人，避乱之士，复多归焉，与□杂居，变其语音，是为福老之新族。其族繁衍，遍播于漳泉兴化之间，以及于潮琼海滨之地。盖福老之名，原为河老，其后讹河为学（今其族尚自云河老，而客家则呼为学老），而末学之士不能考其本原，以其来自福建，遂定为福老之称，甚且书为猺或獠字，等诸异族，而不知其同为中原遗裔也。

至客家一族，亦出于河南光州，其证据尤显，至今客家之人曾主河南者，云客族方言与光州之光山县无异。盖多为住山之民，其转徙亦在唐末，与福老同时，初居汀之宁化，其后遍殖于汀州一郡，与江西之赣州，广东之惠、嘉、钦、廉，潮之大埔、丰顺，以及诸邑近山之地，多其族所住。其族以少与外人交通，故其语言风俗，独能保中原之旧。陈兰甫京卿所谓客家语言，证之周德清中原音韵，无不合者也。黄氏以语言特别，断其为非汉种，不知其所谓别者，以其别于中原正语乎？抑别于粤省土语乎？

夫福老之转徙较先，且与土族杂处，其语言诚不无小变，然细按之仍为一脉，其不同者，但音韵之讹转歧出耳。若客族之近于中原正语，则较诸粤省民族，且有过之，黄氏何所见而云此也？乃又以惠、潮、嘉地接闽疆，潮人有福老之称，遂臆为七闽之遗种，不知闽粤之民亦属越种（西人称为印度支那族）。当汉武帝时，已徙其民江淮间，其有窜匿山谷者，如瑶民之类，与吾粤正同。其余若白眉泉郎之属，语言风俗，皆与汉族特异，此真七闽之土族，作者乃以客家、福老二族当之，谬矣！

夫中国宗法之制，相传最久，故家族乡土之见，亦因之而最深，彼此互诋，习久讹传，遂忘其同出一祖。而西人采中国之土风者，因复因讹袭谬，如其所谓汀州之哈加族，实即客家二字之讹，乃屠氏中国地理教科书仍之，且谓其受创后窜伏一隅，几若其地之尚有异族者。不知汀州一属，皆客家遍殖之地，固无所为受创而窜伏也。然此犹可谓失之不考。若黄氏之所云，则真百思而不得其解矣，得毋以其种族之见大深，排满之不足，于汉族中复自生畛域乎？彼六县排客之事，冤无天日。今之客族，方议破此问题之界限，而黄氏此书，乃欲以饷粤省儿童，使其先入于新，早怀成见，益启其□之衅，以为亡国之媒，非黄氏贻之祸乎？考之事实已相违，施之教育又合，黄氏苟出于有心蔑视也则已。如其为无心之差误，则吾望其速为改正也。①

除上引《〈广东乡土历史〉客家福老非汉种辨》外，温廷敬还写有《与国学保存会论客家福老种族书》。② 在这场论战中，他所述的有关福佬、客家源流的观点，较之四年以前在《潮嘉地理大势论》讲过的内容，更为系统而具体。因为争辩的是"种"的问题，所以特别强调移民史的内容，至于福佬"活泼进取"，而客家"质朴忍耐"之类与"民族性"有关的讨论，则被忽略了。直至1943年出版的由他总纂的《大埔县志》卷12《人群志一·

①　载《岭东日报》，光绪三十三年二月十六日，第1版，"论说"。

②　参见温原：《温丹铭先生生平》，见《汕头文史》，第3辑，102～116页；《温丹铭著作及编校辑佚书目简介》，见《汕头文史》，第3辑，117～128页。

氏族》①中，有"客族来源考略"一段，也是强调客家祖先来自"中州"的
道理：

> 先至为主，后至为客。客也者，土著对新来民族之称谓也。埔
> 属民族全数为操客语之客族，推原其始，盖由中州而来，故至今语
> 音尚近中州。惟流转数千里，经过各省，淹留时日，自不免混杂多
> 少各省方言，故或效南腔，或仍北调，此亦势所必至。②

事实上，祖先来源问题正是这场论战的核心。光绪初年即已去世的
大埔县著名乡贤林达泉的遗稿《客说》也被《岭东日报》发表，其中也是以
"客之源流"作为论说重点的：

> 间尝按之史册，详为稽核。客之源流，迨托始于汉季，盛于东
> 晋六朝，而极于南宋。何以明之？客之先，皆北产也。居丰镐河洛
> 齐鲁之交，或为帝王之胄，或为侯伯之裔，或为耕凿之民，皆涵濡
> 沐浴于诗书礼乐之泽。数千百年，自汉中平以还，中原云扰。孙氏
> 父子，割据江表九郡八十一州之地。能招集贤能，北方之士，多依
> 以成声，而客于是乎滥觞焉。递乎东晋元嘉五胡乱华，冠带数千里
> 之区，腥膻塞路，于是乎豪杰之徒，相与挈家渡江，匡扶王室。其
> 时著姓，则有王、谢之家。王、谢旧河东太原人也。自余衣冠之族，
> 则有八姓。若林、邵、何、胡等族，俱入闽中。其他流民避乱江南。
> 有司为之立南徐南司等州，谓之侨军州。昔军州今州县，谓之侨，
> 即今言客耳。降及南宋，金元划淮汉以北，疆以戎索，其随康王而
> 南或宦于南而不能归北者，并散处于大江东西。五岭南北，及帝昺
> 播迁，遗民益蔓延于南海之疆，与土人望衡对宇，往来交际。迭为
> 宾主，或联昏媾。长其子孙，盖已千数百年于兹矣。由是观之，大

---

① 作者署名为"分纂丘星五辑纂"，所以，下引《客族来源考略》可能为丘星五
所作。

② 温廷敬：《大埔县志》，第 12 卷，1 页，台北，台北市大埔同乡会，1971。

江以北，无所谓客。北即客之土。大江以南，客无异客。客乃土之耦，生今之世，而欲求唐虞三代之遗风流俗。客其一线之延也。故汉通匈奴，而汉之名噪于长城以北。唐通波斯，而唐之名著于欧罗以西。客为唐虞三代之遗，避乱而南，而大江以南，因有客家。汉回斗，犹曰戎不乱华；土客斗，奈何指客为匪。呜呼！客自汉以来千有余年，祖孙父子，与土人并列编氓，土客之名有殊，而自朝廷视之，胥著籍之民也。客与土斗，客非与官仇。世之有司，听土人之诬捏，遂因斗械而目以叛逆，党助土人而驱之灭之，必使无俾易种于斯土也。呜呼！何不溯其所由来也。故为之说，以俟哀矜者平其情解其怨焉。①

教科书事件前后，这些客籍文人以《岭东日报》为主要阵地，反复强调其关于客家来源的历史解释。这种做法至少达成了一个效果，就是强化了某种"共同祖先源流"的感觉，再根据族谱的记载，将一个一个家族的故事，塑造成为一个以方言为主要识别标志的具有近代"种族"色彩的人群的集体的"历史记忆"。通过大众传媒使这种记忆得以广泛传播，并在话语权方面取得了明显的"正统性"。

七、《客家研究导论》的意义

1933 年，任职于中山大学广东通志馆的兴宁人罗香林出版《客家研究导论》一书，此书在学术史上具有特殊的地位，也对"客家人"观念的形成和强化，产生了意义深远的影响。

罗香林为了表示客家仍属汉族的一部分，不用"民族"一词定义"客家人"，而是发明了"民系"这个独特的术语，并且提出了将广东人按其不同

---

① 林达泉：《客说》，载《岭东日报》，光绪三十三年四月二十一日，"附张·杂文"。《客说》全文后来被温廷敬收录于《茶阳三家文钞》，第 4 卷，131～135 页，台北，文海出版社，1966。

的方言划分为"客家""福佬"和"本地"（广府）等三个"民系"的分类方法。①
这对在接近近代学术规范的基础上表达有关"客家"的观念，具有特殊的
价值。

在此之前的数百年间，文献中有关讲客家话的人群及相对应的其他
方言群体的描述，用词五花八门。例如，在雍正《揭阳县志》的作者看来，
"九军之乱"中对立的双方是所谓"猺贼"和"平洋人"；在《丰湖杂记》的记
载中，嘉庆年间与"客人"发生冲突的讲广府话的人群被称为"土人"；咸
同间广东西路的"土客大械斗"，被描述为"客民"与"土民"之间的冲突；
黄遵宪《己亥杂诗》中讲的也是"客人"与"土人"的区分；到了温廷敬写《潮
嘉地理大势论》时，用来表达这两个方言群体的是词语是"客族"和"土
族"。可能是由于"客"这个词语字面上的涵义十分清楚，在大多数情况
下，与之相对的人群就自然而然地被赋予"土"的涵义，而不管这些人讲
的是什么方言。

直至因为教科书问题而引起的争论中，韩江流域的两个方言群体才
被称为"客家"和"福佬"，这样的表达具有了比较清晰的以方言作为分类
标志的意涵。尽管"福佬"一词其实只是"客家人"对韩江下游讲闽南方言
（即"福佬话"）的人群的称呼，时至今日，这些讲所谓"福佬话"的人群，
也不以"福佬人"自称，他们把自己所讲的属于闽南语系的方言，称为"潮
州话"或"白话"。②

《客家研究导论》提出广东人群分为"福佬""客家"和"本地"（又称广
府）三个"民系"的说法，为"客家民系"概念的建构，奠定了与其他方言群
平等并列的历史文化解释的基础。其实，在此之前，不管是作为"自称"

---

① 参见《客家研究导论》，71 页。

② 20 世纪 50 年代以后，由于原属潮州府但讲客家话的大埔、丰顺两县划归梅
县地区，汕头地区各县主要以讲所谓"福佬话"的居民为主，结果，所谓"福佬"民系
就开始被称为"潮州人"或"潮汕人"，"潮州人"才成为与"客家人"相区分的带有"族
群"色彩的观念。参见黄淑娉主编：《广东族群与区域文化研究》，200～331 页，广
州，广东高等教育出版社，1999。

还是"他称"，"广府人"的说法从未在方言群或"族群"的意义上被使用过。

《客家研究导论》以及后来出版的《客家史料汇篇》，利用大量的族谱资料，构建有关客家源流的历史解释，在徐旭曾、林达泉、温廷敬等前辈学者论说的基础上，把有关祖先历史的个别家族的故事，提升为整个族群有关其源流和种族正统性的集体的历史记忆。这一在学术史具有明显的意义转换性质的做法，对客家人身份标志的建立及其认同感的增强，以及认同范围的扩展，都有颇具实用性的意义。

综上所述，《客家研究导论》在"客家族群"观念形成的过程中，具有标志性的意义。罗香林先生达到了将"客家人"定义"标准化"的目标，在前人努力的基础上，重新建构了"客家人"有关其源流和族群身份的"历史记忆"，使这些努力被普遍接受并相对稳定地流传了下来。

在结束全文之前，作者还想引用另一位具有"客家人"血统的学者在20世纪40年代写的一段话，与《客家研究导论》的论述作一点比较。原籍大埔县，但几代人之前就已移居潮州府城的饶宗颐先生，20世纪40年代主编《潮州志》，其《民族志》部分也谈到"客家"与"福老"的关系问题：

> 客家、福老同为中原遗族，因迁入路线不同，故成为二系。然客语、福老语中，其属于通语者则雷同极夥，虽因同来自中州，且经赣闽多所接触故也。福老、客家以语言礼俗为区别，其原操福老语者移入客区则为客家，反之，客家入居福老语地区其受同化亦然。百侯萧氏与潮阳同祖萧洵，今则纯为客家矣。松口饶氏、大埔杨氏迁往海阳不五六代，而子孙不复操客语亦为福老人矣。大埔氏族中其原为福老迁入者亦不少，如大麻何氏、古源郭氏自潮安来，三河蒲氏自潮安塘湖来，高陂谢氏自潮安隆都来，三河戴氏自归湖来，其详见《埔志》氏族。[1]

---

[1] 饶宗颐主编：《潮州志》，第7册，《民族志·客家》，3059页，潮州，潮州市地方志办公室，2005，影印本。

对潮客关系问题研究有很深造诣的黄挺教授，在引用饶先生的上述论述之后指出："饶公的意思是，客家人和潮汕（福老）人族源相同，只是迁入路线有异，客家人走陆路，经江西进入潮州，潮汕（福老）人到福建后，从水路浮海进入潮州。这两个族群的语言和民俗文化虽有区别，但是在相互交往之中，非常容易转化。文化转换的最重要原因，是居住地域的改变。"①半个世纪前饶宗颐先生的这一判断，固然与其家世有关，更重要的是认真比勘各种族谱记载的结果。其实，只要认真研读《客家史料汇篇》引用的各种族谱的资料，自然不难发现，客家作为一个"族群"存在和繁衍的缘由，并不在于其自然意义上的"血统"的正统性或纯洁性，而是植根于语言、民俗等文化方面的基础。

大约也是在半个世纪前，陈寅恪先生在其著名的《唐代政治史述论稿》中，这样论述中古时代的民族与种族问题：

> 汉人与胡人之分别，在北朝时代，文化较血统尤为重要。凡汉化之人，即目为汉人；胡化之人，即目为胡人。其血统如何，在所不论。……此为北朝汉人、胡人之分别，不论其血统，只视其所受教化为汉抑或为胡而定之确证，诚可谓"有教无类"矣。又此典为治吾国中古史最要关键，若不明此，必致无谓之纠纷。②

陈先生的观点，虽针对中古史事而发，但对我们理解明清以降华南地区的族群或所谓"民系"的历史，同样有深刻的意义。陈先生的论述提示我们，族群问题的核心是文化或"教化"，而不在于血统。如果只是关注血统或与之相关的"源流"问题，则可能导致"无谓之纠纷"。从这一理解出发，与"身份"和"认同"有关的社会心理内容，自然应该在关于移民社会的研究中具有重要的意义。而深入理解这些可视为"共时态"的社会

---

① 黄挺：《潮客关系简论——以潮汕地区为例》，载《韩山师范学院学报》，2005(1)。

② 陈寅恪：《唐代政治史述论稿》，17～18页，上海，上海古籍出版社，1982。

心理内容的一个可能的方法，就是"历时性"地重现常常被后人不假思索地作为身份或认同标志的各种"标签"或符号，是如何在一个长期而复杂的历史过程中被塑造出来的。

客家研究的学术史，特别是把客家作为"民系"进行研究的历史，也就是"客家人"形象被不断塑造，"客家人"的身份被不断强化，而其超越传统地缘意识的认同感被有心无意地培育起来的过程。明白了这一点，我们就可能对罗香林先生等前辈研究者的工作，多一些理解和同情。

原载台湾《客家研究》创刊号，2006

附录七　走向历史现场
——"历史·田野丛书"总序

1939 年，因战争疏散到闽中永安县的福建省银行经济研究室一位年轻的研究人员，为了躲避日军飞机轰炸，在距县城十多里黄历乡的一间老屋，无意中发现了一大箱民间契约文书，自明代嘉靖年间至民国有数百张之多。他仔细研读了这些契约，在此基础上，写出了在学术史上影响深远的《福建佃农经济史丛考》。这位年轻学者，就是时年 28 岁的傅衣凌，其时刚从日本学习社会学归国不久。1944 年，福建协和大学出版这一著作，傅先生为该书写的"集前题记"中，有这样几段话：

> 我常思近数十年来中国社会经济史的研究，至今尚未有使人满意的述作，其中的道理，有一大部分当由于史料的贫困。这所谓史料的贫困，不是劝大家都走到牛角尖里弄材料，玩古董；而是其所见的材料，不够完全、广博。因此，尽管大家在总的轮廓方面，颇能建立一些新的体系，惟多以偏概全，对于某特定范围内的问题，每不能掩蔽其许多的破绽，终而影响到总的体系的建立。

> 本书的内容，虽侧重于福建农村的经济社区的研究，然亦不放弃其对于中国社会经济形态之总的轮廓的说明，尤其对于中国型封建主义的特点的指明的责任。譬如中国封建社会史的分期和氏族制残存物在中国封建社会史所发生的作用这一些问题，从来论者都还缺少具体的说明，故本书特搜集此项有关资料颇多，惟为行文的便利起见，多附述于各编的注文中，其中所论，虽不敢说有什么创见，但为提醒国人的研究，亦不无些微意义。

　　谁都知道社会经济史的研究，应注重于民间记录的搜集。所以近代史家对于素为人所不道的商店帐簿、民间契约等等都珍重的保存、利用，供为研究的素材。在外国且有许多的专门学者，埋首于此项资料的搜集和整理，完成其名贵的著作。而在我国则方正开始萌芽，本书对于此点也特加注意，其所引用的资料，大部份即从福建的地方志、寺庙志以及作者于民国二十八年夏间在永安黄历乡所发现的数百纸民间文约类辑而成，皆为外间所不经见的东西。这一个史料搜集法，为推进中国社会经济史的研究，似乎尚值提倡。①

　　上引文字，强调民间文书的收集和整理对中国社会经济史研究的重要价值，指出在进行"农村的经济小区的研究"时，应"不放弃其对于中国社会经济形态之总的轮廓的说明"，反对"以偏概全"的错误，表达了建立中国社会经济史"总的体系"的追求，颇具概括性地呈现了傅先生关于中国社会经济史研究方法的基本理念。直至晚年，他还一再提起在永安县黄历乡那段难忘的经历，一再讲到《福建佃农经济史丛考》在他学术生涯中的重要意义，在其讨论社会经济史研究方法的文章中，还再次全文引录了这个"集前题记"。在同一文章中，他也强调抗日战争期间疏散到乡村的经历，对一个立志研究中国社会的学者的意义：

　　　　直到抗战爆发后，我从沿海疏散到内地的城市和乡村，才接触到中国社会的实际。……抗战的几年生活，对我的教育是很深的，在伟大的时代洪流中，使我初步认识到中国的社会实际，理解到历史工作者的重大责任，他绝对不能枯坐在书斋里，尽看那些书本知识，同时还必须接触社会，认识社会，进行社会调查，把活材料与死文字两者结合起来，互相补充，才能把社会经济史的研究推向前进。这样，就初步形成了我的中国社会经济史的研究方法，这就是：

---

　　① 傅衣凌：《福建佃农经济史丛考》，1～2 页，邵武，福建协和大学中国文化研究会，1944。

在收集史料的同时，必须扩大眼界，广泛地利用有关辅助科学知识，以民俗乡例证史，以实物碑刻证史，以民间文献（契约文书）证史，这个新途径对开拓我今后的研究方向是很有用的。①

傅先生一再强调的"把活材料与死文字两者结合起来"的研究方法，包括了社会经济史研究者要在心智上和情感上回到历史现场的深刻意涵。事实上，在实地调查中，踏勘史迹，采访耆老，既能搜集到极为丰富的地方文献和民间文书，又可听到大量的有关族源、开村定居、村际关系、社区内部关系等内容的传说和故事，游神冥想，置身于古人曾经生活与思想过的独特的历史文化氛围之中，常常会产生有一种只可意会的文化体验，而这种体验又往往能带来更加接近历史实际和古人情感的新的学术思想。这种意境是未曾做过类似工作的人所难以理解的。正是这种把文献分析与实地调查相结合，"接触社会，认识社会"，"以民俗乡例证史，以实物碑刻证史，以民间文献（契约文书）证史"，努力回到历史现场去的研究方法，使傅衣凌先生成为中国社会经济史学科重要的奠基者之一。

有意思的是，也是在 1939 年，中国社会经济史学科另一位重要的奠基者梁方仲教授，正在陕甘地区进行为期八个月的农村调查。梁方仲先生时年 31 岁，任中央研究院社会科学研究所副研究员。他的同事李文治教授后来这样回忆道：

　　为了进行前后对比，梁先生还特别重视社会调查，多次到农村调查土地关系和农民田赋负担的问题。1939 年，为了相同的目的，曾前往陕甘三省从事社会调查，不辞劳苦，深入农村，搜集有关资料，为期凡八阅月。②

①　傅衣凌：《我是怎样研究中国社会经济史的》，载《文史哲》，1983(2)。
②　李文治：《辛勤耕耘，卓越贡献：追忆梁先生的思想情操和学术成就》，载《中国经济史研究》，1998(1)。

梁先生受过严格的经济学和社会学训练，后任中央研究院社会研究所研究员，再任岭南大学经济系主任，而以研究明代赋役制度著名。他研究明代经济史的直接动因，在于要从根本上理解民国时代的农村经济问题，特别是农民田赋负担的问题。他对历史上经济问题的关注，植根于对现代中国农村社会问题的深切关怀之中。在具体的研究实践中，他是"利用地方志资料来研究王朝制度与地方社会的学者中最为成功的一位"①，也特别重视民间文献在社会经济史研究中的价值。梁先生在《易知由单的研究》一文中有这样一段话：

> 过去中国田赋史的研究，多以正史和政书为限。这些材料，皆成于统治阶级或其代言人之手，当然难以得到实际。比较可用的方法，我以为应当多从地方志、笔记及民间文学如小说平话之类，去发掘材料，然后运用正确的立场、观点和方法去处理这些材料。必须于字里行间发现史料的真正意义，还给他们真正面目。然而这种工作，无异沙里淘金，往往费力多而收获少。除了书本上的材料以外，还有一类很重要的史料，过去不甚为人所注意的，就是与田赋有关的实物证据，如赋役全书，粮册，黄册，鱼鳞图册，奏销册，土地执照，田契，串票，以及各种完粮的收据，与凭单都是。本文所要介绍的易知由单，也就是其中之一。②

梁方仲先生一直重视各种公私档案的收集和解读，新近出版的《梁方仲文集》收录有《清代纳户银米执照与土地契约释文》③一文，我们从中获知，1936年梁先生在济南一古书店购得清代山东吴姓地主的私家账簿，其中附夹的11份清代"纳户执照"，成为他数十年后撰写的这篇文章讨论

---

① 刘志伟:《〈梁方仲文集〉导言》，14页，见刘志伟编:《梁方仲文集》，广州，中山大学出版社，2004。

② 梁方仲:《易知由单的研究》，见《梁方仲文集》，333～334页。

③ 见《梁方仲文集》，376～399页。

的开始。该文还对广东省中山县翠亨村孙中山故居陈列馆、中国科学院广东省民族研究所、广东省中山图书馆、广东革命历史历史博物馆、中山大学历史系谭彼岸先生收藏的 10 多份清代土地契约逐一做了详细的解读。梁先生的这份遗稿，本来是要作为附录收在其不朽的《中国历代户口、田地、田赋统计》一书中的，他力图通过与历代户口、田地、田赋有关的实物票据文书的考释，"为后人指出从这些官方数字出发，逐步深入揭示社会经济事实的一条路径"①。

事实上，在近代中国人文社会科学的奠基时期，在与傅衣凌、梁方仲先生同时代的一批眼界开阔、学识宏博的学者身上，基本上看不到画地为牢的学科偏见。对他们来说，跨学科的综合研究是一个自然的思想过程。以梁方仲先生长期任教的岭南大学和中山大学为例，傅斯年等先生于 20 世纪 20 年代在这里创办语言历史研究所，就倡导历史学、语言学与民俗学和人类学相结合的研究风格，并在研究所中设立人类学组，培养研究生，开展民族学与民俗学的调查研究；顾颉刚、容肇祖、钟敬文等先生开展具有奠基意义的民俗学研究，对民间宗教、民间文献和仪式行为给予高度关注，他们所开展的乡村社会调查，表现了历史学和人类学相结合的研究特色；杨成志、江应梁等先生，以及当时任教于岭南大学的陈序经先生等，还在彝族、傣族、瑶族、水上居民和其他南方不同族群及区域的研究方面，做了许多具有奠基意义的努力。在这些研究中，文献分析与田野调查的结合，表现得和谐而富于创意，并未见后来一些研究者人为制造的那种紧张。

在这里回顾这些令人难以忘怀的往事，是为了表达一个期望，即希望这套丛书的编辑和出版，能够成为一个有着深远渊源和深厚积累的学术追求的一部分。丛书所反映的研究取向，应该说是学有所本的。丛书的编辑者和作者们，从前面提到和没有提到的许多前辈学者的具体的研究作品中，获益良深。他们也因此相信，在现阶段要表达一种有方向感

---

① 　刘志伟：《〈梁方仲文集〉导言》，16 页，见《梁方仲文集》。

的学术追求，最好的方法不是编撰条理系统的教科书，而是要提交具体的有深度的研究作品，供同行们批评。

他们相信，在现阶段，各种试图从新的角度解释传统中国社会历史的努力，都不应该过分追求具有宏大叙事风格的表面上的系统化，而是要尽量通过区域的、个案的、具体事件的研究表达出对历史整体的理解。他们也清醒地认识到，要达成这样的目的，从一开始就要追求打破画地为牢的学科分类，采取多学科整合的研究取向。应努力把传统中国社会研究中社会历史学和文化人类学等不同的学术风格结合起来，通过实证的、具体的研究，努力把田野调查和文献分析、历时性研究与结构性分析、国家制度研究与基层社会研究真正有机地结合起来，在情感、心智和理性上都尽量回到历史现场去。在具体的研究中，既要把个案的、区域的研究置于对整体历史的关怀之中，努力注意从中国历史的实际和中国人的意识出发理解传统中国社会历史现象，从不同地区移民、拓殖、身份与族群关系等方面重新审视传统中国社会的国家认同，又从无时不在、无处不在的国家制度和国家观念出发理解具体地域中"地方性知识"与"区域文化"被创造与传播的机制。

相信这套丛书最容易引人注目的特点之一，是大量的地方文献、民间文书和口述资料的收集、整理和利用。这样的工作，不仅仅具有在现代化和城市化的历史背景之下，"抢救"物质性和非物质文化遗产的价值，不仅只是具有学术积累的意义。更重要的是，丛书的编辑者们相信，在大量收集和整理民间文书、地方文献和口述资料的基础上，建立并发展起有自己特色的民间与地方文献的解读方法和分析工具，是将中国社会史研究建立于更坚实的学术基础之上的关键环节之一。正如收入这套丛书的许多著作所反映出来的，经过几代学者的不懈努力，已经发展出一套较为系统的解读乡村社会中各种资料的有效方法，包括族谱、契约、碑刻、宗教科仪书、账本、书信和传说等，这种或许可被称为"民间历史文献学"的独具特色的学问和方法，是传统的历史学家、人类学家或汉学家都没有完全掌握和理解的，在某种意义上，也是这套丛书的编辑者们一直保持其学术自信心和创造力的最重要基础之一。这些年来，他们也力图通过必要的训练，让更多的专业工作者熟悉这些学问和方法。

这套丛书追求通过区域的、个案的、具体事件的研究表达出对历史整体理解的学术风格，结果，就让编辑者觉得，有必要就"区域研究"的问题多谈几句。特别是要就这样的取向，表达某种反省和自我批判的态度。

近年有关传统中国社会区域研究的论著越来越多，许多年轻的研究者在步入学术之门时，所提交的学位论文，常常是有关区域研究的作品。曾经困扰过上一辈学者的区域研究是否具有"典型性"与"代表性"，区域的"微观"研究是否与"宏观"的通史叙述具有同等价值之类带有历史哲学色彩的问题，基本上不再是影响区域社会研究的思想顾虑。十余年间，随着研究者的世代交替，学术价值观也出现了明显的转变。

窃以为，深化传统中国社会经济区域研究的关键之一，在于新一代的研究者要有把握区域社会发展内在脉络的自觉的学术追求。毋庸讳言，时下所见大量的区域研究作品中，具有严格学术史意义上的思想创造的还是凤毛麟角，许多研究成果在学术上的贡献，仍主要限于地方性资料的发现与整理，并在此基础上对某些过去较少为人注意的"地方性知识"的描述。更多的著作，实际上只是几十年来常见的中国通史教科书的地方性版本，有一些心怀大志、勤奋刻苦的学者，穷一二十年工夫，最后发现他所作的只不过是一场既有思考和写作框架下的文字填空游戏。传统社会区域研究中，学术创造和思想发明明显薄弱，其重要的原因之一，就是学术从业者追寻历史内在脉络的学术自觉的严重缺失。这套丛书在选录著作的时候，力求尽量避免这样的缺失，但编辑者不得不坦言的是，要达致理想的状态，仍需要很长的过程。

眼下的区域研究论著，除了有一些作品仍旧套用常见的通史教科书写作模式外，还有许多作者热衷于对所谓区域社会历史的"特性"做一些简洁而便于记忆的归纳。这种做法似是而非，偶尔可见作者的聪明，但却谈不上思想创造之贡献，常常是把水越搅越浑。对所谓"地方特性"的归纳,一般难免陷于学术上的"假问题"之中。用便于记忆但差不多可到处适用的若干文字符号来表述一个地区的所谓特点,再根据这种不需下苦工夫就能构想出来的分类方式,将丰富的区域历史文献剪裁成支离破碎的片段粘贴上去,这样的做法再泛滥下去,将会使中国社会经济史研究的整体水平,继续与国际学术界保持着相当遥远的距离。要理解特定区域的社会经济发展,有贡献的做法不是去归纳"特点",而应该将更多的精力放在揭示社会、经济和人的活动的"机制"上面。我们多明白一些在历史上一定的时间和空间条件之下,人们从事经济和社会活动的最基本的行事方式,特别是要办成事时应该遵循的最基本的规矩,我们对这个社会的内在的运行机制,就会多一分"理解之同情"。当然,要达致这样的境界,"回到历史现场"的追求,就不是可有可无的了。

在传统中国的区域社会研究中,"国家"的存在是研究者无法回避的核心问题之一。在提倡"区域研究"的时候,不少研究者们不假思索地运用"国家—地方""全国—区域""精英—民众"等一系列二元对立的概念作为分析历史的工具,并实际上赋予了"区域""地方""民众"某种具有宗教意味的"正统性"意义。对于中国这样一个保存有数千年历史文献,关于历代王朝的典章制度记载相当完备,国家的权力和使用文字的传统深入民间社会,具有极大差异的"地方社会"长期拥有共同的"文化"的国度来说,地方社会的各种活动和组织方式,差不多都可以在儒学的文献中找到其文化上的"根源",或者在朝廷的典章制度中发现其"合理性"的解释。区域社会的历史脉络,蕴含于对国家制度和国家"话语"的深刻理解之中。如果忽视国家的存在而奢谈地域社会研究,是难免"隔靴搔痒"或"削足适履"的偏颇的。既然要求研究者在心智上和感情上尽量置身于地域社会实际的历史场景中,具体地体验历史时期地域社会的生活,力图处在同一场景中理解过去,那么,历史文献的考辨、解读和对王朝典章制度的真切了解就是必不可少的。就是对所谓"民间文献"的解读,如果不是置于对王朝典章制度有深刻了解的知识背景之下,也是难免有"差之毫厘,失之千里"的缺失的。

也就是说，在具体的研究中，不可把"国家—地方""全国—区域""精英—民众"之类的分析工具，简单地外化为历史事实和社会关系本身，不可以"贴标签"的方式对人物、事件、现象和制度等做非彼即此的分类。传统中国区域社会研究的目的之一，就是要努力了解由于漫长的历史文化过程而形成的社会生活的地域性特点，以及不同地区的百姓关于"中国"的正统性观念如何在漫长的历史过程中，通过士大夫阶层的关键性中介，在"国家"与"地方"的长期互动中得以形成和发生变化的。在这个意义上，区域历史的内在脉络可视为国家意识形态在地域社会的各具特色的表达，同样的，国家的历史也可以在区域性的社会经济发展中"全息"地展现出来。只有认识了这一点，才可能在认识论意义上明了区域研究的价值所在。

在追寻区域社会历史的内在脉络时，要特别强调"地点感"和"时间序列"的重要性。在做区域社会历史的叙述时，只要对所引用资料所描述的地点保持敏锐的感觉，在明晰的"地点感"的基础上，严格按照事件发生的先后序列重建历史的过程，距离历史本身的脉络也就不远了。在谈到地域社会的空间结构与时间序列的关系时，应该注意到，研究者在某一"共时态"中见到的地域社会的相互关系及其特点，反映的不仅仅是特定地域支配关系的"空间结构"，更重要的是要将其视为一个复杂的、互动的、长期的历史过程的"结晶"和"缩影"。"地域空间"实际上"全息"地反映了多重叠合的动态的社会经济变化的"时间历程"。对"地域空间"历时性的过程和场景的重建与"再现"，常常更有助于对区域社会历史脉络的精妙之处的感悟与理解。

这套丛书的编辑们，在以上的问题上，有相当接近的共识。这些共识的形成，是长达20余年共同的研究实践和学术追求的结果。20世纪80年代以来，海外的人类学家、历史学家与中国学者共同推动一系列的中国乡村社会史研究计划，希望这些计划所取得的进展，有可能超越传统汉学研究的窠臼,让新一代研究者的问题意识和研究结论具有更好地与国际学术主流对话的可能,并在更加深刻的层面上改变学术界和公众对于历史和史学的看法。也希望这套丛书的出版,在达致这样的目标的道路上,能向前再走一步。

这套丛书的另一风格,就是强调文献解读与实地调查的结合。只有参加过田野工作的研究者才能真正理解,独自一人,或与一群来自世界各地、具有不同学科背景的同行,走向历史现场,踏勘史迹,采访耆老,搜集文献与传说,进行具有深度的密集讨论,连接过去与现在,对于引发兼具历史感与"现场感"的学术思考,具有什么样的意义。置身于历史人物活动和历史事件发生的具体的自然和人文场景之中,切身感受地方的风俗民情,了解传统社会生活中种种复杂的关系,在这样的场景和记忆中阅读文献,自然而然地就加深和改变了对历史记载的理解。在实地调查中,研究者必须保持一种自觉,即他们在"口述资料"中发现的历史不会比官修的史书更接近"事实真相",百姓的"历史记忆"表达的常常是他们对现实生活的历史背景的解释,而不是历史事实本身,但在那样的场景之中,常常可以更深刻地理解过去如何被现在创造出来,理解同样也是作为"历史记忆"资料的史书其真正的意义所在及其各种可能的"转换"。在实地调查中,研究者也可以更深切地理解过去的建构如何用于解释现在,结合实地调查,从不同地区移民、拓殖、身份与族群关系等方面重新审视具体地域中"地方性知识"与"区域文化"被创造与传播的机制,就会发现,许多所谓"地方性知识"都是在用对过去的建构来解释现在的地域政治与社会文化关系。总的说来,通过实地调查与文献解读的结合,更容易发现,在"国家"与"民间"的长期互动中形成的国家的或精英的"话语"背后,百姓日常活动所反映出来的空间观念和地域认同意识,是在实际历史过程中不断变化的,从不局限于行政区划的、网络状的"区域"视角出发,有可能重新解释中国的社会历史。

编辑这套丛书,是为了表达一种具有方向感的学术追求。编辑者们强调自己的工作学有所本,同时也相信自己的追求属于一个有上千年历史的史学传统的自然延伸。这套丛书的作者们都热爱自己的研究，热爱自己所研究的人们，热爱这些人们祖祖辈辈生息的山河和土地。在大多数情况下，作者们所从事的是一项与个人的情感可以交融在一起的研究，学术传统与个人情感的交融，赋予这样的工作以独特的魅力。但大家对于做学问的目的，还是有着更深沉的思考。他们希望在更广泛、更深刻的意义上，在学术发展的道路上，留下一些痕迹。希望这样的研究，最终对整个中国历史的重新建构或重新理解，会有一些帮助。同时，他们也期望这样的工作可能与整个人文社会科学发展的主流有一些更多的对话，可以参与到一个更大的学术共同体共同关注的问题中去。他们强调学术研究要志存高远，要有理论方面的雄心，要注意从中国历史的实际和中国人的意识出发理解传统中国社会历史现象，在理论分析中注意建立适合中国人文社会科学实际情形的方法体系和学术范畴。他们希望在理论假定、研究方法、资料分析和过程重构等多个层次上进行有深度的理论探索，特别从理论上探讨建立传统中国区域社会历史新的解释框架的可能性，并由此回应人文社会科学研究中面对的各种重要问题，力图对人文社会科学学科的整体发展有所贡献。

几年以前，这套丛书的"始作俑者"之一科大卫教授，在从事华南地域社会研究近 30 年之际，写了《告别华南研究》一文，其结尾的两段是这样写的：

> 我们不能犯以往古代中国社会史的错误，把中国历史写成是江南的扩大化。只有走出华南研究的范畴，我们才可以把中国历史写成是全中国的历史。
>
> 我就是这样决定，现在是我终结我研究华南的时候。后来的学者可以比我更有条件批评我的华南研究。我倒希望他们不要停在那里，他们必须比我们这一代走更远的路。我们最后的结果，也不能是一个限制在中国历史范畴里面的中国史。我们最终的目的是把中

国史放到世界史里，让大家对人类的历史有更深的了解。①

参与这套丛书编辑工作的学者，都有相近的心境和期望。是为序。

2006 年 7 月 12 日

于广州康乐园马岗松涛之中

原载《读书》，2006(9)，发表时有删节，此处收录的是全文

---

① ［美］科大卫：《告别华南研究》，见华南研究会编：《学步与超越——华南研究会论文集》，30 页，香港，文化创造出版社，2004。

初版后记

本书从准备资料到定稿出版，经过了 10 年的时间。

1982 年春天，我刚大学毕业，就幸运地考上了母校中山大学历史系中国古代史专业的硕士研究生，在汤明檖教授指导下学习明清经济史。入学不久，汤老师要求我在较全面阅读基本史料和了解学术史的基础上，重点注意清代银、钱、米、布四个问题。后来在前三个问题资料搜集的基础上，完成了硕士论文《清代乾隆年间广东的米价和米粮贸易》。这一文章成为我后来一系列工作的起点。1984 年硕士毕业后，除到外地求学的两年半外，我一直在汤明檖老师的领导和指点下进行研究工作。从这位严格、深邃、品味很高的导师那里，除了得到学问上入门的指导外，更重要的是感受到一种尊师敬业、平实谨严的学术精神和对学术、对人生、对社会的带超越感的负责态度。所有这些使我这个学生终生受益。现在汤老师又在加拿大旅次百忙中为本书作序，学生唯有加倍努力才不辜负老师的期望。

1986 年秋，由于几位老师的鼓励和推荐，蒙傅衣凌教授错爱，我来到厦门大学历史系，跟随这位著名的明清史和社会经济史学家攻读博士学位。当时傅先生已身染重病，但仍把最后的心血倾注到我们几个学生的培养上。正是在他老人家最后两年的耳提面命中，我学到了许多进行社会经济史研究的有效的理论和方法，开始注意传统农村基层社会的研究，学术价值观有了很大的转变。更为重要的是，从傅先生日常工作、生活表现出来的开阔眼界、渊博学识和对青年人的宽容理解中，深深感受到一个德高望重的以学术为志业的大师的风采。傅先生不幸于 1988 年

5月逝世，他老人家直至生命最后一刻仍关心祖国学术事业、关怀后辈成长的精神学生将永远铭记。谨此表示深深的怀念和崇敬之情。

傅先生去世后，杨国桢教授继续指导我完成了与本书同名的博士论文的写作。他审定了论文的大纲，逐字逐句地阅改论文草稿，提出了许多建设性的修改意见。现在这本书正是以这一论文为基础修改扩充而成的。

如果说本书的工作能有什么价值，那完全是以上三位诲人不倦的导师教泽所惠。

1983年底，由于某种机缘，我在上海见到了复旦大学伍丹戈教授，在两个小时的谈话中，他指点我如何在物价研究中运用数理分析方法，以后半年里又多次来信指导并惠赠统计学著作。正是由于他的教诲，我才开始注意到历史学的计量研究问题。1984年6月，我给伍先生去信谈到在硕士论文中运用几种统计方法的设想，正等他复信提出批评，却十分意外地接到他因病去世的讣告，悲痛万分。伍先生以学术为重、扶持后学的风范一直是学生的榜样。

广东省社会科学院叶显恩研究员一直勉励我从事这一工作，并在各个方面都给予了很大的帮助和支持。美国加州慧德学院副院长马立博教授近年来一直与作者讨论清代两广米粮市场问题，无私地赠送了他收集的大量研究资料。日本东京大学岸本美绪教授对作者有关研究的批评，使作者在确定本书构架时深受启发。本书利用电子计算机处理分析物价数据的工作，得到已赴美留学的原中山大学计算机系许跃生先生的指导和帮助。对本书的研究提出意见或惠赠资料的学者还有：中国大陆的汤象龙、李文治、彭雨新、黄启臣、李龙潜、邓开颂、姜伯勤、许檀、高王凌等先生，美国的王业键、李中清、王国斌、濮德培等先生，日本的滨岛敦俊、片山刚等先生，荷兰的宋汉理先生，中国香港的谭棣华、陈明銶、林燊禄、马楚坚、钱江、黄永豪、张瑞威等先生，中国台湾的刘石吉先生。谨此一并致谢。

英国牛津大学科大卫博士、美国耶鲁大学萧凤霞博士和香港科技大学蔡志祥博士一直关心本书的写作情况，他们不但提出了许多有益的意见和赠送了大量资料，而且慷慨地为本书的出版提供了资助。感激之情，难以言表。

我还想特别感谢刘志伟、陈支平、郑振满、戴和、罗一星等同龄学者，与这几位朋友多次进行的内容广泛而不拘形式的讨论，对本书主要观点的形成和明晰起了十分重要的作用。他们在所有方面都给我这个师弟很大的帮助。

多年以来，中山大学历史系的领导和老师们一直关心我的学习和工作，从他们那里，我深深体会到宽松、和谐、敬业、尽职的学术氛围和人际环境对一个学问上刚刚起步的青年人具有何等重要的意义。

在多次外出搜集资料的过程中，得到北京、上海、成都、广州、南京、杭州、厦门、香港等地许多图书、博物、档案机构的支持和帮助。中国第一历史档案馆的刘岿、李国荣、王道瑞等先生提供了大量方便。谨致衷心谢忱。

在当代中国，做一个大学青年教师的妻子有着常人所难以体验的艰辛。所以，我特别感谢妻子刘虹。她不但在本书的资料搜集、日文资料利用和数据处理等方面做了大量工作，而且在相当困难的条件下，始终以无私的牺牲精神鼓励和帮助我完成本书的写作和修改。没有她的支持，本书的最后完成是不可想象的。

中山大学出版社庄昭先生和杨权先生一直关心、支持本书的出版，中山大学哲学系冯平博士细心地审阅全书并提出宝贵意见，谨致谢忱。

由于水平和条件限制，我未能全部理解并接受各位老师、朋友的批评和忠告，书中的纰漏和错误均由本人自负。实际上，本书付梓之际，我已对其中的一些内容感到不满。如果能回到10年前，再从数据搜集工作做起的话，那么本书将会有更多的篇幅讨论传统中国家族组织的市场行为和市场的发育、运作对家族组织的影响。我越来越注意到，要从更深的层面上理解"市场机制与社会变迁"的关系，家族组织的功能和调适能力是一个具有关键意义的问题。本书实际上只是浅层次地涉及这个课题而已。对此，只好寄希望于今后的研究。

陈春声

1991年7月20日于康乐园

再版后记

1992 年本书在中山大学出版社初版，至今已近 18 年。若从 1982 年作者在汤明檖老师指导下，开始关注清代银、钱、米、布等问题时算起，转眼间已经 28 年过去了。多年以来，作者总想等手头的研究计划告一段落之后，再对全书做一番比较彻底的修订。结果一拖十多年过去，一直没能把修订稿交出来。

时间越久，发现要做修订的难度越大。这不仅是因为清代雨雪粮价档案利用的条件越来越便利，还不断有新的材料被发现，也不仅仅因为近十多年国内外同行相关研究成果迭出，令作者需要重新考虑对话的指向，更重要的是由于作者自身学术兴趣和学术观念的变化，已经产生了一旦动手修订，则可能全书推倒重来的危险。业师傅衣凌教授在讲述自己的学术心路时，多次提到"不惜以今日之自我与昔日之自我作战"一语，年岁日长，也就对 20 余年前老师说过的话，逐渐有深一层的体验。与初版比较，这次再版仅做了少数字句的修改。没有能够更多地利用新发现的数据，并把这十余年来形成的一些想法写出来，这是作者要再三抱歉的。

十多年来，国内外有不少同行、朋友对本书提出批评和建议，本书也得到过若干人文社会科学方面的奖项，前些年还有许多年轻研究者来函索书，作者只能以复印本寄赠。2005 年，台北稻乡出版社出版了本书的繁体字版。作者想借此机会，对师友们多年来的鼓励和指点，表示深深的感激之意。

这次承蒙中国人民大学出版社谭徐锋等先生美意，本书有机会忝列

"当代中国人文大系"之中。聊以自慰的是,依丛书编辑通例,得以在书后附上作者近年发表的几篇文章,读者或多或少可从中了解作者学术兴趣的转移。其实,自 1989 年作者在厦门大学获得博士学位,回到中山大学任教之时开始,就因种种因缘,开始了以文献解读与田野调查相结合方式,研究华南地域社会历史的一系列课题。附录五至七的 3 篇文章,可视为这一学术努力的部分结果。

《走向历史现场》一文,是中山大学历史人类学研究中心与香港大学香港人文社会研究所合编的"历史·田野丛书"的总序,集中说明了作者与一群志同道合的同龄学者正在努力实践的新的学术取向。我们希望能表达一种具有方向感的学术追求,且希望这种追求能够学有所本,能够成为一个有着更深远渊源和更深厚积累的学术过程的一部分。我们也一直相信,在现阶段,各种试图从新的角度解释传统中国社会历史的努力,都不应该过分追求具有宏大叙事风格的表面上的系统化,而是要尽量通过区域的、个案的、具体事件的研究表达出对历史整体的理解。《从"倭乱"到"迁海"——明末清初潮州地方动乱与乡村社会变迁》和《地域认同与族群分类——1640—1940 年韩江流域民众"客家观念"的演变》两篇长文,试图呈现的就是这样的研究个案。这两项地域性的研究都相当具体,但力图对整个国家"大历史"的解释中一些有价值的问题,有新的理解。希望这类的研究成果日渐积累,最终对整个中国历史的重新建构或重新理解,会有一些帮助。

从某个角度讲,本书的正文(包括附录一至四)和附录五至七的几篇文章,反映的是一位有机会亲历近三十年中国社会变迁的史学工作者学术心路的变化。作为在 20 世纪六七十年代接受基础教育的人文学者,我们或多或少都带有点理想主义的性格特质。我总是觉得,应该深深庆幸自己能够生活在这样一个大变革的时代。过去 30 年间,我们所经历和体验的经济、社会、文化和学术领域的巨大变化,在几千年中国历史上是绝无仅有的。能够亲历这样的历史,对中国历史和中国文化的研究者来说,真是可遇而不可求。正是由于对中国社会的持续转型有切身的体验,也由于年事渐长，人生积累日益丰富复杂，我们的历史观和学术价值观念也自觉不自觉地处于持续的转变之中。不过，在本书再版的时候，我还是想讲一句话：在刚刚步入学术之门的青年时期，接受严格的科学思维的训练，培养对社会理性和科学法则的正确信念，必将受益终身。

陈春声

2009 年 9 月 20 日于广州康乐园马岗松涛之中

图书在版编目（CIP）数据

市场机制与社会变迁：18世纪广东米价分析/陈春声
著. —增订版. —北京：北京师范大学出版社，
2020.7（2023.3重印）
（新史学 & 多元对话系列）
ISBN 978-7-303-25534-4

Ⅰ. ①市… Ⅱ. ①陈… Ⅲ. ①粮食－价格－研究－广
东－清代 Ⅳ. ①F729.49②F724.721

中国版本图书馆 CIP 数据核字（2020）第 009637 号

营　销　中　心　电　话　010-58808006
北京师范大学出版社新史学策划部微信公众号　新史学 1902

SHICHANG JIZHI YU SHEHUI BIANQIAN
出版发行：北京师范大学出版社 www.bnupg.com
　　　　　北京市西城区新街口外大街 12-3 号
　　　　　邮政编码：100088
印　　刷：北京盛通印刷股份有限公司
经　　销：全国新华书店
开　　本：730 mm ×980 mm　1/16
印　　张：25.5
字　　数：300 千字
版　　次：2020 年 7 月第 1 版
印　　次：2023 年 3 月第 2 次印刷
定　　价：99.00 元

策划编辑：谭徐锋　　　　　　责任编辑：谭徐锋　王子恺
美术编辑：王齐云　　　　　　装帧设计：王齐云
责任校对：段立超　　　　　　责任印制：赵　龙